豊島正之 編

キリシタンと出版

八木書店

CATECHISMVS
CHRISTIANAE
FIDEI, IN QVO VERITAS
nostræ religionis ostenditur, & sectæ
Iaponenses confutantur, editus à
Patre Alexandro Valignano
societatis IESV.

Cum facultate supremi Senatus sanctæ & generalis
Inquisitionis, & Ordinarij.
Olyssipone, excudebat Antonius Riberius.
1586.

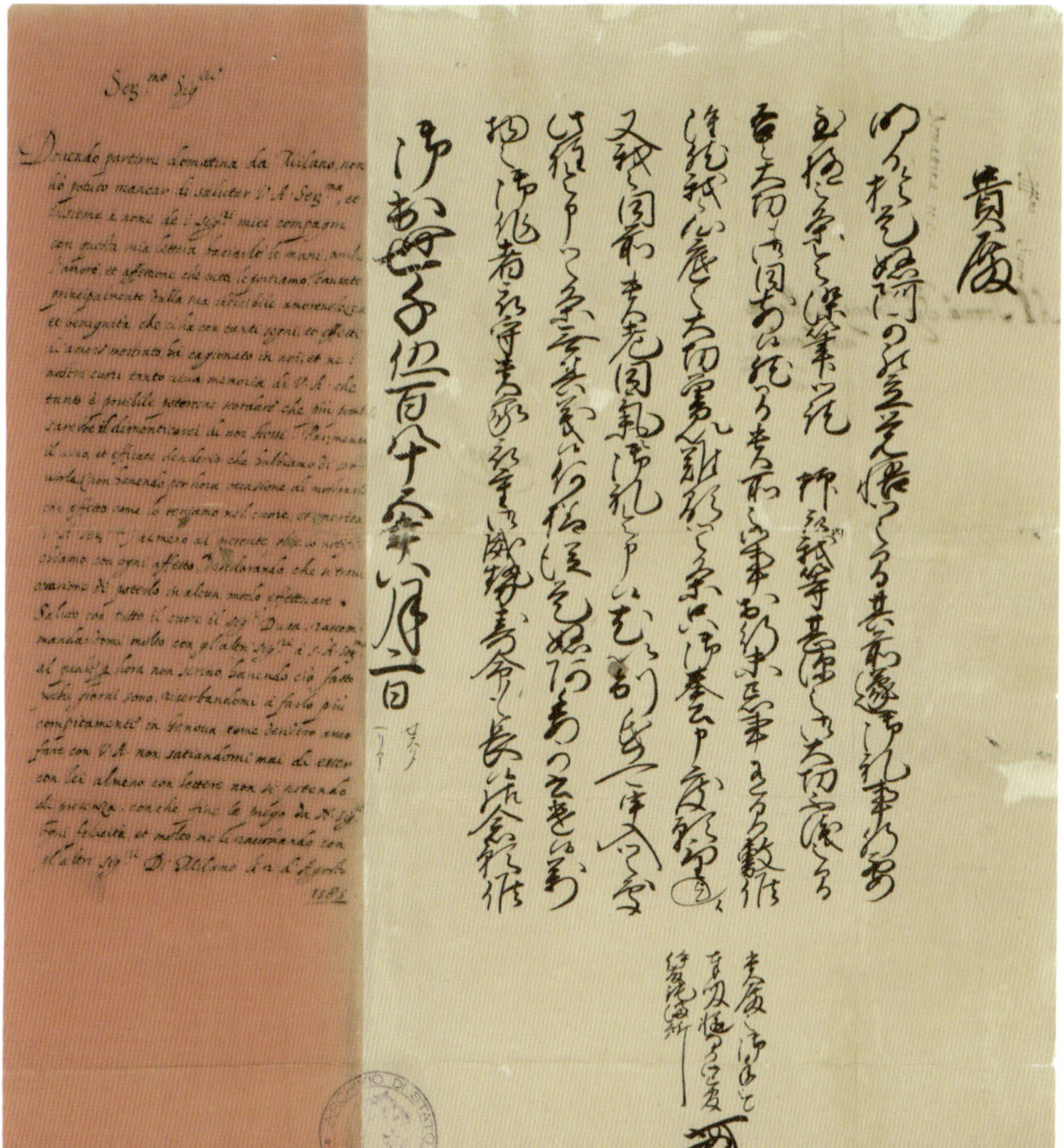

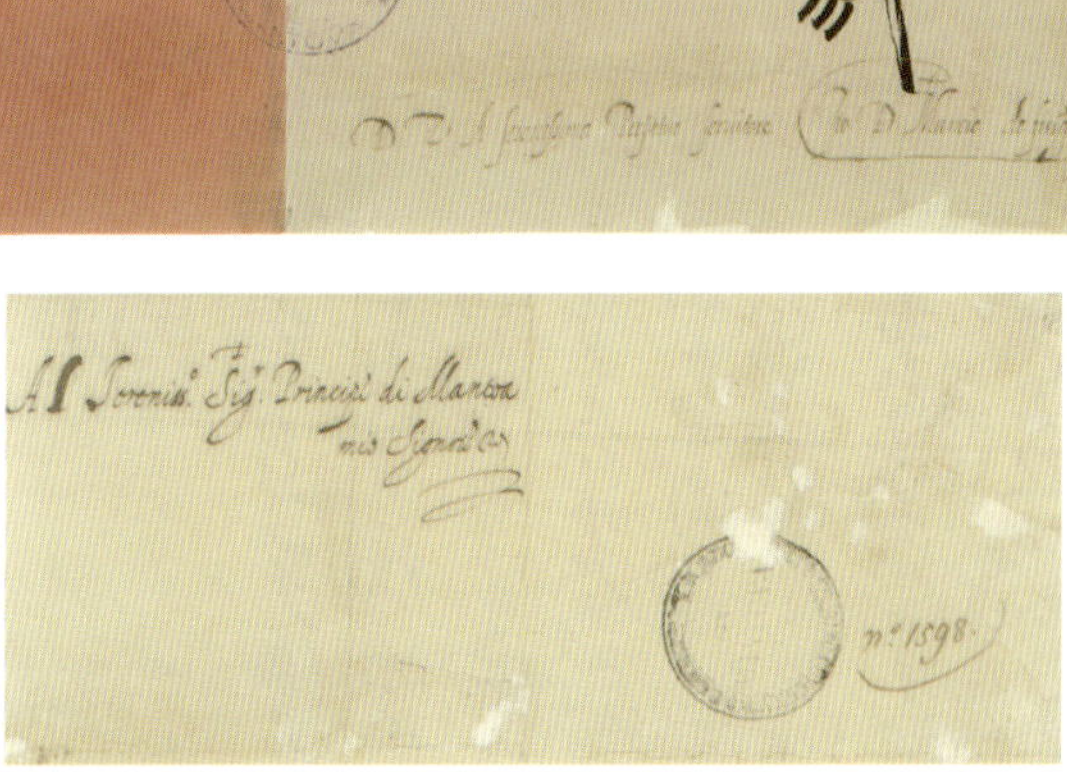

口絵1　天正少年使節のマントバ市への感謝状（一五八五年、イタリア・マントバ市公文書館蔵）本文一四四頁参照

DICTIONARIVM LATINO LVSITANICVM, AC IAPONICVM EX AMBROSII CALEpini volumine depromptum: in quo omissis nominibus proprijs tam locorum, quàm hominum, ac quibusdam alijs minùs vsitatis, omnes vocabulorū significationes, elegantioresq́; dicendi modi apponuntur: in vsum, & gratiam Iaponicæ iuuentutis, quæ Latino idiomati operam … non Europeorū, qui Iaponicū sermonem addiscunt.

IN AMACVSA IN COLLEGIO IAPONICO SOCIETATIS IESV cum facultate Superiorum.
ANNO M. D. XCV.

口絵2a　キリシタン版　ラポ日対訳辞書　扉（一五九五年刊、ライデン大学図書館蔵）本文一一一頁参照

RACVYOXV.

IESVS NRĀ REDĒPTIO.

IN COLLEGIO IAPO-
NICO SOCIETATIS
IESV.

Cum facultate Superiorum.

ANNO M. D. XCVIII.

Ex Legato Illuſtris Viri JOSEPHI SCALIGERI.

口絵2b　キリシタン版　落葉集　扉（一五九八年刊、ライデン大学図書館蔵）本文一一一頁参照

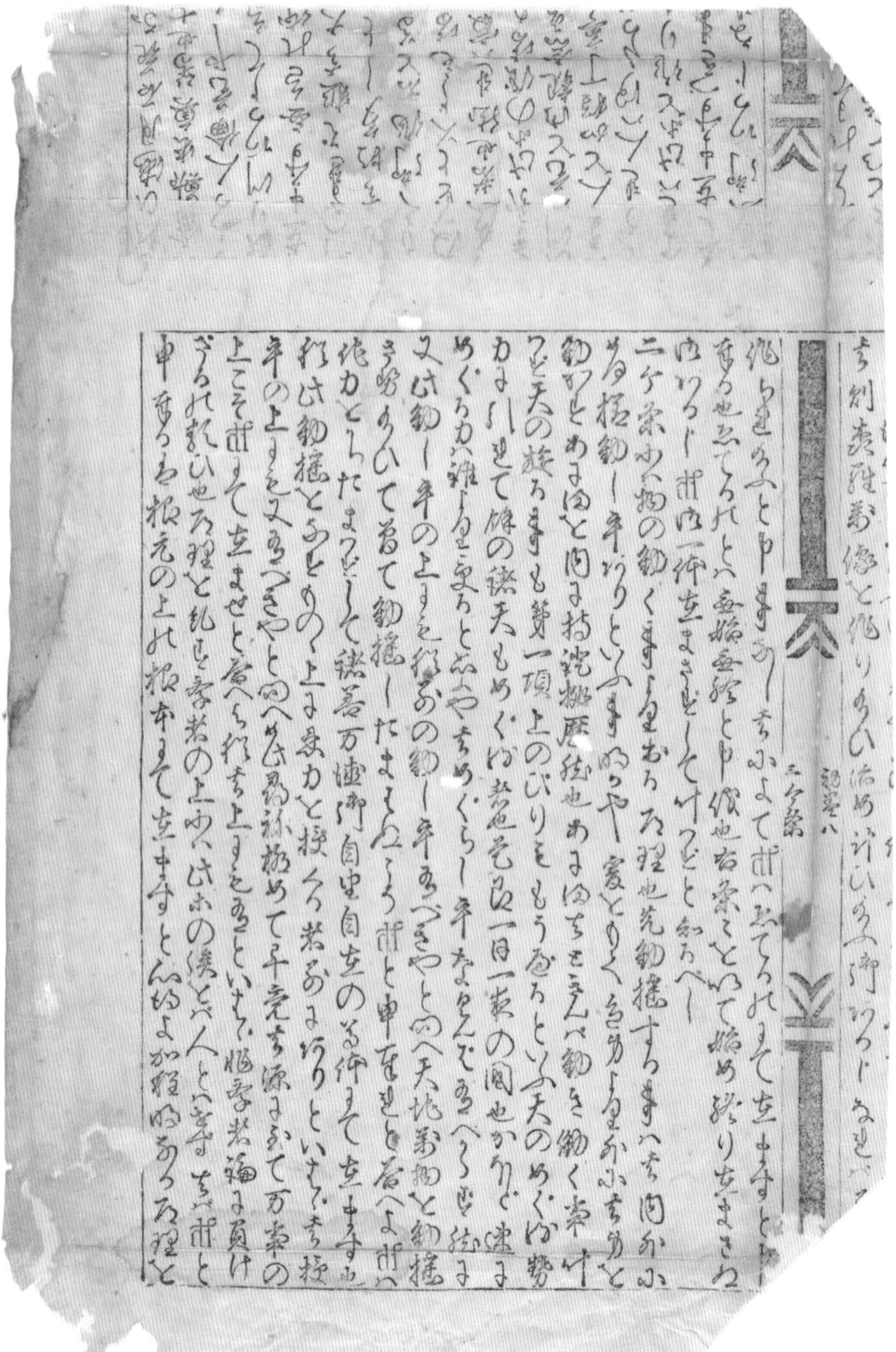

口絵3　キリシタン版　ひですの経　断簡（一六一一年刊、ハーバード大学ホートン図書館蔵）本文二一七頁参照

COMPENDIVM
Manualis Nauarri.
AD COMMODIOREM VSVM
tum confessariorum, tum pœnitentium
confectum.
Auctore Petro Giuuara, Societatis Iesu Theologo.
¶ Denuò recogniti sunt totius indicis numeri
ac passim correcti.

IHS

IN COLLEGIO IAPONICO SO-
cietatis IESV cum facultate Ordinarij, &
Superiorum. Anno 1597.

口絵4a　キリシタン版　ナバルスの懺悔　扉（一五九七年刊、マニラ・サントトマス大学図書館蔵）本文二九六頁参照

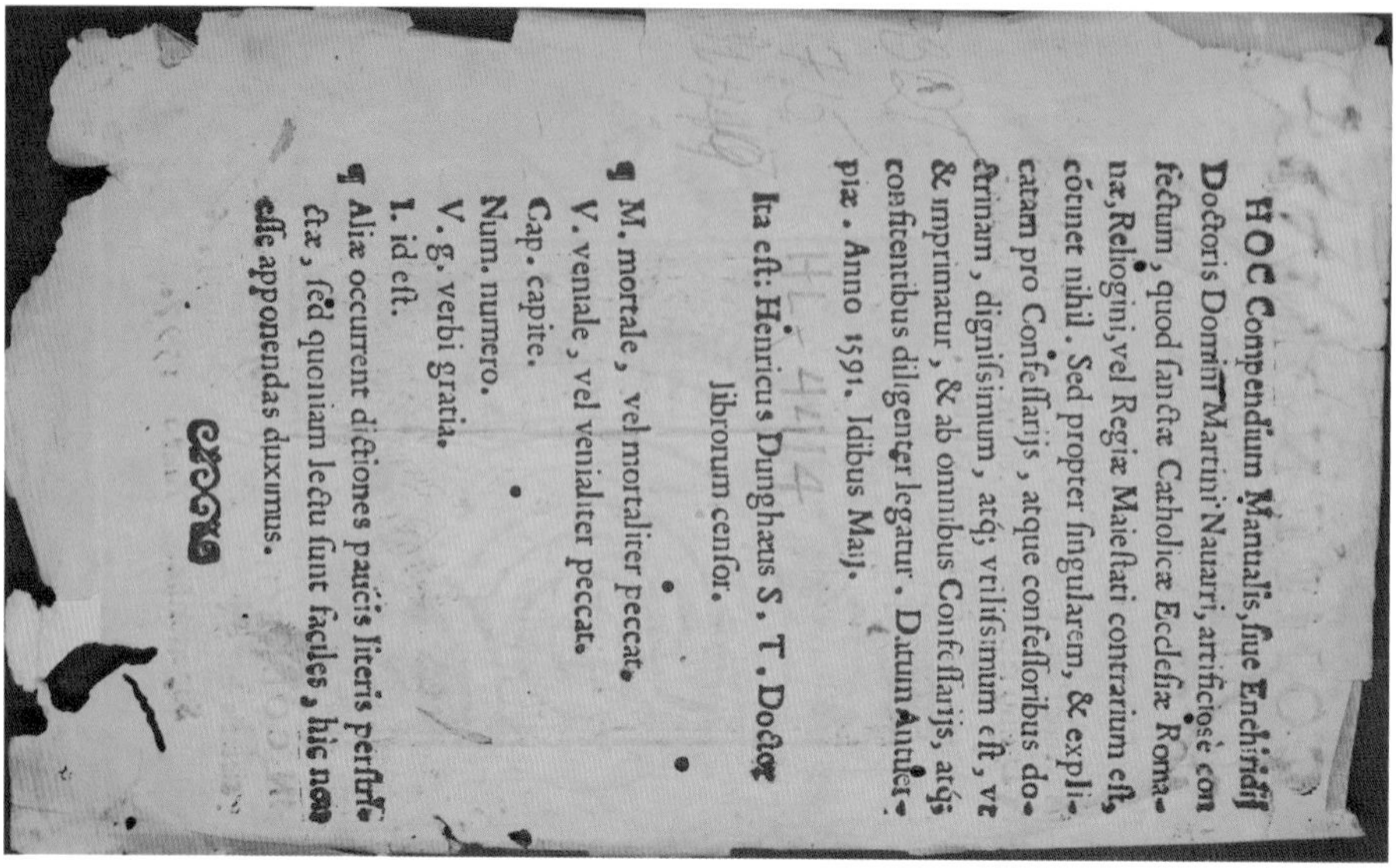

HOC Compendium Manualis, siue Enchiridij Doctoris Domini Martini Nauarri, artificiosè confectum, quod sanctæ Catholicæ Ecclesiæ Romanæ, Religioni, vel Regiæ Maiestati contrarium est, cótinet nihil. Sed propter singularem, & explicatam pro Confessarijs, atque confessoribus doctrinam, dignissimum, atq; vtilissimum est, vt & imprimatur, & ab omnibus Confessarijs, atq; confitentibus diligenter legatur. Datum Antuerpiæ. Anno 1591. Idibus Maij.

Ita est: Henricus Dunghæus S. T. Doctor librorum censor.

¶ M. mortale, vel mortaliter peccat.
V. veniale, vel venialiter peccat.
Cap. capite.
Num. numero.
V. g. verbi gratia.
I. id est.

¶ Aliæ occurrent dictiones paucis literis perstrictæ, sed quoniam lectu sunt faciles, hic non esse apponendas duximus.

口絵4b　キリシタン版ナバルスの懺悔扉ウ

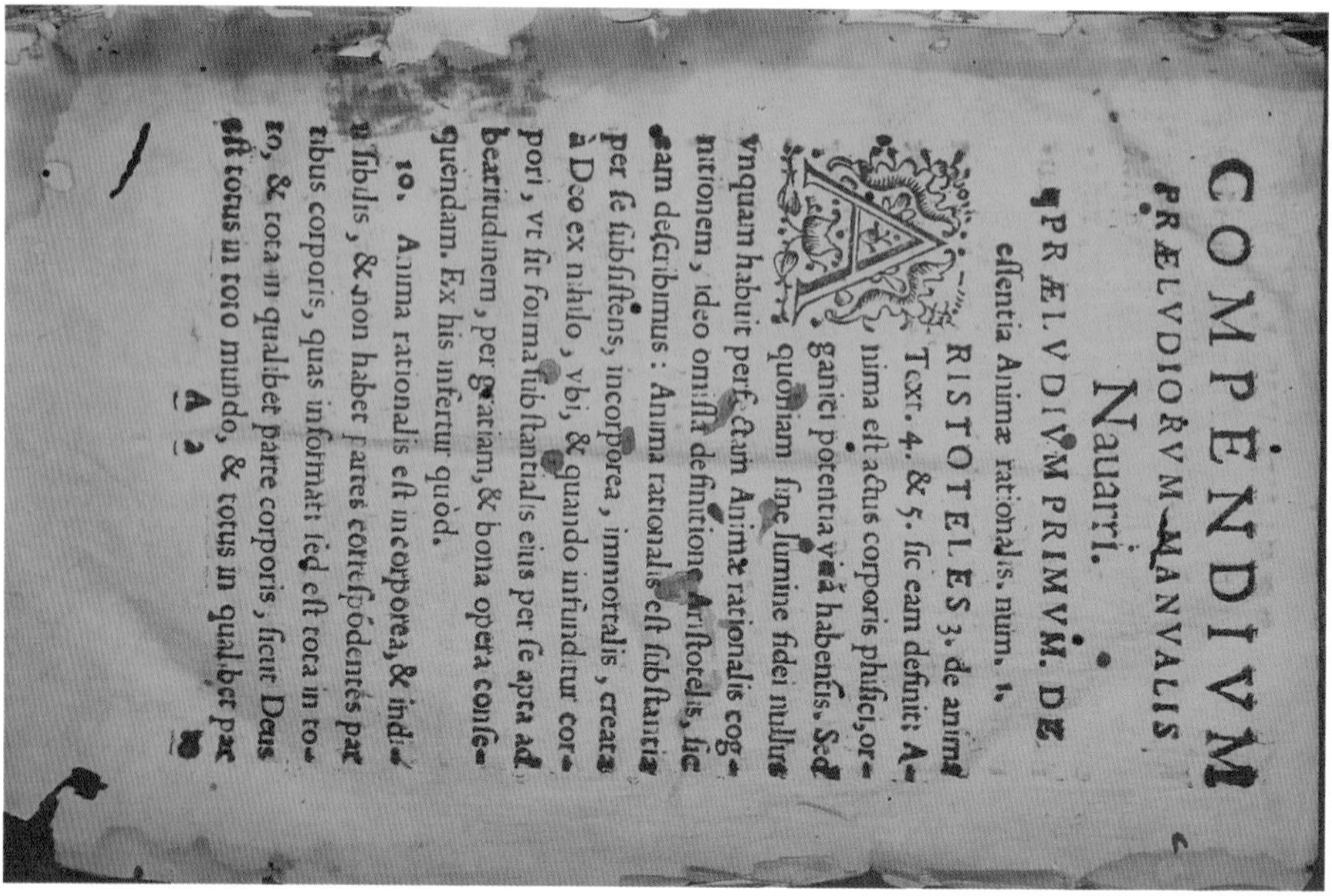

COMPENDIVM PRÆLVDIORVM MANVALIS Nauarri.

¶ PRÆLVDIVM PRIMVM. DE essentia Animæ rationalis. num. 1.

ARISTOTELES 3. de anima Text. 4. & 5. sic eam definit: Anima est actus corporis phisici, organici potentia vitã habentis. Sed quoniam sine lumine fidei nullus vnquam habuit perfectam Animæ rationalis cognitionem, ideo omissa definitione Aristotelis, sic eam describimus: Anima rationalis est substantia per se subsistens, incorporea, immortalis, creata à Deo ex nihilo, vbi, & quando infunditur corpori, vt sit forma substantialis eius per se apta ad beatitudinem, per gratiam, & bona opera consequendam. Ex his infertur quòd.

1º. Anima rationalis est incorporea, & indiuisibilis, & non habet partes correspódentes partibus corporis, quas informat: sed est tota in toto, & tota in qualibet parte corporis, sicut Deus est totus in toto mundo, & totus in qualibet parte

A 2

口絵4c　キリシタン版ナバルスの懺悔本文冒頭三頁

口絵4d　キリシタン版ナバルスの懺悔三頁

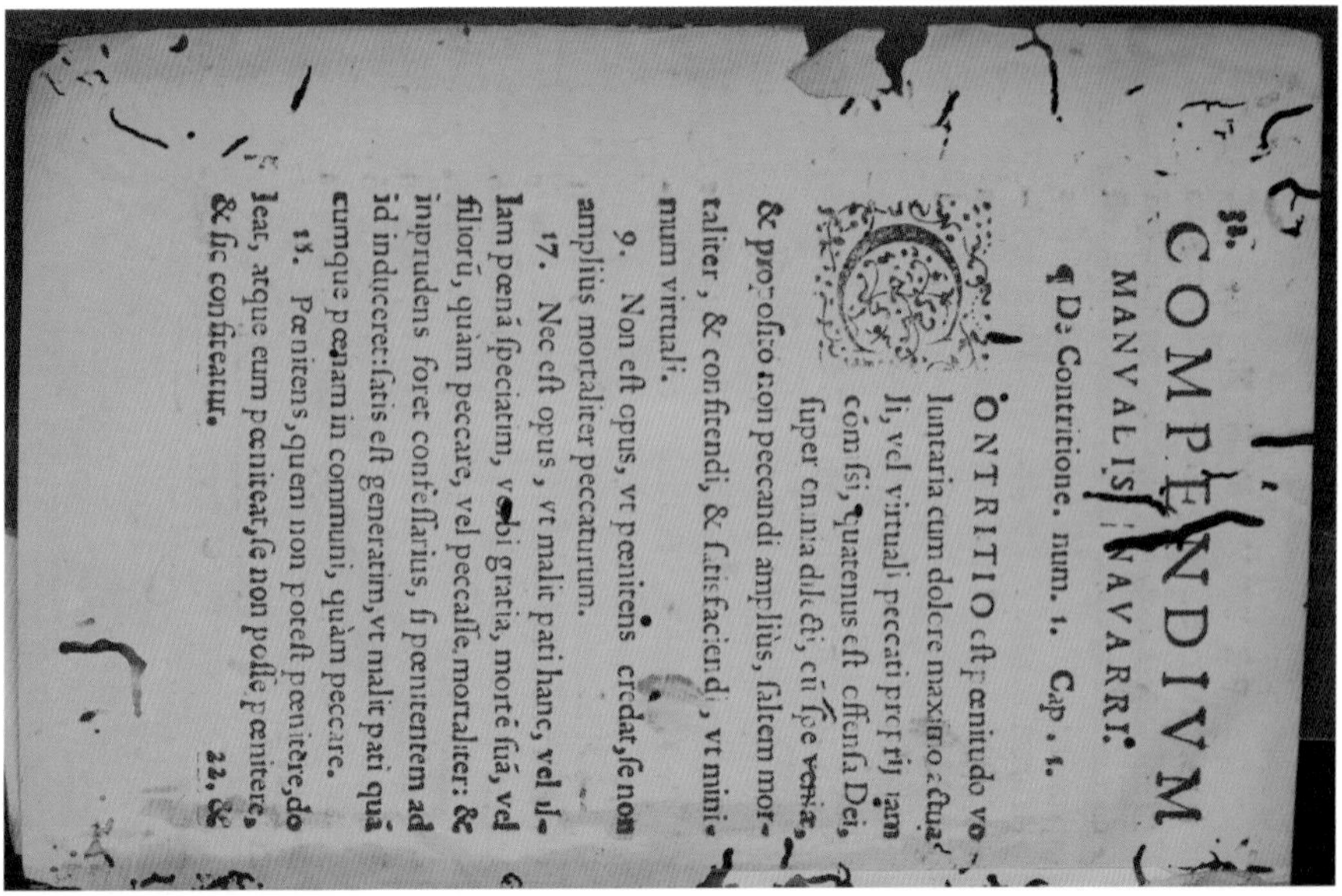
31.
COMPENDIVM MANVALIS NAVARRI.

¶ De Contritione. num. 1. Cap. 1.

CONTRITIO est pœnitudo voluntaria cum dolore maximo actuali, vel virtuali peccati proprij iam cómissi, quatenus est offensa Dei, super omnia dilecti, cú spe veniæ, & proposito non peccandi amplius, saltem mortaliter, & confitendi, & satisfaciendi, vt minimum virtuali.

9. Non est opus, vt pœnitens credat, se non amplius mortaliter peccaturum.

17. Nec est opus, vt malit pati hanc, vel illam pœná speciatim, verbi gratia, morté suá, vel filiorú, quàm peccare, vel peccasse mortaliter: & imprudens foret confessarius, si pœnitentem ad id induceret: satis est generatim, vt malit pati quá cumque pœnam in communi, quàm peccare.

18. Pœnitens, quem non potest pœnitere, doleat, atque eum pœniteat, se non posse pœnitere, & sic confiteatur.

22. &

口絵4e　キリシタン版ナバルスの懺悔最終頁

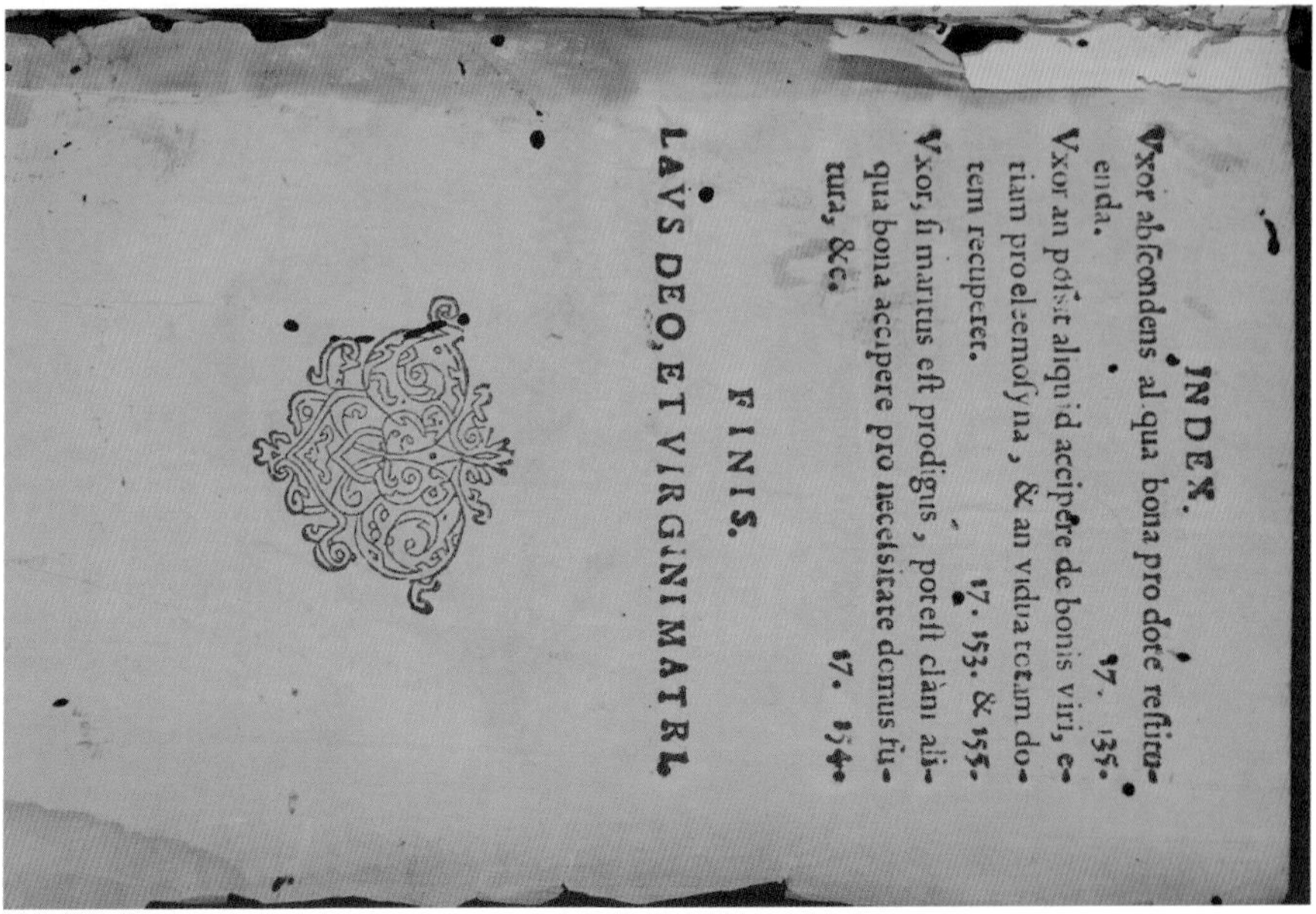
INDEX.

Vxor abscondens aliqua bona pro dote restituenda. 17. 135.

Vxor an possit aliquid accipere de bonis viri, etiam pro eleemosyna, & an vidua totam dotem recuperet. 17. 153. & 155.

Vxor, si maritus est prodigus, potest clàm aliqua bona accipere pro necessitate domus futura, &c. 17. 154.

FINIS.

LAVS DEO, ET VIRGINI MATRI.

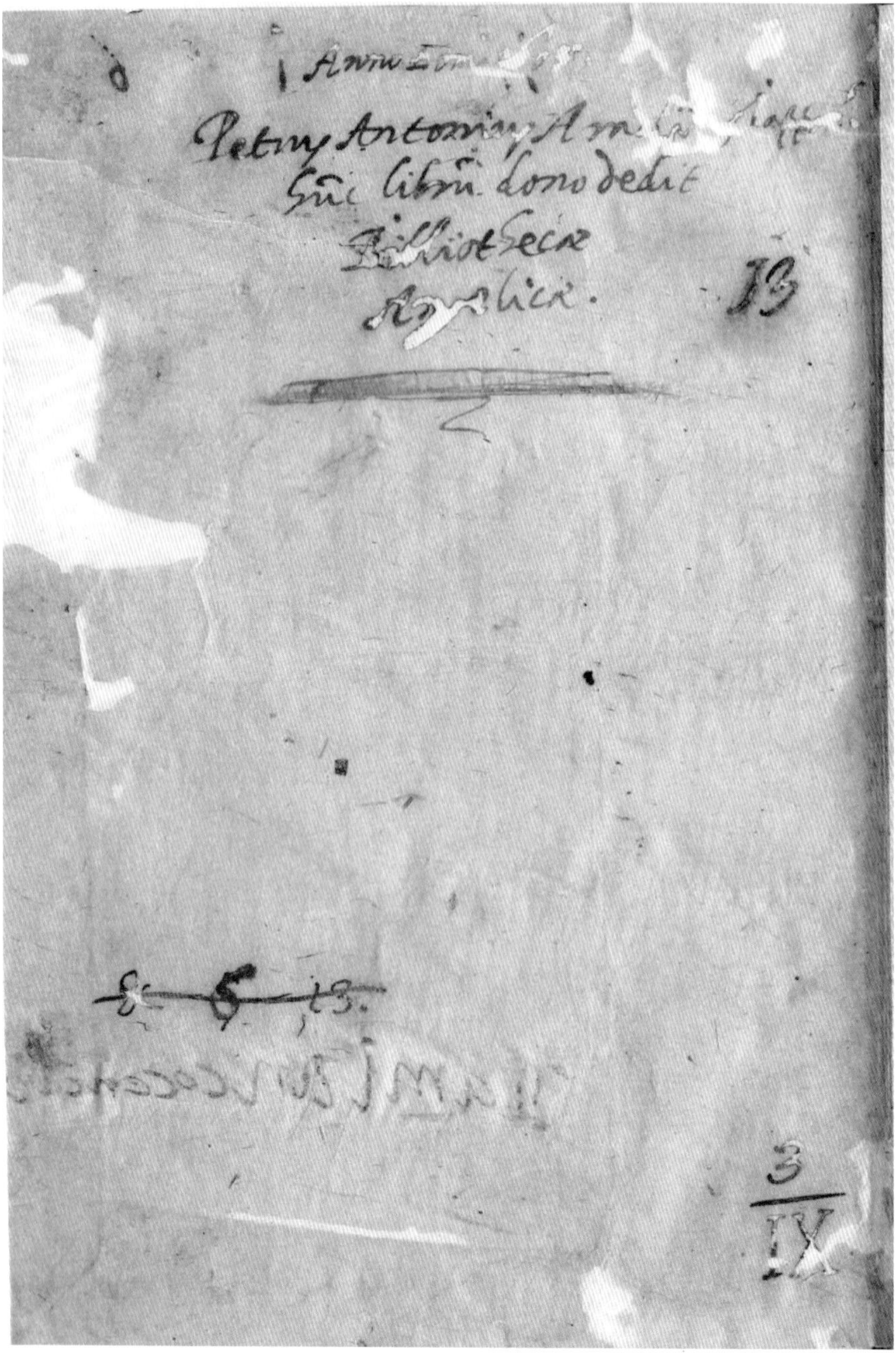

口絵5　キリシタン版　天草版ラテン文典（一五九四年刊、ローマ・アンジェリカ図書館蔵）表紙見返し

目　次

附　録

・本書の各論考・コラムで引用した文献については、執筆者名＋刊行年で示し、引用文献については巻末附録に一括して後掲した。

・本書の各論考・コラムで＊を記した人名・事項は、巻末に附録の「キリシタン時代の人物略伝と要語集」に説明のあることを示す。

・掲載画像は、次の各御所蔵館よりの御許諾による。

Images are courtesy of

天理大学附属天理図書館

L'archivio di Stato di Mantova, Italy

La biblioteca Angelica - su concessione del Ministero dei beni e delle attività culturali e del Turismo

La biblioteca nazionale Marciana - su concessione del Ministero dei beni e delle attività culturali e del Turismo

La Biblioteca de la universidade de Salamanca

A Biblioteca Pública de Évora

De Bibliotheek van de universiteit Leiden

Houghton Library of Harvard University

The University of Santo Tomas Library, Manila

序説
—キリシタン版の書物史—

豊島正之

キリシタン版を生んだ時代

一五四九年のザビエル初来日より、慶長十七〜十八年（一六一二〜一六一四年）［太陰暦和暦と太陽暦西暦とで正月が異なるため、慶長十八年十二月が西暦一六一四年一月に相当。］の宣教師追放・キリスト教禁教までの僅か六十年余の間に、キリシタンという語が生まれ、鉄砲とボタン、ワインと金平糖が輸入され、天文学と外科学が伝わった。舶来のプレス印刷器により日本で初めての活字印刷が行なわれ、キリスト教教義書が日本語で書かれ、出版され、初めての印刷楽譜・初めての銅版画が版本として世に出て、信者、中には司祭になる日本人までが現われたが、その後の禁教により、全てが姿を消した。潜伏した信徒は、幕末の一八六五年三月十七日にプティジャン*司教の前に再び姿を顕わしたが、二百五十年前に打ち棄てられたキリシタン文化は、再び世に甦る事が無かった。

キリシタン文化、広くは南蛮文化の遺品は、今日では、螺鈿蒔絵のＩＨＳ紋章什器や南蛮屏風として博物館に陳列される他は、ボーロ・鶏卵素麺・天ぷら・南蛮漬け等に僅かに承け継がれるのみかに見える。

所謂「大航海時代」のこの時代は、日本では戦国時代に当たり、日本の歴史の中でも著名な登場人物が少なくなく、歴史研究は極めて盛んで、関心も高い。辻邦生「安土往還記」、遠藤周作「沈黙」の様に、この時代のキリシタン・日本文化の対外接触に取材した小説の傑作も多い。

キリシタン文献とキリシタン版

禁教の結果、国内に文書・遺物は殆ど残存しないが、当時のキリスト教宣教に伴う文献は、海外には多数存在する。特に、イエズス会ローマ文書館（Archivum Romanum Societatis Jesu, ARSI）、スペイン王立歴史アカデミー（Real Academia Española de la Historia マドリード）等に残る日本・マカオ等からのイエズス会士の通信物原本と、アジュダ文庫（リスボン）等に残る写本は膨大で、既に十六世紀の段階で印刷・出版されたものもある（エボラ版書簡集「Cartas」など）。文書館所蔵文書の利用が容易ではなかった時代は、こうした出版物になった布教関連の文献も、研究史料としてよく使われた。

しかし、今日、出版物としてのキリシタン文献と言えば、何よりも「キリシタン版」、即ち、日本での布教を直接の契機として日本で宣教を行なった修道会（就中イエズス会）の主導によって出版された文献を指す。「キリシタン版」の範囲は定義により異なるが、一般には、この分野の記念碑的著作であるラウレス「吉利支丹文庫」（一九五七）の三十五番（ロドリゲス*「日本小文典」、一六二〇、マカオ刊）までの出版物、或いは更に狭く、ラウレス八番（「どちりなきりしたん」、一五九一？、加津佐*刊）〜三十四番（「太平記抜書」一六一一？、長崎？刊）

の日本国内でのイエズス会出版物のみを指す。一方、ドミニコ会のマニラでの出版物（「ろざりよ記録」、一六二二など）や、ローマでの出版物（コリヤード*「日本文典」、一六三二など）を含める立場もあり、範囲は様々だが、大略「日本でのキリスト教布教を行なった宗教団体が、キリシタン時代に、日本布教に伴って、又はそれを目的として出版した書物」をキリシタン版と呼ぶ事は、共通理解としてよかろう。キリシタン文献は、文書、写本、版本などキリシタン時代に生産された文献を包括した呼称で、キリシタン版はその一部を成している。

キリシタン語学とキリシタン版

キリシタン版が最も熱心に研究されて来たのは、日本語の歴史研究である。日本語史・日本語学史の上でキリシタン文献を資料とする場合は、版本であるキリシタン版が特に重視されて来た。

イエズス会による日本語研究は「キリシタン語学」とも呼ばれ、その「キリシタン語学」自体の研究（キリシタン語学学）も便宜上「キリシタン語学」と呼ばれている。

「キリシタン語学」の研究では、キリシタン版の中でも、日本語をローマ字で表記したローマ字版が、漢字・仮名（当時は濁点表記が一般的ではない）では分らない清濁や、当時複数あった長音の種別（開合《かいごう》）の判別に役立つとして重用された。「合力」カウリョク、「憲法」ケンバウ、「貧窮」ビングウ、「抜群」バックン、「謹んで」ツッシンデ、「剰え」アマッサエなどの読み、「傍輩」ハウバイ・「朋輩」ホウバイ、「四方」シハウ・ヨホウの区別等は、キリシタン版ローマ字本が無ければ判明しなかったかも知れない。又、日本側の文献が殆ど存在しない口語体テキストも「キリシタンもの」として取り上げられる事が多く、口語体平家物語、口語体エソポ（イソップ）物語などが他に類例の無い情報源として珍重され、その新奇さから一般にも知られて、芥川龍之介「奉教人の死」の様なオマージュまで生んだ（芥川は、後記で「予が所蔵に関る、長崎耶蘇会出版の一書、題して「れげんだ・おうれあ」と云ふ」と、キリシタン版からの引用に擬したが、これを真に受けた言語学界の重鎮が芥川に借覧を乞うたという伝説すらある）。

一方、イエズス会による「キリシタン語学」の直接の表現である文法書（文典）・辞書の類も、専らそこに盛られた日本語用例自体に関心が向かった。これは、当時の国語学が、実は「キリシタン語学」自体よりも、そこに反映した外国人による当時の日本語の観察に、日本語史資料としての関心があったためである。

外からの観察としてのキリシタン版

外国人による日本語観察としては、他に中国・朝鮮の文献もあるが、キリシタン文献は、量だけでも他を圧倒しており、且つ、布教という目的に由来する高い規範性を維持しているために、等質性にも秀でていて「ブレ」が少ない。これを却って危ぶんで、「キリシタン資料は、あまりにも日本語に習熟し過ぎた外国人によって記録されたために、日本人的立場が強過ぎて、外国資料としての意味は、むしろ、極めて小さい」（浜田、一九七〇、四二頁）、「外国資料が外国資料として、その特殊な存在価値を主張し得るとするならば、（中略）、日本語に対する習熟度の余り完全でない（中略）外国人（中略）によって受け取られ、記録されたものであることが必要」（同、七四頁）等という主張まで現れた程である。

こうした「外国人の記録は、日本語に余り習熟していないものの方が有り難みがある」という極端な主張はさて置き、文献を研究資料とする上で、その文献の成立背景・生産した集団を含め、その文献を含む総体を理解した上で取り扱う、という文献学の立場ではなく、文献はあくまで言語状態のサンプルに過ぎず、それなら出来る限り手の加わっていないサンプルの方がよい、という発想での文献からの用例の抜き出しは、謂わば、（資料ではなく）試料としての文献のつまみ食いである。

これは、実は訓点資料研究が辿って来た途である。仏教経典や儒教経典・漢籍などにヲコト点や傍訓などを施して訓読した形跡を持つ訓点本は、平安中期以降の遺存例が豊富に存在するが、当初は、単に訓読当時の日本語サンプルとして取り扱われ、従来の日本語資料類からは得られない語形・語法のみに注目し、長い経巻から注目すべき用例を抜書きして足れりとした時代もあった。こうした「つまみ食い」型の研究姿勢が見直され、加点・施訓の系統・流派と伝承、加点の典拠としての注疏との関連、文献の種類と加点・施訓の有無の連関など、そうした訓点本自体の成立、それを生み出した集団による典籍収集と読解・注釈の伝承自体が総合的に研究される様に大きく転換したのは、半世紀程前からの事であり、訓点資料研究は、既に、日本語だけでなく、漢字文化圏一般での注釈活動にまで視野が拡大するに至っている。

キリシタン文献の研究も、この三十年程の間に、「つまみ食い」型を脱して、総合研究へと発展して来た。以前は、ローマ字口語体本ばかりが重用されていたが、漢字仮名交じりの「国字本」の研究も着実に展開し、更には、従来は殆ど顧みられなかったラテン語本*の研究にも歩が進みつつある。翻訳ものも、その殆どは原拠本が明らかにされた。以前は、本文用語・訳語の選択（例えば「人の子」と「ビルゼンの子」）を、その翻訳原拠本文の参看もせず、直ちに訳出に当たっての意匠と断ずる類の議論も無いではなかったが、今日では、必ず原典原文との対照を行なった上で論じられる様になった。漢字仮名交じりの「国字本」キリシタン版には、原則としてルビが無く、解読にはキリシタン版「落葉集《らくようしゅう》」の様な字書が援用されて来たが、文脈により読み分けが必要な表記（例：「体」タイ・テイ、「門」モン・カド、「故」ユエ・カルガユエ）の適切な読みのために、他のローマ字本・国字本の全並行例を参照するのも当然の手法となった。このために、キリシタン版の殆どが、（辞書・文典類も含め）文字列データとして、研究者自らによって電子化され、あらゆる用例を文脈を含めて瞬時に検索可能とする努力がなされて来た。又、漢字仮名交じり「国字本」の全ての文字を活字一コマ単位で切り出したデータベースの構築も進み、活字の再利用・新鋳増補などの実態が掌を指すが如くに分る様になった。こうした電子化・データベース構築は、いずれも、キリシタン文献の総体としての把握のために、研究者らが自らの努力で行なって来たものであり、「つまみ食い」型を脱するための必須の道具の準備が、今ようやく整った処である。

本書に収めた**白《しら》井《い》純《じゅん》**の論考**「キリシタン語学全般」（Ⅳ部論考）**は、特に用語・用字統制の面からキリシタン文献全体の規範性の推移を概観したもので、「ひですの経」断簡の様な新出文献、モードリン図書館本「講義要綱*」の様な従来余り論じられなかった文献も資料とし、キリシタン文献全体に広く目配りしながら論が展開されているが、その多角的な論述は、上述の様な全てのキリシタン版の電子化・全ての国字活字のデータベース化に、論文の著者（白井純）自らが、多年に亘って力を尽くして来た事に拠るのである。

キリシタン版を企画した人物

布教のための印刷物を布教の現地で作るという発想は、当時のイエズス会としては、例外的ではない。エンリケ・エンリケス Henrique Henriques は、タミル語によるカトリック教義書を一五七七年に布教先であるインドのゴアで出版した（それ以前にタミル語文法も書いているが、これは当時は出版されていない）。しかし、有限の文字セットであるアルファベットと異なり、無限にも思える漢字と豊富な仮名異体字を持つ日本の表記系による出版には、困難が予想された。

布教に伴う印刷・出版を明示的に目指したのは、イエズス会の巡察使として日本を訪れたワリニアーノ*（ヴァリニャーノ）Alexandro Valignano である。彼は、当初は印刷の困難さからラテン・アルファベットのみによる印刷を企図し（一五八〇年）、欧州へ使節（天正少年遣欧使節）を派遣し（一五八二～一五九〇年）、欧州で印刷・出版技法を学ばせ、彼の地でプレス印刷器を購入させた（一五八六年）。しかし、天正少年使節は、ワリニアーノの期待を遥かに超えて、プレス印刷器と共に初鋳造の漢字・仮名金属活字をも手にし、それによって史上初めて和紙に金属活字印刷した書籍を携えて、ワリニアーノの待つゴアへ帰って来たのである（一五八七年）。ワリニアーノは、帰国の途マカオでも資材を追加して印刷の研修を積ませ、実際に数冊の書籍を刊行させた後、天正少年使節と共に天正十八年（一五九〇）に日本に戻り、そこで本格的なキリシタン版出版を開始する。本書に収めた**高瀬弘一郎《たかせこういちろう》「キリシタン時代の文化と外交―印刷文化の到来とポルトガルの日本航海権―」（I部論考）**は、キリシタン史料研究の第一人者が、キリシタン版出版への決断に至るワリニアーノの道程を史料を駆使して描出したもので、キリシタン版作成の背景・意図を理解するために、必読の論である。

天正少年使節がもたらした印刷器は、イエズス会のコレジョ*の移転に伴い、当初は加津佐、次いで天草*、長崎と転々とするが、鳥《とり》津《づ》亮二《りょうじ》「コレジオ天草移転の政治的背景」（I部コラム）は、天草へのコレジョ移転の背後に、キリシタン大名であった小西行長の密かな妥協への努力があった事を解き明かしている。

キリシタン版の原著者たち

キリシタン版には、翻訳を経て成立したものが多い。「サントスの御作業」（一五九一）、「ヒイデスの導師」（一五九二）、「コンテンツスムンヂ」（一五九五、一六一〇）、「ぎやどぺかどる」（一五九九）、「スピリツアル修行」（一六〇七）、「ひですの経」（一六一一）は、いずれも翻訳であり、教義書である「ドチリナキリシタン」（一五九二、一六〇〇）も、ポルトガル語の教義書を原著としている。

著名な「エソポ（イソップ）物語」（一五九三）の直接の翻訳原典は不明、又、「コンテンツスムンヂ」の原著者トマス・ア・ケンピスもキリシタン時代の著者ではないが、他の翻訳ものは、「スピリツアル修行」（一六〇七）第一部「ロザリヨの観念」・第二部「御パションの観念」原著者がガスパール・ロアルテ、同第四部の「ソマナの観念」はペドロ・ゴメス*、「サントスの御作業」（一五九一）中の「マルチリヨの理」、「ヒイデスの導師」（一五九二）、「ぎやどぺかどる」（一五九九）、「ひですの経」（一六一一）の原著者がルイス・デ・グラナダ*で、全員がキリシタン時代の同時代人である。(1) 天正少年使節は、リスボンでルイス・デ・グラナダに面会しているし、ペドロ・ゴメスは日本副管区長を勤めた人物である。例に外れる「コンテンツスムンヂ」も、実は原著者名の明示が無く、当時はルイス・デ・グラナダによる本書のスペイン語版が著名であった事を勘案すれば、これもルイス・デ・グラナダ訳著からの重訳であった可能性がある。

ペドロ・ゴメス及び「遣欧少年使節記」（一五八九）の著者ドゥアルテ・デ・サンデは、初のタミル語文法書を著したエンリケ・エンリケスと共に、いずれもユダヤ教からの改宗者「コンベルソ」の家系であった。**岡美穂子**《おかみほこ》**「大航海時代と日本―イエズス会のアジア布教とコンベルソ問題―」（I部論考）**は、こうしたキリシタン版「翻訳もの」に名を留める人物・「宣教に伴う言語学」での著名人がアジアへやって来た背景を、コンベルソ（改宗キリスト教徒）に対する当時のイベリア半島内でスペイン・ポルトガル両王国の対応の差異と関連付けて論ずるもので、気鋭の著者による、当時の布教の背景に就ての該博な知識に裏付けられた精細な論考は、現在のキリシタン学の高い水準を示すものである。

翻訳原典の成立と翻訳の理由

こうしたキリシタン版の翻訳ものが、必ず原典を参照しながら研究される様になったのは、比較的最近の事である。それ以前は、例えば「ぎやどぺかどる」に Guia do Pecador とポルトガル語で書名が印刻されている事を以て底本をポルトガル語本と推定したり（本書の十八世紀以前のポルトガル語版は無い）、「一五七三年サラマンカ刊のポルトガル語版」と実在しない底本を指示したものさえあった。「ドチリナキリシタン」の著名な研究書『日本イエズス会版キリシタン要理』（亀井ほか、一九八三）も、Marcos Jorge の原著 Doutrina Christão の版本探索に難渋し、やむなくキリシタン版（一五九二）より後の版（一六〇二）を研究底本に用いた程で、Jorge の一五六六年リスボン版の所在は、二〇一一年までは広く知られなかった。

キリシタン版の翻訳は、原文に忠実な和訳というより、原文を踏まえた上で日本語で書き直した「翻案」に近く、原文との対応が取り難い部分も少なくない。

この原文との乖離を、キリシタン版の編集・出版の意図、更には出版に至らなかった写本での翻訳の姿勢にまで遡って論ずるには、宗教改革を経ての当時の宗教的背景は勿論の事、中世キリスト教哲学とイベリア半島の宗教文献との双方に通暁していなければならない。こうしたキリシタン版翻訳の契機を、その原典自体の成立の含意と共に総合的に論じる研究は、殆ど前人未踏の領域であって、その本格的な研究は、**折《おり》井《い》善《よし》果《み》**の創始に掛かると言っても過言ではなかろう。本書に収めた折井の研究**「対抗宗教改革と潜伏キリシタンをキリシタン版でつなぐ」（Ⅲ部論考）**は、キリシタン文献学の最前線の一つである。

キリシタン版に影響を与えた同時代の欧州出版物

キリシタン版のうち、「キリシタン語学」の直接の成果として、日本語に関する辞書・文法書が出版されたのは、前述の通りである。

辞　書　辞書は、いずれもポルトガル語により記述され、ポルトガル語を含む辞典として当時最大の存在であり、これを超えるものは十八世紀まで出版されない。このため、キリシタン語学には、ポルトガル本国での関心も高い。キリシタン版辞書の典拠の一つとなった Calepinus などの欧州辞書に就ては、**岸《きし》本《もと》恵《え》実《み》**の一連の研究が世界的に著名で必見とされているが、本書に収めた**「キリシタン語学の辞書」（Ⅳ部論考）**は、それらがポルトガル語で記述された背景までをも探究した意欲的な論考である。

文法書　日本語の文法書は、刊本としては、キリシタン時代以前には刊行された事が無い。キリシタン版の日本文典が、日本語学史上初の日本語文法書である。

日本イエズス会が刊行したキリシタン版の文法書は、天草版ラテン文典*（一五九四、本文はラテン語）、ロドリゲス日本文典（「大文典」、一六〇四〜一六〇八、ポルトガル語）、ロドリゲス日本小文典（一六二〇、ポルトガル語）の三点である。イエズス会が、これらより前から日本文典・辞書を編纂し、写本で流通させていた事の記録は多いが、残念な事に、それらの写本は断片すら残存せず、又、それらを直接引用した文献も無いため、その内容は全て推測にならざるを得ない。

天草版ラテン文典（一五九四）の祖本は、原著者アルバレス*のラテン文典 De institutione grammatica libri tres（初版一五七二、リスボン刊）を著者自身が簡略本に仕立てた「小文典」（初版一五七三、リスボン刊）の系列で、それが更にイベリア化された版（スペイン語対応版、一五七八、リスボン刊、参考：ポルトガル語対応版、一五八三、リスボン刊）である事が判明している。（アスンサン・豊島、二〇一二）。ロドリゲス大文典は、この天草版ラテン文典を引用した部分があり、直接の影響を受けている事は確実である。原著者マヌエル・アルバレスに就ては、**カルロス・アスンサン、エリザ・アツコ・タシロ－ペレス「アルヴァレスと『ラテン文典』について」（Ⅳ部論考）**を参照。

アルバレスのラテン文典のうち「小文典」は、十六世紀後半に、スペイン・ポルトガル語だけでなく、イタリア語、ドイツ語、英語、フランス語、ポーランド語等々、多くの言語対応版が輩出しており、日本語版もその一つに数えられよう。これらの対応版も含め、現代までに刊行されたアルバレス「ラテン文典」には

（「小文典」を併せて）確認されただけで六百五十種を数えると言うが、恐らく更に多数の版が存在しているであろう。キリシタン版の時代より前と限っても版は多く、当該キリシタン版の記述の由来は、慎重に見定めねばならない。例えば、アルバレスのラテン文典初版（一五七二）が、条件法の文例として接続詞 cum に後続する例しか掲げないのに対し、キリシタン版の天草版ラテン文典（一五九四）が、cum/quanvis/si の三を掲げてそれぞれに訳文を掲載するのは、「それぞれに日本語訳をつけくわえるための配慮である」とする論があるが、cum/quanvis/si の三を分けて掲げたのはスペイン語対応版アルバレス「小文典」（一五七八　リスボン刊）であって、天草版はこれを底本として倣ったものなので、日本語版による意匠とは言い難い。

ロドリゲス大文典が、天草版ラテン文典から受けた影響は明瞭だが、更に先行していた筈の日本語文法書写本類にどの程度依拠しているかは不明で、大文典の未整理の内容・一貫しない用語は、或いは先行写本の姿を一部に留めるかとも推測されるが、確実な論拠は得られていない。ロドリゲスの大・小文典と、ラテン文法の規矩との対応・相違に就ては、**カルロス・アスンサン「文法書」（Ⅳ部論考）**を参照。

ラテン語　彼らの文法観の根底にはラテン語がある。特に、天草版ラテン文典（一五九四）は、一見ラテン語の教科書に日本語の用例を書き込んだだけの様に見える（表題自体に「活用形に日本語形を補った」とある）が、実際に本文を味読すれば、その第一巻は「ラテン語文法が共通理解であるという前提での、その枠組みを用いての日本語文法記述」である事は明かで、その様な前提が成立する日本イエズス会のコレジョという特殊な環境でのみ可能だった出版である事が分る。イエズス会が前提としていたラテン語の世界に就ては、**原田《はらだ》裕司《ひろし》「キリシタン版のラテン語」（Ⅳ部コラム）**を参照の事。キリシタン版のうち、ラテン語文献は比較的研究の進んでいない分野であるが、日本司教の秘書の重責にあったマヌエル・バレト*の大著「ポルトガル語・ラテン語対訳辞書」写本の大冊三冊（全千七百六十五丁、ほぼ全文自筆）が見出された事もあり、同じバレト著のキリシタン版「フロスクリー」（一六一〇）などを含めた今後の本格的な研究が期待出来る。

書物としてのキリシタン版

キリシタン版は、日本初の活字印刷物である。キリシタン版には、欧文ラテン文字横書きの「ローマ字本」と、漢字仮名交じり和文縦書きの「国字本」があるが、活字は共に原則として金属活字である。

キリシタン版は、輸入金属活字による組版を天正末年（一五九一）には既に行なっているが、所謂日本古活字版は木活字で、キリシタン版より僅かに遅れる。初例「文禄勅版」文禄二年（一五九三）は輸入朝鮮銅活字に拠ると伝えるが現存せず、現存する初例の「慶長勅版」慶長二年（一五九五）は、木活字である。

キリシタン版はプレス印刷で、その版式の特異な事は早くから知られているが、何分遺存例が少なく、しかも海外図書館の蔵書が殆ど（国内伝本は殆どが海外から回収されたもの）のため、書誌学的な調査に不自由があった。このためか、原本に接せずに記されたと覚しい記述も散見される。「キリシタン版のローマ字は金属活字、国字は木活字」の様な謬説がいまだに掲載されるのを見るに、キリシタン版の印刷技術に就て、広く知見が共有されているとは言い難い様である。本書の**「日本の印刷史から見たキリシタン版の特徴」（豊島正之、Ⅱ部論考）**は、印刷物としてのキリシタン版をやや詳細に亘って述べているが、これがキリシタン版に関する誤解を解く一助と成れば幸いである。

同時代の出版文化・後世への影響

この様に、キリシタン版と日本古活字版とは全く同時代の産物であり、当然、相互の影響に興味が持たれるが、厳しい禁教のためもあってか、史料に乏しい。

日本古活字版の祖は朝鮮活字版とするのが一般的であったが、近時、版式に注目して、キリシタン版こそが日本古活字版の祖とする見解が現われた。**小秋元段《こあきもとだん》「古活字版の起源とキリシタン版」**（Ⅱ部コラム）は、こうした新展開の前提を簡潔に要約したもので、今後の研究に必見である。

日本古活字版の精華である嵯峨本は、未だに謎が多いが、**林進《はやしすすむ》「角倉素庵とキリシタン版・古活字版・嵯峨本――新史料「期遠亭（角倉素庵）宛 藤原惺窩書状」をめぐって――」**（Ⅱ部コラム）は、嵯峨本の生産・装幀に素庵が直接関わっていた新史料の提示だけでなく、嵯峨本とキリシタン版の装幀に通ずる点を指摘して、今後、更に両者の関係の探究が進む展開を示唆している。

最初に述べた様に、慶長十七～十八年（一六一二～一六一四年）の宣教師追放・キリスト教禁教と共に、キリシタン文化は地を払ったが、潜伏した信徒は、二百五十年後の一八六五年三月十七日に、外国人司牧用の長崎大浦天主堂*プティジャン司教の前に再び姿を顕した。この「信徒発見」という劇的体験を経たプティジャンは、キリシタン版の再構とも見得る一連の出版を企図する。**髙祖敏明《こうそとしあき》「プティジャン版」**（Ⅳ部コラム）は、その出版の背景である依然として禁教下にあった当時の日本の宗教事情と、プティジャン出版物の内容との関連を要約したものであり、キリシタン版の二百五十年後の受容史としても参照さるべきものである。尚、キリシタン版「スピリツアル修行」大浦天主堂本と、国字写本である「すぴりつある修業抄」（天理図書館）、「スピリツアル修行」（東洋文庫）の三点には、いずれもプティジャン司教直筆のフランス語・ローマ字書き日本語の書き込みがあり、司教がこれらのキリシタン版・写本を手元に置いて参照しつつプティジャン版の板行を企図していた事を今に伝える遺品である。又、**東馬場《ひがしばば》郁生《いくお》「キリシタン信仰の受容史」（Ⅲ部コラム）**は、キリシタン版が潜伏キリシタンに及ぼした影響を、具体的な本文に基づいて探る試みである。

キリシタン版は、厳しい弾圧のためもあってか、いずれも頗る稀覯である。出版記録に見えながら所在が知られない書も少なくなく、又、かつて所在が確かめられても現在行方不明になった書もある。「ひですの経」（一六一一）も、折井善果が二〇〇九年にハーバード大学蔵本の所在を報ずるまでは、その一つであった。**八木壮一《やぎそういち》「きりしたん版「ナバルスの懺悔」発見の顛末」（Ⅳ部コラム）**は、こうした記録類にすら見えなかった全く未知のキリシタン版を探り当て、それに初めて接した一部始終の希有の記録である。

キリシタン版にならなかったキリシタン文献

前述の白井純論文にも見える通り、通常のキリシタン版には、強い言語規制が働いている。一方、キリシタン文献の写本の言語規制は弱く、遥かに自由な表記法・語彙が採用される。**川口《かわぐち》敦子《あつこ》「信徒文献―写本類におけるローマ字表記の異同から―」（Ⅳ部論考）**では、出版に至らなかった国内写本キリシタン文献が取り上げられる。

出版されなかった大部の写本としては、ペドロ・ゴメス（日本副管区長）のCompendium（講義要綱、オックスフォード大学モードリンカレッジ図書館）があるが、その一部は、或いはキリシタン版「ひですの経」に影響を与えているかも知れない。又、厳密には日本キリシタン版としての刊行は意図されていなかったが、日本史・日本宣教史（教会史）の執筆が、それぞれルイス・フロイス、*通事ジョアン・ロドリゲスに委託され、両者とも膨大な草稿を準備し、ロドリゲスのものは出版用の清書まで済ませたが、結局（余りに膨大なために）刊行に至らなかった。フロイスの「日本史」*自筆草稿は、マカオのコレジョに保管中に火災で全滅し、その一葉すら伝存しないのは痛恨事である。後世の写本のみが伝わり、Wicki による翻刻・注釈（DVD版もあり）と、松田毅一らによる日本語訳がある。ロドリゲスの「日本教会史」*は、自筆草稿・出版用清書本の一部と、更に後世の写本が伝わっているが、「大航海時代叢書」第一期の土井忠生らによる全文日本語訳（高度に学術的な翻訳であり、キリシタン文献学の金字塔である）が出ただけで、Pinto によるアジュダ本写本の翻刻はあるものの、自筆部分は、未だにポルトガル本国では出版されていない。

インターネット時代の研究環境と「宣教に伴う言語学」Missionary Linguistics

ロドリゲス大文典に見える convem a saber というポルトガル語の句に就て、この句がメキシコ（ヌエバ・エスパーニャ）の現地語文典に特徴的で、当時のポルトガル語文法書（Oliveira, 1536、等）に「全く表れない表現」であるとして、これを以てロドリゲス文典がメキシコ文典より影響を受けた事の証左とするものがある。convem a saber が、ラテン語 scilicet（しばしば「s.」と省記される）と同意の「即ち」の意のポルトガル語なのは、キリシタン版ラポ日辞書「scilicet」の項に見える通りで、Cardoso のラポ辞書（一五六二）や Oliveira

（1536）・Gandavo（1574）の様な当時の文法書・正書法書にも普通に見える（Oliveira に「全く表れない」というのは何かの間違いであろう）他、日葡辞書の地の文にも現れ、特にヌエバ・エスパーニャ独特の語法とも思われず、これを以てロドリゲス文典へのメキシコ文典の影響を説くのは、果断に過ぎるであろう。

この例でも分る様に、キリシタン文献の理解には、当時の布教に伴う他の地域の文献や、その本国に於ける文献の研究が必須であり、それ無しでは躓き兼ねない。

こうした、大航海時代に於ける宣教に伴って生じた「ラテン文法と、それと全く系統関係に無い言語との史上初の邂逅」を研究対象とするのが、Missionary Linguistics「宣教に伴う言語学」であり、二十一世紀になって発達した、言語学史の若い一分野である。Missionary Linguistics は、布教する側の言語であるラテン語やイベリア半島語以外に、布教対象の現地語への通暁も必要であるため、必然的に国際共同研究が要請され、二〇〇三年オスロでの第一回会議以来、既に七回の国際会議を開催し、その第六回は二〇一〇年三月に東京で四日間に亘って開かれ、二十二箇国から四十二名の研究者の参加を得て成功裡に終わった。Missionary Linguistics 論文集シリーズの公刊も続いており、国際的な共同研究は着実に進んでいる。

その中でも、東京会議以来、積極的に行なわれているのが、インターネット上の Missionary Linguistics 関連オンライン・リソースの構築である。

確かに、当時のイベリア半島の史的文献の検索の便宜は、未だに十分ではない。実は、スペイン・ポルトガル・ブラジルでの史的文献のコーパス構築は日本以上に盛んで、そうしたリソースも比較的容易に入手出来るとは言え、検索手段には大いに改善の余地があり、例えば、「convem」からは原文の「Conuẽ」「cõuen」 「côuē」が引けない等の不都合がある。上記の様な果断も、或いはこうした検索洩れに由来するかも知れないが、これは、「コンピュータの専門家」による解決を拱手して待つべきものではなく、研究者自らが、更に精緻な用例検索を行なうための策を講じ、史的な同義語・異形態・綴りのバリエーションを同一視して検索するデータベース等の構築などに積極的に取り組むべき事を示唆するものである。

技術は、それを必要とする企画力無くしては生まれ得ない事は、キリシタン版の出版史自体が示す処でもある。文献学研究者の務めが検索技術の実装自体にあるのではない事は言を俟たないが、全てを「情報系の専門家」に丸ごと押し付け、文献学的研究に真に必要・有用な技術の仕様の明細化すら怠っていたずらに不満のみを託つが如きは、編者の執らざる処である。ポルトガルのカルロス・アスンサン博士(トラーズ・ウズ・モンテス・イ・アルト・ドゥロ大学(UTAD)副学長)と編者が共同で構築している「宣教に伴う言語学」Missionary Linguistics の語彙集データベース(http://joao-roiz.jp/LGR/)、文法書データベース(http://joao-roiz.jp/LGRP/)や、丸山徹教授(南山大学)の校訂された歴史的ポルトガル正書法書に就てのデータベース(http://joao-roiz.jp/LGRM/)は、そうした、史的な同義語・異形態を統合検索して用例に辿り着くための試みの一つであるが、まだ不十分で、今後、リソースの拡張と検索精度の向上に努めて行きたい。

昭和五十三年(一九七八)、故小島幸枝は、その著書『落葉集総索引』の「あとがき」で、「キリシタン資料による国語研究は、影印・解説程度のところですっかり停滞し、新村[出]、橋本[進吉]、土井[忠生]各博士によって開拓された研究史の第一期を、今なお低迷し続けているように思われてならない」と記した。

確かに、当時のキリシタン文献の語学的な研究に、停滞と呼ばれ兼ねない時期が無いではなかったが、その後の四半世紀を経て、キリシタン版の文献学的研究は「第一期」を既に脱し、一方では印刷史研究に伴う技術的・文字論的なアプローチ、他方では、キリシタン版を生み出した背景の思想史に迫るアプローチ、更には「宣教に伴う言語学」Missionary Linguistics としての世界的視野を確保する事で、別の次元を切り拓きつつある。この間の研究で、一貫して主導的な立場にある**丸山《まるやま》徹《とおる》**が**「キリシタン語学研究の今」（Ⅳ部コラム）**で述べる様に、今やキリシタン語学が「宣教に伴う言語学」Missionary Linguistics 研究の一角として大きく発展しつつある事が本書の読者に明白になり、更に今後の此学の進展への関心が高まるならば、本書編纂の目的は、既に十分に達せられたと言うべきである。

註

（1）日本副管区（準管区）と教区の関係に就ては、**岡美穂子「日本（府内）布教区とイエズス会日本準管区」（Ⅰ部コラム）**を参照。

Ⅰ　キリシタン時代と日本

大航海時代と日本
―イエズス会のアジア布教とコンベルソ問題―

岡　美穂子

はじめに

一四九二年三月、カスティーリャ・アラゴン連合王国でユダヤ人追放令が公布された。その経緯については、スペイン国内を中心に古今膨大な研究蓄積があり、ここであらためて述べるまでもないが、これを契機にユダヤ教徒はキリスト教徒に改宗するか、信仰を守るためにイベリア半島を離れることになった事実は、世界史の流れを大きく変える出来事であったといえよう。

同法令発布直後、キリスト教に改宗しない者のうち多くは、地続きであり、すでに血縁によるネットワークも濃厚であった隣国ポルトガルへと移住した。ポルトガル国王ジョアン二世は、ユダヤ人に対し八か月間の領内滞在を許し、改宗しない者は財産没収の上、奴隷とされることとなった。このため、多くのユダヤ教徒はリスボンからさらにアントワープ、イタリア諸国、マグレブ、オスマン朝トルコ、のちにロンドンやアムステルダムなどへ渡っていった。ジョアン二世の死後（一四九五年）、王位を継承したマヌエル一世は当初ユダヤ人優遇策を展開したが、カスティーリャ王女との婚姻により、ユダヤ人追放を容認せざるをえず、国内への残留を目的に、表面上改宗した者に対しては深い穿鑿をおこなわない寛容な改宗を進めた。これによりポルトガルのユダヤ教徒はすべてコンベルソ（改宗キリスト教徒）となった。隣国からの圧力によって強制改宗は進められたが、経済・文化の面で強い影響力のあるユダヤ人が王国を脱出することによる国勢へのダメージが意識され、ポルトガルでは深い宗教穿鑿はとどめられた感がある。すなわち、ポルトガルのユダヤ教徒に対する初期の対応は、宗教的な動機よりも政治・経済的要因に強く支配されたものであった。

ポルトガルが大航海時代を牽引し、アジアの商業ネットワークに参入して、主要な港町に拠点を築いた時代と、イベリア半島でコンベルソが大きな社会問題となり、他地域へと離散していった時期とは、ほぼ一致している。またポルトガル国王ジョアン三世の要請により、アジアでの布教活動を先駆けて展開したイエズス会の内部では、当初コンベルソ会員の存在は、他の修道会と比較してとりわけ多く、キリスト教世界の拡大を標榜とする会の在り方と、コンベルソを内に抱える二重性からは様々な軋轢が生じていた。

対抗宗教改革の尖兵であるイエズス会とコンベルソの関係については、ザビエルのゴアへの異端審問所設置進言がつねに引き合いに出され、従来「不寛容」という見方がされてきた。しかし近年のマーク・ラストン（Rastoin, 2007）やロバート・マリクス（Maryks, 2010）の研究では、創設当初から四代目総長メルキュリアン*の時代までは、実際のところ、「寛容」という表現の方が適切であることが示されている。二代目総長ディエゴ・ライネス*のように、改宗者の一族であることが広く知られながら、ロヨラの後継者としてイエズス会総長に選ばれた者もあり、ほかにも内部文書で明らかに「コンベルソ」であると明示されながらも、重要な役職につく者もあった。

たとえ出自に強くユダヤ教徒の血が入っていたとしても、本人がキリスト教徒との自覚のもとに生活しているかぎりは、聖職者になることは問題ではないし、実際にコンベルソでキリスト教聖職者の道を志す者は、イエズス会に限らず多くあった。しかし、コンベルソの一族であることは、所属する集団内でも強く意識され、イエズス会内部の史料において、当人の属性をあらわすものとして、それが明示された例も稀ではない。会員の描写において、多くの場合、隠語で「ビスカイヤ人 biscaino」とコンベルソの出自が記載されるということはすなわち、内部においてもやはり「改宗者」に対する強い差別意識が強くあったことを意味する。

コンベルソ会員は自身の誕生時にはすでに一族揃ってキリスト教徒であったとしても、家庭内での教育や先祖代々の習慣などにおいて、キリスト教外の因子が完全に排除されていたとは考えがたく、彼ら自身の思考の在り方にも、自らの血脈に対する自己認識が影響していたと考えるのが適当ではなかろうか。日本におけるコンベルソ研究の泰斗として知られる小岸昭は『マラーノの系譜』（一九九四）で「外面と内面、光と影という二重性を自らのうちにかかえこまざるを得なかった人間の意識は、むろん知のあり方に変容を促さずにはおかなかった」と、コンベルソの大半の意識には二重性があったことを指摘している。

本稿ではこのような時代的背景を踏まえ、一六世紀のイベリア半島の宗教や知識をめぐる複雑な事情が、同時代に来日したイエズス会士にどのような影響を落としていたのか、またそれが彼らの布教をめぐる思考と何らかの因果関係にあったのか、筆者の中での萌芽的試論として、若干の考察をこころみたい。

一　イベリア半島のユダヤ人

ポルトガルの対ユダヤ人政策

レコンキスタの流れの中で、旧ルシタニア地域にポルトガル王国が誕生し、一三世紀のイベリア半島はナスル朝グラナダ王国を除いて、カスティーリャ＝レオン王国、アラゴン連合王国、ナバラ王国、ポルトガル王国のキリスト教国が趨勢を広げていた。一一四三年にポルトガルを建国したアフォンソ・エンリケスは財務長官にユダヤ教のラビであったヤイヤ・ベン・ヤイシュを任じ、国内のユダヤ人の管理とともに国政も委ね、イベリア半島のみならず、中東にまで及ぶ広範囲な商業ネットワークを持つユダヤ人の誘致をおこなった（Tavares, 1999）。ユダヤ人厚遇政策は、ボルゴーニャ王朝の歴代王に継承され、これによりポルトガルのユダヤ教徒人口は増大した。各都市のユダヤ人コミュニティをまとめるラビはラビ・モール（主席ラビ）と呼ばれ、多くは富裕な商人で、王室への多額の貸付をおこなうものであったから、次第に宮廷内での彼らの権力も増大していった。

カスティーリャやアラゴン領内でユダヤ人の迫害が激化した一四世紀末、ポルトガルではアヴィス朝の勃興期にあった。王朝交代にはカスティーリャ王国の政治的支配からの脱却という要因が強く影響したために、両国の関係は悪化していた。そのため、ユダヤ人虐殺がカスティーリャ、アラゴン領内で頻発した時期、多数のユダヤ教徒がポルトガルへと移住した。タヴァーレスの研究（Tavares, 1995）によれば、一四世紀末のカスティーリャ領内におけるユダヤ人迫害により、ポルトガルのユダヤ人共同体の数は、三一から一五〇へと変化したといわれる。アンダルシア地方を中心にイスラーム教徒からキリスト教に改宗したコンベルソも多数いたが、彼らの多くは貧しい農民であったから、キリスト教徒からの差別の対象とはなっても、激しい憎悪を引き起こす「嫉妬」の対象とはならなかったといわれる。

イベリア半島のユダヤ人の職業は、小規模な小売業者が大半であったが、金融業のほか、医師、数学者、天文学者、地理学者などの学問分野ではユダヤ人の独占が目立っていた。ポルトガルアヴィス朝の始祖ジョアン一世の五番目の子エンリケ航海王子は、クレスケス家を中心とするマジョルカ島のユダヤ人地理学者集団から「ジャイメ」という名の航海技術者を招来し、国内で海洋技術の指導にあたらせた（Novinsky, 1990, pp.65–75）。クレスケス本家は一四世紀末のユダヤ人迫害が激化する中でカトリックに改宗したが、海図製作者を中心とするマジョルカの海洋技能集団の一部は、自由の保障されたポルトガルへと移住していった。より後の時代には、ジョアン二世がサラマンカ生まれの天文学者アブラハム・ザクートをポルトガルへ招来し、マルティン・ベハイムやジョゼ・ビジーニョといったユダヤ人学者を集めて「海洋学諮問委員会 Comissão de Estudos Nauticos」を組織し、航海・海洋技術のさらなる発展を促した。大航海時代は、こうしたポルトガルに招来されたユダヤ人学者らの知識と技術に支えられたものであったといっても過言ではないであろう。一六世紀にアジアや新大陸を描いた精緻な世界図や航海図で知られるオーメン一族、ドウラード一族、バルトロメオ・ヴェーリョといった地図製作者たちも、元はユダヤ教徒のコンベルソであった（Lash & Kley, 1998）。

ポルトガルではイベリア半島の他地域よりも自由が享受できたとはいえ、ユダヤ人たちは多額の税金を王室へ納める義務を課せられた。一例によると、一四六二年にリスボンのユダヤ人共同体が王国へ支払った税額は、五万レアルで、一五世紀のポルトガルの対カスティーリャ防衛軍事費の五分の一は、ユダヤ人が負担していた（Novinsky, 1990, p.70）。カスティーリャやアラゴン領内に存在するユダヤ人やコンベルソに対する強い差別を背景に、ポルトガルへの移住人口は増加したが、最も劇的な変化はカスティーリャ・アラゴン連合国の両君主イサベルとフェルディナンドの名の下で発された、ユダヤ人追放令（一四九二年）であった。その後ポルトガル国王は本稿冒頭で述べたような経緯で、カスティーリャの圧力を受けてユダヤ人追放政策を表向き採っていたが、改宗した者の穿鑿は深くおこなわない方針にあった。しかしこの方針もジョアン三世の時代に変化することとなる。

一五三六年の教皇勅令により、ポルトガル国内初の異端審問所がエヴォラに設置され、一五三七年にはリスボンにも置かれると同時にその初代大審問官に王弟のドン・エンリケが就任した。これを以て、ポルトガル王室当局が主体となって異端審問を推進する構造が整備され、異端者に対する追及が容赦ないものへと変化していった（Saraiva, 2001）。リスボンで最初におこなわれたアウト・ダ・フェ（異端判決宣告式）は一五四〇年九月二六日のことであったが、シュールハンマー（Shurhammer, 1973）によれば、そこにはフランシスコ・ザビエルも死刑囚の聴罪司祭として立ち会っていた。

一五六〇年代の転換

ジョアン三世没（一五五七年）後、その王妃であった神聖ローマ皇帝（スペイン国王）カルロス五世の妹カタリーナと異端審問官のドン・エンリケ枢機卿が幼い国王セバスチャンの後見となると、異端審問はさらに厳しく運用されることとなり、一五六〇年代には、異端審問で有罪判決を受ける者は激増した。トルレス（Torres, 1994）によれば、エヴォラの異端審問所での有罪判決は一五五〇年代には一一五例であったのに対し、一五六〇年代には二八三例となり、リスボンでの一五五〇年代の有罪判決は三〇余例であったのに対し、一五六〇年代には二二四例へと変化している。これは摂政カタリーナ王妃を通じて、スペインのポルトガル国勢に対する影響力が強化したためであると考えられる。しかしながら、ポルトガルでは「アウト・ダ・フェ」という言葉が想起させる広場での処刑は、どの時代においても有罪宣告の一〇％未満にとどまった。セバスチャン王は成長すると、海外遠征などにかかる経済支援をコンベルソに求め、一五七七年には二五万クルザードの出資と引き換えに、有罪判決時の財産没収免除とコンベルソの自由な国外移住を認可した（Remédios, 1925）。

しかし、セバスチャンがモロッコで戦没（一五七八年）、エンリケ枢機卿が一時的に王位継承するも、その後継者はなく、ジョアン三世に繋がる三人の候補（スペイン王フェリペ、カタリーナ・デ・ブラガンサ、アントニオ〔ジョアン三世の非嫡出の甥〕）による継承をめぐる抗争の後、すでに隣国カスティーリャの国王であったフェリペがポルトガル王位に就き（一五八〇年）、以後六〇年間スペイン・ポルトガル同君統治となった。継承に際してフェリペはポルトガル貴族に配慮して、執政官をリスボンに派遣し、直接統治は避けたが、異端審問に関しては、審問官の任命から機構整備まで直接支配を及ぼし、その結果として比較的緩やかな宗教政策に甘んじてきたポルトガル国内のコンベルソたちの海外移住がさらに加速したのであった。このイベリア半島からのコンベルソの海外移住は、それまで天文学や海図作成などの航海技術研究を担ってきたコンベルソ集団の知識の流出、遠洋航海や長距離間交易に対する出資金の大幅な減少といった事態を引き起こし、ひいてはイベリア半島の経済的斜陽とベルギーやオランダなどの低地諸国の繁栄へと繋がっていくのである（Bodian, 1997）。

厳格な異端審問官として知られるドン・エンリケであるが、異端思想で知られた神秘主義のドミニコ会神学者ルイス・デ・グラナダ*をスペインから招致し庇護した事実は、ポルトガル史一般でイメージされるような彼の冷酷で狂信的な人物像とは一致しない。日本におけるグラナダ研究は近年折井善果（二〇一〇）による優れた成果があるものの、メネンデス・ペラヨ（Menéndez y Pelayo, 1982）やアメリコ・カストロ（Castro, 1981、ほか）などをはじめとするスペイン文学史研究で議論されてきたグラナダやテレザ・デ・アヴィラ、ルイス・デ・レオン、フアン・デ・アヴィラといった一六世紀のイベリア半島の思想家の「コンベルソ」としての出自とその思想への影響（Menéndez y Pelayo, 1982 / Pérez, 1972 / Baroja, 2000 / Castro, 1972・1982 / Penálver, 1997）は、日本においてほとんど言及されたことはない。しかし、グラナダの著作が日本で翻訳され、キリスト教布教に与えた影響は少なくないだけに、その思考の分析という点では、今後より彼の「異端的」思想は深く追究されてしかるべきであろう。

グラナダに関して、彼の著作がユダヤ教教義に深く通じ、イブン・ザイドゥーンなどのイスラーム文学の影響もその著作に見られること、ナスル朝の影響を色濃く残したグラナダの貧しい家庭の出身であり、前半生に関しては謎が多いことなどから、スペインの文学史研究では「コンベルソ」の可能性が極めて高いと考えられているが、同時代史料にそれを明示する記述がないことや、テレザ・デ・アヴィラのように、異端審問所の裁判記録から家系を証明する研究もないことから、断定はされていない。しかしカストロによると、その『信仰の象徴へのみちびき *Introducción al Símbolo de la Fe*』は、一六世紀末のメキシコや一七世紀のアムステルダムなどでコンベルソがユダヤ教徒に再改宗する際に、思想的影響を与えたことが指摘されている（Castro, 1981, p.587）。コンベルソの問題はさておいても、グラナダの著作はスペインの異端審問所で「照明派《アルンブラードス》」の嫌疑で「異端」として審議され、スペイン文学史研究では、彼のエラスムス主義と照明派への傾倒はほぼ肯定されている（Baroja, 2000 / Castro, 1982 / Menéndez y Pelayo, 1982, pp.219–220）。

彼が四七歳の一五五一年からポルトガルで生活し始めた背景には、エンリケ枢機卿からの招聘に加え、スペインでの暮らしを続け難い、「異端」としての追及があった。グラナダはエンリケによってイエズス会のコレジオ*が設置されたエヴォラなどに居住し、イエズス会の神学思想に少なからず影響を与えた（Rodrigues, 2005, pp.445–458）。グラナダによる「改宗者のためのテキスト」は、基本的にはイベリア半島で改宗したユダヤ教徒やイスラーム教徒などの同胞のために書かれたもので、海外布教で新しくキリスト教徒になる外国人のために作成されたものではない。そして、それらのテキストは、先祖代々のキリスト教徒ではなく、思考や精神性の二面性から逃れて生きることが不可能な、異教徒の宗教的思考を熟知する著者によってのみ創作されうるものであることを、異端審問官エンリケは見抜いていたのではなかったろうか。

イエズス会の日本での布教において、当初から元仏教僧侶が活用された事実はよく知られている。すなわち、異教徒をキリスト教へ改宗するには、その元の宗旨を正確に理解し、無理なく改宗へと導く能力のある人材が貴重な戦力とみなされていた。その背景には、同時代のイベリア半島の複雑な宗教事情が生み出した戦略的発想があったとみるのは、穿った見方であろうか。

二　イエズス会とコンベルソ

ザビエルと宗教裁判所

イベリア半島の異端審問は、スペインとポルトガルではかなり異なる傾向があり、また長く共存してきたユダヤ・イスラーム教徒やコンベルソを迫害するキリスト教徒にとっても、迫害対象者は、必ずしも自己に内在するアイデンティティの完全なる外部者ではなかったことが特徴である。一六世紀に対抗宗教改革の動きで生じた新しい修道会であるイエズス会も、その構成員の大半をスペイン人、ポルトガル人としたから、異端審問は彼らが生まれ育った社会の重要問題であり、かつアイデンティティとも密接に関わる問題であった。

エスタード・ダ・インディア（ポルトガル領インド）の首都ゴアにおける宗教裁判所の設立に関しては、常にザビエルの一五四六年五月一六日付アンボン発ジョアン三世宛て書簡が引用され、あたかもその提言が設置の直接原因であったかのような印象を与えている（小岸、二〇〇五、六八～六九頁）。しかし、実際の宗教裁判所設置は一五六一年のことであり、王位もジョアン三世からセバスチャン王とカタリーナ王妃の後見時代へと代替わりしており、ザビエルの提言がゴアの宗教裁判所開設と直接の因果関係にあると強く主張するのは、やや「カトリックの尖兵イエズス会」という固定観念に縛られた見方のように思われる。むしろゴアへの宗教裁判所の設置は、エスタード・ダ・インディア（以下インディア）の開発と長距離交易の発展、そしてイベリア半島でのコンベルソ迫害などを要因にインディア内に急増していた商人や兵士を中心としたコンベルソの取り締まりが、スペイン王国からポルトガル当局への影響力増加を背景に、あらためて強化されたことが関係していると考えられる。

ザビエルがその書簡においておこなった主張とは次のようなものであった。①インディアにいるポルトガル人たちのキリスト教の信仰心は薄く、彼らと結婚する現地人やその子供たちにはキリスト教がまったく伝わっていない。②インディアにいるポルトガル人は、ユダヤ教やイスラーム教を実践しており、それを隠してもいない。よって宗教裁判所が必要である。①はおそらくコンベルソに関して、②はポルトガル国内で改宗したものの、インディアに来て監視の目がないために自由な信仰に戻った者に関して言及していると考えられる。果たしてジョアン三世はこのようなインディアの事態を知らなかったのであろうか。王家が代々踏襲してきたユダヤ教徒やコンベルソに対する宗教政策を考えても、リスボンから彼らが出港するのを黙認してきた国王が、そのような事実を知らなかったはずはない。ポルトガルの海外発展には、ユダヤ教徒やコンベルソの知識や財力が不可欠であった。すなわち、ポルトガル国王にとっては、ユダヤ教徒であれ、イスラーム教徒であれ、表面上キリスト教徒であれば、その信仰の篤さの度合いは意に介するところではなかったといえよう。ゆえにこのザビエルの主張は、国王に真実を知らしめるためというよりは、暗に国王がこれほどまでにインディアにポルトガルを逃れた人々が拡散していることに無関心でいたことに対する責任追及の意を含んでいるようにも思われる。ジョアン三世はポルトガル国内に宗教裁判所を設置し、本格的にコンベルソの取締りを開始した最初のポルトガル国王ではあったが、その在世中にゴアへの宗教裁判所設置は検討していない。

この書簡から読み取れるのは、完全なる異端者に対する宗教裁判の導入は提言しても、ザビエル自身のコンベルソに対する認識は、同時代のイエズス会の基本方針と同じく「寛容」に近いということである。コンベルソはイベリア半島の社会においては、常に人々の記憶において「疑わしき者」であり、隠れて別の宗教儀礼を実践していても何ら不思議はないと考えられていた。そのような疑心は次第に一六世紀後半に「血の純血主義」として、社会的差別の正当化へと繋がり、キリスト教修道会はおおむねその会員を「血の純血主義」に抵触しない者に限定していくようになる。イエズス会が「血の純血主義」を採用したのは、一五九三年の第五回総会議と、他修道会と比較してかなり遅い。つまり創設当初から一五九三年までは多数のコンベルソがイエズス会内部に存在したのである。

イエズス会内部のコンベルソ

イエズス会内部のコンベルソについては、ヨゼフ・ヴィッキ師による基礎的研究（Wicki, 1977）があり、近年は先述のマリクスやラストンによる、出自や経歴が明らかな上層会員のコンベルソについての研究も進展している。これらの研究では、創設者ロヨラは、コンベルソの入会に際し、彼らが「キリストと同じ民族」であったことを理由に、寛容の精神で受け入れたと説明されるが、ロヨラがコンベルソ会員受け入れに対して消極的ではなかった理由には、入会に際し多額の寄付を行う者があったことや、学者・学徒として有能な者が多かったという当時のコンベルソ特有の事情も考慮される必要があるのではないかと考える。一般的に、同時代のスペイン人やポルトガル人の血脈には、大抵どこかでコンベルソとの交差があるといわれるものの、史料で特定の人物が名指しされるのは、極めて近い先祖にユダヤ教徒がいた場合であると考えられる。イエズス会は第五回総会議（一五九三年）でコンベルソの入会を禁じる会則を定めたが、一六〇八年にその会則は改正されている。

ヴィッキの研究によれば、友人シマン・ロドリゲスの影響により、ザビエルはインディアでの活動において、コンベルソの入会には慎重であり、彼らのうち数人は、「不適合」を理由に除会されたという。しかしながら、ヴィッキは同時にザビエルと行動を共に活動した修道士たちに少なからずコンベルソがあったことも明らかにしており、彼らがザビエル没後も現地のキリスト教布教において果たした役割は無視できないものであるだけに、一六世紀という時代性の中で、アジアにおけるコンベルソのイエズス会士の存在は再検討される課題であると考える。

ザビエルが活動を共にした司祭や修道士で、明らかにコンベルソであることが知られているのは、エンリケ・エンリケス（活動地域：漁夫海岸）、アフォンソ・デ・カストロ（マラッカ、マルク諸島）、アントニオ・ディアス（インド）である。とくにエンリケスは、タミル語を五か月間で習得し、一五六六年にタミル語文法書を完成させたことで知られている。エンリケスは一五四六年からインディアでの布教活動に従事し、一五四九年には最初のタミル語文法書を作成した。岸野久（一九九八）によれば、エンリケスの実践に役立つ文法書は、その後のイエズス会の海外布教における言語学習の規範となり、日本布教へも影響を与えたという。エンリケスはその後ヴァリニャーノ*の要請で出版事業に関わるが、彼の手で翻訳・出版されたのは、『ドチリナ・キリシタン』『聖教精華』、告解の手引書、世界の創造やキリストの生涯に関する聖書の重要箇所などがあった。

エンリケスは一五二〇年にポルトガルのアレンテージョ地方ヴィラ・ヴィソーザのコンベルソの家系に生まれ、一度フランシスコ会に入会したが、その出自を理由に退会を迫られ(1)(Poole, 1999, pp.359–389)、コインブラ大学で教会法を学び、一五四五年にコインブラでイエズス会に入会した。

エンリケスの兄弟マヌエル・ロペスはイエズス会のアルカラ・デ・エナーレス学院の創設(一五四六年)に関わった人物であったから、エンリケスは故郷においても自身が望めばイエズス会内部での高い地位を得ることが可能であった(Maryks, 2010, pp.82–119)。彼がフランシスコ会を退会した理由がその出身背景にあったことや、より上級の司祭として適性があることは、次の一五五〇年一二月二二日付、クイロン発ニコラオ・ランチロットのロヨラ宛て書簡に記されている。

エンリケスは、我らの会の会員となるには障害がありました。というのも彼は、フランシスコ会の修道士として六ないし七か月間あり、彼が新キリスト教徒の出自であること知り、このところそのような人物を受け容れないという会則があるのを理由に、フランシスコ会は彼を追放したのです…(Wicki, 1950, p.134)

また翌年一月六日付ロヨラ宛てランチロット書簡にも、

パードレ・エンリケ・エンリケスは、尊師がすでにご存じのとおり、イエズス会の会員となるには障害がありましたが、すでに私は四年間彼の上長であります。尊師に対して私は、彼が尊師と我らの会員すべてにとって、頼りにするに値する人物であることを保証いたします。…彼は自分が新キリスト教徒であり、ポルトガル人たちは新キリスト教徒が他のパードレ達を差配する職務に就くのを見て憤慨するであろうと言って、上長になるのを何度も断りました…（Wicki, 1950, p.145）

当初エンリケスは自らが「コンベルソ」であることを理由に、漁夫海岸で上長となることを遠慮していた。フランシスコ会の退会を余儀なくされたエンリケスが、コインブラ大学へと進学した事実は興味深い。一六世紀前半にスペインのサラマンカ大学やアルカラ大学でコンベルソを対象にした粛清運動が激化する中で、コインブラ大学はコンベルソの血脈が明らかな学生に対して、寛容な風潮があったように思われる。

コインブラ大学は、当時ポルトガルの唯一の大学であり、一五三七年から一五六二年まで数学・天文学の教師に首席王室天文学者のペドロ・ヌーニェスを抱えるなど、ポルトガルの大航海時代を支える学問の中心であった(2)。ペドロ・ヌーニェスは「異端信仰」の疑いが極めて濃厚なコンベルソであったが（Gois, 2009）、国王ジョアン三世も才能の国外流出を危惧して、深い宗教詮索はおこなわなかった。スペインの大学内で厳しい宗教的な粛清が進行する中で、コインブラ大学は異なる状況にあったと考えられよう。また一五八〇年前後のポルトガル王位をめぐる政争の中で、コインブラ大学はスペイン王フェリペ二世以外の二人の候補、すなわちカタリーナ・デ・ブラガンサとアントニオ王子（プリオール・デ・クラト）を支援し、ポルトガルのナショナリズムを色濃く映した学問機関でもあった。ペドロ・ヌーニェスが天文学を教えた期間の学生かつ同僚に、スペイン人自然哲学者のペドロ・ゴメス*がいた。

三　アジアのコンベルソイエズス会士の類型

知識エリートの転落

ペドロ・ゴメス　ヨーロッパの知的エリートで、若くしてポルトガルのコインブラ大学付属イエズス会神学校の教授であったにもかかわらず、アジアへ渡り、日本の布教に従事することになったペドロ・ゴメスの日本に到るまでの経歴は謎めいている。一五九〇年に日本準管区長に就任したのは、巡察師ヴァリニャーノの命によるものであった。彼がコンベルソ出身者であったことは、はじめヴィッキ（Wicki, 1977）によって指摘されたが、ラストン（Raston, 2007）は、コンベルソが管区の上長となる例はほとんどなく、ゴメスの事例は秀吉の伴天連追放令で、日本が宣教師にとって生命の危険を伴う地になったことによる特殊なものであったと指摘する。ヴィッキがゴメスの出自をコンベルソであることの根拠とした一五七九年の一一月一五日付、フェルナン・メネゼスの総長メルキュリアン宛て書簡（Wicki, 1970, p.731）では、マカオのイエズス会コレジオ初代院長で『天正遣欧使節記』の著者として知られるドゥアルテ・デ・サンデの「コンベルソ」としての逸脱した行為に言及した箇所で、ゴメスの出自が秘密めいた言葉で言及されている。

シナには、六〇〇〇人の同胞が住む一つの集落があります…とりわけ非常に驚くべきことには、その集落には密かにその土地の支配者に対し、彼らの儀式をおこなうための家屋と土地を与えてくれるよう頼むポルトガル人がいます。なぜなら、未だその我々の町には、政府の長官であるアイタオ*（海道副使）の許可なくして、いかなる者も造作をすることは許されていないからです。アイタオは、その信仰のために家屋を建てる許可を求めるこの者たちは何者か、と尋ねました。私にはこれは驚くべきことに値しません。というのも、そこには三〇〇人以上もの新キリスト教徒がおり、彼らは通常「良いキリスト教徒」ではなく、むしろポルトガルやインディアであれば、毎日その異教信仰により火刑に処せられるべき者たちです。少なくとも、その父、その母、その兄弟たちが公衆の面前で火刑に処せられたようなこれらの者たち数人を、我らの会に受け入れることを、私は強く懸念いたします。当地（ゴア）には本年、ジョルジ・フェルナンデスという、その父の兄弟であるジョアン・フェルナンデス・ラゴスという者が、表面的にはキリスト教に帰依していたものの処刑台へ送られたという者が到着しました。彼ら（新キリスト教徒）がたとえ聖職者であったとしても、互いに非常に親しいのは、驚くべきことです。

尊師にこれをよりよく理解いただくために、大変な秘密ではありますが、（申し上げます）。ドゥアルテ・デ・サンデ、この者はそのような家系の者以外、何ものでもないのですが、ペドロ・ゴメスが到着するにあたり、彼ら（新キリスト教徒）の間でそのような知らせがあったとかで、何の証拠もないにもかかわらず、管区長としてやってくるのだという噂を触れ回り始めました。私は彼がそう話すのを何度も、多くの人の面前で聞きました。ペドロ・ゴメスは徳高く、博識の人物で、人々はそのような噂はサンデの手によるものだと分かっておりますので、そのようなことは言うべきではないと言いました。そこではじめて数人の人々が、ゴメスがいかなる人であるのか、推論し始めました。そのことは私に徳高き人ぺドロ・ゴメスに対する熱望を引き起こしました…。

右の史料では、マカオに住むポルトガル人商人の約半分は、通常なら異端信仰により処刑されるレベル（すなわち隠れてユダヤ教を信奉する）のコンベルソで、インディアに住むコンベルソの間には精神的な強い絆があったこと、イエズス会士であるサンデもまたその出自ゆえに彼らと親しく付き合いがあり、ペドロ・ゴメスがインディアに「管区長」として派遣されたという噂（デマ）を触れ回ったこと、そこから人々がゴメスの出自について噂を始めたことなどが記されている。メネゼスの書簡では、ゴメス自身の名誉が傷つけられることは書かれていないが、これが総長メルキュリアン宛ての書簡であるだけに、意味深な内容であるといえよう。

ゴメスに関する一連の研究によれば、ゴメスはアルカラ大学卒業後、一五五五年にコインブラ大学付属として創設されたイエズス会のコレジオ・デ・アルテに自然哲学の教授として着任し、その才能は国王や学生に高く評価されていたという。東洋布教の希望は当初一五六三年には出されていたが、一五七〇年にアゾーレスのテルセイラ島のコレジオ創設のために派遣され、そこで九年間過ごした（佐久間、一九九六・平岡、二〇〇九）。

一五七四年三月八日付、総長メルキュリアン宛てにヴァリニャーノがリスボンを出発する前に書き送った書簡には、「その職務（ポルトガル管区の上長）を遂行するのに適切な人材に関して、シモン・ロドリゲス師やマヌエル・ロドリゲス師のような人物を再び見つけるというのは至難なことです。というのも、他の者よりも良いと思われる場合でも、フランシスコ・エンリケスやペドロ・ゴメスのように、その血脈の四分の一が新キリスト教徒であることにより、除外されるからです…」（Wicki, 1966, p.220）とある。すなわち、ゴメスはポルトガル管区の上長にも選出されうるような優れた人物であったと同時に、それはコンベルソの血筋により叶わないものであったことがこの記述から判明する。

実際の出発がインド行きを志願して一六年後の一五七九年であった背景には、一五七三年に始まる総長エヴェラール・メルキュリアンによるコンベルソ会員排除方針との関連が疑われるように思う。初代総長ロヨラがコンベルソ会員に対し寛容であったことはすでに述べたが、二代目総長のライネス、三代目総長のボルハ共に、コンベルソとの血縁関係があり、イエズス会内部にはコンベルソ会員が上層で権力を握ることを危惧する気配が強くなっていた（Maryks, 2010, pp.118–157）。この危惧は、四代目総長選出にあたり、またもやスペイン人で親コンベルソの立場にあったファン・デ・ポランコ選出の可能性が濃厚であった際に、ポルトガル人、イタリア人会員の反対運動とも重複して、メルキュリアン選出という結果をもたらした（McCoog, 2004）。四代目総長に選出されたメルキュリアンは、着任後間もなく、会内部のコンベルソの粛清に乗り出し、重要な職にあった者は異境の地での布教に派遣したり、会から追放する場合まであった（Maryks, 2010, pp.123–125）。フランシスコ・ペレスの覚書には次のようにある（Schütte, 1975, p.428）。

パードレ・ペドロ・ゴメスはインディアに一五七九年にやってきました。それは総長エヴェラルド・メルキュリアン師が、豊後に行き、我々イエズス会の者たちを収容するコレジオの院長となるよう命じられたことに拠ります。翌八〇年には、彼は病気に罹っていたため、日本へ渡航することはできませんでした。そこで、管区長パードレ（ロドリゲス・ヴィセンテ）は彼を（インドの）北部（バサイン）へと派遣し、その間に管区長は総長宛てに、彼（ゴメス）は大変徳が深く、博識で、高名な説教師であることにより、インドで大変愛されており、日本に行ってしまうと困るので、彼がその地に留まることを許すよう願う書簡を書き送りました…

この史料の後には、ゴメスの病状が思わしくなく、イエズス会の同僚たちのみならず、ポルトガルのインド総督さえも彼を日本へ渡航させることに強く反対したにもかかわらず、ゴメスがマカオへ旅立っていったと続く。すなわちゴメスを日本へ派遣するというメルキュリアンの意志は固く、ゴメスもまた上長に対する服従の精神というよりは、ただならぬ別の何かの理由で、病をおして「左遷の地」極東を目指したように思われるのである。

布教地日本に関して、ザビエルによる開拓以来、華々しい改宗成果を上げ、イエズス会士であれば誰もが行きたがるような土地であったと考えられていたような印象があるが、先に引用したメネゼスの書簡の続きには、次のようにある。

日本に関してですが、そこでは大いに改宗がおこなわれているということ以外、お話しすることはありません。しかし、かの地には、かつて送っていたような、稀有な徳のある人々は派遣されておらず、今その地にある者たちは戻りたがっていることしきりです。日本へ行くという希望や熱意は死に絶え、勇気は葬り去られ、誰も強制されることなくしては、そこへは行きたがらないのです…（Wicki, 1970, p.732）

既述のようにゴメスに関して意味深な発言を総長メルキュリアンに送るメネゼスであるが、この箇所はゴメスに関して述べた次の段落にあたるので、ゴメスに与えられたメルキュリアンの命令との関連が示唆されているように思われる。また東洋布教赴任が決まり、テルセイラ島からリスボンへの帰還が命じられた際、テルセイラ島のコレジオ院長や住民たちがゴメスの出立を嘆き悲しむあまり、船に乗せようとせず、困り果てていたところに、「聖　女《molher santa》」が出現して、彼を島から脱出させたという彼の神秘体験が知られ（Schütte, 1975, p.383）、神秘主義者としての片鱗を物語ると同時に、彼自身の人生の転換点がそこにあったという認識が示唆されているように思われる。

ドゥアルテ・デ・サンデ　ヴィッキ編『インド史料集』所収の史料では、ドゥアルテ・デ・サンデの「コンベルソ」性についての記述が再三見受けられる。サンデの編著『天正遣欧使節記』の序言としてヴァリニャーノが記した文のうちに、「今はシナにあれども、かつては人文古典の研究に身を委ね、日ごろ汝らの国なる日本の事情に心すること、ことに厚き我らが会の司祭ドゥアルテ・デ・サンデ」とあるから、彼がもともとギリシャ・ローマ哲学の研究者であったと分かる。サンデはポルトガル北部のギマランエス出身で、一五六二年にリスボンでイエズス会に入会した。はじめサン・ロケ修道院付属のノビシアードで人文古典と神学を修め、その後同ノビシアードで教職にあった。一五七八年にインドへ渡り、当初ゴアで司牧にあたり、一五八〇年よりペドロ・ゴメスの後任としてバサインのコレジオの院長となったが、一五八五年にマカオへ転出した。一五九〇年にマカオの聖パウロ学院初代院長となり、シナ布教区の上長も兼ねた（Schütte, 1975, p.427, 1291）。サンデがマカオの学院長に登用されたのは、東インド管区巡察師ヴァリニャーノの意志によるものであり、高瀬弘一郎の研究（二〇〇二）にも明らかなように、マカオに日本人司祭を養成するコレジオを創設することは、ヴァリニャーノが計画し、強い反対の中で推進した事業であった。

サンデがゴメス同様に、イエズス会の教育機関の中心的存在であったリスボンのノビシアードで教鞭を執っていたにもかかわらず、インディアへ派遣されることになった背景も興味深い。インディアへの派遣は、ゴメスよりも一年早いが、これは彼が望んだことか、あるいはメルキュリアンの指示に従ったものか不明である。しかし、先に引用したメネゼスの書簡にあるように、彼はゴアにおいて、その新キリスト教徒としての出自が広く知られ、明らかに異端として知られる人々とも付き合いがあったことが指摘されている。他のイエズス会書簡でも彼の母方の血筋が「ビスカイノ biscaino」で、その出自と言動のために他の会員から問題視されることが多いにもかかわらず、インド管区長ロドリゲス・ヴィセンテが父方の親戚であるために、要職に就いていることに対する非難などが見受けられる（Wicki, 1972, p.129, 137, 374–375）。

ゴメスやサンデの精神性の中に、コンベルソという出自がどのように影響していたかは、同時代のヨーロッパ思想史の深い知識をもってそれらの著作を精読することなくしては、明らかにしえないと考えるので、筆者の未熟な知識では到底取り扱える問題ではない。しかし、サンデがその『天正少年使節記』の中で、千々石ミゲルの言に仮託して、「ヨーロッパの人たちの知識は、あれほど多種多様な学術で磨かれてきたものであり、…そうした知識があればこそ、われわれには信じられそうにもないこと（トレドの天球図を模した大時計）を、彼らは完成にまでもってゆくのだ…」（泉井ほか、一九六九、三一一～三一九頁）と語り、同時代のプトレマイオス型の天球図に込められた、イスラム天文学を基盤に、アリストテレスの自然哲学を代表とするギリシャ、ローマの諸哲学とキリスト教神学が融合し、ユダヤの数秘主義など多種多様な思想の枠が混入して完成した当時の「科学」の結晶を称賛している。そこには、古典学者ならではのヨーロッパの知がキリスト教によってのみ築かれたものではないという主張が込められているようにも見受けられる、ということは指摘しておきたい。

ここまで、エンリケス、ゴメス、サンデというヨーロッパの知的エリートであったにもかかわらず、アジアでの布教に従事した彼らに見られる共通点は、イタリア人の東インド管区巡察師ヴァリニャーノが、その登用において何らかの重要な役割を果たしているということである。イエズス会上層部で生じていたスペイン人、ポルトガル人、イタリア人の間の対立と、コンベルソに対する対応の変化は、アジアのイエズス会布教にも影響を与えていた。ヴァリニャーノは巡察師としてアジア各地の布教上の問題の解決を試みたが、そのうちのひとつに、コンベルソの会員に対する対応があったのではないかと考えられる。

サンデとゴメスの登用は、ヴァリニャーノの意志によるものであった。しかし、ヴァリニャーノはゴメスを日本布教上長に任命することに対しては、一五八三年の時点では反対であった。その理由は、当時の日本には盛式四誓願司祭はゴメスしかいないものの、彼は滞日歴が浅く、高齢（四八歳）で、言葉も解さず、日本での布教を統べる必要な資質に欠けるからというものである（Wicki, 1972, pp.845–846）。その後、日本準管区長の職は、ゴメスよりも司祭としての完成度は低い三誓願司祭のガスパル・コエーリョに任されることとなり、ゴメスの日本布教上長就任はまさに伴天連追放令後のこととなったのである。

商人からの転向

ゴメスやサンデといったエリート層の会員の身の処遇のみならず、コンベルソであるがゆえに、不当な処遇を受けてきた、アジアで商人から修道士に身を転じたイルマンたちの問題にも、ヴァリニャーノが関係したと思われる。

アルメイダとサンシェス　コンベルソのイエズス会士と聞いて、日本人がまず思い浮かべるのは、ルイス・デ・アルメイダ（一五二五～一五八三）であろう。アルメイダについては諸研究もあり、ここで長く語るまでもないが、彼がアジアに商人としてやってくる以前に、リスボンで外科医師としての免許を手にしていたこと、メルショール・バレトとの出会いにより、イエズス会の活動に関心を持ったこと、一五五六年に日本でイエズス会入会に際し、四〇〇〇ないし五〇〇〇クルザードという巨額の個人資産をイエズス会に寄付し、それを元手に以後日本のイエズス会が依拠することになる南蛮貿易への参加という経済基盤を確保し、当初は彼自身が資金を知人の商人らに託して運用したこと、貧民や病人の救済、民衆の教化から領主たちの改宗まで、並ぶ者がないほどの活動貢献であったにもかかわらず、修道士から司祭に昇格したのは、入会後二四年経った一五八〇年のことであったことは特筆すべきであろう。アルメイダは一五八三年に天草*にて死去した。

アルメイダと同様に商人として日本へやってきて、一五六一年頃にイルマンとしてイエズス会に入会し、約二〇年間九州で布教活動の後、アルメイダと共に司祭へと昇格した人物にアイレス・サンシェス（一五二八～一五九〇）がいる。三三歳で入会した彼もコンベルソであった（Wicki, 1977, p.349）。サンシェスは日本でコスメ・デ・トルレスによって入会を許された後、アルメイダが設立した豊後府内の病院で医師補助として働き、修院にいる子供たちに読み書きやヴィオラ・ダ・ガンバを指導した（Medina, 1995, p.521）。アルメイダとサンチェスがマカオで司祭叙階を受けることが決まったのは、ヴァリニャーノの第一回来日直後で、ヴァリニャーノが彼らの日本での功績を特別に配慮したものであったと考えられる。フロイス*『日本史』*（第二部一九章）には次のようにある。

翌一五八〇年、ドン・ミゲル・ダ・ガマが日本に来航し、会の五人の司祭を連れてきた。これらの司祭は、日本には司教がいなかったので、巡察師が到着してまもなく、司祭の位を受けさせるためにシナへ派遣したのであった。…それはフランシスコ・ラグーナ、カリオン、ルイス・デ・アルメイダ、ミゲル・ヴァス、およびアイレス・サンシェスであった（松田ほか、一九七九、一四一～一四二頁）

ラグーナとカリオンは若いスペイン人で修道士として来日した者であった。ヴァズはインド生まれ（おそらく混血）で一五六三年以降日本の宣教活動に従事していた。日本においてプロクラドール（財務担当）の職にあり、貿易活動やイエズス会の経済基盤維持を担当した。彼の没年は一五八二年であるが、日本で入会した当初よりプロクラドールの職にあったというから、彼もまた商人として来日した人物ではなかったろうか。

一五八〇年にヴァリニャーノの命を受けマカオで叙階された修道士のうち二人ないし三人は、イエズス会入会前は商人であり、長年の功績にもかかわらず、司祭への叙階は論外のことであった。ヴァリニャーノはこの五人の叙階のほかに、日本人司祭を養成することを急務と考えており、マカオへの聖パウロ学院の創設もまたその一環であった。

プロクラドールと商人　前述のとおり、マカオの聖パウロ学院初代院長のサンデは、コンベルソとしての記述が『インド史料集』に再三見受けられ、彼がインド管区長ロドリゲス・ヴィセンテの父方の親戚であることに拠り、学院長の職を得ていることを快く思わない会員が多くいると記される。彼と共にやはりコンベルソであると明言され、その言動に問題がある人物として言及されるのが、マラッカのコレジオ院長ゴメス・ヴァズである。フランチェスコ・パシオの一五八一年一一月五日付、ゴア発書簡には次のようにある。

この管区には二人のコンベルソの学院長がいます。すなわちそれはマラッカのゴメス・ヴァズとバサインのドゥアルテ・デ・サンデです。この地域においてその点は非常に不名誉なことです。ゴメス・ヴァズはマラッカの住民たちとその地域に往来する商人たちをその堕落した行為で憤慨させました。管区長は彼を放職することでしょう…（Wicki, 1972, pp.374–375）

このヴァズがマラッカの商人たちと起こしたトラブルについては、未詳であるが、某かの金銭にまつわるトラブルであることは明白である。その後ヴァズはヴァリニャーノの命により、インド管区全体の収支を差配するゴアのボン・ジェズ教会（インド管区本部）付属のカーザ・プロフェッサのプロクラドール職に就いた。しかし、その強引な手腕と出納において強権的であることに対し、会の内外から不満が続出した際に、ヴァリニャーノはヴァズが宿敵フランシスコ・カブラル側の立場をとり続けてきたことに対する不満もあり、彼をその職から罷免することを総長アクアヴィーヴァに進言した*（一五九五年一二月六日付、ゴア発書簡）（Wicki, 1988, pp.428–438）。その際、彼が“hombre de la nacion”すなわちコンベルソであったことも、他の会士たちからの不満の原因であったと触れられている。また同時に彼がプロクラドールとしてインド管区の財政基盤の創出と維持に多大な貢献があったことに鑑みて、プロクラドール退任後は、その稀有な能力は司祭としての本来の仕事に生かされるべきと申し添えている。

ヴァリニャーノはコンベルソのイエズス会士の中に、アジアに存在したコンベルソ商人のネットワークとの紐帯と商才を見出し、意図的に財務担当の職に就けていたようにも思われるが、この点についてはさらなる史料の精読を経て、別稿で詳細な検討をおこないたい。

おわりに

以上、一六世紀のイベリア半島の大きな社会問題であったコンベルソ問題が、アジアで布教にあたるイエズス会士たちにどのような影響を与えていたのか、若干の考察を試みた。

筆者のヨーロッパ思想史に対する理解が未熟なため、コンベルソのイエズス会士の精神性には深く踏みことができなかった。コンベルソであることを名指しされた者は、その出自を理由に所属する組織の中で常に差別の対象であったことは想像に難くない。イエズス会のコンベルソには、「知識人」と「商人」という二つの類型があったが、それはイベリア半島のユダヤ人の大きな二つの類型とも合致している。ゴメスのように特殊事例として上長になる場合や、信仰厚く、日本人にとって不可欠な宣教師であったにもかかわらず、おそらく差別ゆえに長年司祭になれずにあったアルメイダのような者もいた。

彼らの登用には、少なからず巡察師ヴァリニャーノが影響していた。しかし、その事実はヴァリニャーノがコンベルソ会員排除の方針を採った総長メルキュリアンの信任を得て巡察師に抜擢された背景、インディアに到着後、カブラルをはじめとするポルトガル人イエズス会士たちとの確執の中でおこなわれた布教体制の再認識、コンベルソのイエズス会士たちに備わる優れた医療技能、言語能力や商才、あるいは血縁ネットワークの活用など、多角的に検討されるべき問題である。これらの点もまた表面的な考察にとどまったが、ヴァリニャーノの驚くべき柔軟性は、彼の思想を形成した一六世紀のイタリアの知の在り方などと関連付けてより深く考察されるべき問題であり、その解明の過程において、彼のコンベルソに対する認識もまた、さらに深く追求することができるのではないだろうか。

註

（1）ドミニコ会もフランシスコ会派も公式に「血の純血規約」を会則として表明したことはないが、コンベルソに対する厳然とした差別は存在したという。

（2）大学は首都の移転にともない、リスボンに置かれたこともあるが、ジョアン三世の命により一五三七年よりコインブラに定着した。

キリシタン時代の文化と外交
―印刷文化の到来とポルトガルの日本航海権―

高瀬弘一郎

一　ヴァリニャーノの出版と印刷認可

ラテン語教科書『天正少年使節対話録』の出版

キリシタン版そのものについての本来の国語・書誌・教理的研究から眺めれば、小さな〝隙間〟を埋めるようなささやかな一文である。ヴァリニャーノ*は帰国途上の少年使節を伴ってマカオまで来て、日本渡航の機会を待った。マカオ着は一五八八年七月二八日、同地を発ったのが一五九〇年六月二三日である。彼は同地滞在中の一五八九年九月二五日付けでイエズス会総長に、わが国の出版問題について重要な書簡を送っており、すでに出来上がったもの、作成中のものなど、日本向けの書籍について論じている。次の三冊である。

① Alessandro Valignano, S. J., Catechismvs Christianae Fidei, Lisboa, 1586.

② João Bonifacio, S. J., Christiani Pveri Institvtio, Macao, 1588.
③ Alessandro Valignano, S. J.–Duarte de Sande S. J., De Missione Legatorvm Iaponensium, Macao, 1590.

ヴァリニャーノはこの三冊は当面日本教会にとって最も望ましい書籍で、これらを使用して日本での教化教育活動を進めるつもりである旨述べ、さらに今後の展望も語っている。③は作成中で、これを望ましい形に仕上げるのが課題であった。この③の書籍を作成する目的について、書簡の記述を見てみる。

書名は未定であったようで、『日本人領主《セニョレス》たちの使節の対話録《ディアロゴ》』（泉井久之助ほか訳、一九六九）と表記されている。ヴァリニャーノは、本書をセミナリオ生徒たちに読ませる目的で作ったようである。一行の旅行中の見聞についての対話録、しかもそれを典雅なラテン文で読ませる。本書の意義はこの両面にある。彼らはヨーロッパ文化に対して強い知識欲を持つ。同胞の〝実話《イストリア》〟であればなおさら興味を惹く、と書く。同胞の見聞を通してヨーロッパキリスト教文化の優越性を知ることにより、「一方が他に従属して一体化する」という。同胞の〝実話〟を通してカトリック教理を自然に理解させる。「ミルクで教理を育む」と書くが、彼の好む表現である。

『対話録』には、ラテン語教科書という役割もあった。セミナリオ生徒たちには、典雅なラテン文テキストを与えなければならない。ヴァリニャーノは自分が書いた原稿をドゥアルテ・デ・サンデにラテン語に訳させた。サンデはラテンの古典を教授した経験があり、シナ・イエズス会の長を務め、一五九四年マカオ・コレジオ*が創設されるや、その院長に就任した。その経歴から、彼が優秀なイエズス会士であったことが分かる。ヴァリニャーノはその上、「幸い当地にいる最も優れたラテン語学者」であるニコラオ・デ・アビラ、ロレンソ・メシア、ディエゴ・アントゥネスのパードレ三人に、出来上がった訳文を調べさせ、その上で印刷した。書籍を印刷するには、総長の認可を得る必要があった。出版を急ぐヴァリニャーノは、マカオで印刷して出来上がった書籍は全部日本に送り、ローマにはその原稿を送付して認可を申請する便法をとった。八年振りに帰国する使節が携えた〝実話〟盛り沢山の『対話録』は、学習意欲を掻き立てるものに違いない。

ヴァリニャーノが本書の印刷を急ぐのには、托鉢修道会対策もあった。スペイン系フランシスコ会士等は、その頃日本布教に本腰を入れようとしていた。彼にとってフランシスコ会日本布教参入問題は、最も厄介な懸念であったに相違ない。同書簡中で次のように記している。イエズス会が事を首尾よく運ぶのを面白く思わない托鉢修道士等は、この使節は偽物である、貴人《カバリエロス》たちは世上言われているような人々ではないし、王《レイエス》たちによって派遣されたわけでもない、などと言い広めている。彼らの言葉が嘘だということを納得させるには、この『対話録』の出版に勝る手段はないと思う、と。[1]

右の三冊に続く出版としてヴァリニャーノは、取りあえず二冊の語学書、すなわち「ラテン語*と日本語を同時に学ぶことが出来るある種のカレピノ、および同じく文法書」を作る予定であった。カレピノ*編ラテン語辞書のことである。[2] ヨーロッパ人イエズス会士が日本語を学ぶためにも、日本人がラテン語を学ぶためにも、この二冊は必要であると強調している。ヴァリニャーノは八年前にこのような語学書の作成を命じ、日本に着いて二年以内に二冊の印刷が可能であろう、と記す。実際に出来上がったのは、「ある種のカレピノ」は一五九五年天草版* Dictionarivm Latino-Lvsitanicvm ac Iaponicvm.であり、「文法書」は、一五九四年天草版 Manuel Álvarez,* S. J., De Institvtione Grammatica.である。ヴァリニャーノはさらに、異説を排除した哲学・神学の要綱の必要性をも記述している。

印刷機・活字母型と印刷技師

彼はまた印刷機および活字母型の取寄せ、および印刷認可の件を述べている。印刷機と活字母型について、次のように希望を述べている。印刷機《インプレンサ》と大・中・小の三種の文字《レトラス》の母型《マトリセス》を、ポルトガルから送るよう指示してほしい。『対話録』の表紙を送るが、(3) 母型が古く、不鮮明で良い出来栄えでないことが分かるであろう。様々な文字が必要であるが、とりわけ中の大きさの、イタリック体文字《レトラ・グリファ》とロマン体文字《オトラ・レドンダ》の母型を希望する。その方面の知識を備えたパードレに指示して、優秀な印刷業者から日本の勘定で買って、ポルトガルに送るよう手配してもらいたい。リスボンにいるイエズス会プロクラドールが、その母型によって活字を鋳造しさえすれば印刷出来る完璧なものだということを調べた上で、それを日本に送付する。ローマでその母型を買うのに二〇〇〜三〇〇クルザドかかるであろう、と記しているが、その価が母型だけの値段か、印刷機も含めた価格か不詳である。(4)

ヴァリニャーノは三日前の同年同月二二日付け総長宛書翰では、二五日付け書翰には見えなかった印刷技師について述べている。現在当地には、印刷についてほどほどに理解しているイタリア人ジョヴァンニ・バッティスタ・ペチェ(5)がいるが、コレジオ・ロマノで印刷について学習した者を派遣してもらいたい。現在インディア全域にわたって、印刷の仕方が分かる者はパードレ・ファン・ロドリゲス・ブスタマンテ(6)ただ一人である。彼は重病のため死に瀕していたが、帰国途上の少年使節とジョヴァンニ・バッティスタがゴアに着くや（一五八七年五月二九日）、不思議にも快方に向かい、印刷の仕事が出来るようになった。約八ヶ月間、印刷について同イルマンに教授した。イルマンはその学習が進捗した。ポルトガルに注文した印刷機《インプレンサ》が届いたからである。同イルマンが学び終え、われわれがマカオに着くやいなや（一五八八年七月二八日）、パードレ・フアン・ロドリゲスは死亡した（八月二三日）。彼が同イルマンに印刷について教える前に死亡していたら、印《エン》刷機《プレンサ》を無駄になり、日本のセミナリオのための書籍印刷も出来なかったであろう、と(7)。

右の両書翰に拠り、次の事実が分かる。恐らく少年使節と同じ船便で印刷機と活字母型がゴアに届き、それを使用してパードレ・ロドリゲスが病身を押してバッティスタに印刷技術を教え、イルマンは一応印刷出来るだけの技量を身につけた。ヴァリニャーノはその印刷機・母型を持ち、同イルマンを伴ってマカオに来て(8)、J. Bonifacio, Christiani Pveri Institvtio.を印刷し、次いで『対話録』を作成、印刷した。しかしヴァリニャーノはこの『対話録』の刷上りに満足出来ず、新たに良質の印刷機と母型とを送ってくれるよう総長に要請した。

ヴァリニャーノは一五九二年にも総長に同様の要請をしている。その年ヒル・デ・ラ・マタを管区代表《プロクラドル》としてイエズス会本部に派遣するに当り、総長に対する要望を列記した覚書があるが、次の一項が見える。

イタリック体文字《レトラ・グリファ》およびロマン体文字《レトラ・デ・ドナ》(9)の完璧な母型を、その方面に精通した者に依頼して入手させ、管区代表の日本帰国の際に齎すよう手配してもらいたい。王侯の喜捨によるか、しからざれば日本の勘定で購入するように、と(10)。

印刷機は記されていないが、その趣旨は、印刷機・母型を求めた先の総長宛書簡と同じだと言ってよいであろう。つまり、一五八九年九月二五日付け書簡で要請した品が、一五九二年二月現在未だ日本に届いておらず、一行が一五九〇年七月二一日日本に渡来した際に齎した印刷機・母型は、マカオで不満を訴えた品であったわけである。

印刷の審査と認可

教会関係の出版に付随する重要問題である印刷認可について記す。中世以降異端審問の任務の一つが、出版物の審査と認可であり、一五四四年パリ大学神学部が最初であるが、各大学・教会・各地の異端審問所が、禁書目録を発表し始めた。ローマ教皇庁では一五五九年に禁書目録を発表したのが最初であり、一五七一年教皇庁に禁書目録聖省（インデックス聖省とも）が設置され、一五九六年クレメンス八世公布の目録は、二四〇〇点以上に上った。ポルトガルの異端審問所はローマの目録を公布しただけでなく、一五六四年・八一年・九七年・一六二四年と目録の点数を増していった（Bujanda, 1995, pp.11–13）。

しからば日本において書籍を印刷する場合、如何なる規約があったか。一五八四年一二月一五日付けコチン発ヴァリニャーノのイエズス会総長宛書翰に拠り、次の事実が分かる。年代不詳であるが総長によって作成された管区長の規則第六〇[11]は、総長の許可なしに書籍を翻訳して印刷することを禁じており、さらに総長メルキュリアン*のヴァリニャーノ宛書翰でも、書籍の作成・翻訳の際、前以てローマに送付すべきことを指示した。これに対しインディア管区長ヴァリニャーノが、その遵守が難しい旨を訴えたのが本書翰である。

一、インディア管区はヨーロッパと違い言語が多様で、書籍の翻訳は必須である。全般的な翻訳許可を与えてもらいたい。二、書籍等をローマに送付しても、理解出来ず無益である。三、日本においては、ヨーロッパの書籍をそのまま用いるのではなく、日本人の宗教・思想に対応して適宜削除し、新たに作成する必要がある。日本の事情を知る者がいないローマでは審査は不可能故、インディア管区長や日本準管区長に認可の権限を委ねてもらいたい（Wicki, 1975, pp.714, 715）。

右の如きヴァリニャーノの要請に対し、総長は次のように回答した。すでに認可を受けている書籍の翻訳を許可する権限を与える。書籍の印刷についても、管区長がイエズス会士三人に審査を依頼した上で、印刷を認可する権限を与える、と（Wicki, 1975, p.715）。総長補佐の記載と思われる文には、認可を受けた書籍に加筆して印刷することは、その加筆が構成面の改良であるなら可能である、と記されている（Wicki, 1975, p.715）。

ヴァリニャーノ著『日本巡察記』（一五八三年）の、セミナリオ生徒用の書籍について、日本文字は無数で印刷出来ないとの記述（Alvarez-Taladriz, 1954, p.151）について、総長は一五八五年一二月二四日付け書翰で、シナにおいてならその障害が解消出来るかも知れない。其処でイエズス会士はシナ語でカトリック要理《カテシスモ》(12)を印刷している。シナ語と日本語の文字は共通だという、と記す(13)。

イエズス会総長アクワヴィヴァ*作成になるインディア管区長の規則（一五八八年四月ゴア）と題する史料があるが、総長は、何処であれ、許可なしに新たに印刷してはならない、と命じた（Wicki, 1979, pp.859, 860）。先に引用した一五八九年九月二五日付けヴァリニャーノの総長宛書簡は印刷について、ゴア異端審問官《インキシドレス》（ゴアの異端審問所は一五六〇年に設置）の審査と認可を受ける義務なしに、数人の神学者・学識者の審査を受けるだけで、現地の日本イエズス会上長の判断で、既存の著作からの削除、新規作成になる書籍の印刷を可能とする包括的な許可を教皇から得てほしい、との要望を記す。理由は、ゴアとの往復に長い年月を要する。書籍の審査には日本語の能力を要する。日本で使用する書籍（とくに神学・哲学）は、異説・異端との論争を除くなどの配慮を要する。既刊の著作からの抜粋なら問題ないはずである。書籍はいずれローマに送られるが、事前認可の必要のないよう教皇から包括的な許可を得てもらいたい、との趣旨である[14]。

一五八九年一一月一〇日付けヴァリニャーノの総長宛書簡にも、総長が教皇から、国字やローマ字を用いた書籍、またはラテン語で書かれた書籍を日本で印刷する許可を得てもらいたい。今は当地に司教が駐錫しているのでその許可を得て印刷をしている、と見える[15]。ここで司教というのは、一五八九年当時マカオに駐錫していたマカオ司教レオナルド・フェルナンデス・デ・サであろう。彼が『対話録』等の印刷について許可を与えた。今後恒常的に現地の判断で印刷が出来るよう、取り計らってもらいたいというわけである。

一五九二年管区代表マタに託した総長への要望事項列記の覚書にも、国字・ローマ字の何れであれ、翻訳であれ新著であれ一部加筆であれ、日本語またはラテン語で書かれた書籍の印刷について、ゴア異端審問所の認可の必要なく、司教がいない場合他の司教に送る必要なく、日本で神学者の審査を受けた上で、準管区長か巡察師の認可のみで印刷可とすべく、総長および教皇の許可を得ること、と記されている。理由は、各史料と同様である[16]。

一五九五年末〜九六年一月総長のインディア管区長カブラル宛書翰には、ヨーロッパから送られる書籍に、インディアでは災いを引き起こす内容を含むことがあり得るので、尊師が審査するか、上長または指名したパードレに審査させ、躓きの原因を含まないか調べ、必要があれば事前に修正するようにと記されている

（Wicki, 1988, pp.479, 480）。出版についてある程度の権限を布教地日本に譲与してもらいたい、との日本イエズス会からの要望に応える意味を持つと言ってもよいであろう。一五九六年二月一三日付け総長の巡察師ヴァリニャーノ宛書翰にも、同文が記されている。[17] また、イエズス会日本準管区内規集成（歴代総長の命令と巡察師ヴィエイラの指令、一六一九年七月一三日日本で作成）にも、右の九六年二月一三日付けヴァリニャーノ宛命令が記されている。同文ではないが、趣旨は同じである。[18] 同内規集成にはさらに、総長がインディア管区長の要請に応え、三人のイエズス会士に予め審査を委ねた上で、認可済みの書籍の翻訳、および新たに書籍を作るか既刊の書籍から不適切な内容を削除して印刷してもよいと命じた旨記されている。[19] 右も、日本で使用する書籍については、基本的に其処の教会責任者の判断に任せるとの趣旨と考えてよいであろう。

一六〇八年一二月九日付け総長の日本準管区長パシオ宛書翰は、日本からの要請に応えて日本で必要な書籍をすべて印刷出来るように、教皇の許可を本書翰と一緒に送る、と記す。[20] 総長から日本準管区長の許に、教皇文書の写しが送られたのであろうが、史料の記載はその要旨である。通常の権利によって、日本司教は書籍の印刷について認可を与えることが出来るが、一層確実にするために教皇パウルス五世（一六〇五〜二一年在位）は、次のことを許可した。日本においては司教、シナにおいては其処のイエズス会上長が、ラテン語であれその地の言語であれ、信仰伸展と教化に資する書籍の印刷を許してもよい、と。それ故われわれは、日本・シナのイエズス会の長に対し、博識なイエズス会士による審査を経て印刷を認可するよう命じる。[21] ここで教皇の意向が表明されたわけである。

府内司教（日本司教）の駐錫については、第二代司教マルティンスが一五九六年八月来日着任、翌九七年三月退去、第三代司教セルケイラが九八年八月来日着任、一六一四年二月長崎で死亡した。その後司教は不在である。現にイエズス会士であるセルケイラ司教が長崎にいるのであるから、特段問題ないはずであるが、日本準管区長は、司教の認可を義務づける右のパウルス五世の命令に、異を唱えたようである。

一六一〇年五月三〇日付け総長の準管区長宛書翰には、次のように記されている。日本準管区長が司教に関わりなく書籍印刷を認可出来るよう、教皇から許可を得てほしいとの要請であるが、その要請は適切ではないと思う。許可を得るのは容易ではないし、その必要性も認められないからである。理由は、審査をするのはイエズス会士だからである、と。(22)

一六一一年一月一日付け総長の準管区長宛書翰には、われわれは尊師に、異端審問官《インキジドレス》たちに諮ることなしに、書籍を印刷してもよいという許可を送ったと記されている。(23)さらに同日付け同総長の準管区長宛書翰には、必要な書籍を印刷してもよいという許可をわれわれはすでに先年彼に送ったのであるから、この件についての要請には充分応えており、教皇には話す必要はないように思われる、と見える。(24)先に記した一六〇八年一二月九日付け総長の日本準管区長宛書翰のことを指しているのであろう。この総長書簡および同時に送付された教皇パウルス五世の文書によって、日本における印刷認可の問題は一応基準が確立したと言ってよいであろう。要するにイエズス会側で然るべく審査をし、その上で司教による認可済みという形にして印刷がなされたものと解してよいであろう。

二　カピタン・モールと日本航海権

航海権の恵与

大航海時代におけるポルトガルの対日外交は、インディア領国《エスタド・ダ・インディア》の総督《ゴヴェルナドル》（政庁所在地は最初はコチン、後にゴア、なお総督のおおよそ半数が副王《ヴィセ・レイ》の称号を帯びた）が日本の政権と外交交渉を持ったことは稀であった。ポルトガル国王は、ゴアを起点にしてマカオ方面の貿易を一年単位で統轄するカピタン・モールを任命した。ゴアを出帆してマカオに寄港して交易、さらに長崎に渡航して交易、ゴアに帰航する。この間インディア領国の一部であるマカオ寄港中は、同地を管轄する（一六二三年以降はカピタン・ジェラルが常駐）。日本は同領国には含まれないが、長崎寄港中は同地のポルトガルの人と船について、管轄権を有した。つまり、ポルトガル国王あるいはインディア副王（総督）の意を体してわが国の政権と対峙する人物は、長崎に渡来するカピタン・モールであった。彼らは年々人が替わり、船の停泊中だけ長崎に滞在するなど不都合もあったが、外にその役を果たす人物もいなかった。

以下、船長、司令官、マカオおよび在長崎ポルトガル人社会の統轄者、外交官、商務官等、様々な顔を持つシナ航海・日本航海のカピタン・モールについて記述する。カピタン・モールに任ぜられることは、シナ航海権、日本航海権を与えられることと同義であった。航海権授与者はポルトガル国王である。国王によって任ぜられた者が、カピタン・モールとしてゴアからマカオや長崎に航海を行うのが本来の姿であった。カピタン・モール任命の国王勅令は複数伝存しており、文面は類型化している。例として貴族ジョアン・デ・メンドンサに航海権を恵与した勅令（一五六三年三月七日付け）を見てみる。

メンドンサのインディアにおける功績を考慮して、インディアからマラッカ経由でマカオに渡航するカピタン・モール航海権を恵与する。彼は自らの負担で艤装した船舶によって同職を勤めること。マカオ他、航海の途中如何なる港であれ、停泊中のポルトガル船とポルトガル人に対してカピタン・モールであること。マカオからさらに日本に渡航してもよい。日本においても同じくカピタン・モールであること。帰航時にマカオにカピタン・モールがいたら、メンドンサは其処のカピタン・モールではない。

カピタン・モールが空席であり次第、メンドンサがそれを勤めること。インディア副王（総督）は、メンドンサが彼の船舶で同職を勤める際は、異議を呈することなくそれを認めること。彼が同航海のために望むものは、可能な限り貸与すること。帰港後すべてについて返済義務を負い、保証人を立て、海難に際してはその保証人が返済義務を負う。往路・復路の航海中およびマカオや日本の港において、死者の遺産管理官を勤めること。船舶の乗員や諸港の滞在者は、メンドンサのカピタン・モールとしての命令に服従すること（高瀬、二〇〇二、一一九～一二二頁）。

シナ航海・日本航海のカピタン・モールとは、本来右の如きものであったと言ってよい。同じインディア領国の役職でも、たとえばインディア副王（総督）とマカオのカピタンとでは、役職の軽重以外にその性格に重要な違いがあった。副王は任期三年で、就任時期も明確である（高瀬、二〇〇六、二九九・三〇〇頁）。これに対しマカオのカピタンは、マカオ航路のカピタン・モールと同じ役職である。したがって遭難・欠航・越冬等に起因する航海時期の不確定は、そのままマカオ・カピタンの就任時期の不確定に通じる。カピタン・モール職を恵与されても、就任が遅滞することもあり得る。さらに航海権の売買が常態化するまでには、永い年月を要しなかった。

インディア領国各地の事情を記した記録（一五八二年）に、次のように記されている。航海権を恵与された貴族は航海を行うことにより、経費を除きおおよそ三万五〇〇〇クルザドの所得になる。しかし先任者が多数いると後回しになり、折角の役職も売却してしまおうという気持に傾く。おおよそ二万クルザドで売れる。半分は即金、残りの半分は帰航後に支払われる。航海の危険を分担するためである。これ以上の値で売却された例もある。このため、その役職に相応しくない人物が就任する弊害を止めることが出来ない、と（高瀬、二〇〇六、七八〜八〇頁）。

右の記録には教会・医療機関・教育機関・都市・要塞等への航海権の恵与――つまり売却を前提とした恵与については記されていない。未だその例は少なかったものか。

カピタン・モールの所得

右の一五八二年の史料に航海権取得者の実収入（三万五〇〇〇クルザド）および航海権の売価（二万クルザド）が見えたので、カピタン・モールの所得について記す。その所得は、史料により数値の違いが大きい。如何なる基準による数値か（カピタンが行う商業の利益を含むか否か等）明確さを欠くばかりか、ゴア〜日本間、ゴア〜マカオ間、マカオ〜日本間のどの航海か不詳であるなど疑義が多いが、一応参考までに記してみる。

①リンスホーテンは、日本に渡航する船舶のカピタンは、貿易の元手と船舶があれば、一五〜二〇万ドゥカド（クルザドと同）の利益を上げる、と記す（Burnell, 2010, pp.146, 147 / Boxer, 1959, p8　リンスホーテン、一九六八、二四三頁）。②インディアス総合文書館所蔵「覚書《メモリア》」（作成者不明、一六世紀末頃か）には、マカオ〜日本間航海に関するカピタンの所得について次のように見える。ナウ船のカピタンは、生糸の運賃《フレテス》を一〇パーセントの割で徴する。他の商品については、運賃を徴する代わりに投資《ムエルトス》していないかね五〇〇タエルが与えられる。さらに生糸が全部売れても売れなくても、ピコ当りの価格により六〇ピコ相当の売価が与えられる。五〇〇タエルは前以て与えられる。上述のその他の商品については、一〇パーセントが与えられる、と（本史料のカピタン・モールの所得に関する記述は、他に比して詳細である。これが本史料の記載の正確さを物語るものなのか、カピタンの収入が常に右の通り算出されたのか、疑念なしとしない）[25]。③ディオゴ・ド・コウトは著書（一六一〇年頃）の中で、日本航海のカピタンは一回の航海で七〜八万パルダウ（シェラフィンと同、＝五万二五〇〇〜六万クルザド）の所得になる、と記す（Lapa, 1980, pp.9, 212 / Boxer, 1959, p.8）。④イエズス会士がマカオ商人から受託した金を巡って、一六一〇年一月ノサ・セニョラ・ダ・グラサ号燔沈に伴い訴訟事件に発展した問題に関する文書に、船積みされるかね《ディニェイロ》について二パーセントの運賃《フレテス》を支払うことになっていた旨、記されている[26]。かねとは銀のことである。この史料は、カピタン・モールの全所得を記したものではない。⑤一六一〇年四月一八日付けマカオ発イエズス会士ディアスの書簡には、ナウ船のカピタンは市況を勘案して決まった生糸量（たとえば二〇〇ピコ）について一〇パーセントの運賃《フレテス》、およびそれ以上積載しないことに対する補償として、たとえば三〇〇〇タエル（すなわちクルザド）が与えられる、と見える[27]。⑥ボクサーは、一六一〇年頃カピタン・

モールの所得は一五万シェラフィン（＝一一万二五〇〇クルザド）に上った旨記す（Boxer, 1967, p.303 / Cooper, 1972, p.427）。⑦一六二〇年頃のマカオ関係史料には、日本航海（のカピタン）は一回の航海によって一〇万クルザドの所得がある、と記されている（Boxer, 1959, pp.101, 102）。⑧一六二三年一一月二七日マカオ元老院《セナド》の書記官が記述した記録には、日本航海のカピタンは、商品の一〇パーセントの運賃《フレテス》により何千クルザド（muitos mil cruzados「何万何千クルザド」とすべきか）もの富者となって帰る、と見える（Luz, 1952, p.610 / Teixeira, 1956–1961, p.228）。⑨インディア副王ミゲル・デ・ノロニャの日記（一六三四年二月六日）には、日本航海を行うカピタン・モールには、二〇〇〇タエルを俸給《セラリオ》として支給し、さらに往復の食費と水夫への支払いとして、一日当たり五クルザド給与するよう命じられた、と見える（Linhares, 1937, p.55）。⑩一六三四年六月三〇日付けゴア、控訴裁判所判事《デゼンバルガドル》セバスティアン・ソアレス・パエズが作成してマカオに送った規則には、日本航海カピタン・モールには、六タンガを一クルザドとして、二〇〇〇クルザドを俸給《オルデナド》として支給すること、と記されている（Boxer, 1964, p.75）。⑪アントニオ・ボカロが記した記録（一六三五年）には、マカオ〜日本間航海の航海の持主《ドノ・ダ・ヴィアジェン》（カピタン・モールのことか）の実所得は、一万五〇〇〇タエルと記されている（Bocarro, 1992, p.268 高瀬、二〇〇六、七〇頁）。⑫作成者、作成時期不明の一イエズス会文書に、マカオ〜長崎間の生糸貿易に関連して、全員が等しく航海の持主《セニョリオ・ダ・ヴィアジェン》であるカピタンに一〇パーセントを支払う、と記されている。[28]

以上の通りであるが、多くの史料に「一〇パーセントの運賃」の語が見える。これは、日本での売上げの一〇パーセントという意味のようである。マカオ〜日本間の貿易に関する各種数値については、小論で取り上げた（高瀬、二〇〇二、三〜一七頁）。なお、運賃は常に確定していたわけではなく、その額を巡ってカピタン・モールとマカオ市側とで深刻な争いが絶えず、そのために欠航に至ったこともあるという[29]。カピタン・モールの所得について記したが、それに対する航海権の売価は、拙訳書に記した通りである（高瀬、二〇〇六、一四九～一五二頁）。

航海権の売買

初めから売却を前提にした航海権恵与の例は、枚挙に遑がない。シナ航海権・日本航海権は魅力的な収入源である。国王の許には、その恵与を求める嘆願が多数寄せられた。しかし、ことがすべて見込み通りに運んだか。たとえばヴァリニャーノはすでに一五八八年に、日本イエズス会のために日本航海権を国王に要望してほしいと総長に頼んだが（高瀬、一九七七、三六九頁）、その一方で、たとい航海権が恵与されても、すでに与えられた航海の後になるので、収入になるのは少なくとも一〇年後だと記している（高瀬、一九七七、三七二頁）。航海権恵与の勅令には、航海の年が明記されているわけではないし、当時の航海事情からそれは不可能である。恵与を受けたが、遭難・欠航等障害続きで遅滞を重ね、空手形に終わるケースも稀ではなかったであろう。

シナ航海権・日本航海権恵与の事例の内、王妃の修道院創建を支援するために同航海権を贈与したケースは、国王が本気で事に臨んだ場合これがどれ程の富を生むかを明らかにする、売却を前提とした航海権恵与の一つのモデルケースと言えるであろう。ポルトガル公文書のみでも、航海権の贈与とその売買の仕組、仲介業者、航海権の優劣、売却所得のさらなる投資の方法等、この問題を巡る様々な未知の事柄を明らかにする。

ポルトガル国王フィリペ二世（一五九八〜一六二一年在位）の王妃はハプスブルク家のマルガリダ・デ・アウストリア（一五八四〜一六一一年）で、一五九八年に従兄妹の関係の国王と結婚した。王妃はマドリードに瞑想アウグスチノ修道女の修道院を作ろうと志した。国王はこの王妃発願の修道院建造資金調達のために、都合四回の航海権を贈与した（高瀬、二〇〇六、二四三・二四四・四一二〜四一四・五四三頁）。いずれも、他の航海に優先して航海が出来るという特権付きであった。国王は第一回目の航海権について、二万五〇〇〇シェラフィン（＝一万八七五〇クルザド）以上に売却するよう、しかも一回払いとするようにと副王に指示した（高瀬、二〇〇六、一九五頁）。実際にいくらで売却出来たかは不詳であるが、その内の一万五〇〇〇シェラフィンは、インディアで藍と肉桂とを仕入れ、その荷は一六一二年末リスボンに着いた。残金と第二回目の航海権の売却所得は、商品を仕入れてリスボンに送るよう、フェルナンド・クロンなる人物に託した（高瀬、二〇〇六、二四三・二四四頁）。インディアからポルトガルに送られてきた商品の売上げは、再度インディアに送金して商品の仕入れをさせたが、その際リスボンのインディア館《カザ・ダ・インディア》にある商品を借りて有利な売却を狙った。右の如き手順を経て、第一回・第二回の売上げの合計八万三〇〇〇クルザドが、一六一四年の艦隊でインディアに運ばれた（高瀬、二〇〇六、一九六・二〇一・二九六・二九七頁）。二つの航海権がそれぞれ二万五〇〇〇シェラフィンで売れたと仮定して、二回で五万シェラフィン（＝三万七五〇〇クルザド）、これで仕入れた商品のポルトガルでの売上げが八万三〇〇〇クルザド、これが再度同様の利益を狙ってインディアに送金された（航海権売却所得が仮定の上に立った試算である）。

第三回・第四回目の航海権についても、その売却・商品仕入れ等商いのすべてを同じくフェルナンド・クロンに委ねた。これについても、実際にリスボンでその商品が売れる以前に、ポルトガルから四万クルザドがインディアに送金され、再度貿易の利益を上乗せした（高瀬、二〇〇六、四一三・四一四・四四四・四四五・四四七頁）。国王の信任を得て、インディアにおける一連の業務を行ったフェルナンド・クロンは、一六〇〇年代〜一六二〇年代にゴアで活躍し、王室資産と関わり深い商人で、新キリスト教徒と関係深く、異端審問所で取調べを受けたことがある。ユダヤ人であったかも知れない。彼自身日本航海権を購入したこともある（高瀬、二〇〇六、二四五頁）。

航海権を求める要望は多かった。航海権は当初はインディア〜マカオ〜日本と一つの航海権として扱われたが、後にこれがシナ航海（インディア〜マカオ）および日本航海（マカオ〜日本）と二つの航海権に分割された（高瀬、二〇〇六、八八・一四七〜一四九・四九四・五四三・五四四頁）。一つの航海権が、二者に恵与される例も多かった。これすべて、恵与対象物の数の増加に通じる。インディア領国内の各方面で増大する一方の資金需要に対応するために、安易で姑息な手段を弄したか。

売買されようと現に航海権を有する者は、カピタン・モールとしてマカオや長崎でポルトガル人に対し管轄権を持つ。一五八七年一月一〇日付けの国王のインディア副王宛書簡では、マカオ統治のために特にその役の者を常駐させるのではなく、これまで同様シナ航海・日本航海のカピタン・モールが同時にマカオをも統治するのがよい、と記す（高瀬、二〇一一、二九八頁）。それが一六一五年二月二〇日付け国王のインディア副王宛書翰になると、日本航海権が能力乏しく、その任務に相応しくない人物に売却されるのが通例で、そのためその地の統治面で、多大な不都合を来す。これを是正するため、カピタン職を立派に勤められる者に売却するように、と命じている（高瀬、二〇〇六、三一二頁）。その頃になると航海権売買に伴う同職の質的劣化が、マカオ統治や日本貿易に支障を来すような状況に至ったものか。ポルトガル船停泊地におけるカピタンの権限といっても、インディア領国のマカオと、その周辺に位置する異教国の長崎とでは事情が異なる。長崎では如何なる問題が生じたかを最後に記す。

長崎におけるカピタン・モール

一六〇四年三月一八日付けポルトガル国王の勅令は、日本に行く〝家臣〟が司教に服従せず、その命令を遵守しない。日本は異教国故に、司教は強制力を持たず、そのような者にも裁治権を行使できないため、多大な弊害を来す。長崎において司教の要求のすべてに応じて、カピタン・モールは司教を助けること。司教に服従しない者は如何なるヨーロッパ人であれ、どこを経由して入国した者であれ、日本国王に対して引き渡しを求め、ゴアからさらに国王の許に送って裁きを受けさせること、といって趣旨である（高瀬、二〇一一、五八三〜五八五頁）。国王は翌一六〇五年二月二八日付けインディア副王宛書翰でも、〝家臣〟が日本で司教に服従しない件で昨年発給した勅令を、遵守するよう命じている（高瀬、二〇〇六、一二九頁）。ここで〝家臣〟とあるのは、文意から多分にスペイン人を指しているように思われる。

右の勅令を、次に取り上げる一六〇八年三月五日付け長崎発司教セルケイラのポルトガル国王宛書簡と重ねて読むと、長崎奉行支配の幕府領であると同時に、カピタン・モールが入港・停泊するポルトガル船および滞在・居住するポルトガル人を管轄し、さらに日本教会全体に不充分ながら裁治権を及ぼす司教の駐錫地でもあるという複雑な事情を抱えた国際都市長崎に、さらにスペイン人が参入するに至って事態を一層攪乱させ、内包していた同市特有の難問を露呈させたことが分かる。終始長崎に駐錫したが、司教が管理する司教区は府内司教区であり、ポルトガル国王の布教保護権が及ぶ。一五九〇年代以降長崎にスペイン人が停泊・滞在するようになり、事態が複雑化した。セルケイラは一六〇九年一〇月一〇日付け長崎発国王宛書翰でも、同様の事柄を記している。ここではより詳細に記されている一六〇八年三月五日付け書簡を主に紹介し、適宜一六〇九年一〇月一〇日付け書簡で補う。

マニラから教俗スペイン人が当地に渡来してポルトガル人やインディア領国に損害を与えている。彼らの渡来は、教皇クレメンス八世小勅書（一六〇〇年一二月一二日付け）(Magnino, 1947, pp.62–67) や陛下の命令(30)に違反する。昨年一一月以降も、スペイン人との間で紛争絶えず、別の殺人事件も生じた。現季節風シーズン――つまり昨年夏以降に殺人が三件発生した。ポルトガル人一人、スペイン人二人である。マニラ貿易を閉ざさない限り、陛下の家臣に対する争い・殺人が増加し、この新しいキリスト教会にとって大きな躓きとなるに違いない。日本人がポルトガル人やスペイン人を刀《カタナ》で支配する恐れもある。シナ・日本間の航海と貿易が、消滅してしまう。スペイン人はマニラから大量の生糸を齎すだけでなく、ポルトガル人は永年長崎で市を開く慣行であるが、これに反してそれを京都《ミヤコ》に持って行って売却する。

マニラのスペイン人二、三人が、私の職務《オフィシオ》に割り込もうとして、不当にも私のことを異教徒の〔長崎〕奉行《ゴヴェルナドル》に告訴した。われわれスペイン人は日本においては、日本国王の世俗的管轄権《ジュルディサン・テンポラル》以外認めない、と奉行に言った。多年前から今に至るまで、ポルトガル人が日本の領主《セニョル》から得た特権として、シナ航海《ヴィアジェン・ダ・シナ》のカピタン・モールの長崎滞在中は、ポルトガル人・スペイン人・その他のヨーロッパ人に対して、この管轄権を行使し、彼が不在の時は、陛下の名で発給されたインディア副王の命令・勅令《プロヴィザン》によって、日本司教がそれを行使しているにもかかわらず、そのようなことを奉行に言う。司教がこの世俗の管轄権を行使するのは、ポルトガル人およびその他のヨーロッパ人の平穏を守るため、およびポルトガル人・ヨーロッパ人に対する陛下の管轄権《ジュルディサン》を日本人が奪わないためである。スペイン人は大変軽率なことをした。というのは、陛下の管轄権を危うくしたからだ。(31)

カピタン・モールや司教の管轄権の件は、歴史上あまり問題にされることもないが、一五九〇年代以降スペイン系の修道士や商人が来日し、同じ長崎に居住するようになると、統治問題が表面化する。文中に頻出する jurdiçāo は jurisdiçāo の古い語形であり、英語の jurisdiction である。一般的な法律用語と教会用語の両様の意味がある。文中に jurdiçāo temporal「世俗的管轄権」とも見えたが、明らかに前者である。カピタン・モールは座乗船の長崎停泊中は「世俗的管轄権」を有した。彼の不在中は、司教がそれを行使することになっていたとセルケイラは言う。彼は、一六〇九年一〇月一〇日付け書簡でも同様に記す。(32)しかしそのことを謳った勅令等の史料は、筆者は未見である。あるいは、司教としての教会「裁治権」「統治権」のことを言っているのではないか。

カピタン不在中の管轄権の所在と今一つ、カピタン・モールの権限が長崎において、ポルトガル人以外の外国人にまで及ぶのか否かという問題もある。カピタン・モール航海権を恵与した勅令（一五六三年三月七日付け、前出）には、マカオ・日本等において「いかなるポルトガル船・ポルトガル人であれ、そのカピタン・モールであること。」（高瀬、二〇一一、一二〇頁）と明記されている。これに拠る限り、カピタン・モールの管轄権が及ぶ対象は明確である。もっともセルケイラは一六〇九年一〇月一〇日付け書簡では、そもそも対日貿易はポルトガル王室のものであると記す。[33]ただ先に推定した如く、セルケイラが司教裁治権を行使しようとしたということなら、対象はポルトガル人に限るものではない。それならば右の一六〇八年三月五日付け書簡中に見える、異教の地日本では司教は強制《ヴィス・コアクティヴァ》力を持たない、とのセルケイラの慨嘆も、矛盾なく読める。

史料が限られ、事件と裁きに明確さを欠く嫌いはあるが、インディア領国周辺異教国の幕府領長崎で、暗黙裡に共存していた奉行、カピタン・モール、司教の三者が、スペイン船の渡来を機に、時代性の濃厚なその統治権の均衡を維持していくのが困難になったようである。

註

（1）Archivum Romanum Societatis Iesu, Jap. Sin. 11-I, f.157v.

（2）Ambrogio　Calepino. この人物については巻末に略伝が載っている。彼のラテン語辞書の初版は一五〇二年であるが、その後永くラテン語辞書・ラテン語を見出しとする多言語辞書として改訂増補を重ね、数多く増刷された。Calepinoは dictionry や lexicon の別名にもなった。本書簡にも「ある種のカレピノ」と記されている。ティラボッシ Tiraboschi は、ラテン語辞書がカレピノと呼ばれるようになったのは、アメリゴ・ヴェスプッチ Amerigo Vespucci が新大陸名となった話に類し――共に最初の編纂者、発見者ではない――文法学者として幸運だ、と記す。なお天草版『羅葡日辞書』の原典を探究するカレピノの系譜についての研究は、岸本恵実氏・原田裕司氏によって行われている。Tiraboschi (1812, pp.1552–1554). 岸本（二〇〇五）、原田（二〇一二）。
（3）一五八九年一一月一〇日付けマカオ発ヴァリニャーノの総長宛書簡には、「この第二便書簡と一緒に、私は使節の書籍の今までに印刷された分を最初から送る。」と記されている。Jap. Sin. 11-II, f.188v.
（4）以上ヴァリニャーノ書簡はJap. Sin. 11-I, ff.157–158v.,159–160. Alvarez-Taladriz (1998, pp.54, 55, nota 13) に一部翻刻。
（5）Giovanni Battista Pece. 実務助修士《コアジュトル・テンポラル》。
Schütte (1975, pp.1267, 1268)
（6）Juan Rodríguez Bustamante.
Wicki (1975, p.643); Wicki & Gomes (1981, p200)
（7）Jap. Sin. 11-I, ff. 142v., 145v., 146, 147v. Wicki & Gomes (1981, pp. 337,338)
（8）ヴァリニャーノ・天正少年使節のマカオ到着以前に印刷機がマカオに存在しなかったことは、一五八六年一月一四日付けゴア発ヴァリニャーノの総長宛書翰により明らかである。
本書翰と一緒に、マカオで作られたアルファベット《アベセダリオ》表を送る。これは、日本で使用するラテン語書物をマカオで印刷することが可能か否かを知るために、私が作成を指示したものである。というのは、それらの書物をポルトガルから取り寄せるのは不可能であり、途方もない費用がかかるからである。そのようなわけでこの表が印刷され、それにより私は、われわれが望むものはすべて、その地で印刷することが出来るであろうと期待を抱いた。アルファベット表とともに、シナ語でも文字表が印刷されたが、それは私の好奇心をそそるものであった。猊下や教皇聖下も、それを見ればお喜びになるであろう、と。Jap. Sin. 10-I, f.145. Schütte (1940, p.269). フロイス（一九四九、三三五頁）。
（9）letras de donaと読める。letra redonda（ロマン体文字）のことか。
（10）Jap. Sin. 11-I, f.173v. ;11-II, 286v.

（11）翻刻本編者ヴィッキ神父の註記に拠ると、管区長規則第60は、***Institutum Societatis Iesu,*** 3 vols., Florentiae, 1892–1893, III, 75, n.60 に載っているという。本文献は未見である。
（12）イエズス会士ルジェリが一五八四年一一月に出版した『天主実録』のことであろう。イエズス会士による漢文出版の嚆矢とされる。D' Elia (1942, pp.197, 198), リッチ（一九八二、一八〇・一八一頁）。
（13）Jap. Sin. 3, f.10v.
（14）Jap. Sin. 11-I, ff.158, 160.
（15）Jap. Sin. 11-II, f.188v.
（16）Jap. Sin. 11-I, f.173v.; 11-II, f.286v.
（17）Jap. Sin. 3, f.17, 17v.
（18）Biblioteca de la Real Academia de la Historia Madrid, Jesuitas, Legajo 21, f.207v. 柳田（一九八五、四三頁）。
（19）Jesuitas, Legajo 21, f.202v.　柳田（一九八五、三三頁）。
（20）Jap. Sin. 3, f.35.
（21）Jap. Sin. 3, f.35, 35v.
（22）Jap. Sin. 3, f.39v.
（23）Jap. Sin. 3, f.39v.
（24）Jap. Sin. 3, f.40v.
（25）Archivo General de Indias, Patronato 46, R.31, f.2.　本文書の写しは岡美穂子氏から提供を受けた。Pastells (1902, p.219), Blair & Robertson (pp. 309, 310), Boxer (1959, p.181). 岡（二〇一〇、一一三・三四四頁）。
（26）Jap. Sin. 2, f.151v.　高瀬（一九七七、二八三～二八九頁）。
（27）Jap. Sin. 14-II, f.341. Alvarez-Taladriz (1959, p.6), Cooper (1972, p.428).　野間（一九六七、三五九頁）。
（28）Archivum Romanum Societatis Iesu, Fóndo Gesuitico, 721-II-7, Das cousas que vão neste caderno apontadas, …

Acerca da Mercancia, f.3.　高瀬（一九七〇、一七四頁）。
（29）一五九二年一月二八日付けマカオ発ドゥアルテ・デ・サンデのイエズス会総長宛書翰。Jap. Sin. 11-II, f.274.
（30）東西両インディア間通交を禁じた国王勅令は、一五八五年以降繰り返し多数発給された。
（31）Biblioteca de la Real Academia de la Historia, Cortes 566, f.263, 263v.
（32）Cortes 566, f.261, 261v.
（33）Cortes 566, f.261v.

〔コラム〕コレジオ天草移転の政治的背景

天草久種によるコレジオの天草招致　日本における神学生向けの教科書作成という構想によりヨーロッパからもたらされた活字印刷機は、天正十八年（一五九〇）にキリシタン大名有馬晴信《ありまはるのぶ》の所領である加津佐《かづさ》*（現長崎県南島原市加津佐町）のコレジオ*に導入された。しかし、豊臣秀吉のさらなるキリスト教弾圧傾向を察知したイエズス会は、翌天正十九年（一五九一）に、人々の往来が頻繁な加津佐から天《あま》草《くさ》*（河内浦。現熊本県天草市河浦町）へコレジオを移転させる。このとき印刷機も移設され、以後六年間、天草で多くの出版物が生み出されることとなる。

　天草へのコレジオ移転の契機となったのは、天草領主天草久種《ひさたね》（ドン・ジョアン）が、人目から隠れた地である自領天草へ招致したことである（史料一）。実際、この招致提言は巡察師ヴァリニャーノ*らに受け入れられ、移転は実行されるが、これについてフロイス*は次のように述べている。

　これは天草殿（久種）がこの隠匿地を提供して、限りない愛情をもって司祭たちを受け入れるためだけでなく、天草殿自身とアゴスチイノ（小西行長）との間の平和が、よりいっそう固められるためにもなった。（史料二）

　このフロイスの洞察は、久種の提言が信仰心やイエズス会支援という点のみならず、肥後南部のキリシタン大名小西行長との関係における政治的意図があったことを示唆している。それでは、この時期の久種と行長をめぐる政治状況はどのようなものだったのか、歴史を少し遡って考えてみたい。

「天草五人衆」と豊臣秀吉　戦国期、天草諸島は志岐《しき》・天草・上津浦《こうつうら》・大矢野《おおやの》・栖本《すもと》ら「天草五人衆」（以下「五人衆」）と称される国人領主が分割統治していた。その中で最も大きな勢力を持ったのが河内浦を本拠とする天草氏で、肥後の相良《さがら》氏や薩摩の島津氏ら近隣勢力の政治的影響を受けつつ、他氏と勢力争いを繰り広げるという状況が続いていた（本渡市史編纂委員会、一九九一）。

その中で永禄十二年（一五六九）の宣教師アルメイダによる河内浦《かわちうら》への伝道を機に、南蛮貿易による利潤および兵器獲得という目論見のもと、天草鎮《しげ》尚《ひさ》・久種父子は積極的にイエズス会に接近。元亀元年（一五七〇）頃には共に洗礼を受け、その後久種は天草におけるイエズス会最大の理解者となった。

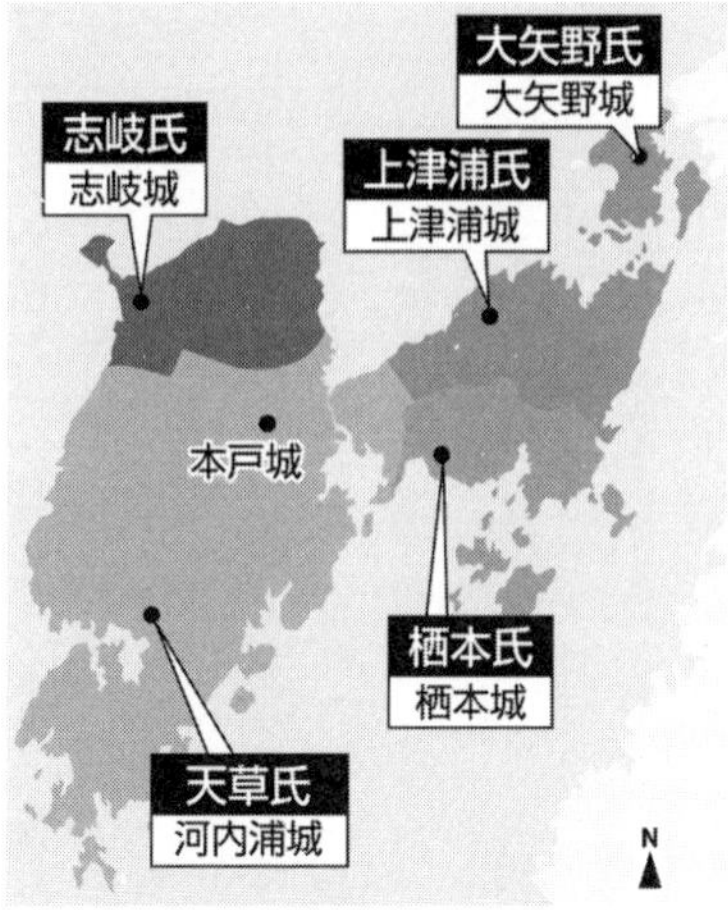

図１　「天草五人衆」領域推定図
（鶴田、2005）

天草諸島の政治状況は、天正十五年（一五八七）豊臣秀吉の九州進攻により一変。他の九州諸領主と同様、秀吉の圧倒的軍事力の前に久種ら「五人衆」もその傘下に入らざるを得なかった。同年五月末、「五人衆」は秀吉から所領を安堵されるが、それと同時に秀吉が任命した肥後領主佐々成政《さっさなりまさ》への「与力」を命じられ、豊臣政権の一員に組み込まれることとなったのである。

しかし、佐々成政は肥後国人衆の武力蜂起を招いたことにより失脚。天正十六年（一五八八）閏五月、秀吉は、小西行長を肥後南部の新領主に任命した。

小西行長との確執　小西行長は、父・立佐《りゅうさ》が築いたイエズス会や堺商人とのパイプを背景に、海上兵站輸送で活躍。秀吉の九州進攻後は九州北部諸大名と海上警備を担当した武将である（鳥津、二〇一〇）。よって行長は単なる肥後の大名ではなく、秀吉が九州中央部に配置した行政監督役というべき存在であり、久種ら「五人衆」は行長に服従すべき存在として位置づけられた。実際に行長は、同年八月に「天草弾正忠（久種か）」に対して、秀吉が保証した六七八五石の知行を追認しつつ、自らへの「忠節」を命じる知行安堵状を発給している（史料三）。

しかし、久種らは秀吉から直接知行を与えられているという点で、行長とは「対等」の立場と考えていた。この認識のズレに加え、久種は当初から秀吉に対して相当な不信感を持っており、志岐氏とともに反抗姿勢を示し続けた。それまで、自らの利益のために近隣勢力に従属することはあっても、領内の自立的な統治権を維持してきた久種らにとって、行長が求める課役負担の強制などの「忠節」はにわかに受け容れがたいことであった。

そして、天正十七年（一五八九）事態は軍事衝突に発展し（天正の天草合戦）、小西行長と加藤清正らの「豊臣」連合軍が天草諸島に進攻することとなる。このとき、行長は「キリシタンとして天草殿（久種）をその兵士たちとともに救出したい」と望み、「志岐殿が屈服されたならば、天草殿は降伏するに違いない」と考え、はじめに志岐城を攻撃している（史料四）。この行長の配慮は久種個人に対するものというよりは、自らの支援集団という側面も持つイエズス会宣教師たちへの気遣いにほかならない。

天正十五年（一五八七）の伴天連《ばてれん》追放令により高《たか》山右近《やまうこん》が改易され、領主層によるキリスト教布教や宣教師の活動が禁止となって以降、行長は日本におけるキリスト教最大の理解者としてイエズス会からの期待を一身に集めた人物でもあった。よって、このときの行長は、天草の反抗勢力の鎮圧という任務の傍ら、キリシタンの戦闘被害を最小限に抑えなければならないというジレンマを抱えていたのである。

しかし、行長の思惑とは裏腹に、志岐城陥落後も久種は降伏の意を示さず、ついに天草氏の重要拠点である本渡《ほんど》城攻撃を余儀なくされる。この際も行長は本渡のキリシタン救出を目論むが、清正らと共に「豊臣」連合軍を構成している以上、イエズス会への配慮という理由で攻撃の手を緩めることは立場上できるはずもなかった。

そして天正十七年（一五八九）十一月、城主天草伊豆守（ドン・アンドレ）は討死し本渡城は落城。これにより、ようやく抵抗を諦めた久種は行長に恭順の意を示し、戦闘は終結。天草は完全に小西行長の管轄下におかれることとなった。

行長と久種の「和解」とコレジオ移転　天草合戦の戦後処理において、行長はイエズス会司祭に対し、久種が所領安堵されるよう秀吉に報告すると約束する（史料五）。本来処罰されかねない久種への過剰ともいえる待遇は、秀吉の行政監督役でありながら、イエズス会最大理解者でもあるキリシタン大名という二面性を持つ行長が示した、精一杯の政治的配慮にほかならない。

そして、天正十九年（一五九一）初頭、行長は京都から九州へ戻る途中の室津《むろのつ》でヴァリニャーノと会談し、ここで久種と行長との「和解」条件が協議され、合意に至った（史料六）。

注目すべきは、この時期、行長は秀吉周辺で高まるキリシタン弾圧への動きを察知し、イエズス会に対して「司祭たちがもっと隠れ、身を潜めて過ごすよう、また学院や修練院や新学校を解体するよう」に勧告していることである（史料七）。この問題は、室津でのヴァリニャーノとの会談でも協議されたに違いなく、この数ヵ月にコレジオの天草移転が実施されたことは決して偶然ではないだろう。

コレジオの受け入れなど、秀吉の命令に反してイエズス会の教育養成機関を匿うことは、極めてリスクが高いことであり、行長の管轄下に置かれた久種が一存で行えるような立場ではなかった。むしろ行長はこの高リスクなコレジオ移転事業を自らの管轄下の久種に担当させ、自領天草へ招致させたと理解すべきであり、これが身分保全の代償として久種に求めた「和解」条件の一つだった可能性が高い。

冒頭に述べた、久種のコレジオ招致が行長との「平和」を固める意味合いがあるとのフロイスの洞察（史料二）は、このような両者の政治状況を反映したものであろう。コレジオや印刷機移転の背景には、こうした十六世紀末の天草地域をめぐる複雑な政治事情が大きく影響しているのである。　（鳥津亮二）

引用史料

史料一（「**一五九二年十月一日付フロイス一五九一、九二年度日本年報**」、『**十六・七世紀イエズス会日本報告集**』**第1期第1巻**）

この時に（巡察）師を訪ねて来た主立った人々の中に、（天草）ドン・ジョアン（久種）がいた。彼は〔関白殿が伴天連たちを以前の状態に戻そうとする意向を持ってはいないという都からの情報がはいり、加津佐の学院（コレジオ）は人々の往来が頻繁な海港にあるため、他所に移転させる必要があるのではないかと伝え聞いて〕、学院を安全にするには、自領に移転するようにと尽力した。なぜならそこは、人々の往来から外れ、我らはずっと危険が少なく、人目から隠れていることができようというのであった。

史料二（「**一五九二年十月一日付フロイス一五九一、九二年度日本年報**」、『**十六・七世紀イエズス会日本報告集**』**第1期第1巻**）

これらのことを決めた後、巡察師はこのことを、学院、修練院、神学校まで己が領内に移転させるよう懇望していた天草ドン・ジョアン（久種）殿に報告した。これは天草殿がこの隠匿地〔ここも我らは骨折って造営する必要があった〕を提供して、限りない愛情をもって司祭たちを受け入れるためだけでなく、天草殿自身とアゴスチイノ（小西行長）との間の和平がよりいっそう固められるためにもなった。

史料三（**天正十六年**〔**一五八八**〕**比定八月二十八日付小西行長書状、個人蔵**）

已上

御朱印之旨、天草郡内六千七百八拾五石事、聊以相違有間敷候之条、全可有知行候、向後猶以可被抽忠節事尤ニ候、恐々謹言、

小西摂津守
行長（花押）

八月廿八日

天草弾正忠殿
御宿所

史料四（**フロイス**『**日本史**』* **第三部六章、松田毅一・川崎桃太訳**『**日本史**』**十二**）

関白はこれら諸島の統治をアゴスチイノ（行長）

に委ねていたので、彼はキリシタンとして、天草殿（ドン・ジョアン）をその兵士たちとともに救出したいと望んでいた。しかるにドン・ジョアンはひどく頑固な態度を保ち服従しない方針を固めていた。（そこでアゴスチイノは）まず軍勢を、志岐と呼ばれる地域に進めた。その地は有馬ドン・プロタジオ殿の伯父にあたる一人の異教徒の殿の領地で、その殿は（有馬殿の）父なる屋形ドン・アンデレ（有馬義貞）の末弟で、大村の領主ドン・バルトロメウ（純忠）、およびローマに赴いた千々石ドン・ミゲルの父の弟でもあった。アゴスチイノは、志岐殿が屈服させられたならば、天草殿は降伏するに違いないし、それ以上の頑固さを示すことは望まぬであろうと考えていた。

史料五（フロイス『日本史』第三部六章、松田毅一・川崎桃太訳『日本史』十二）

彼（久種）は最初の戦闘において、領内に有していた主要な城の一つである本渡城を失い、多数の兵が殺されたのを見ると、いかにしてもこれ以上頑固さを固執することは不可能であると悟り、遅きに失したものの、（自らの）立場を理解して、司祭たちに向かって、アゴスチイノ（行長）に服従すると告げた。アゴスチイノは当然のことながら彼の頑迷と不服従に立腹してはいたものの、司祭たちの懇請に基づき、また己がキリシタンとしての心情に動かされ、司祭たちに（こう）約束した。「予の権限（だけ）で（ドン・ジョアン）を救い得るものならば、彼がそのまま自宅にいられるように取り計らうであろう。しかし彼の処遇に関しては関白（様）にこの件を一任する形をとった上で、（ドン・ジョアン）が自領で無事に、かつ自由に留まることができるよう（好意的に彼のことを）報告することにするであろう」と。そしてのちほど、そのとおりに行なわれた。

史料六（フロイス『日本史』第三部一三章、松田毅一・川崎桃太訳『日本史』二）

それと同じ頃、アゴスチイノ（行長）が室を通過した。その時まで彼は都にいたので、まだ面と向かって（巡察）師に逢ってはいなかった。そこで彼はまる三日間、同所に留まったが、昼夜ほとんど司祭たちの許から離れることができぬ有様で、（辞去して）行くのは通常、すでに夜半になってからであった。その際、彼は天草殿と和解することで広範囲にわたって協議するところがあった。この和平に関しては、双方の側からきわめて大きい支障が生じており、実際に彼らを和解させることは、ほとんど不可能に思われていた。もしアゴスチイノがキリシタンでなく、また教会に従っておらず、巡察師を喜ばせたいと思っていなければ、事は望みどおりに解決しはしなかったであろうし、天草殿は必ずや滅ぼされていたに違いない。というのは、彼はきわめて執拗頑固に（アゴスチイノ）に不服従（の態度）を示し、あまつさえあまりにも（承諾し）難い（報酬としての）利益を要求していたからである。だがついにはアゴスチイノ（の方）が折れ、彼自身、和平が円満に結ばれるような条件を提出した。そして後ほど、下において、巡察師の命令に基づき、副管区長も立ち会った上で、少なからぬ困難がないではなかったが、（天草殿と）アゴスチイノの和平が成就した。

史料七（フロイス『日本史』第三部二一章、松田毅一・川崎桃太訳『日本史』十二）

施薬院こそは他の誰よりも彼らを苦しめ脅迫しており、悪辣非道な老人であった。彼は彼らが司祭たちを領内に留めていることを厳しく非難し、「関白殿はかならずや伴天連たちを弾圧されることだし、そのために貴殿らはきっと滅ぼされてしまうから、都から帰ればただちに彼らを領外に追放するよう命ぜよ」と言った。

都における事態がこのように動揺していたので、（巡察師のもとへは）オルガンティーノ師、（黒田）官兵衛殿、（小西）アゴスチイノ津の守殿、その父（小西）立佐、および他のすべてのキリシタンの殿たちから始終書状が寄せられた。彼らはそれらの書状を通じて巡察師に事態の経過を報じ、司祭たちがもっと隠れ、身を潜めて過ごすように、また学院や修練院や神学校を解体するようにと、ことさらに懇請するところがあった。

〔コラム〕日本（府内）布教区と　イエズス会日本準管区

イエズス会による日本布教がおおよそ軌道に乗り、キリシタンの数も順調に増えていた一五六〇年代、日本とマカオを司教区（Diocese または Bispado）として整備する動きが生じた。これらの司教区はエチオピア大司教区の管轄とされ、初代マカオ司教として赴任したメルショール・カルネイロもまた、本来はエチオピア大司教に就任する予定の人物であった。

一五六八年、カルネイロはマカオへ到着し、一五七六年にマカオ司教区が設置された。日本は一教区としてこのマカオ司教区に含まれることになった。一五八八年、豊後府内に司教座を置くことを前提に、日本全体を統括する「府内司教区」が誕生した。マカオ、日本に司教区を置くことは、そもそもイエズス会が教皇へ働きかけたものであり、ポルトガルの海外拠点（エスタード・ダ・インディア）における布教は、国王による要請と支援のもと、イエズス会にほぼ独占が許されていた。したがって、マカオ、日本の司教にもイエズス会士が任命されるのが当然と考えられた。

豊後府内が司教座として選ばれた背景には、九州のキリシタン大名のうち、広大な領地を有する名門大友家の別格の印象が、ヨーロッパのイエズス会員の間に浸透していたことに起因すると考えられる。しかし、大友家の没落と豊後での布教成果が西九州ほどではないことを鑑みた巡察師ヴァリニャーノ*は、長崎、有馬に司教座を移転させるよう総長宛てに提案した。

キリシタン時代、日本司教に任ぜられた人物は四名いるが、実際に日本の地を踏んだのはペドロ・マルティンスとルイス・セルケイラのみで、残る二人のうち初代のセバスチャン・デ・モラエスは渡航中に病死（一五八八）、一六一八年に任命されたディオゴ・ヴァレンテは禁教という状況から渡航かなわず、マカオに滞在した。最も長く日本に滞在したセルケイラ（在日一五九八～一六一四）は実際には豊後府内ではなく、大半を長崎で過ごしたが、秀吉による禁教期から江戸幕府開幕に至るまでの困難な政情の中、スペイン系の他修道会の日本布教参入という複雑な状況を抱える日本司教区を統括した。

司教を頂点とする司教区とは別に、通常、修道会には「管区 Provincia」と呼ばれる各修道会独自の上長（Superior）を擁する地域ごとの組織が存在する。イエズス会の場合、日本は当初インドのゴアを本部とする東インド管区に含まれていたが、一五八一年に同管区に属する準管区として扱われることになり、一六一一年には日本管区へと昇格した。高瀬弘一郎（一九九三）は、「布教区」から「準管区」、さらには「管区」への昇格にあたっては、地域内の会員数、教育機関、経済基盤などの諸要素の整備が必要とされるが、一六～一七世紀の日本の場合、「布教区」から「準管区」への昇格は、「準管区」が「管区」へと昇格するよりも諸条件の充実が必要とされたと指摘する。イエズス会の日本布教区が「準管区」へと昇格した背景には、日本の布教に関する諸状況を整備したヴァリニャーノの手腕に負うところが大きいと考えられる。一六一四年、宣教師国外追放により、管区長カルヴァーリョがマカオへ去って以降、管区長に相当する人物は日本に滞在せず、副管区長が実質上の上長となった。なお準管区 Vice-provincia は日本の研究史では「副管区」と表される場合もある。準管区時代の上長、一六一一年以後の日本管区の副管区長ともに Vice-provincial と記されるため、区別には注意を要する。

日本の場合、司教はイエズス会士であったから、「司教区」とイエズス会の「（準）管区」は密接な関係にあり、とくに経済基盤等、機能的に分離不可能な部分があった。しかしながらカトリックの聖職者の位階において、司教職はその他一般の聖職者よりも絶対的な優位を認められるものであるから、各地域のイエズス会上長は、司教に従うべき存在であったといえる。日本が「司教区」として正式な司教を擁しつつ機能した期間は、セルケイラの在職時期におおよそ限られるが、日本イエズス会の「管区」は幕府による禁教、宣教師やキリシタンの潜伏期にまで継続するため、司教不在期間には、「管区」内でのヒエラルキーに従って、布教・司牧活動が組織された。ちなみにイエズス会の「日本管区」には、マカオやヴェトナムも含まれ、一六三〇年代以降の「日本管区報告書」として記載される内容は、主に日本以外の「日本管区」に属する諸地域の状況に関するものへと変化していった。

（岡美穂子）

表１　日本（府内）司教一覧

氏　名	国　籍	在職期間
D. Sebastião de Morais	ポルトガル	1588　＊渡航中に病死
D. Pedro Martins	ポルトガル	1592－1598　＊来日は1596年
D. Luis de Cerqueira	ポルトガル	1598－1614
D. Diogo Valente	ポルトガル	1618－1633　＊来日せず

表２　イエズス会日本（準）管区長一覧

氏　名	職　名	国　籍	在任期間
Gaspar Coelho	準管区長	ポルトガル	1581/82-1590
Pedro Gomez	準管区長	スペイン	1590-1600
Francesco Pasio	準管区長	イタリア	1600-1611
Valentim Carvalho	管区長	ポルトガル	1611-1617
Jeronimo Rodrigues*	副管区長	ポルトガル	1615-1617
Mateus de Couros	管区長	ポルトガル	1611-1617
Jeronimo Rodrigues*	副管区長	ポルトガル	1615-1617
Francisco Pacheco	管区長	ポルトガル	1621-1625
Mateus de Couros	管区長	ポルトガル	1626-1632
Cristovão Ferreira	副管区長	ポルトガル	1632-1633
Sebastião de Vieira	副管区長	ポルトガル	1633-1634
Giovanni Battista Pollo	副管区長	イタリア	1634-1638
Gaspar Luis	副管区長	ポルトガル	1638-1642

*ジェロニモ・ロドリゲスはカルヴァーリョ離日後、上長を補任
出典：高瀬弘一郎「イエズス会日本管区」（『岩波講座　日本通史』第11巻，1993年）

表３　長崎駐在日本のプロクラドール一覧

氏　名	国　籍	在任期間
Miguel Vaz	ポルトガル（インド生まれ）	1563-1582
João de Crasto	ポルトガル	1583-1594
Gaspar de Crasto	ポルトガル	1594-1596？
Rui Barreto	ポルトガル	1596？-1598
João Rodrigues Tçuzzu	ポルトガル	1598-1610
Sebastião Vieira	ポルトガル	1610-1612
Carlo Spinola	イタリア	1612-1618
Cristovão Ferreira	ポルトガル	1618-1621
Manoel Borges	ポルトガル	1621-1633？

参考：高瀬弘一郎「キリシタン時代の財務担当パードレ」（『キリシタン時代の研究』岩波書店、1977年）

II

キリシタン版の印刷技術

日本の印刷史から見たキリシタン版の特徴

豊島正之

一　出版という手法

日本での印刷・出版は、（神護景雲四年〔七七〇〕の「百万塔陀羅尼」はひとまず措くとしても）、平安朝以来の長い伝統があり、寺社での印刷も極めて盛んである。中世・近世日本の印刷は残存例も多く、江戸初期（四百年前）の出版物が今でも（ものにもよるが）古書店の店頭で買い求められるというのは、世界でも稀な事である。

国書は出版しない

源氏物語千年紀は二〇〇八年に祝われたが、この千年を越える日本語による著作（国書）の伝統と、やはり千年に亘る印刷・出版の伝統とを考え合わせれば、奈良朝・平安朝以来の日本での著作の数々にも、鎌倉時代以降の豊富な出版例がある筈と期待するのは自然な事であるが、その期待は裏切られる。キリシタン版以前に印刷・出版されたのは、仏書・漢籍など海外由来の本ばかりで、日本での著作である国書が印刷・出版される事が無いからである。

勿論、例外はある。空海の「十住心論」には鎌倉期の高野版、源信の「往生要集」・「選択本願念仏集」には鎌倉期板本、親鸞「三帖和讃」には文明五年（一四七三）板本がある。

しかし、事を仏教に限っても、親鸞「教行信証」、日蓮「立正安国論」、道元「正法眼蔵」といった日本仏教史上に著名な著作は、いずれもキリシタン版以前には印刷・刊行された例が無く、全て写本で伝わっていた。まして、古事記、万葉集、正史である日本書紀・続日本紀、凌雲集・古今集を初めとする勅撰集の全て、竹取物語、伊勢物語、源氏物語、蜻蛉日記、枕草子、今昔物語集、宇治拾遺物語集、方丈記、徒然草、平家物語、太平記、曽我物語、謡曲、狂言といったお馴染の日本文学の古典がキリシタン版以前に刊行された例は、皆無である。法華経や大般若経、論語、或いは韻書の古今韻会挙要、韻府群玉の原文ならば何度も出版されているが、その和製注釈である「法華経釈文」（中算）や「論語抄」、「玉塵抄」（韻府群玉の注釈）といった国書が印刷される事は無い。つまり、原則として、国書は印刷・出版しないのである。

同時代著作は出版しない

又、同時代の著作が出版される事も殆ど無い。

前述の空海「十住心論」、源信「往生要集」、親鸞「三帖和讃」にしても、勿論著者生前の刊行ではない。

現存する稀な例外は心空「法華音訓」で、その「至徳丙寅」（至徳三年〔一三八六〕）という奥書が、本奥（原本の奥書を引用したもの）ではなく刊記であるなら、著者心空（応永八年〔一四〇一〕没）在世中の刊行の可能性がある。虎関師錬「聚分韻略」には「徳治丁未」（徳治二年〔一三〇七〕）の跋があり、その徳治刊本自体は現存しないが、著者生前に刊行された模様である。しかし、これらは極めて例外的で、一般に同時代出版の先駆とされるのは、大坂冬の陣・夏の陣を描いた「大坂物語」元和古活字版、つまりキリシタン時代が終わってからの出版である。

キリシタン版が出版したもの

この様に、日本での印刷・出版は、国書・同時代著作は原則として取り扱わないものとして来たのであるが、キリシタン版が、それを覆す事になる。

日本国内でのキリシタン版の印刷は、天正十八年（一五九〇）六月に帰国した天正少年使節が舶載して来たプレス印刷器によって、恐らく同年中には始まり、年紀明示の国内キリシタンは翌一五九一年のものが現存最古（「サントスの御作業」）である。

その後、一六一四年の宣教師追放までに、現存点数だけでも二十七点を数えるキリシタン版が刊行された。キリシタン版は、教義書、修徳書、語学書に大別されるが、その著者は同時代人ばかりで、教義書はジョルジェ*、修徳書はサー、ボニファチオ、イグナチオ・デ・ロヨラ、ルイス・デ・グラナダ*、ガスパル・ロアルテ、ルイス・セルケイラ日本司教、ペドロ・ゴメス*、マヌエル・バレト*、語学書・辞書はマヌエル・アルバレス*、ジョアン・ロドリゲス*、不干ハビアン*や、その他名が挙がらない日本のイエズス会士たちであり、これらの全てが、ほぼ同時代人か、又は現役のイエズス会士である。例外は、ヤコブス・デ・ウォラギーネの「黄金伝説」に取材する聖人伝「サントスの御作業」と「和漢朗詠集」、「太平記抜書」位だが、その「サントスの御作業」にしても、日本イエズス会のイルマンであったパウロ・ロレンソ親子の翻訳と明示された同時代の訳出であり、「和漢朗詠集」・「太平記抜書」は、いずれもキリシタン版のために日本イエズス会が抄出した編纂ものである。

一方、アリストテレス、プリーニウス、キケロー、聖アウグスチヌス等は、これらの修徳書中に頻繁に登場するので、キリシタン版でも豊富に間接引用されるが、これらの古典的著作自体がキリシタン版として出版された例は無い（キケローの演説集には、キリシタン版が刊行されたという記録もあるが、現存しない）。マヌエル・バレトの「フロスクリー」は、これらの古典的著作の抜書集であるが、あくまで、日本司教秘書バレトによる編纂著作である。聖書も、ラテン語*ウルガータ*原文・その邦訳共にキリシタン版としては現存せず、そもそもキリシタン版聖書の出版の確証が無い。聖書は、丁度一五九二年に、教皇クレメンス八世の勅によって改訂新版シクストゥス＝クレメンス版ウルガータ（Vulgata Clementina）が出た処で、キリシタン時代の日本では、旧ウルガータと新ウルガータが共存していた様である。両者の相違は無視出来ず、一五九九年の「ぎやどぺかどる」訳文は旧ウルガータに拠る様であり、一方、一六一〇年のマヌエル・バレト「フロスクリー」は、その序文に、「聖書の引用は全て新しい聖書に基づいて校訂し直した」とわざわざ断る位であるから、その意味では、新ウルガータ聖書は「同時代著作」・「新刊」と言えなくもないのであるが。

この様に、キリシタン版の出版活動は、国内・同時代の著作・編著を、原語・又は同時代の日本語訳で出版するという点で、それより前の時代の日本の出版態勢とは一線を画している。

古活字版が出版したもの

キリシタン版が、同時代著作を刊行し始めるのとほぼ同時に、日本でも国書が刊行され始める。慶長勅版が慶長二年（一五九七）に「錦繡段」（建仁寺の天隠龍沢の編纂）を「未有刊行」（まだ印刷されていないので）として出版し、続いて慶長四年（一五九九）に「日本書紀」神代巻も刊行して国書の刊行に先鞭を付け、而後は、職原抄、東鑑、太平記、沙石集等々、陸続と国書の古活字版の刊行が続くのは、周知の事である。これらの古活字本には、史記抄、毛詩抄の様な漢籍の同時代注釈だけでなく、謡抄・太平記抄等の国書の同時代注釈、更には医書の一部の様に、同時代著作である国書を刊行したものも含まれる。やや下って寛永年間ともなれば、謡曲、狂言（間狂言）、幸若舞曲といった当時現役の芸能を含め、信長記、天正記といった同時代著作も盛んに刊行を見る様になる。

キリシタン版は、日本に於ける国書・同時代書の印刷・出版への転換点に正に位置している。これを偶然と見るか、それともそこに何らかの因果関係を見出すかは、現時点ではまだ十分な論拠を得て論じ得るには至らないと言うべきであろうが、日本の印刷・出版史上興味深い問題である事は、言を俟たない。

二　キリシタン版の印刷技術

プレス印刷・金属活字印刷

キリシタン版は、全てプレス印刷器によるプレス印刷であり、その文字（楽譜も）は全て活字印刷、しかも、その活字は原則として金属活字である。

これは、当時の欧州に於ける印刷術をそのまま移行した自然な結果とも言えるが、技術的には「そのまま」移行出来ない部分が多くあった。それは、組版では漢字・仮名交じり表記であり、刷版では紙である。

紙と装丁の選択

キリシタン版の紙・装丁には二種類あり、それは表記系・文字組みと截然と対応している。

ラテン文字（欧文・和文ローマ字）　横組、「鳥の子」紙、両面印刷、四折（quarto）又は八折（octavo）

漢字仮名交じり（「国字本」）　縦組、美濃紙、片面印刷袋綴じ、美濃判又は中本（美濃判半裁）

例外があり、極初期（一五九一年？）の「平仮名祈禱文断簡」は、漢字仮名・縦組みでありながら厚手「鳥《と》の子《こ》」紙に片面のみ印刷されている。但し、これは製本を予期しない一枚物の摺り物で、厳密には書物ではない（この様な摺り物は、その後のキリシタン版には無い）。

又、ラテン文字版の国内出版初例である「サントスの御作業」（一五九一）は、現存二本のうち、マルチアナ図書館（ベネチア）蔵本が「鳥の子」とは異なる楮紙《ちょし》（美濃紙ではない）を一貫して用いており、全面的に「鳥の子」を用いたオックスフォード本と、用紙を異にする。後述の様に、一五九〇年（マカオ刊）「遣欧使節対話録」は種々の用紙を混用試行しているが、国内での印刷が始まって間もない一五九〇〜一五九三年のキリシタン版でも、同様の用紙の試行がまだ続いていたのかも知れない。この時期の国内刊行のキリシタン版のうち、複数部が残存したのがたまたま「サントス」だけであるために、これが例外に見えるという事ではなかろうか。

初の和紙への金属活字印刷

「鳥の子」紙にラテン文字横組で金属活字印刷した初例は、実は日本国内出版ではなく、リスボンで刊行された「日本のカテキスモ」（一五八六）である。この書は、少なくとも五本が現存するが、鳥の子に印刷されたのはパッソス・マノエル校（リスボン）蔵本のみで、他の四本は当時の普通の洋紙である。特装本だけ上質紙に印刷する例は、当時のポルトガルに限っても、「初代ブラガンサ公年代記」（一五五四）のブラガンサ家マヌエル文庫（ポルトガル、ビラ・ビソーザ）蔵本のみが羊皮紙に印刷された例がある。「日本のカテキスモ」パッソス・マノエル校本は、著者ワリニアーノ*がエボラ大司教へ自筆で献辞を認めた特装本であり、特に意を用いて、日本から携行した貴重な鳥の子用紙を用いたものであろう。

天正遣欧使節が帰国途上で印行した三本も、いずれも用紙が興味深く、ゴアでの「原マルチノの演説」（一五八八）は八折一枚のパンフレット（演説の席上で配布したのであろう）で洋紙を用いるが、本格的な製本の「キ

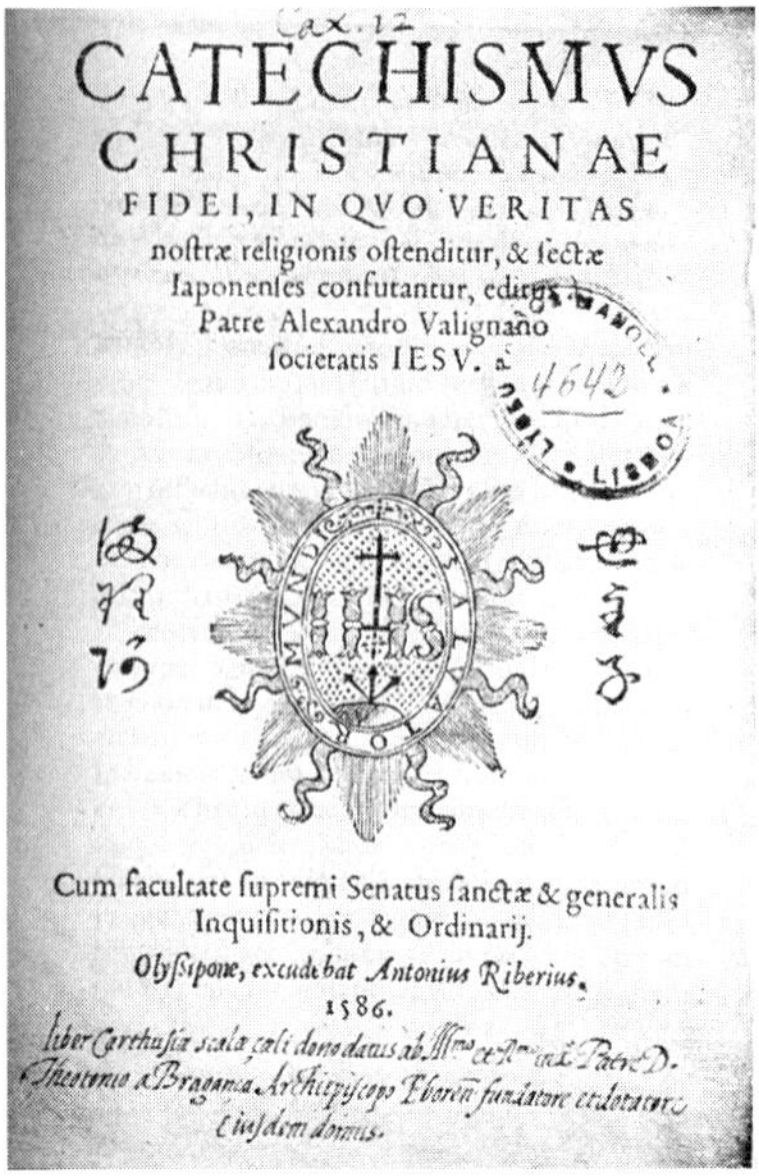

図１　鳥の子に印刷された「日本のカテキスモ」(1586)
パッソス・マノエル校本（複製本による）

リスト教子弟の薫陶」（一五八八、マカオ刊）は（恐らく現地で入手した）竹紙である。「遺欧使節対話録」（一五九〇、マカオ刊）には多数の伝本があるが、伝本ごとに区々の用紙（竹紙、洋紙、和紙）を混用しており、且つ同じ折（gathering）でも本ごとに異なっていて、最適の用紙・それに適合するインクを求めて試行錯誤した形跡を今に残している。本書のリスボン国立図書館蔵三本中の一本（Res. 457）のみは、その一部に鳥の子と覚しい和紙を用いている。この表紙には、著者デ・サンデが自筆で献辞を添えており、やはり特装本だったのであろうが、残念ながら外装は傷みが甚だしい。

キリシタン版縦組みの用紙

キリシタン版のラテン文字・横組み出版物は、（初期の試行錯誤を除けば）「鳥の子」紙を用いて（図１）両面印刷する事で一貫している。一方、国字本縦組みでは、キリシタン版も、用紙に美濃紙を用いて片面のみ印刷した袋綴じ装であり、当時の五山版などの一般的な手法に準じている。技術的には、光悦謡本（特製本）の様に鳥の子両面印刷を列帖装《れつじょうそう》したり、或いは鳥の子片面印刷袋綴じ（極めて珍しいが皆無ではなく、堺市立図書館蔵「韻府群玉」の様に、五山版に実例が存在する）ですら可能であったろうが、美濃紙に版心を出して袋綴じする当時の一般の手法に倣っている。但し、当時の日本では、版を下に、紙を上に置いて、バレンで摺り出すのが一般的であるのに対し、キリシタン版は、ラテン文字・漢字仮名交じりを問わず、いずれもプレス印刷である点で、日本の当時一般の印刷技術とは、根本的に異なっている。

「鳥の子」という語

従来「楮斐紙《ちょひし》」（斐交じり楮紙）として来た紙を、単に打紙《うちがみ》を経た楮紙であるとして「楮打紙」とするものが増えているが、キリシタン文書では、この種の紙を「鳥の子」と呼んでいる。

ワリニヤーノが一五九一年に定めた「日本のプロクラドール（財務責任者）の規則」には、日本各地のイエズス会士が地元で調達出来ないために京都から送付すべき必需品として、鳥の子紙（Papel de torinoco）、杉原《すいばら》紙（Papel de suibara）を掲出している（高瀬、一九七七、五二三頁）。日本イエズス会は、「鳥の子」を上長への報告用として配給していたのである。マカオに移った後も、日本イエズス会は通信には「鳥の子」を用い続け、プロクラドール（財務責任者）引き継ぎに伴い一六一六年八月に作成された日本イエズス会財産目録（アジュダ文庫 Jesuitas na Asia, 49-V-5, 196-207）には、

「鳥の子」紙（Papel de torinoco）三千六百枚内外
「間に合」紙（Papel de Maniai）千五百枚内外
ポルトガルの紙（Papel de Portugal）五百枚綴が十四、（後略）

と、和紙の二種が、洋紙とは区別して計数・記録されている。「鳥の子」は、目録に数え上げられるべきイエズス会の財産であった。日本からローマへの通信も、その殆どが「鳥の子」である。セルケイラ日本司教のローマへの発信も、一つを除き必ず「鳥の子」を用いており、唯一の例外が一五九八年十月二十五日長崎発報告（JAPSIN 13-2/204-205）で、竹紙であるが、これは日本着を伝える第一報なので、実は「予定稿」として船中などで準備されていたものであろう。この様に、キリシタン文書が、この手の紙を一貫して torinoco「鳥の子」と称しているため、本稿でも「鳥の子」の呼称を用いる。果たしてキリシタンの「鳥の子」が斐（雁皮《がんぴ》）の成分を含むか否かは、キリシタン版・キリシタン文書が用いた紙の今後の素性分析が待たれる処である（二〇一三年九月、龍谷大学古典籍デジタルアーカイブ研究センターの顕微鏡観察により、東洋文庫蔵ドチリナキリシタン、フロスクリーは、交じりの無い雁皮紙である事が確認された〔再校時追記〕）。

写本の紙

イエズス会通信・書簡の欧文写本が基本的に「鳥の子」であるのは前述の通りである。一方、和文の写本の用紙はまちまちで、東洋文庫蔵「スピリツアル修行」写本の様に「鳥の子」を十六折（sextodecimo）にして用いたもの、天理図書館蔵「スピリツアル修行」写本の様に美濃判大の楮紙、オックスフォード大学モードリン図書館蔵「講義要綱*」写本の様に、半紙本で楮紙打紙だが一部だけ「鳥の子」を混用したものなど、様々である。

プレス印刷

キリシタン版がプレス印刷器によってプレス印刷された事の証拠は、現存する諸本の随所にある。

最も明瞭な証拠は、「ひですの経」（一六一一）に見られる。この書は、国字本キリシタン版の例に洩れず、美濃紙袋綴じだが、その袋が全て（全九十五丁）綺麗に切れた（俗に「切腹」）状態になっており、裏面（紙背）の観察が容易である（因みに、本書の「切腹」は意図的に截断された結果の様で、或いは旧蔵者のガンサーが、アンカットの洋書の調子で袋を全部切って仕舞ったのかも知れない）。そこには、バレンでこすったとすれば現れる筈の弧状の跡は無く、代わりに、強い印圧が裏面に浮き出した跡が明瞭である（これを示すために、八木書店刊複製本［二〇一一］には、紙背の写真がいくつか掲載してある。図2）。

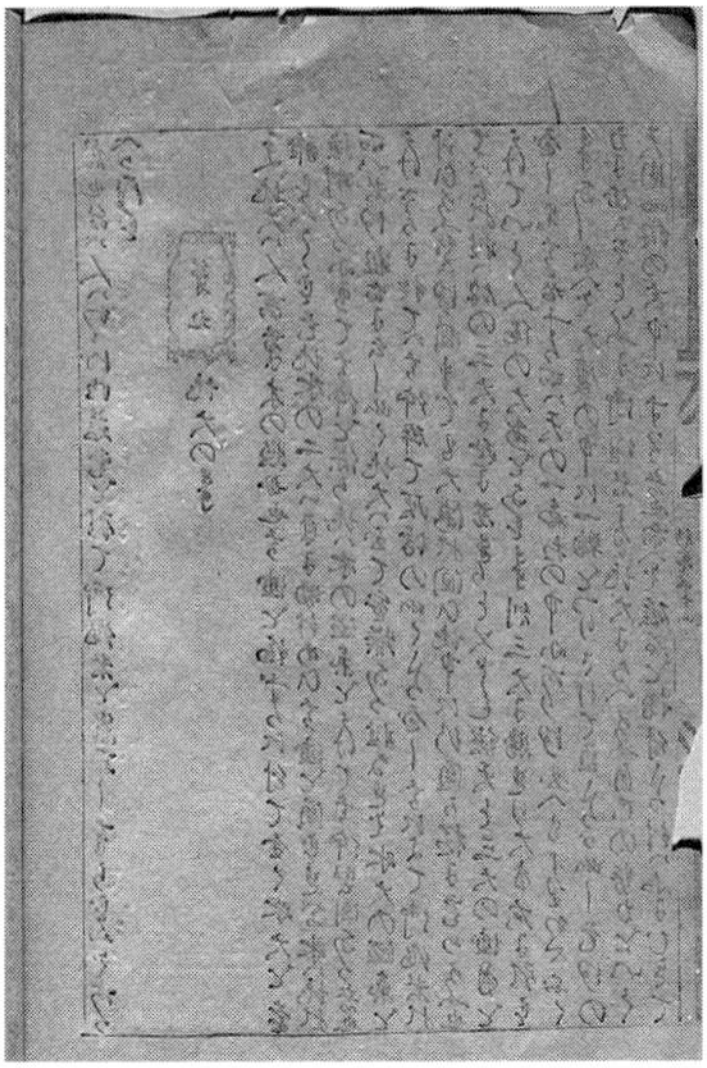

図２　「ひですの経」24オ
紙背に残る印圧

プレス印刷の仕組み

紙面に残る印圧は、当時のプレス印刷器の構造に由来する。

当時のプレス印刷器は、ねじ式に上下する主軸（スピンドル・spindle）に繋がったプラテン（押し板、圧板《あつばん》・platen図３B）の下に、版面の台（ベッド・bed、俗称 coffin［棺桶］図３C）に紙を載せた移動台（キャリッジ・carriage）を送り込んで、上から加圧して版面と紙を

図３　Amman & Sachs「職人図絵」（1568、フランクフルト）より。A：spindle, B：platen, C：bed, D：tympan（複数枚の紙を積んでいるのが分かる），E：frisket, F：frisket-stay

密着させる事で印刷する。スピンドル・プラテンを下げて加圧するには、よほどの勢いが要った様で、屈強の職人が力任せにスピンドルのハンドル（図３A）を引いている図は、よく知られているものだろう。

　キャリッジは木製で横に動き、その上に固い石などで出来た台（bed）を金具で固定し、版は台の上に上向きに組み付ける。一方、紙は、複数枚をティンパン（紙溜め・tympan　図３D）に積んで置き、そのティンパンの上にフリスケット（紙押さえ枠・frisket　図３E）を畳み込み、この二つを畳み込んだものを版面の台（bed）の上に更に畳み込んで接近させ、三重のサンドイッチの様にしたものを、キャリッジごとプラテンの下に送り込むのである。このプラテン下へのキャリッジの送り込みも、回転式（rounce）で水平移動させていた事は、早く一五〇八年の図に見える。フリスケットはティンパンに、ティンパンもキャリッジに、それぞれ蝶番などで回転可能な形で接続してあり、全てが高速に操作出来る。

　加圧印字の後は、キャリッジをプラテン下から引き出し、先程とは逆順で、台（bed）から紙枠（フリスケット）・紙溜め（ティンパン）のペアを離し、更にティンパンからフリスケットを外して印字済の紙を抜き出す

図4　Abraham von Werdt 作の木版画（1676）（Moran, 1973より）

（この間、ビーター［beater］と呼ばれる助手が、タンポで版面にインキを付け直している　図3・図4）。ティンパンには複数枚の紙が積んであり、紙の補給は毎回は行わないで済むから、インキ付け直しが数秒で済めば、すぐに再度、ティンパンへのフリスケットの畳み込み、ティンパン自体のbedへの畳み込み、bedを載せたキャリッジのプラテンへの送り込み、プレス、という工程が繰り返せる。

当時のプレス印刷は、決してのんびりとしたものではなく、スピード感に満ちた世界である。十六世紀終わりの欧州印刷業者の雄アントワープのプランタン工房では、一日十五時間で表裏千二百五十部、即ち二千五百枚を摺ったという記録があり（Voet, 1991, p.87）、単純計算でも二十秒に一枚、版の差し替え等も勘案すれば十数秒で一枚という、飛んでもないスピードである。版の差し替えの無い単純な刷版なら（印刷機構に就て初の詳細な記述を残した）Moxon（一六八三）が、一時間で二百五十枚（一枚十四秒）と記しているから、この辺が上限であろう。印字済みの紙を取り出すためにフリスケットを外し、再び畳み込むという動作には、手間が掛かりそうだが、天井との間にコード（frisket-stay 図3F）を張り、足でそのコードのバネの力を加減してフリスケットを自動的に畳み込む高速化の工夫があった。図4は一六七六年のものだが、印刷者の向かって左側に天井から伸びているコードがそれである。この図からは、この frisket-stay を右足で踏んで操作している事も読み取れる。frisket-stay は、著名な「職人図絵」（一五六八、前掲図3）に既に見え、キリシタン版の印刷所でも用いられていたかも知れない（この時代の印刷器の詳細に就ては、Moran〔1973〕を、この時代に限らず活版印刷と印刷器に就ては Rummonds〔1998〕が必見）。

印圧の跡

この様に、キリシタン時代のプレス印刷では、一回のプレスで紙は強い圧力を受け、それは紙面の凹み（裏面から見れば凸）として見える（「ひですの経」八木書店複製本の紙背写真〔前掲図2〕を参照）。

又、ティンパン（紙溜め）に複数枚の紙が積まれたまま印刷を繰り返すという工程のため、紙はプラテンの下で何度も同じ版の圧力を受け続ける事になり、少しずつズレながら活字の強い痕跡が紙の上に残る。これは（インキが付かないので）「空《から》押し」と呼ばれ、天理図書館本「ぎやどぺかどる」にも残っていると伝えるが、ハーバード本「ひですの経」に残る「空押し」は顕著で、複製本でも明瞭に見得る程である。勿論、手で触れれば、凹凸は明瞭に感じられる。

「ひですの経」の金属活字の印圧は強く、中には筆押えや点の先端に白く見える点を持つものすらあるが、これは印圧が強過ぎて活字が紙を破った穴である。

打ち抜き

強い印圧が紙を破って、次の紙にまで打ち抜いて印字（strike-through）したケースさえある。

ハーバード本「ひですの経」の第三十六丁にある二重に印字された文字（図5）はこれが原因で、ティンパンに積まれた一枚前の紙に漉きむらがあり、一部が極端に薄かったか又は既に穴が空いていた（美濃紙には時々生ずる）処へ、強い印圧が掛かって紙が裂け、次に印刷されるためにティンパン二枚目にあった（現存三十六丁の）紙にまで打ち抜いて印字されて仕舞ったものである。こうした打ち抜き印字は、キリシタン版のプレス印字がティンパンに複数枚の紙を積んでいた事を示す確実な証拠である。同様の打ち抜き印字は、パリ国立図書館本「落葉集」（一五九八）三十ウ八、三十七オ二・四・七・八、三十七ウ二・三等にもあるが、

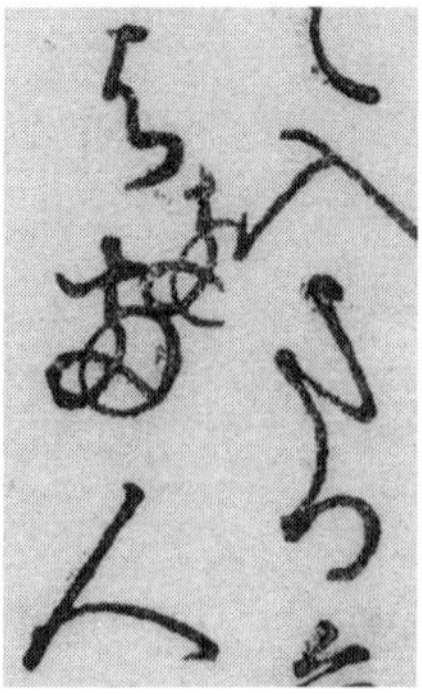

図5　「ひですの経」36ウの二重印字

一般に「落葉集」は、（パリ本だけで無く他本も）使われた美濃紙が（何故か）極薄であるため、強い印圧で直前の紙が破れたのであろう。大英図書館本「ぎやどぺかどる」（一五九九）上巻五十九オ一・三、同五十九ウ十四・十七も、それぞれ丁の最下側数字分に打ち抜き印字があり、本書も、「ぎやどぺかどる」諸本の中では際立って紙が薄い。

刷版時のエラー

誤って同一紙に二回プレスした例が、バイエルン図書館「ぎやどぺかどる」（一五九九）上百二丁に見える。これはインキを付け直して二回プレスしており、ティンパンから紙を抜き取るのを忘れたか、或いは印刷済みの紙をうっかりティンパンに再度セットしたために生じたものである。

同じ二回プレスでも、単純にスピンドルを二度引いてプラテンを二度降ろし、印圧を二回加えて仕舞った事故が、ライデン大学図書館本「ヒイデスの導師」（一五九二）のL、S、Cc、Gg折のそれぞれオモテ側にある。こちらは、二度目はインキが殆ど付かないので、活字の跡だけが残っている。インキは無いとは言え、活字自体が紙と直接接触しているので、その痕跡の「空押し」との差は歴然である。「空押し」は、漠然とした印圧痕で文字が判読出来ないのが普通だが、こうした二回プレスでは、文字は読み取れる程に明瞭である事が多い。

ブラガンサ家マヌエル文庫（ポルトガル、ビラ・ビソーザ）本「ぎやどぺかどる」下六十丁では、下六十の印字の後に、下六十三丁が（正立で）インキを付けずにプレスされている。印刷済の六十丁が未印刷紙の束に紛れ込んだのかも知れないが、とすれば六十三丁のインキ付けが無いのが不審である。或いは、順番が逆で、組版中の三丁先の校正刷りを出した際に余分にインキ無しでプレスし、それに気付かず、その紙を未印刷と誤認して刷版本番の六十丁に使用した、等も考え得る。上述のバイエルン本「ぎやどぺかどる」と異なり、マヌエル本は三丁も後で混入しているが、この様なミスが生じ得る程度の組版・刷版進行の規模だった証拠と見る事も出来よう。

二重印刷ではないが、バヤドリード・アウグスチノ修道会蔵「スピリツアル修行」のEee折五オは、インキを付けずに印刷している。これは最終折で、紙の上側には全く印字が無いため、単に下側の五オにインキを施すのを忘れたものの様である。

紙の天地を逆にして二回プレスした例が、マルチアナ本「サントスの御作業」H折にある。これは、インキを付けずにプレスして仕舞ったのに気付き、その紙を捨てずに、紙を（天地を逆に）セットし直し、インキを付けてから再度プレスしたものの様で、確かに一回目の（インキ無しの）印字跡は幽かで、捨てるのは惜しいと思ったのも無理は無い（紙をセットし直す際に、もう少し慎重に、天地を正しくセットしていれば、たぶんばれずに済んだだろう）。

二回プレスではなく、版面に紙を取り落とす等して二回以上接触させた事故により生じた二重印刷は多い。これは、二回プレスと異なり、印圧も無く、何より印字色が極めて幽かである。大英図書館「天草版平家・イソポ・金句集」K折、カサナテ図書館「さるばとるむんぢ」二・三、十六・十七、二十八・二十九丁、バイエルン本「ぎやどぺかどる」上八十六丁、エル・エスコリアル本「朗詠雑筆」十三丁等、この事故は（ラテン文字本・国字本を問わず）キリシタン版に珍しくない。こうした二重印刷は、前述の（一枚前の紙を押し破った）打ち抜き印字と異なり、印影が版面の一定範囲にくまなく分布し、しかも往々にして印刷の軸が傾くなど大きくずれている。紙を押し破った打ち抜き印字は、（紙が破れた）当該箇所にしか生じず、印字の軸も殆どずれないものであり、一見して見分けが付く。二回プレスも、軸がずれない点では同じ。因みに、版式に疑問の多い原田版「こんてんつすむんぢ」（一六一〇）も、三十四ウ十一～十三、七十七ウ十一～十七に、この種の二重印字が起きている様に見える。*

印刷済の乾いていない紙の表裏を不用意に重ねた結果、鏡像が写ったバイエルン本「ぎやどぺかどる」上二十二丁のエラー例もある。これは、印字自体が鏡像なので、印字後の接触から生じたものである点で、他のエラーと根本的に異なる（バイエルン本「ぎやどぺかどる」は、この手のエラーの殆ど全てが見られ、キリシタン版刷版エラー展覧会の如き興味深い本であるが、雲母で桐を摺り出した鳥の子表紙を持つ献上本でもあり、どうやら、この種のエラーは、大した事故ではないと思われていたらしい）。

尚、印字自体のエラーではないが、印刷時（後？）にうっかり紙にタンポを取り落としたと覚しい跡が、パリ本「落葉集」の「色葉字集」二十三丁に残っている。

impression slur（印字ブレ）

エラーの一種に、impression slur がある。

impression slur（別名　doubles, smears, mackles）は、プレス印刷に伴う僅かな印字ブレの事で、ティンパン・フリスケットの弛み等によって紙が微妙にズレて生ずるものであり、大文字などの一部の突出した活字の更に一部分のみに生じ、しかもズレの幅は高々一㎜程度である。impression slur は、キリシタン版に限らず当時のプレス印刷には珍しくなく、余りに頻繁に生ずるのでエラーと呼ぶのにためらう程である。

キリシタン版でも、impression slur は頻繁に生じ、欧文・和文の差を問わずに発生する。

Impression slur はプレス印刷特有の現象で、バレン摺りでの「刷りブレ」（中村、二〇〇七、一二六頁）とは、異なる。

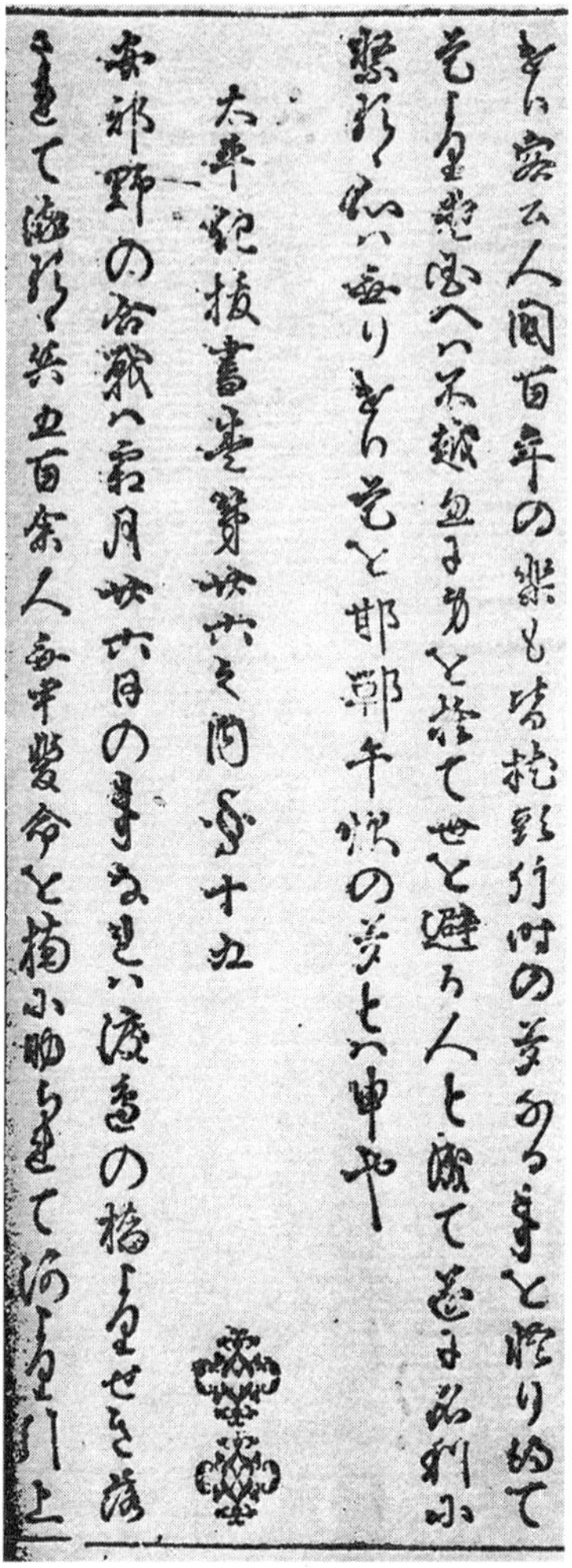

図７　「太平記抜書」巻四　36ウ７～12行（複製本より）

図６ａ　Luis de Granada (1587, Burgos) Libro de oración y meditación より。O,S,I,a の上に impression slur

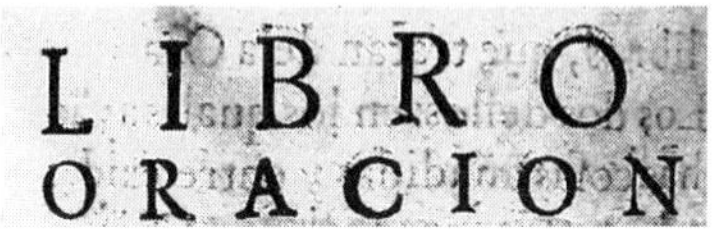

図６ｂ　同表紙。LIBRO の B, R,O、ORACION の C,N の上に impression slur

図６ｃ　図６ｂのＯ字の拡大。上に薄く見えているのが impression slur

キリシタン版「太平記抜書」は、版式に依然として疑問が残るが、impression slur は明瞭なので、プレス印刷である事は疑い無い。例えば、巻四、三十六ウ九（図7）の「心」「申」の左側、同十の「記」「第」「廿」の左上の impression slur は、複製本からでも容易に観察出来る（これを「見えない」と断ずるものがあるので、念のため詳しく指摘して置く）。前期キリシタン版「ばうちずもの授けやう*」・後期キリシタン版「ぎやどぺかどる」にも、随所に見える。

原田版（国字本）「こんてんつすむんぢ」（一六一〇）は、紙背にこすった跡が残る事を指摘してバレン摺りとする説（大内田、一九八八）があるが、複製本から見ても、その七十八ウ十三、七十九オ三～五等は或いは impression slur ではないかと思われ、とすればバレンではなくプレス印刷の筈で、版式に疑問が残る（本書三十四ウ十一～十三の二重印字は、上述した）。或いは、整版・バレンと活字・プレスを併用したハイブリッドな印刷（乱版）かも知れず、原本に親しく接した観察報告が待たれる処である。

絵の印刷

表紙に絵があるキリシタン版は、全てラテン文字版で、「サントスの御作業」、「ドチリナキリシタン」（東洋文庫本、一五九二）、「ヒイデスの導師」、「平家物語」、「スピリツアル修行」である[1]。ここで「絵」というのは、銅版エングレービング等の技法によって人物等を精細な線で描いたものを言い、「ラテン文典*」、「羅葡日対訳辞書」、「さるばとるむんぢ」、「日葡辞書」、「日本大文典」等の表紙にある抽象的なエンブレムとは異なる。エンブレムは（恐らく金属製の）一つの「大きな活字」で、唐草模様などの小さな装飾のビニエット（こちらは恐らく木製）と共に、複数の書物で使い回されるものだが、一方、絵は一つの書だけに用いられる。絵の裏は（「平家物語」を除いて）必ず裏白で、印字が全く無い。これに対し、エンブレムの裏は印字の有無両様である。

「絵」の裏に印字が無いのは、「絵」だけはプレス印刷とは別の技法で摺り出す必要があったからであろう。実際、これらの「絵」の縁は強い圧を受けて沈んでおり、別のローラープレスを通したか、或いは、そこだけ別に手で摺り出したのではないかと思われる（裏にこすった跡は無い）。「絵」の縁と回りの行格とが平行でないケースは多く、「絵」が、組版に組み込まれて文字と同時にプレス印刷されたものではない事は明かである。「サントスの御作業」巻一の表紙絵の回り（図8）には、ビニエットによる枠があり、この枠自体は回りの文字と同時のプレス印刷だが、オックスフォード本は（絵が僅かに左に傾いて）右上と左下で絵と枠が僅かに重なり、マルチアナ本（図8）は絵の下側全体が枠に大幅に重なっているので、絵が文字のプレスとは別途に摺られた事は確実である。特に、マルチアナ本では、絵の方が先に摺られた事が明瞭に分かる。[2]

SANCTOS
NOGOSAGVEONO
VCHINVQIGAQI
quan dai ichi.
FIIENNOCVNITACACVNOGVN
IESVSNOCOMPANHIANOCOLLEGIO
Cazzusa ni voite Superiores no von yuruxi uo cô
muri core uo fan to nasu mono nari. Goxuxxe irai
M.D.LXXXXI.
BIBLIOTECA NAZIONALE VENEZIA DI S. MARCO

図8　マルチアナ図書館「サントスの御作業」巻一表紙

興味深いのは「平家物語」（一五九二）の表紙絵で、これだけは裏に「序文」の印字があって裏白ではない。本書は、一書の途中のN折〜O折の境目（一つのセンテンスの途中）で助詞の分綴を変更している（後述）が、この「序文」部分は、

表紙　　Ａ１オ　旧い分綴
表紙裏　Ａ１ウ　新しい分綴
序文　　Ａ２オ　新しい分綴
序文　　Ａ２ウ　新しい分綴
本文　　Ａ３〜　旧い分綴

と分綴新旧が混在している。(3)

大英本を詳しく観察すると、表紙裏（Ａ１ウ）の九行目 nogotoqino の i、十一行目 voite の o、十三行目 xensacu の e、十四行目 Superiores の res の e は、いずれも、表紙（Ａ１オ）側の絵（エングレービング）の枠の印圧のために紙が縒れた処に印字が掛かって、インキが十分に載らない不十分な印字になっている（印字後に紙が縒れたのではない）。従って、表紙裏Ａ１ウ（及び恐らくは序文全体　Ａ２オ・ウ）は、表紙（Ａ１オ）・本文Ａ３以降よりも更に後になって印刷されたものと覚しい。つまり、当初は、

表紙　　Ａ１オ　旧い分綴＋絵
表紙裏　Ａ１ウ　空白
序文　　Ａ２オ　空白
序文　　Ａ２ウ　空白

本文　A3～　旧い分綴

で印刷して置き、全体の完成を見てから、表紙裏と序文の印字済み用紙を再度プレスに通して序文を印字したものと考えれば、分綴の新旧混在も説明される。この様に考えれば、本書の表紙絵も、本来は裏白で印刷されていたのであり、要するに全ての絵の裏は裏白であったのである。

この様に、絵の印刷は、それだけのために別の印刷器を通す（又は手で摺り出す）という特段の手間を要する。「スピリツアル修行」は、各章の扉に絵を配するが、（表紙を除いて）全て別途印刷した絵を貼り込む事で済ませているのは、恐らくこの手間を省くためであったろう。

紙の湿潤

当時の印刷の常識として、印字前には紙を湿らせる。有名なWerdt（1676）の絵（図4、本書一〇一頁）の左端には、紙を桶に漬け込んでいる職人が見えるが、これは洋紙の話であって、キリシタン版の鳥の子（ラテン文字本）・美濃紙（国字本）でどうであったかは、記録が無い。

キリシタン版のエンブレムは、（前述の通り）複数の書に使い回されているので、そのサイズの計測によって紙の収縮度合いが比較出来る。ライデン大学図書館には、「羅葡日対訳辞書」（一五九五・鳥の子）と「落葉集」（一五九八・美濃紙）を蔵する（カラー口絵2a・b）。両者は同一のエンブレム（恐らく金属製）を流用しており、同一エンブレムの鳥の子・美濃紙印字例が並べて比較可能なのは、世界でもここだけである。図書館の御高配によって両者を並べて計測する事が許された。測定場所は、縦〇時～六時、横九時～三時の位置の最

外枠とし、但し王冠は除くものとすれば、

羅葡日　（鳥の子）：八・六×七・七cm

落葉集　（美濃紙）：八・九×七・八cm

であるので、鳥の子の方が縮みが大きい。

これを、和紙湿潤の問題ではなく、寧ろ同一鋳型から作られた二つのエンブレムの鋳造時の収縮の差である、と見る反論もあり得ようが、ライデン本「羅葡日」・「落葉集」のエンブレムには、共通する欠損があり、しかもその欠損が「落葉集」で拡大している。具体的には、

一、文字より内側に●○●と並ぶ小円のうち、四時の位置の○が割れている

二、最外側の弧の一時の位置が割れており、落葉集で拡大

同一の欠損自体は「同一鋳型の別鋳造」説を必ずしも否定しないが、欠損が拡大するのは、同一鋳造を支持するであろう。故に、ライデン本「羅葡日」・「落葉集」のエンブレムの寸法差は、同一のエンブレム活字が、印字前の和紙の湿潤によって印字後に印面が収縮した結果に生じたもので、両者の差は、前者の鳥の子、後者の美濃紙という紙質の差である。

紙の湿潤による版面の収縮は、和本での所謂「おっかぶせ」（既成の板本の印字面自体を版下として再刻して出来た覆刻本）の判定として、「おっかぶせ」の方が原本よりも縮む事を根拠とするのがよく知られている。これは、「おっかぶせ」刷版時に（美濃紙が）湿潤され、結果として印字後の版面が原板本よりも小さくなるためで、キリシタン版のエンブレム収縮と同じ原理である。

湿潤と impression slur

この様に、キリシタン版では、美濃紙だけでなく、鳥の子も印字前に湿潤していた事が明らかになった。美濃紙はともかく、鳥の子を湿潤して仕舞うと、墨・インキが流れはしないかと訝しく思う向きもあろうが、現にそうした影響が出ている。

ライデン本「ヒイデスの導師」（一五九二）は、鳥の子両面印刷の octavo（八折）ラテン文字日本語本であるが、A折・H折は、紙を湿し過ぎて文字がボケている。更に、本書は、前述の impression slur が甚だしく、

一、octavo の各折のオモテ面（即ち一オ、二ウ、三オ、四ウ、五オ、六ウ、七オ、八ウ）には必ず全面的に impression slur あり

二、octavo の各折のウラ面には、原則として impression slur 無し（但し T、V、Ll、Mm 折は例外で、ウラ面にまでも impression slur あり）

と、規則的にオモテ面の、殆ど全行・全文字に impression slur が出ている。これが、「ヒイデスの導師」の版面が汚いという印象を与える原因である（因みに、清文堂が刊行した複製本［一九八五］は、この impression slur が丁寧に消してある様で、格段に読み易い）。湿潤が impression slur を引き起こす原理は判然としないが、少なくとも相関は歴然である。原則としてオモテ面だけに生ずる事から見て、紙は印字のかなり前に湿潤し、オモテから先に摺り、ウラを摺る前の再湿潤はしなかったと見てよかろう。

同様の impression slur は、同年刊行の東洋文庫本「ドチリナキリシタン」（一五九二）にもあるが、本書

の印刷は随所で破綻しており、当時は、まだ印刷開始当初のために、鳥の子の湿潤とインキとの調整にノウハウが確立していなかった様である。「羅葡日対訳辞書」（一五九五）、「コンテンツスムンヂ」（一五九六）ともなると、こうした不調法は激減し、（impression slur は依然として散見されるものの）版面は格段に美しい。

装　丁

現存するキリシタン版のうち、複数部存在するもの（「落葉集」、「ぎやどぺかどる」、「日葡辞書」、「サカラメンタ提要」等）の装丁は、実にまちまちである。表紙などは代々の所蔵者が付け替えたもの（例、オックスフォード大学蔵「日葡辞書」・「日本大文典」）もあるであろうし、極端な例では、大英図書館「天草版平家・イソポ・金句集」やオックスフォード大学蔵「サントスの御作業」の様に、二十世紀になって（保存を理由に）ボール紙装に改装されて仕舞ったものまである。当時の装丁を留めていると覚しいのは、「ぎやどぺかどる」のバチカン図書館本、天理図書館本、バイエルン本で、これらは雲母摺り出し等による美しい表紙を持ち、バチカン本は鳥の子の書き題簽まで備えているが、しかしそれぞれの装丁意匠は、ばらばらである。ハーバード大学本「ひですの経」も、鳥の子の書き題簽を備えているものの、表紙は、粗末な渋引き楮紙である。この渋引き楮紙は、ライデン大学本「落葉集」、パリ本「落葉集」の表紙と大変よく似ており、或いはこれらは全く同じ紙かも知れない。ライデン本の表紙には、打付け書きに一六〇五年の識語があるので、印刷刊行からさほど隔たらない時期のものであろう。

所謂「仮綴じ」をしただけで出荷し、本格的な装丁は所蔵者で行うのは、洋書の通例で珍しくないが、キリシタン版の場合は、「仮綴じ」どころか、印刷した後、丁合をとったままの折らない原紙を、そのまま（綴じずに）出荷していた可能性がある。

オックスフォード大学ボードレイ文庫「サカラメンタ提要」（一六〇五）には、四丁おきに繰り返される虫損が十種類あり、ロンドン大学本ロドリゲス「日本小文典」（一六二〇）には、四丁おきに繰り返される雨漏りの染みがある（これらの二書の実見し得た他本には、こうした虫損・雨漏りは無い）。「サカラメンタ提要」も「日本小文典」も quarto（四折）本なので、裏表印字済の用紙を、製本（折）する前にまず一冊分ずつ丁合《ちょうあい》を取った束にまとめ、そのまま製本せずに重ねて保管していた間に、これらの損傷が生じたと考える他はない。従って、キリシタン版は、印刷して丁合を取った原紙を、折らず、綴じずに、束のまま暫く保管した後、実際に用に供する際にそれぞれの地で製本したと考える余地がありそうである。

三　判型と折

判型の格付け

キリシタン版のラテン文字本は、四折（quarto）か八折（octavo）のどちらかであり、より大きな二折（folio）や、小さめの十二折（duodecimo）等が無い。キリシタン版ラテン文字本のうち quarto は、辞書（羅葡日対訳辞書、日葡辞書）、文法書（ラテン文典、日本大文典）、日本イエズス会関係者による欧語編著作（日本のカテキズモ、遣欧使節対話録、サカラメンタ提要、聖教精華）であり、それ以外の、日本語が主体のローマ字本の全て（サントスの御作業、ドチリナキリシタン、平家・イソポ・金句集、ヒイデスの導師、コンテンツスムンヂ、スピリツアル修行）と、欧語著作の改版（ボニファチオ、ロヨラ、バルトロメオ、サー）が octavo であって、quarto と octavo は、内容によって截然と区別されている（「原マルチノの演説」は、日本イエズス会関係者による欧語著作ではありながら quarto ではなく octavo だが、これは一折八頁の製本を予期しないパンフレットで、書籍とは言い難い）。こうした判型と内容との対応は、書物の「格付け」であり、書物の「格」に従った判型の選択は当時の欧州では普通の事で、キリシタン版もその例に洩れない。

キリシタン版「ぎやどぺかどる」の原著 Guia de Pecadores は、改訂初版（一五六七）は octavo であったが、著者ルイス・デ・グラナダは一五七九年に quarto の著作集「Doctrina Christiana」をサラマンカで刊行して Guia de Pecadores をこれに収め、その自序に「本書は大判型 forma mayor であるから後世に遺し易い defenderse de las injurias del tiempo［時の被害から身を護る］」とし、「将来の他言語への翻訳には決定版であるこの著作集を用いよ」と断言する程までに、この本の「格上げ」を喜んでいる。

折と imposition

四折（quarto）・八折（octavo）は、全紙一枚から何丁を取るかを示し、四折（quarto）ならば二回折って四丁（表裏八頁）を出したもの、八折ならば三回折って八丁（表裏十六頁）を出したものを指す。印刷は、原則として全紙片面を一度に（但し、印圧が非力な場合は、紙の半分ずつ二回に分けてプレスしたとされる）印刷するから、四丁八頁・八丁十六頁の版面が、印刷後に折って切り出した時に天地を正しくして順番に揃う様に、全紙にあらかじめ配置せねばならない。これを imposition（「組み付け」・「面付け」）と呼ぶ。imposition は、当時の印刷マニュアル（Hornschuch, 1608）に既にその図が見え、その後も本質的には不変のまま踏襲される。

Octavo imposition の二種

quarto の imposition は明快だが、octavo は、丁を外側から起算するか内側からかの二系列が考えられる。Hornschuch の図（図9）では、一つの図に二つの系列が書き込まれており、Hornschuch は内側起算の第二種が「我々の印刷者が用いるもの」（nostrates typographi utuntur）だが、外側起算の第一種が「他の地域で一般に用いているもの」（alibi magis in usu est）であると、地域差を示している。

Gaskel（1972）によれば、十六～十七世紀のイタリアでは、第一種（外側起算）は折（gathering）の最外側に第一丁が来て傷み易いために避けられ、第一丁が内側に位置する内側起算の第二種（inverted octavo 逆八折）が好まれたという。一旦製本されて仕舞うと両者の識別は困難で、他ならぬ第一丁の傷み具合等から判断するほかは無いというから、化粧截《けしょうだ》ちされると、第一種・第二種は見分けが付かなくなる道理である。

しかし、キリシタン版 octavo が第一種であったらしい事には、次の証拠がある。

一、ライデン大学図書館蔵「ヒイデスの導師」は、前述の如く、四箇所（L、S、Cc、Gg 折）に、紙をうっかり版面に取り落とした二重印刷がある。ライデンのL折、Cc 折の二重印刷は、斜めに重なっており、

L１ ２㎜ 下にズレ

L4　2mm　上
L5　2mm　上
L6　1mm　上
L7　1mm　下
L8　2mm　下
即ち　二、三はズレ無し＜六、七のズレ幅＜一、四、五、八のズレ幅
Cc2　2mm　下にズレ
Cc3　2mm　上

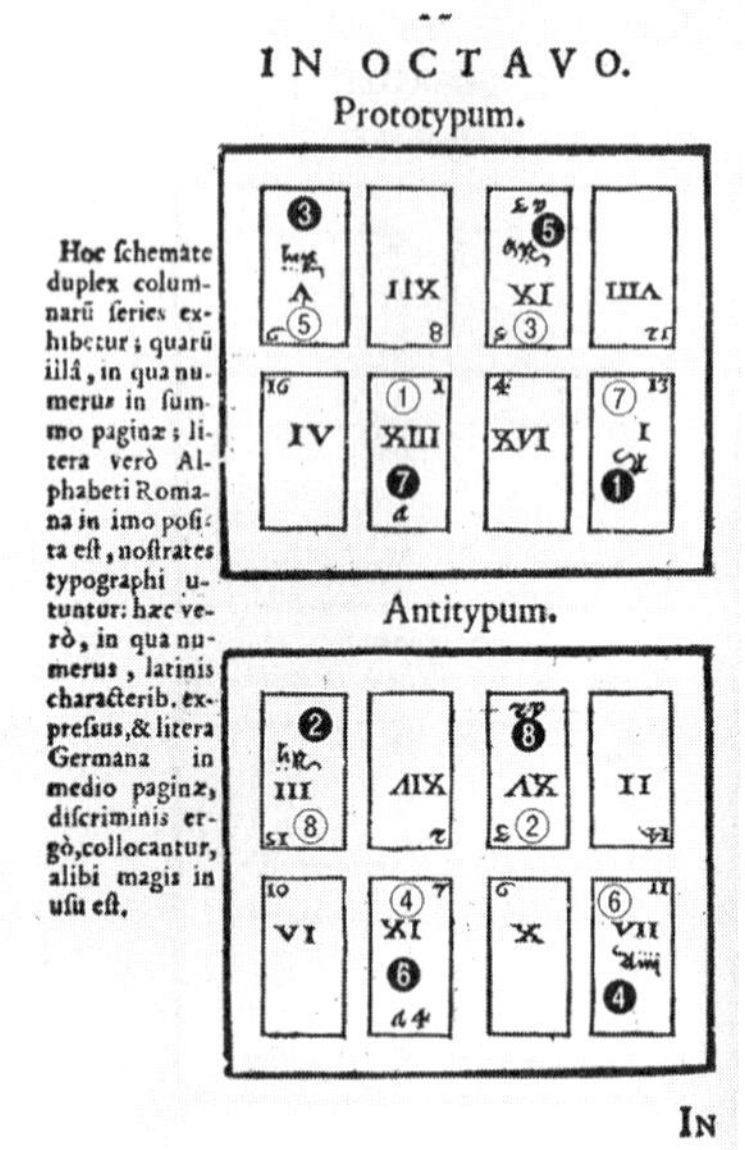

図9　Hornschuch (1608) Orthographia（複製本による）より octavo の imposition.
丸付き数字は見易くするために加えた。❶から❽が第一種、①から⑧が第二種の配置。

Cc 6 1㎜ 上
Cc 7 1㎜ 下

即ち一、四、六、八はズレ無し △六、七のズレ幅 △二、三のズレ幅となり、これは、第一種 imposition の下に、Lでは右から左に、Ccでは左から右にズレが拡大したものとしか考えられない（第二種 imposition では、丁の配置との自然な順番にならない）。

二、大英図書館本「平家・イソポ・金句集」のA折五オ（七頁）・七オ（一一頁）に左上から右下に掛けての紙皺があり、それが、同六オ（九頁）・八オ（一三頁）に右上から左下への紙皺として継続している。

これは、第一種 imposition だけで可能である。

一書の印刷には一貫した imposition を用いていたと仮定すれば、少なくとも一五九二～一五九三年のキリシタン版の octavo は、第一種 imposition であった様である。Gaskell の云う如くに第二種 imposition がイタリアの好みであるなら、キリシタン版の第一種 imposition は、キリシタン版の組版がイタリアの影響から一線を画している事を示しているとも言えよう（この件後述、一四六頁）。

写本でも imposition

imposition は、複数の丁（頁）を一気に刷版する洋書の両面印刷で用いられる技法なので、ともすれば印刷版本のみに関わる事、印刷術と共に発明された事の様に思われ勝ちであるが、実は手写本でも行われている。

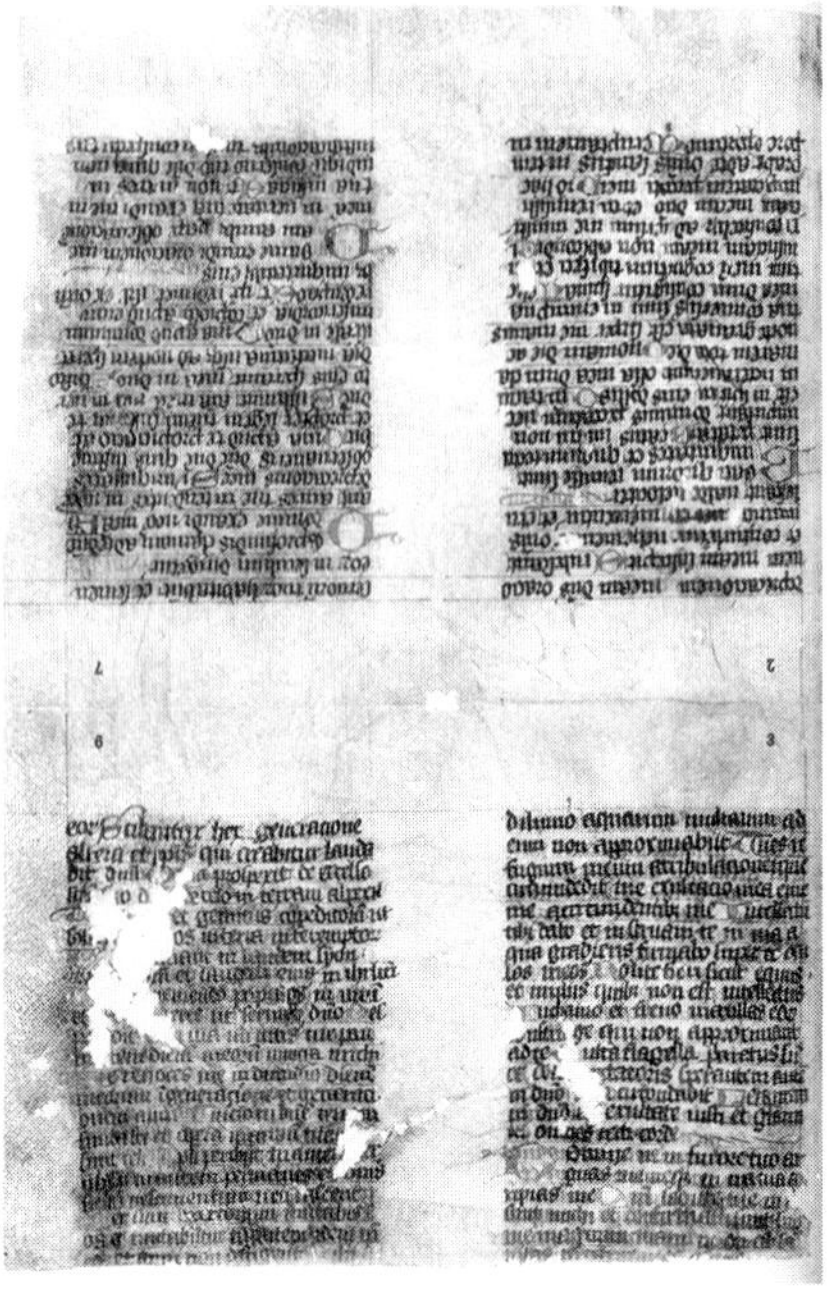

図10　未裁断の imposition 書写写本断簡（フランス国立図書館 Lat.1107）（15世紀初頭）。Samaran（1940）による。丁の番号は Samaran が付したもの。

書写する丁のサイズにまで一紙を裁断した後に各丁に書くのではなく、全紙のまま各丁の枠内の表裏に書写し、書写後に折り・裁断を行って製本に回すという手順を取る imposition 書写の例は少なくなく、imposition 書写を最初に指摘した Samaran（1940）によれば、折られたまま未裁断の uncut 写本も現存する。

imposition 書写には多くの研究があり、[4] その一つ Bozzolo & Ornato（1980）は、年紀明記の最古の imposition 写本がパリ一四六二年制作（パリの印刷開始年は一四七〇年）である事、現存最古と覚しき impositioin 写本（図10）が一五世紀初頭の制作である事等を根拠に、imposition は印刷術以前から存在する手法であって、印刷術と共に発明されたものというより、寧ろ印刷術の方が伝統的な写本の技法を採用したものであると主張している。

キリシタン写本の imposition 書写

キリシタン文献の写本にも、漢字仮名交じり文を imposition 書写したと覚しきものがある。東洋文庫蔵「スピリツアル修行」漢字仮名交じり写本（石塚・豊島、一九九六）は、薄手鳥の子紙を四回折って十六折（sextodecimo）に仕立てて両面書写し、綴葉製本してある。紙を実際に十六折に一旦折り込んでから裁断した事は、二オ、三オに同形の「福紙」（「耳」、仏 tranche de tête）が残る事から確実である。こうした「福紙」部分に、書写された文字が残存すれば、それは imposition 書写の確実な証拠（Bozzolo & Ornato, 1980, p.156 によれば遺存例は三例のみ）であるが、本書の「福紙」は空白なので、そこまで直接的な証拠にはならない。このため、本写本を imposition 書写の確例に数えるのは保留するが、本書が和書写本であるにも拘わらず両面書写である事、十六折という洋写本の寸法を採用している事と併せると、当時の書写習慣からして、imposition 書写であった可能性が十分ある。

ラテン文字（ローマ字）写本として有名な「バレト写本*」（一五九一、バチカン図書館）も、（紙の繊維や混入した髪の毛の残存等から）第一種 octavo の手法で紙を折っている事が明かで、やはり imposition 書写であったかも知れない。

一方、同じバレト自筆の「葡羅辞書」写本（一六〇七、リスボン科学アカデミー）は、美濃判の倍の用紙の二つ折り、筆者不明の「講義要綱」写本（モードリン・カッレジ図書館）は半紙を二つ折りしたものを用いており、これらは imposition 書写とは思われない。

和書版本の imposition

キリシタン版の国字本版本にも、imposition の例がある。

カサナテ図書館蔵「さるばとるむんぢ」（Confessionarium 一五九八、長崎刊）は、現存唯一本で、その外形（改装後）は一九・一×一三・五cm、本文紙一八・九×一一・六cm程度（改装の際の化粧截ちでやや寸が詰まっている）、匡郭内*（一オ）一六・二×一一・一cmの「中本」である。同じくカサナテ図書館蔵の「どちりなきりしたん」（一六〇〇、長崎刊）は美濃判で、外形（改装後）二六・七×二〇・〇cm、匡郭内（二オ）二一・七×一五・六cm程度あり、「さるばとるむんぢ」の大きさは「どちりなきりしたん」の丁度半分に当たる。(5) 本書は、imposition によって二丁（四頁）が一回のプレスで刷られている。これは、上述した二重印刷から判明する。「さるばとるむんぢ」の二重印刷の丁は次の通りで、偶数丁から始まる二丁で連続している。

二、三、十六、十七、二八、二九

二重印刷の薄い印字の位置は、必ず連続する二丁の天を軸に対称になっており、且つ印刷された行との距離は、それぞれの間でほぼ等しい。

本書の第四・第五丁は、特に墨色が薄く、且つこの二丁の印字面・色の調子は等しい。この他にも、本書を静かにめくって行くと、偶奇丁の二丁ごとに調子が変わって行くのが感じられる。本書に特徴的な（他のキリシタン版に存在しない）双行印刷は、二十六・二十七の偶奇二丁のみに現れる。これらの現象が全て偶奇の二丁ごとに生じている事は、これらの二丁が一回で印刷された事、即ち二丁が一つの版に impose された imposition 印刷である事を推測させるに十分である。

「ぎやどぺかどる」の様な美濃判袋綴じの本は、全紙を二つに（一回）折るだけで製本に回すのであるか

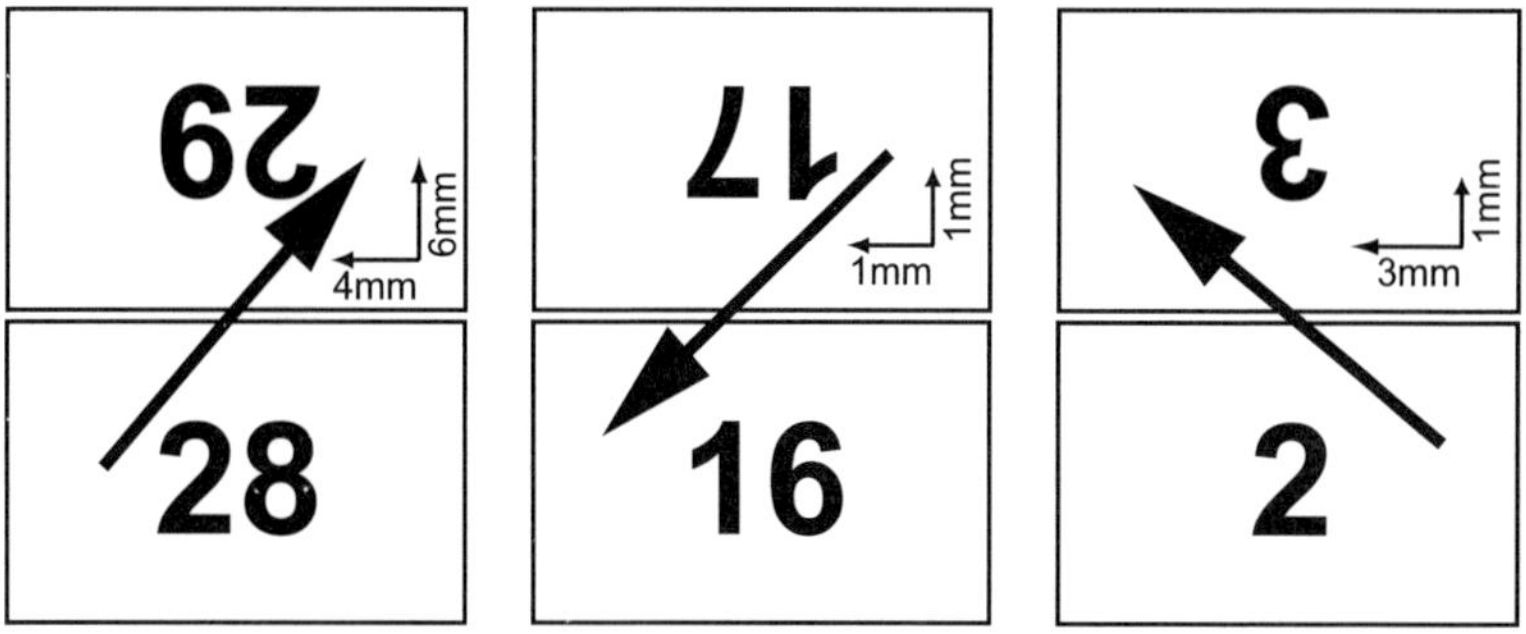

図11 c　同28・29丁

図11 b　同16・17丁

図11 a「さるばとるむんぢ」2・3丁の二重印刷のズレの向き

表1　「さるばとるむんぢ」二重印刷のズレ

丁	位置	丁	位置	垂直距離	水平距離
2	左上	3	右下	1㎜	3㎜
16	左下	17	右上	1㎜	1㎜
28	右上	29	左下	6㎜	4㎜

ら、洋書の感覚では folio に相当する（実際、当時のイエズス会記録は、こうした美濃判を「folio」と呼んでいる）。一方、「さるばとるむんぢ」の様な中本袋綴じは、全紙を四つに（二回）折って製本に回すのであるから、quarto である。洋書の quarto では四丁分を impose するのが当然で、その意味で中本「さるばとるむんぢ」が imposition 印刷されるのは、何ら驚くに当たらない。

キリシタン版の中本には、もう一つ天理図書館蔵「おらしよの翻訳」（一六〇〇）があり、「さるばとるむんぢ」と全く同一の版心を用いている様に見えるだけでなく、（複数の複製本だけからの印象だが）版面の調子が（例えば八―九丁対十―十二丁の様に）二丁単位でかなり異なる事があり、或いは imposition 印刷されているかも知れない。何分傷みも甚だしく、複製本からでは判然としないため、原本に接した報告が待たれる。

慶長古活字本での imposition

imposition は、キリシタン版だけでなく、慶長古活字版でも行われていた可能性がある。

慶長古活字版の殆どは美濃判で中本以下の判型が稀であるが、国立国会図書館蔵「解紛記」三巻三冊は、慶長十二年（一六〇七）刊古活字本で、且つ中本（外形が二一・一㎝×一四・九㎝程度）である。上巻・中巻では判然としないが、本書の下巻には、imposition 印刷の証拠らしきものがある。

本書の魚尾《ぎょび》は花口《かこう》魚尾（黒魚尾の中に花弁の様なものが白く彫られている魚尾）であるが、下巻ではA・B（花弁に傷がある）二種が、次の様に交替で現れる。

AB AB BA BA BA AB AB AB AB BA BA BA BA BA B

即ち、A・Bが常にペアとなって配置され、（AAA…又はBBB…と三以上連続する事が無く）、且つそのペアの中ではA・Bが転倒している。もし一丁ずつ組み付け製版したとすると、A・Bが途中で転倒し且つ決して三連続はしないという理由に乏しく、A・B二丁を一括して面付け（imposition）し、その際にA・Bを上側・下側のどちらに配するかは無頓着であったとすれば、正にこの様な版心の交替になる。しかし、本書はプレス印刷ではなくバレン刷りであるから、キリシタン版の様に二丁ごとに版面の調子が変わるという事はなく、「二重印刷」も無いので、他の証拠が得られない。このため、この交替が、imposition によったための必然ではなく、全くの偶然の所産という理論的な可能性までは否定しない。

古活字版の中本もが洋書同様の複数面同時割り付けによる imposition で印刷されたのであれば、それはキリシタン版が持ち込んだ西洋の印刷・書写技法に由来すると考えるしかないであろう。慶長古活字版に与えたキリシタン版の活字印刷技法は、版の配置法自体にまで及んでいた事になり、キリシタン版を古活字版の先蹤とする説に更に一つの証拠を加える事になるであろう。

二丁掛け

念のためであるが、imposition は、整版本での用語「二丁掛け」（「二枚掛け」）とは全く別のものである。「二丁掛け」は、整版本の版木を横長に取って二丁（以上）分の版面を同一版木に配置するものであるが、imposition と異なり、それらの版面が（横長の用紙に）同時に刷版された後に折り・截断されるのではない。版木の表裏共に二丁掛けした版木も現存する。「二丁掛け」は、刷版とは無関係で、あくまで版木管理の便宜の措置であり、版木自体に就ての語であるのに対し、imposition は、複数面同時刷版のための版面配置という刷版のプロセスに就ての用語であり、両者は本質的に異なる。尚、「二丁掛け」の隣の丁の端にまでうっかりバレンを掛けて摺り出して仕舞った例があり、五山版にはしばしば見えるというが、最も有名なのは東洋文庫本「天正十八年本節用集」板本のそれで、東洋文庫による二回目の複製（一九七一）に、山田忠雄による詳細な解説がある。

四　組　版

和欧混植

キリシタン版は、ラテン文字横書きのものと、漢字仮名交じり縦書きによるものがあり、後者は伝統的に「国字本」と呼ばれて来た。但し、「国字本」もラテン文字を交じえる事があり、これを「和欧混植」と呼ぶ。キリシタン版「ぎやどぺかどる」（一五九九）は、縦書き和文の行中に横書き欧文（殆どがラテン語）が割り込む「和欧混植」の史上初の例である。

近代日本の活版時代の和欧混植では、欧文活字を、そのデセンダ descender を含めた活字枠として扱い、それを漢字枠と同じ高さに配置したものが多い。

この「欧字も漢字も同枠」方式の組版では、デセンダの無い字が続くと、欧文がやや浮き上がって見える。写植時代になると、欧文のベースライン baseline を漢字枠に揃えて、デセンダのある字（例：typographie japonaise の jpy）のデセンダを漢字よりも更に下（左）に踏み抜かせた形で組む組版が現れる（本書の組版自体がそうである）。

この、欧文の活字枠を漢字枠に揃えた「枠揃え」と、欧文のベースラインを漢字枠に揃えた「ベースライン揃え」の両方が、史上初の和欧混植「ぎやどぺかどる」で既に試行されており、これは、版心魚尾の黒・白と対応する。即ち、上巻五十丁までの黒魚尾は原則として「枠揃え」、白魚尾は原則として「ベースライ

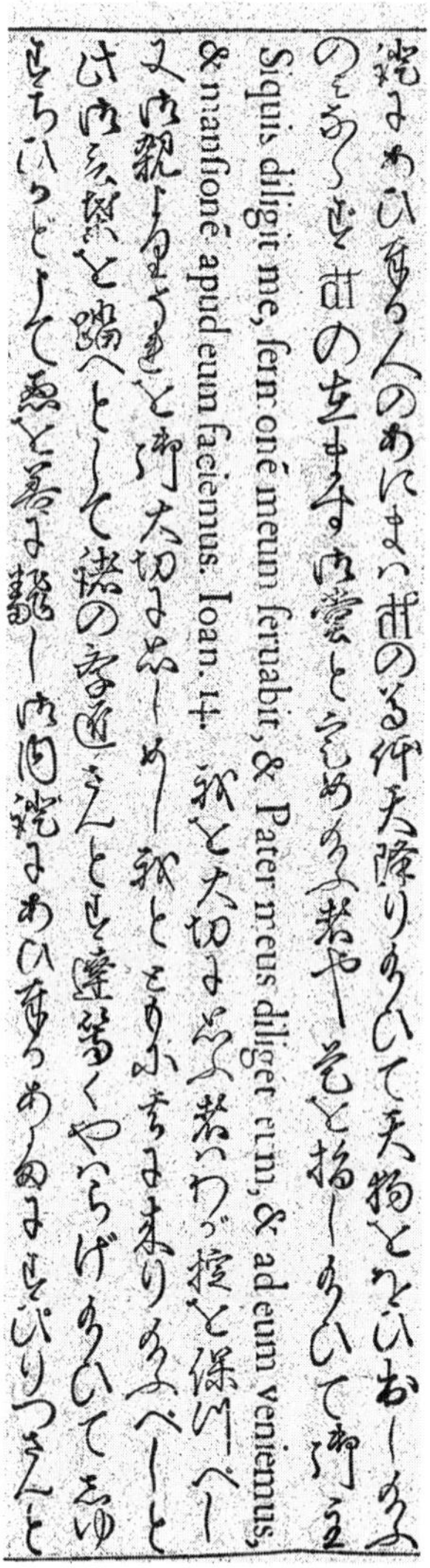

Siquis diligit me, fermonē meum feruabit, & Pater meus diliget eum, & ad eum veniemus,
& manfionē apud eum faciemus. Ioan. 14.

図12　キリシタン版「ぎやどぺかどる」の和欧混植（上巻24ウ）

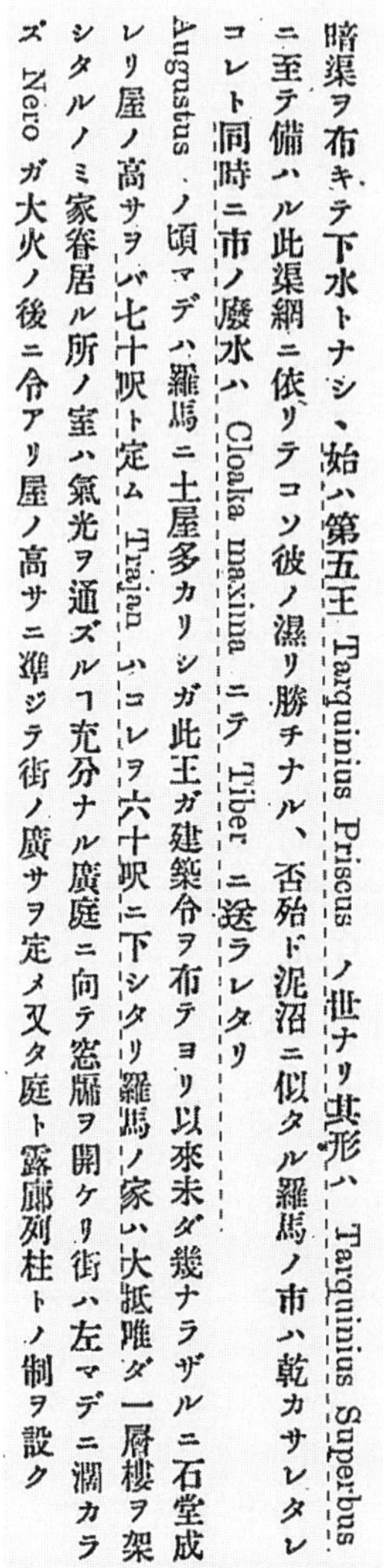
暗渠ヲ布キテ下水トナシ、始ハ第五王 Tarquinius Priscus ノ世ナリ其形ハ Tarquinius Superbus ニ至テ備ハル此渠網ニ依リテコソ彼ノ濕リ勝チナル、否殆ド泥沼ニ似タル羅馬ノ市ハ乾カサレタレコレト同時ニ市ノ廢水ハ Cloaka maxima ニテ Tiber ニ送ラレタリ Augustus ノ頃マデハ羅馬ニ土屋多カリシガ此王ガ建築令ヲ布テヨリ以來未ダ幾ナラザルニ石堂成レリ屋ノ高サヲバ七十呎ト定ム Trajan ハコレヲ六十呎ニ下シタリ羅馬ノ家ハ大抵唯ダ一層樓ヲ架シタルノミ家眷居ル所ノ室ハ氣光ヲ通ズルヿ充分ナル廣庭ニ向テ窓牖ヲ開ケリ街ハ左マデニ濶カラズ Nero ガ大火ノ後ニ令アリ屋ノ高サニ準ジテ街ノ廣サヲ定メ又タ庭ト露廊列柱トノ制ヲ設ク

図13　陸軍軍医学校（明治二十九年）「衛生学教科書」上6（国立国会図書館蔵）
q.p.j などのデセンダ下部が漢字の左枠と一致する事を、左傍に点線を加えて示した。

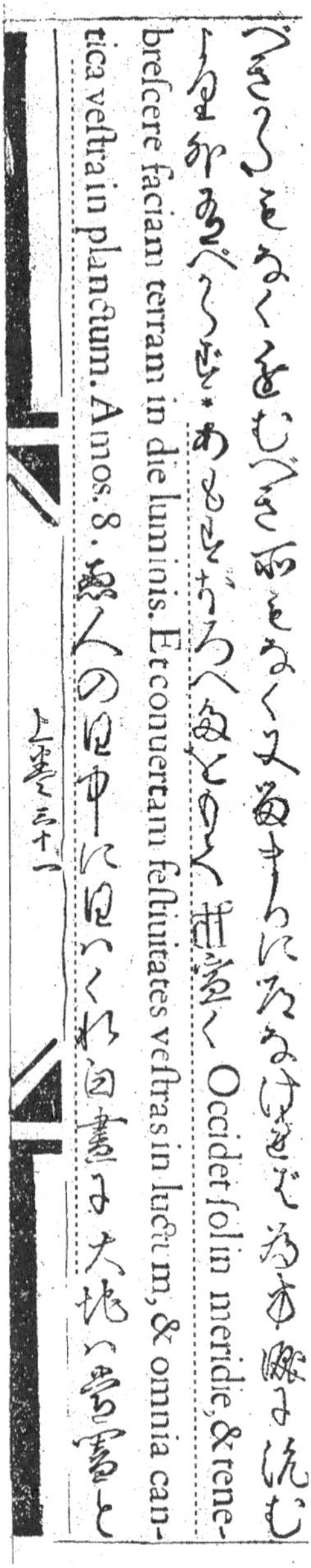
Occidet ſol in meridie, & tene-
breſcere faciam terram in die luminis. Et conuertam feſtiuitates veſtras in luctu m, & omnia can-
tica veſtra in planctum. Amos. 8.

図14　「ぎやどぺかどる」上巻31オ（黒魚尾）
点線は、欧文デセンダが漢字の左枠と一致する事を示す。

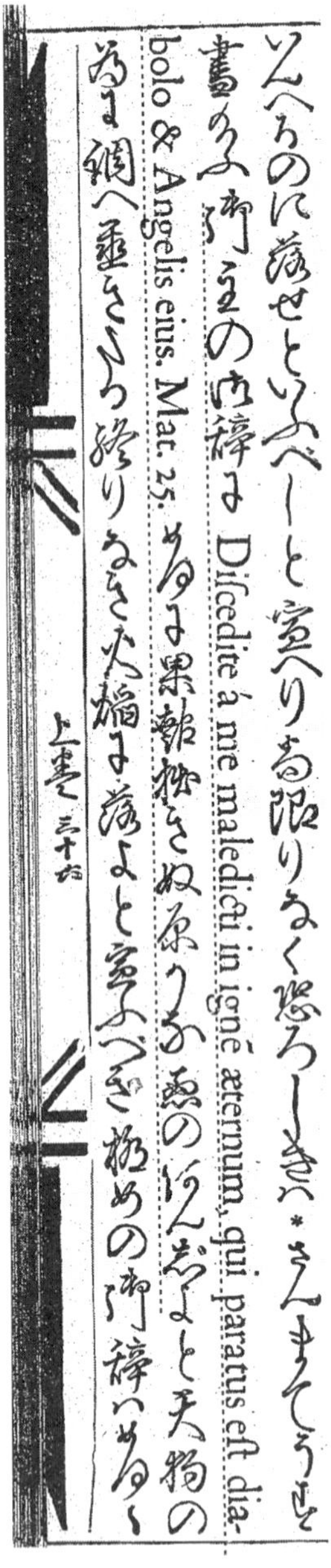
Diſcedite á me maledicti in ignē æternum, qui paratus eſt dia-
bolo & Angelis eius. Mat. 25.

図15　「ぎやどぺかどる」上巻36オ（白魚尾）
点線は、欧文ベースラインが漢字の左枠と一致し、デセンダはそれより下（左）に踏み抜く事を示す。

ン揃え」であり、その後の五十丁以降は全て「ベースライン揃え」である。黒魚尾・白魚尾は、原則として一丁ごとに交互に現れるから、恐らく上巻五十丁までは、黒白二つのチームが組版を分担し、それぞれに和欧混植のベースラインの置き方を律していたのであろう。上巻五十丁以降は、全て「ベースライン揃え」（白魚尾チームの方法）に統一される。

活字の和欧混植でベースライン揃えを実現するには、欧文活字のデセンダ・アセンダ部分で一々インテルを切らなくてはならなかった筈（府川充男氏の御教示による）で、枠揃えよりも高度な技術と手間を要し、明治期から写植時代になる前の活版組版では一般的ではなかったが、キリシタン版は、敢えてその手間の掛かる「ベースライン揃え」を、印刷史上初の和欧混植の組版規範として採用した。この選択は、（本書の様な）現代の日本語縦書きＤＴＰの選択でもある。キリシタン版がコストにも拘わらず敢行した「ベースライン揃え」は、四百年を経て、全く異なる技術の下で甦ったのである。

縦中横など

現代の縦書きの和欧混植では、一字から三字程度の短い欧語や数字を横に寝かせず、縦行中にDTP、12の様に横組みで組み入れてしまう「縦中横」の技法がある。

キリシタン版は、デウス（Deus 神）をDS、ゼスス（Jesus）をJSの様に「縦中横」に結合した活字として用いるが、縦組み中で欧文活字を「縦中横」に組んだ例は（数字も含めて）無い。写本ならば、モードリン・カレッジ図書館「講義要綱」写本に、「縦中横」の例が少なくない。本書は、和文は筆で縦書き、欧文はペン

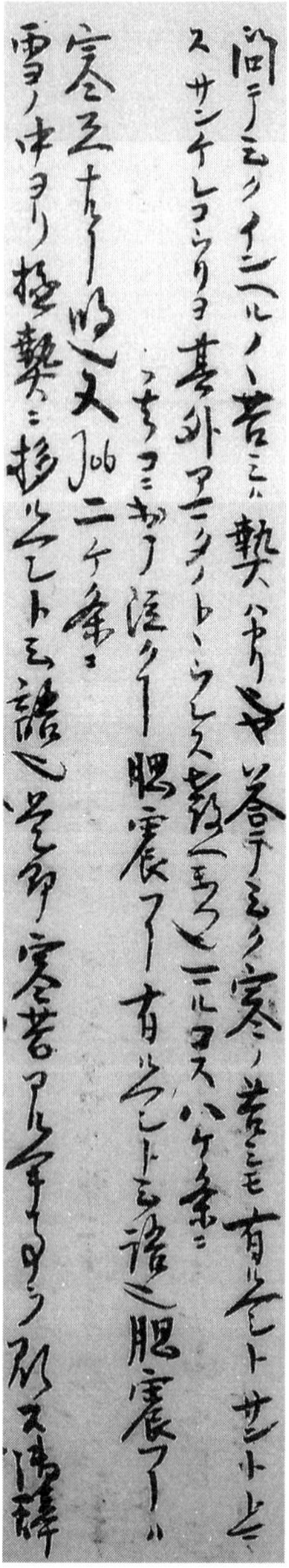

図16　モードリン・カレッジ「講義要綱」269オ
四行目「又Job二个条に」と、筆書きでJobを縦中横に記す。

で横書き（寝かせる）を原則とするが、欧文の筆横書き（寝かせる）だけでなく、欧文「縦中横」の筆書きがある（ペン書きで「縦中横」した例は見当たらない）。又、本写本には、和文を縦にペン書きした部分（七十三〜八十四丁）もある。

ラテン文字の組版

プレス印刷の機構は、当時の欧州に於ける印刷術をそのまま移行しようとしたもので、ラテン文字を用いたローマ字日本語の組版も、ラテン語やスペイン語・ポルトガル語の組版を、そのまま移行しようとしたものと推測されるが、それはすぐに行き詰まった。

語とは何か

初期のローマ字本キリシタン版の「サントスの御作業」（一五九一）、「ドチリナキリシタン」（一五九二）、「ヒイデスの導師」（一五九二）では、助詞は、一音節の「が」「の」「に」「を」「へ」「も」なども含め、全て分かち書きされている。恐らく、初期キリシタン版ローマ字本は、ラテン語・スペイン語等と同様に、分かち書きは「語」に就て行なうという単純な規則から出発したのであろう。確かに「助詞」も「語」であるが、一音節の助詞を分かち書きすると、極端に語間スペースが増える。それだけでなく、一音節の自立語（名詞など）と混乱して意味不明に陥る事がある。

サントス 1-240P17　icanaru no no suye, yamano vocu, tanino soco（如何なる野の末、山の奥、谷の底）

ヒイデス 56P13　aqi no no no cusa no xinajina uo irodori（秋の野の草の品々を彩り）

自立語の「野」と助詞「の」が紛らわしく、更に助詞「の」が先行して「no no no」となると、かなり解読しにくくなる。

サントス 2-21-20　xuxǒ notamaiqeru ua（主上宣いけるは）

サントス 2-21-18　xuxǒ no/ mimaye ni caxicomaru（主上の御前に畏まる）

「主上宣いけるは」を「主上の給いけるは」「主上のみ、前に」と誤読し兼ねない。

「ヒイデスの導師」は、これを防ごうと、図17の様な異様な組版を試みた事すらある。

助詞の分綴は、「平家物語」のN折までで、続くO折から（古田啓の指摘）は、一音節助詞の分かち書きは廃され、こうした曖昧さは緩和された。しかし、逆に「語による分かち書き」の原則が崩れ、キリシタン版

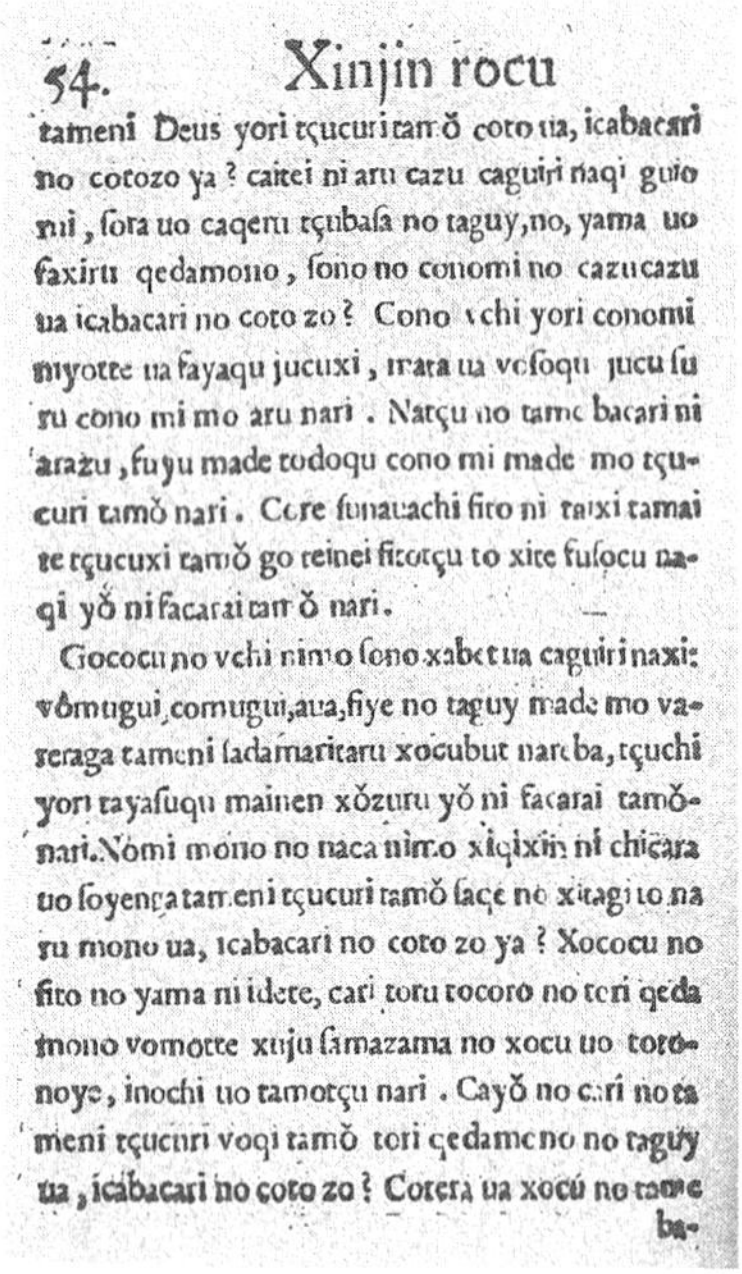

54. Xinjin rocu

tameni Deus yori tçucuri tamŏ coto ua, icabacari
no cotozo ya ? caitei ni aru cazu caguiri naqi guio
rui, ſora uo caqeru tçubaſa no taguy, no, yama uo
faxiru qedamono, ſono no conomi no cazucazu
ua icabacari no coto zo ? Cono vchi yori conomi
niyotte ua fayaqu jucuxi, mata ua voſoqu jucu ſu
ru cono mi mo aru nari. Natçu no tame bacari ni
arazu, fuyu made todoqu cono mi made mo tçu-
curi tamŏ nari. Core funauachi fito ni taixi tamai
te tçucuxi tamŏ go reinei fitotçu to xite fuſocu na-
qi yŏ ni facarai tamŏ nari.

Gococu no vchi nimo ſono xabet ua caguiri naxi:
vômugui, comugui, aua, fiye no taguy made mo va-
reraga tameni ſadamaritaru xocubut nareba, tçuchi
yori tayaſuqu mainen xŏzuru yŏ ni facarai tamŏ-
nari. Nômi mono no naca nimo xiqixin ni chicara
uo ſoyença tameni tçucuri tamŏ ſaqe no xitagi to na
ru mono ua, icabacari no coto zo ya ? Xococu no
fito no yama ni idete, cari toru tocoro no tori qeda
mono vomotte xuju ſamazama no xocu uo toto-
noye, inochi uo tamotçu nari. Cayŏ no cari no ta
meni tçucuri voqi tamŏ tori qedamono no taguy
ua, icabacari no coto zo ? Cotera ua xocu no tame
ba-

図17 b　海底にある数限り無き魚類、空を翔る翼の taguy, no, yama uo faxiru qedamono（類い、野山を走る獣）

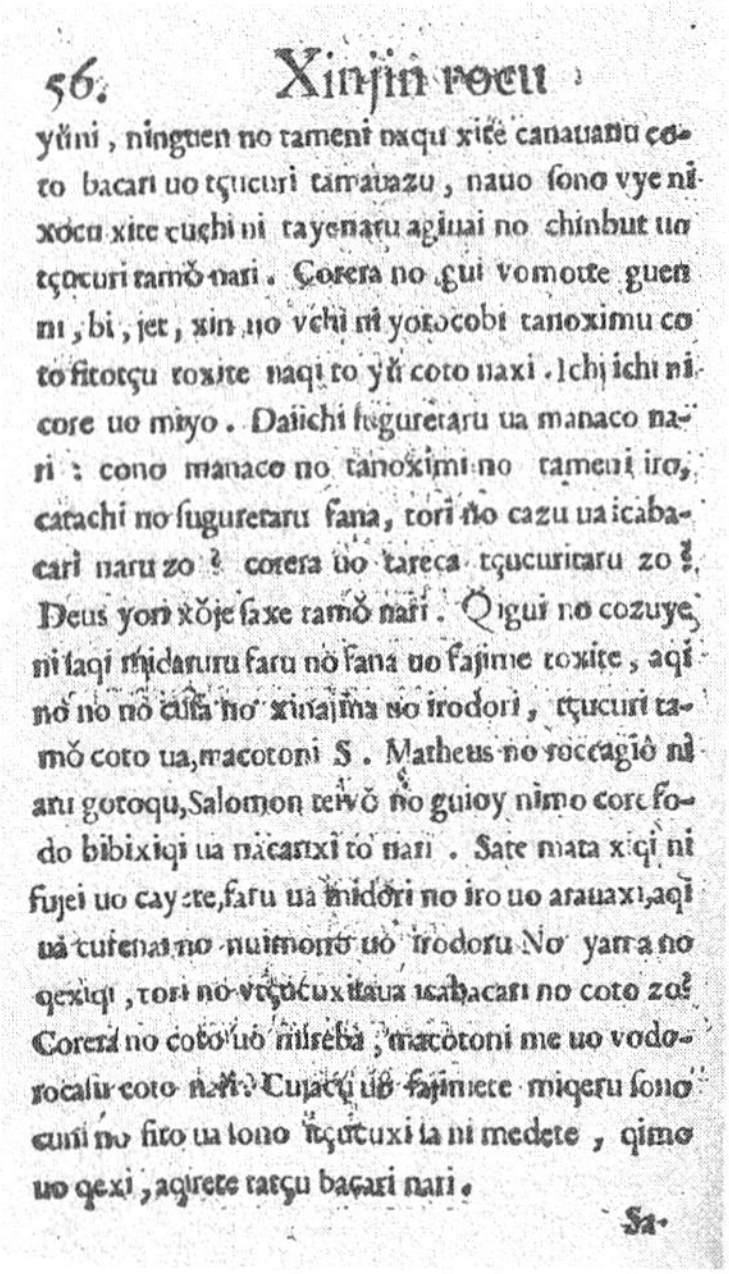

56. Xinjin rocu

yŭni, ninguen no tameni naqu xite canauanu co-
to bacari uo tçucuri tamauazu, nauo ſono vye ni-
xocu xite cuchi ni tayenaru agiuai no chinbut uo
tçucuri tamŏ nari. Corera no gui vomotte guen
ni, bi, jet, xin no vchi ni yorocobi tanoximu co
to fitotçu toxite naqi to yŭ coto naxi. Ichi ichi ni
core uo miyo. Daiichi ſuguretaru ua manaco na-
ri : cono manaco no tanoximi no tameni iro,
catachi no ſuguretaru fana, tori no cazu ua icaba-
cari naru zo ? corera uo tareca tçucuritaru zo ?
Deus yori xŏje ſaxe tamŏ nari. Qigui no cozuye
ni ſaqi midaruru faru no fana uo fajime toxite, aqi
no no no cuſa no xinajina uo irodori, tçucuri ta-
mŏ coto ua, macotoni S. Matheus no roccagiô ni
aru gotoqu, Salomon teivŏ no guioy nimo core fo-
do bibixiqi ua nacarixi to nari. Sate mata xiqi ni
fujei uo cayete, faru ua midori no iro uo arauaxi, aqi
ua curenai no nuimono uo irodoru No yama no
qexiqi, tori no vtçucuxi sa ua icabacari no coto zo?
Corera no coto uo miſeba, macotoni me uo vodo-
rocaſu coto nari. Cujacu uo fajimete miqeru ſono
cuni no fito ua ſono vtçucuxi sa ni medete, qimo
uo qexi, aqirete tatçu bacari nari.
Sa-

図17 a　春は緑の色を表し、秋は紅の縫い物を irodoru No yama no qexiqi（彩る野山の景色）

「ヒイデスの導師」（1592）p.54, 3行目。「野」が、助詞「ノ」として「類いの」と誤読されない様に、無理に句読を切った例

「ヒイデスの導師」（1592）p.56, 18行目。「野」を助詞「ノ」から特立するために、文中の普通名詞であるのに、大文字とした例。

ローマ字の分かち書きは、「平家物語」の後も安定せず、様々なバリエーションが現れている。

表記を決めるのは誰か

キリシタン版ローマ字のバリエーションを、直ちに印刷原稿の作成者・底本の翻訳者などに遡らせようとする主張がいくつかある。キリシタン版「平家物語」の綴り字の差の分布から、ローマ字翻字担当者の違いを割り出す事を試みた研究もある。これらは、いずれも、原稿の表記がそのまま組版に反映されるものと前提している様であるが、しかし、当時の組版担当者が、印刷原稿にそこまで忠実であったとは思われないのである。

丸山徹（一九八四・一九八六）は、ロドリゲスの「日本大文典」「日本小文典」の二つの文典のポルトガル語正書法規範が、ロドリゲス自身の正書法と異なる事は勿論、版本である二文典の間でも異なり、そもそも「日本大文典」一書の中でさえ（九十四丁を境に）異なっている事を指摘した。丸山によれば、次の通りである（表2）。

これは、当時の組版では、著者原稿の一字一字を厳密に活字化する等という態度とは無縁に、版面作成者がそれぞれの持つ綴り規範の下に組版して行った事を如実に示している。

当時は、アカデミーや政府が正書法を制定する事も無く、又、権威ある定本による事実上（de facto）の正書法なども存在しないので、勢い、綴り字は版面作成者（文選）の責任となる。Hornschuch（1608）を始めとする印刷教科書・マニュアル類の後半が正書法・分綴法（正書法と深い関連がある）教科書の観を呈するの

表２　「日本大文典」「日本小文典」版本と自筆本の綴り

綴り	大文典（94丁以前）	大文典（95丁以降）	小文典	自筆本
ão / am	ão	am	ゆれ	ゆれ
sinificar	significar		sinificar	significar
era / hera	era		era	ゆれ
pera / para	pera		pera	ゆれ
sogeito / sojeito	ゆれ		ゆれ	sugeito

は珍しくないが、これは、綴り字の正規化が版面作成者の担当だったからである。

一七世紀半ばの英国の印刷教科書（Moxon, 1683）は、誤綴修正の責任は組版者にあると明言している。

the careessness of some good Authors, and the ignorance of other Authors, has forc'd Printers to introduce a Custom, which among them is look'd upon as a task and duty incumbent on the Compositer, viz. to discern and amend the bad Spelling, and Pointing of his Copy, （中略） it is necessary that a Compositer be a good English Schollar at least; and that he know the present traditional Spelling of all English Words, and that he have so much Sence and Reason, as to Point his Sentences properly. (§22 Preface)

（良き著者の不注意、又は他の著者の無知が祟り、印刷者の習いとして組版者の当然の責務と見なされるに至れるは、悪しき綴り・句読法の剔抉・修正なり。されば、組版者は、英語の智者たるべきは言を俟たず、現今の伝統的スペリングを心得て、十分なる感性と理性を以て文を句読するを得べし。）

綴り字・分綴（ハイフネーション）を決めるには、原稿を（単なる文字の連なりではなく）語の連なりとして理解する事が前提である。様々な異形態のバリエーションを含む手写原稿から、この語にはこの綴り、こちらの語にはこれ、これとこれは同語だから（原稿がたとえ異綴りを用いていても）同一綴り…、という語の「語の同定」作業を経て、（それなりに）一貫した版面を作り出すのが、当時の版面作成者の役割であって、表記を決めていたのは、著者・原稿作成者ではなく、彼らである。

時代は下るが、一八世紀ライプチヒでの印刷教科書（Geßner, 1740）の Wie ein Setzer-Junge zu unterrichten, daß er sowohl eine Accuratesse, als Geschwindigkeit bekomme（正確且つ迅速なる文選の為に徒弟を教授する法）には、「活字を拾う時に原稿をいちいち見るな」という注意がある。

Man muß auch nicht zugeben, daß er die Augen mehr auf das Manuscript, als auf die Littern, richte. Denn hiervon ziehet er sich zweyerley Übel zu. Erstlich wird er vor der Zeit blind werden; Zum andern wird er falsch und verkehrt setzen, weil er blindlings in die Fächer greift. Er soll vielmehr so viel ins Gedächtnis fassen, als er zu mercken fähig ist, und alsdenn fortsetzen. Und so er ja an etwas zweifelt; So kan er wohl einen Blick auf das Manuscript thun.

（植字者は活字よりも原稿の方に多く目を遣る様であってはならない。そういう事をすると、二つの害がある。第一に、早く目を痛める。第二に、やみくもに活字箱を探る事になるから、誤植や転倒を起す。寧ろ、原稿は覚えられるだけ頭で把握してから先に進めばよい。疑問が生じたら、そこで原稿をちらりと見ればよいのだ。）

キリシタン版の組版も「原稿をちらり」（einen Blick auf das Manuscript tun）式に進められていた事は想像に難くない。

五　前期キリシタン版・後期キリシタン版

活字が区分するキリシタン版の前期と後期

キリシタン版は、文字・楽譜ともに活字を用いた活字印刷であり、活字は原則として金属活字である。

キリシタン版の印刷開始当初（一五九一年）の活字は、ラテン文字・仮名・漢字活字の全てが、天正少年使節が欧州で入手してプレス印刷器と一緒に日本に持ち帰ったものである。つまり、最初のキリシタン版印刷のハードウェアは、印刷機・活字共に完全に欧州製で、日本製なのは紙（と恐らくインキ・墨）だけである。こうした、欧州からの輸入活字のみに頼る出版の時代が、「前期キリシタン版」である。

前期キリシタン版には、ラテン文字のイタリック（斜体）活字が無く、ローマン（立体）活字だけであった。イタリックは多言語出版に必須の活字であるため、一五九四年頃に日本で新規制作を試みるが、出来が芳しくなく、多言語出版には活用されない。しかし、このイタリック活字新鋳の経験を生かしてか、漢字・仮名活字の新鋳が一五九八年頃に成功し、二千五百字を越える漢字と豊富な異体字、多くの連綿仮名活字が金属活字として新鋳され、前期の（欧州製の）仮名・漢字活字を一掃した。これが、「後期キリシタン版」である。その後、ローマン・イタリック活字も新たにデザインし直されて新鋳に成功し、辞書・文法書の様な多言語出版に活用される事になる。

つまり、キリシタン版の「前期」・「後期」は、「活字が本邦製か否か」による区別であり、もっぱら欧州製活字によるのが「前期キリシタン版」、日本製活字を用いるのが「後期キリシタン版」である。

前期・後期の区分

前期キリシタン版は、印刷開始当初から一五九三年まで。この間に印刷された漢字・仮名を含む文献は「日本のカテキズモ」（一五八六、リスボン刊）、国内では「祈禱文＊」（一五九一？）、「どちりいなきりしたん」（一五九一？）、「ばうちずもの授けやう」（一五九二）、国内のラテン文字印刷では「サントスの御作業」（一五九一）、「ドチリナキリシタン」（一五九二？）、「ヒイデスの導師」（一五九二）、「天草版平家・イソポ・金句集」（一五九三）である。前期に用いられる活字は、仮名・漢字も含めて全て欧州製であり、日本で作成した活字は無く、又、ラテン文字には立体（ローマン）のみがあって斜体（イタリック）が無い。

後期キリシタン版は、日本で新鋳したイタリック活字の登場する一五九四年からで、ラテン文字版では「ラテン文典」（一五九四）、「羅葡日対訳辞書」（一五九五）と言った語学上の大著が続く。漢字・仮名活字の日本での新鋳には更に四年を要し、一五九八年「さるばとるむんぢ」が最初の出版、次いで「落葉集」（一五九八）、「ぎやどぺかどる」（一五九九）、「おらしよの翻訳」（一六〇〇）、「どちりなきりしたん」（一六〇〇）、「朗詠雑筆」（一六〇〇）と、この日本製新鋳仮名・漢字活字による出版があり、併せて欧文イタリックもデザインをやり直して新鋳したラテン文字版がそれに続き、ポルトガル語学史上からも画期的な「日葡辞書」（一六〇三）、「日本大文典」（一六〇四）の両大冊、「サカラメンタ提要」（一六〇五、楽譜付き、朱墨二色刷）と、正にキリシタン版の黄金期を迎える。しかし、その後、金属活字新鋳の技術は急速に廃れ、一六一一年の「ひですの経」

や「太平記抜書」では、漢字・仮名に木活字を交え、或いは漢字を使わず仮名に開いて凌ぐ例が多く見られる様になり、キリシタン版は終焉を迎える。

前期キリシタン版

欧州で作られた仮名・漢字活字　最初の日本語の仮名・漢字活字を用いた印刷は、「日本のカテキズモ」（一五九六、リスボン刊）である。

本書の現存五本のうち、パッソス・マノエル校（リスボン）本のみが「鳥の子」紙に印刷されたエボラ大司教への献呈本である事は前述の通りだが、パッソス本とサラマンカ大学（スペイン）本（用紙は普通の洋紙）の二本のみが、巻一扉に「世主子・満理阿」（ぜずす・まりあ）の漢字表記を持っている。

サラマンカ本は近年になって岸本恵実博士が指摘されたもので、それまでは「世主子・満理阿」を持つのはパッソス本のみであると信じられて来た。このためもあってか、この「世主子・満理阿」は、リスボンでの印刷（一五八六）後に、天正使節が本書を一旦日本に持ち帰り（一五九〇）、日本で漢字活字を作成した後に、活字を表紙に手捺して、欧州に送り返してエボラ大司教に献呈したものと考えられて来た。

或いは活字を押し、その上に加筆したものか。正確なことは後日に俟ちたい。とにかくこの六文字は印刷当初からあつたものではなく、後日附したものであることは間違いなかろう。（中略）想像するに巡察師ヴァリニヤニが日本管区長たるエボラの大僧正に日本で初めて摺られた和洋二種の活字本と自著に国字活字で世主子満理阿の六文字を押し、不明瞭の箇所に一寸加筆して、一五九二年九月（中略）贈呈した

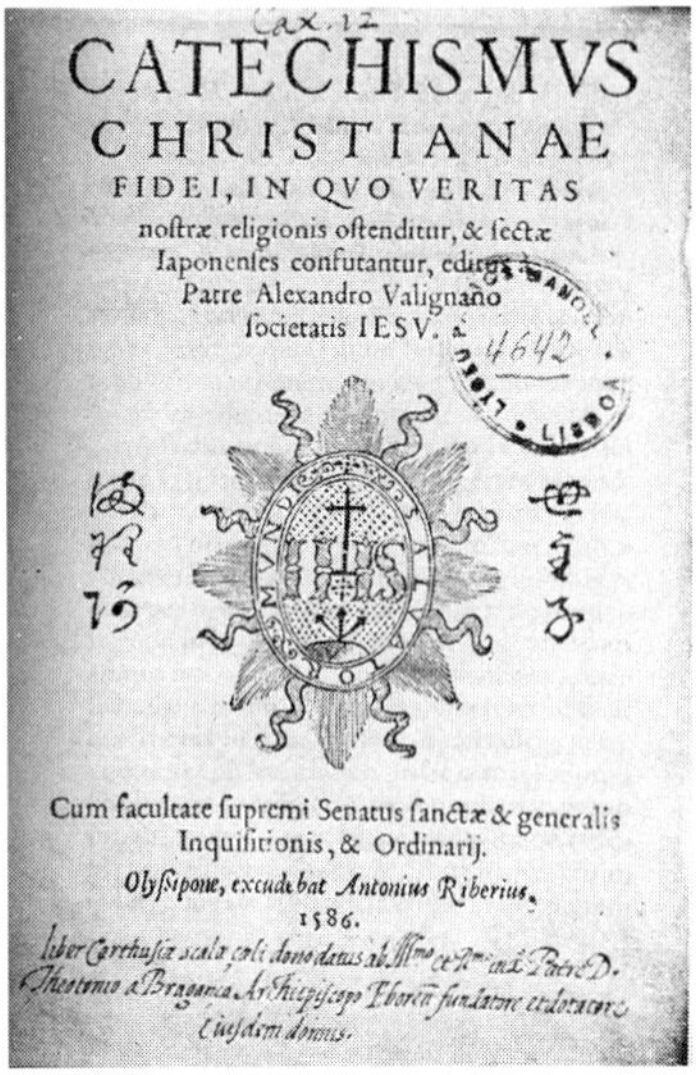

図18ａ　（図１の再掲）鳥の子に印刷された「日本のカテキスモ」（1586）　パッソス・マノエル校本（複製本による）

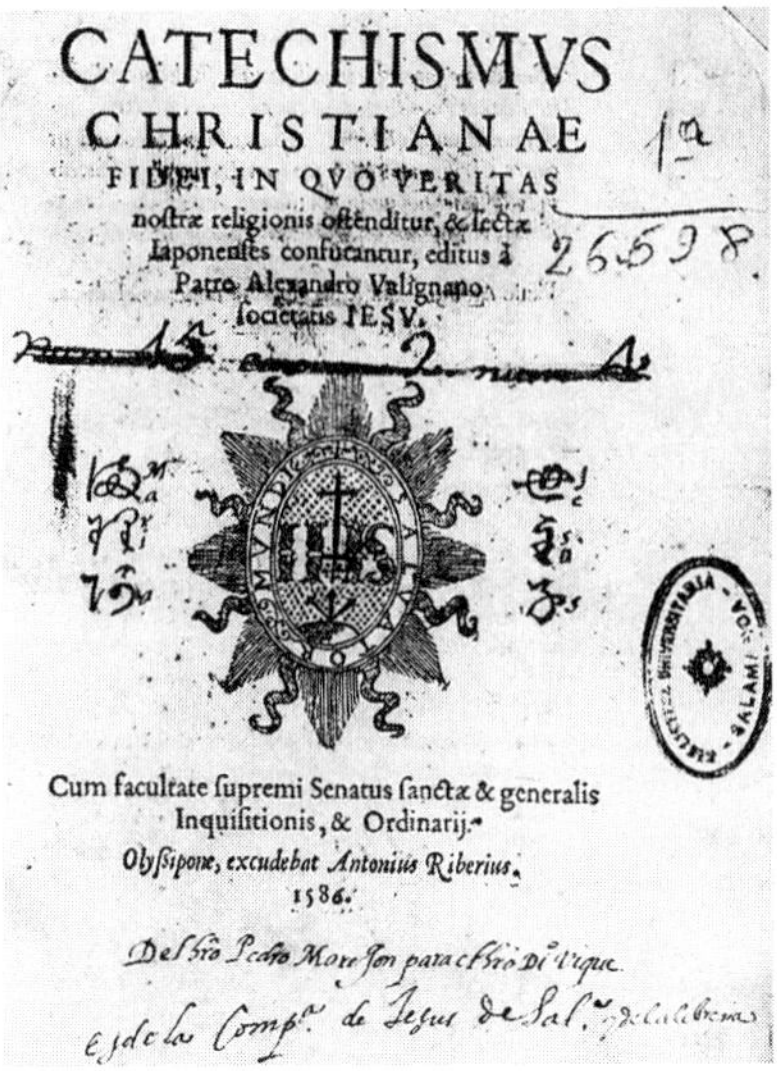

図18ｂ　洋紙に印刷された「日本のカテキスモ」（1586）　サラマンカ大学本

のではなかろうか。（新井、一九五八、二〇頁）ヴァリニャーノは、「祈禱文」〔一五九一？〕に使用した、東洋最初の平仮名交りの活字の中漢字六字を拾つてその標題紙上に捺したのだが、洋紙であつたため押圧が足りなかつたがため、墨をもつて薄れた文字を幾分えどつたもの、と考えられるのである。（富永、一九六六、二九二頁）

現在では、パッソス本（図18ａ）・サラマンカ本（図18ｂ）のデジタルな印影を重ねて比較する事が出来るが、両者は綺麗に重なり、殆ど全く同じ印影であって、同一版としてプレス印刷されている事は明らかである。「満理阿」の「理」「阿」の間は（余分なクワタが入ったか）不均等な字間になっているが、この字間・文字の傾きに至るまで二本は全く一致する。これだけなら、「世主子」「満理阿」が三合の（三文字を一つにまとめた）スタンプであった理論的可能性が僅かに残る（フランス国立図書館東洋写本部 Nathalie Monnet 博士の御指摘）が、この二行と中央の「IHS」エンブレムとの間隔、二行の相互の間隔、上下の行との間隔に至るまでほぼ完全に一致する以上、「世主子」「満理阿」が手捺しで出来上がったものとは到底考えられない。又、これらの六字の強い印圧も、サラマンカ本の裏面に触れると明瞭に感じられる。「日本のカテキスモ」扉の「世主子」「満理阿」活字は、手で捺されたのではなく、他の欧字と共に、一五八六年にリスボンで組版・プレス印刷されているのである。

故に、これらの仮名・漢字活字は、全て一五八六年までに欧州で作成されたものである。

恐らく、「手捺し」説は、まさか当時のヨーロッパで漢字・仮名活字が制作出来た筈は無いとの前提から導かれたのであろうが、難点がある。

活字は、まず字形を凸にした「父型」（punch）を鉄などを切削して彫り出し、それを銅などの軟らかな金属に強く押し込んで（パンチして）字形が凹になった「母型」（matrix）を作り、その「母型」に高熱で溶解した鉛などの合金を流し込む事で作られる。つまり、活字新鋳には、父型の切削・母型のパンチ技術が必要である。

天正遣欧使節の帰国は一五九〇年六月末であり、同八月の日本イエズス会協議会による印刷推進方針の提起、ワリニヤーノによる裁可（同十月）を経て、仮名・漢字出版が準備されるが、「手捺し」説では、翌一五九一年八月の印刷の上首尾を報ずるワリニヤーノ書簡までの僅か一年の間に、漢字の父型切削から始めて、母型作成、活字鋳造、組版までの全てを成し遂げた事になる。本当にこの通りであったとすれば、その技術進捗は驚異的とも云えようが、これは信じ難い。当時のイエズス会文書が、一五九四年以前の日本には父型・母型作成技術が無かったと報じているからである。

フランシスコ・パジオ発書簡（一五九四年十月）

本年は印刷機械の整備やら、イタリック文字のセット製造に追われ、印刷は殆ど進捗しておりません。（中略）日本人は今迄父型や母型の製造には、全然経験を持ち合わせては居らぬとは云え、この方面にも器用な日本人は、短期間にしかも六ドウカドスを超えざる僅少の出費で、印刷に必要なる全てのイタリック文字を作成してくれました

(Alvarez-Taladriz, 1960, p.8)

上述の通り、前期キリシタン版には（多言語混在組版に必要な）イタリック活字が無く、このため欧州からイタリック母型を将来しようと数度試みたが失敗し、遂に日本で父型作成を試みるに至った。パジオ書簡はこの経緯を伝えるもので、一五九四年に初めてキリシタン版に現れるイタリックが、その年の新鋳であった事を示す史料である。問題は、そこに「日本人は今迄父型や母型の製造には、全然経験を持ち合わせては居らぬ」とある事で、とすれば、一五九一～一五九三年の国字本キリシタン版（前期キリシタン版）の仮名・漢字活字は（少なくともその父型・母型が）日本で制作されたとするのは、明らかに矛盾する。

従来は、この「日本に父型・母型作成技術が無い」とする文書は、ラテン文字活字のみを言い、仮名・漢字活字は別であるとして、敢えて矛盾と見なさなかった様である。

ローマン体欧文文字がこのやうな「日本で新鋳困難な」状態にあるとき、日本文字は間もなくそれ自身の印刷を完成した。文字が大きく、手持ちの文字体なので、西洋文字よりも造作は容易であつたらう。

（富永、一九六三、二六三頁）

しかし、事は文字ではなく、父型・母型の制作技術自体なのであり、欧文活字では父型・母型の作成が全く不可能な技術水準であったにも拘わらず、和文活字に限っては父型・母型も作成出来たとするのは、（余程特殊な技法を開発したのでもない限り）技術的に成立しないであろう。

一方、上記の様に、仮名・漢字の活字も一五八六年までに欧州で制作済みで、その活字（少なくとも母型）を天正少年使節が持ち帰ったものとすれば、これらの難点は氷解する。天正使節帰国（即ち活字の輸入）から僅かに一年で国字本を刷り上げたのも、活字の新規作成工程自体が無く、輸入活字を組版するだけであったのなら、無理の無い進捗と言えよう。

欧州で仮名・漢字活字の版下を書いた人物　キリシタンによる初の日本語活字作成に関心を寄せる向きは多く、望月洋子「加津佐物語」（一九七六）、三浦哲郎「少年讃歌」（一九八二）の様な小説も少なくないが、これらのフィクションを真に受けて「史料」として引用するものまであるには、困惑する。

これらのフィクションは、一様に、天正使節の随行コンスタンティン・ドラード（ポルトガル通称のみが知られる日本名不明の日本人）を活字制作者に擬するが、ドラードは、日本語の読み書きが不得手で、「ヨーロッパから帰国して二十五年も経った一六一五年になっても「日本文字をほとんど知らぬ」と総長に宛てて報告されているところから、たぶん彼は、母国語の学習を、早くから見限っていたのであろう。」（松田、一九七七、三〇四頁）とまで言われる程で、仮名・漢字の活字デザイン・制作には、およそ不向きの人物である。(6)

初の仮名・漢字活字は、（前述の通り）「日本のカテキスモ」（一五八六、リスボン）の刊行に伴い欧州で作成された。活字の父型の切削が欧州のどこで行われたかは定かでないが、当時の印刷技術で聞こえた諸都市アントワープ、ケルン、リヨン、バーゼル、ベネチア、サラマンカのうち、天正少年使節が訪問したのはベネチアだけであるから、仮名・漢字活字の発注先がベネチアであった蓋然性は高い。使節はベネチアに二週間近く滞在し、その間、ベネチアの総督（ドージェ）は祝日を延期して商店に店を開かせ、ベネチアの産業を使節に誇示した。その中に、当時の欧州に名高い印刷所（書店を兼ねる）の数々があったと考えるのは寧ろ自然であろう。ラテン文字だけでなくギリシャ、シリア、ヘブライ、アルメニア等々のアルファベットもお手の物だったベネチアの印刷職人達は、極東の新奇な文字と和紙に興味を示したに違いない。実際、ポーランドの枢機卿が使節のローマ滞在中に聖書詩篇の一節を仮名で書かせて珍蔵した例がクラクフ（ポーランド）に現存しており（エルマコーワ、二〇〇三）、ベネチアのあの狭い路地のあちこちでも、こうした事が起きていたと想像するのは楽しい。

活字の発注先は史料皆無のため想像の域を出ないが、いずれにせよ、その活字版下を書いたのは、日本人に違いない。

当時の欧州に滞在中の日本人は、天正少年使節の四人と、随行の（いずれもポルトガル語通称のみが知られる日本名不明の日本人）ジョルジェ・デ・ロヨラ、コンスタンチン・ドラード、アグスチーニョの三人だけであり（史料が殆ど欠けているアグスチーニョを除けば）、この中で、当時、日本語の読み書きが自由だったのは、ジョルジェ・デ・ロヨラただ一人である。

ジョルジェ・デ・ロヨラは、使節の欧州滞在中の和文公的文書の全てを書いた人物である。

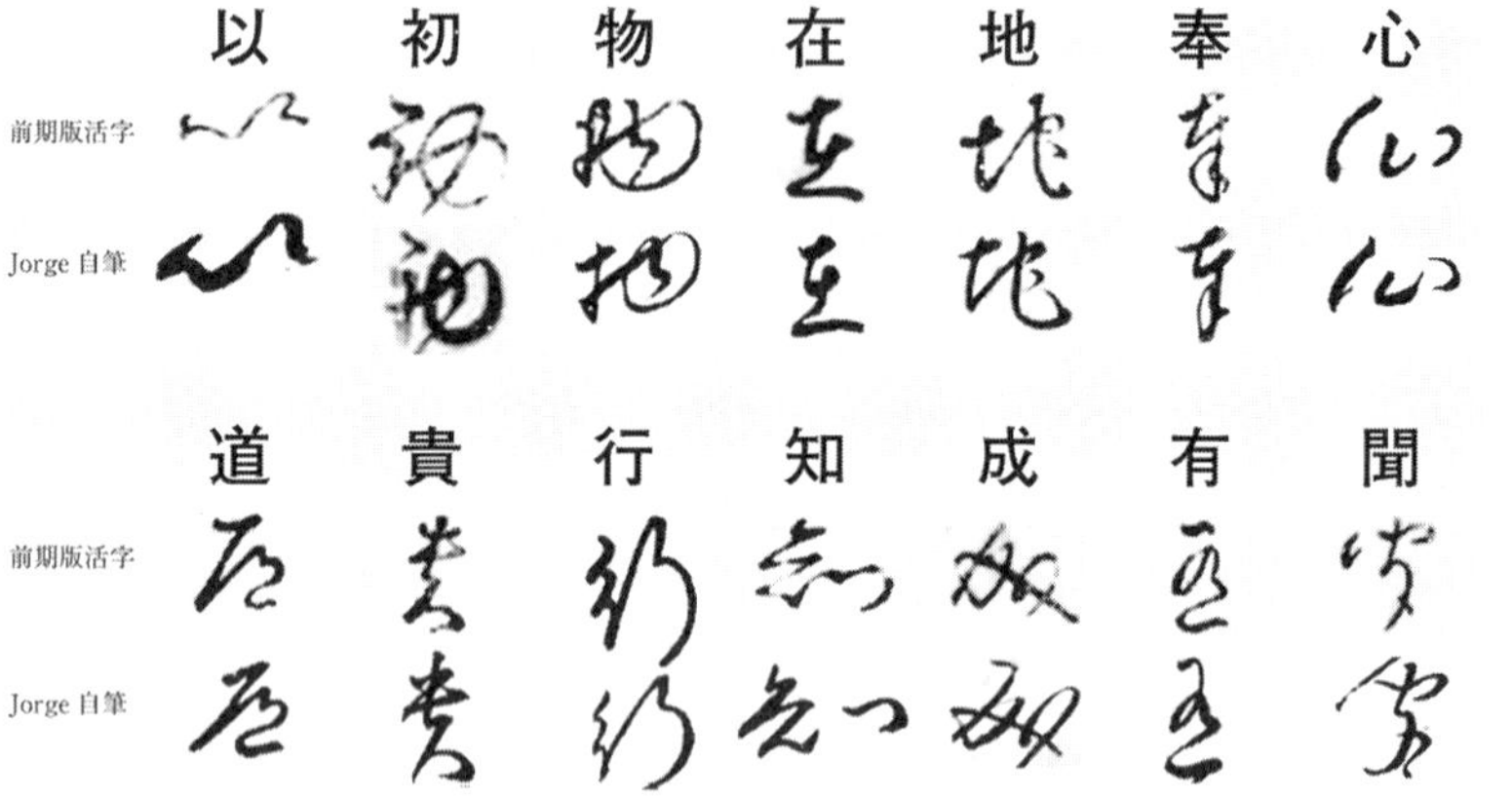

図19　前期キリシタン版の活字とジョルジェ自筆筆跡の対照

それどころか、使節が携行した大友宗麟らキリシタン大名の書簡も、実は全文（花押に至るまで）がジョルジェの筆である事は、松田毅一（一九六七ほか）が繰り返し推定・指摘する処であって、つまりはジョルジェによる偽作である。例えば、大友宗麟書状は、正使である伊東マンショの従兄伊東祐勝（ジェロニモ）を「伊藤ぜらうにも」と誤記するが、伊東マンショ自身が欧州で発した一五八五年六月十八日付けイモラ市への感謝状・同八月二日付けマントバ市への感謝状（カラー口絵1）の二通でも、「伊藤鈍満所」（ドン・マンショ）と二通とも自分自身の姓を誤記している。ジョルジエ・デ・ロヨラが、正使の「伊東」姓を「伊藤」と勘違いしていた事が露呈している訳で、且つ、これら全てをジョルジェが書いた事が暴露されている。

これらのジョルジェ自筆書簡類に遺された彼の筆跡と、前期キリシタン版の活字を対照して見よう（図19）。見ての通り両者は酷似し、書簡類と前期キリシタン版の活字の版下が同一人物の手になる事は疑い無い。

史上初の日本語活字版下を書いた人物、初の日本語フォント・デザイナーは、天正使節随行の（日本名不明の日本人）ジョルジェ・デ・ロヨラである。

「日本のカテキスモ」の証言　ジョルジェ・デ・ロヨラが版下を書いた漢字・仮名活字は、欧州のどこか（ベネチア?）に発注され、リスボンにあって日本への帰国の途に就く直前の天正使節に間に合った。そこから「世主子・満理阿」（ぜずす・まりあ）を抜き出して巻一扉に植字し、印刷したのが、「日本のカテキスモ」（一五八六、リスボン刊）なのである。「日本のカテキスモ」は、扉に「世主子・満理阿」を持たない本（マノエル文庫本、ブレラ文庫本、リスボン国立図書館本）と、持つ本（パッソス・マノエル校本〔前掲図18 a〕、サラマンカ大学本〔前掲図18 b〕）に分かれるが、両者の相違は扉だけでなく、後者では巻一の第一折（gathering）が丸ごと差し替えられている。仮名・漢字活字の到着に伴って全面組み替えを行ったのが「世主子・満理阿」を持つ二本である。

この「日本のカテキスモ」（一五八六）は、実は、異様な書物である。一冊だが二巻に分かたれて、それぞれを別の出版者が受け持ち、版式も巻一・巻二で悉く異なるのである（表3）。

従来は、帰国目前で刊行を急いでいたので二つの出版者に分割発注したとされて来た。しかし、一五〇〇年代のポルトガル出版史の千点弱の出版の内、一書を同一年に複数の出版者が分担刊行する例は本書ただ一つであって、他に類例が無い。さすがに、一五〇〇年代のポルトガルで出版を急いだのはこの書だけだった、という訳には参るまい。それに、本当に出版を急いだのであれば、この二者の共同出版（Ribeiro* & Lyra*）にすればよく、実際、当時のポルトガル出版の五%程度は共同出版で、リスボンを代表する Ribeiro 親方（リスボン大司教御用達の出版司でもある）と Lyra 親方のこの二人による共同出版自体にも他例がある。この大立

表３　「日本のカテキスモ」巻一・巻二の版式のちがい

	巻一	巻二
出版者	Antonio Ribeiro	Manuel de Lyra
折	quarto（４折）	quarto in 8（８折と同じ imposition で纏める４折）
活　字	イタリック主体、強調ローマン	ローマン主体、強調イタリック
段落大字	木版	金属版

て者二人を、わざわざ別々に使って一冊を刷り上げるというのは、本書だけの特例で、これは「急いでいた」だけでは説明出来ない。

従来は、巻一・二の版式の違いは、（「急いでいたので」）出版者を分けた事の結果であると見なされて来た様である。

しかし、実情は恐らく逆で、こうした版式のバリエーションの試行自体を目的として、意図的に出版者を二つに分けたのであり、版式の差は、結果ではなく、本来の企図そのものであろう。天正使節の随行コンスタンチン・ドラード、ジョルジェ・デ・ロヨラ（或いはアグスチーニョも）らを、この二人の親方の工房に派遣して、帰国後のキリシタン版印刷に必要な様々な版式に対応した研修を積ませたのである。

日本に帰国すれば、キリシタン版として（版式の格付けの違いから）quarto だけでなく octavo も出版せねばならない事は既に分かっていた。quarto と octavo は、外形のサイズ自体が異なるから、さすがに一冊内で両者を同居させるのは無理だが、quarto in 8 は、imposition 自体は octavo と同じなので、quarto より複雑な octavo imposition のノウハウを quarto in 8 の組版で学ぶ事が出来る（リスボンで octavo を学んだ彼らには、イタリアの影響が無いので、第一種 octavo を用いた、という事になる〔一一九頁参照〕）。又、多言語出版のためにはイタリック・ローマン混在組版も必須と分かり切っており、ローマン主体・イタリック主体の両方の組版を経験して置く必要があった。段落大字に、出版内容に沿った様々な意匠を用いるのは当時の組版で通例だが、ここに木版を埋め込むと、明瞭な印字を得るためには版面高の微妙な調整が必要になる。一方、金属版による大字作成には、当然多くのノウハウが要ったであろう。こうした様々な困難は、そのまま帰国後のキリシタン版印刷に直ちに想定されるものであり、ドラード達は、当時のリスボン出版界の雄 Ribeiro、Lyra 両親方から親しく指導を受けたものであろう。印刷・出版はノウハウの塊であるが、Ribeiro 親方はリスボン大司教の出版司であったから、大司教から、特段の計らいをとの口添えがあったという想像も許されよう。

本書「日本のカテキスモ」の著者である巡察使ワリニャーノ（Alessandro Valignano）は、天正使節の企画より前の一五八〇年に「日本要録」（Sumarios de las cosas que pertencen a la provincia de Jappon y al govierno della）をローマに送り、その中で次の様に言っていた。

en cada una destas [casas] ha de auer una escuela de niños a los quales se ha de enseñar leer y escriuir en Jappon : y em el tiempo se ha de procurar de yr les enseñando leer y escriuir en latin para que puedan leer nuestros libros que se han de imprimir con nos caracteres aunque en su lengua, pues no puede auer impression en los suyos por la inumerable multitad de ellos　（ARSI JapSin 49-286v、第一経由）

（教会には、子供たちに日本［語］での読み書きを教える学校が必要である。近い内に、ラテン語の読み書き教授にも進むべきで、さすれば我らの本が読める様になるであろう。我等の本は、彼等の言語［日本語］に訳したものであっても、我等の［ラテン］文字で印刷せねばならない。何故なら、彼等の文字は無数の字があるので、印刷不可能なのだ。）

「日本のカテキスモ」（一五八六）は、天正使節（の随行者）の印刷修業の現場をそのまま現在に伝える証言である。その修業の最終段階が、「初めて鋳造された仮名・漢字の金属活字を組版して和紙にプレス印刷する」事であった。これには、活字の組み付け、印字前の和紙の湿潤、インキの調合、印圧の調整など、極めて多くのパラメタが絡んで複雑で、しかも、さしもの Ribeiro 親方も未経験であるから、多くの試行錯誤がなされた事は想像に難くない。

苦心の末に何とか烏の子に刷り上げた「日本のカテキスモ」の数冊（一冊であったかも知れない）は、それを成就した天正使節によって著者ワリニアーノの待つゴアへ大事に運ばれ、僅か十年前に彼自身をして「無数の字があるので印刷不可能」とさえ言わしめた「和紙への仮名漢字印刷」というキリシタン版の前提条件が、みごとにクリアされた事を証明して見せた。使節の企画者ワリニアーノは、この難事が成就された事の証拠として本書に自筆献呈辞を入れ、同じく、「日本語によるカトリック教義の編纂・出版」というもう一つの難事成就の証明である「ドチリナキリシタン」（一五九二、現東洋文庫本）にもやはり自筆献呈辞を入れて、天正使節のスポンサーであったエボラ大司教へ、両書を送付・献呈したのである。

前期キリシタン版の限界　この様に、前期キリシタン版の活字（少なくともその父型・母型）は、欧州からの輸入品であり、前期版時代の日本イエズス会には、まだ父型・母型を作る技術は無かった。

又、既存母型からの活字鋳造自体も、果たしてその技術があったか、あったにしても十分であったか、実は疑わしい。

前期キリシタン版国字本で、漢字・仮名の双方で書かれる語を見ると、一丁の内で同じ漢字が一定の閾値

表4　「ばうちずもの授けやう」（1593？年）での1丁内の漢字と仮名

主	漢字最大4	漢字4・仮名1	14丁
有	漢字最大3	漢字3・仮名1	2、23
後	漢字最大2	漢字2・仮名1	7、13、15、21、23
成	漢字最大2	漢字2・仮名3〜4	24、25
扶	漢字最大1	漢字1・仮名1〜3	1、8、11

を超えて現れると仮名が混在する例がある。「ばうちずもの授けやう」（一五九三？）を例に取れば、表4の通りである。

こうした例は、例えば「主」は四つしか活字が無かったために残り一つは「あるじ」で済ませ、「扶」は漢字活字が一つだけだったので他は「たすく」と仮名に開いたものであろうか。とすれば、母型が存在しても、そこからの活字鋳造は容易ではなかったという事情が推測され、そもそも日本では活字鋳造自体が行なわれていなかった可能性すらあろう。この場合、使えるのは買って帰って来た活字だけであるから、それが摩滅・破損すると印刷不能に陥る。これが、前期キリシタン版の限界となった。

デザイナーの死　前期キリシタン版の漢字数は僅かに二百字程度で、後期キリシタン版の二千八百字（現代の常用漢字は二千百三十六字）に比して、余りに少ない。

ここに文字を追加するには、父型・母型・活字鋳造といった技術だけでなく、字体の一貫したデザイン（フォント設計）が必要である。初の日本語フォント・デザイナーは、前述の通り、天正使節の随行員である（日本名不詳の日本人）ジョルジェ・デ・ロヨラであるが、彼は日本への帰途マカオで客死（一五八九）し、帰国は叶わなかった。日本イエズス会は、前期キリシタン版の印刷開始以前に、既に、文字追加のためのフォント・デザイナーを失っていたのである。

後期キリシタン版

ラテン活字のイタリック　イタリックは、多言語出版には、必須の活字である。日本語のnoなどの短い助詞がローマ字表記では混乱の素となる事を先に見たが、文法書などの複数の言語に就てメタな記述を行う局面では、図20・21の様に、その取り上げる用例を地の文から切り離して扱ったり、辞書等での言語の切り替えを行うために、イタリックが必要になる。

日本イエズス会は、一五九四年に初の文法書「ラテン文典」（ラテン語・ポルトガル語・日本語の三言語共存）を印刷・出版するに際し、必須のイタリック文字の開発を試みるが、（欧州から輸入のままの）ローマンとイタリックの寸法が合わず、又、新鋳イタリックの活字のボディが（恐らく）広過ぎたために、[7]既存ローマンと新鋳イタリックを自由に交替・共存させる事に失敗した。このため、「ラテン文典」のイタリック（第一次イタリック）は、メタな用法や言語切り替えといった、本来の用途を果たす事無しに使われている。翌一五九五年の「羅葡日対訳辞書」は、これこそ見出し語と語釈等の多言語の切り替えにイタリックを使って然るべき出版であるが、実際は、イタリックは序文に用いられるだけで、辞書本文の組版にはイタリックは全く用いず、言語切り替えは「Lus.」（Lusitanice、ポルトガル語では）「Iap.」（Iaponice、日本語では）と明示的に言葉で示されるだけである。

辞書でイタリック・ローマンの書体切り替えが言語切り替えに応用される様になるのは、この一六〇三年「日葡辞書」の印刷を機にイエズス会がイタリックを改鋳して（第二次イタリック）、両者の共存と自由な切り替えを可能にしてからの事である。

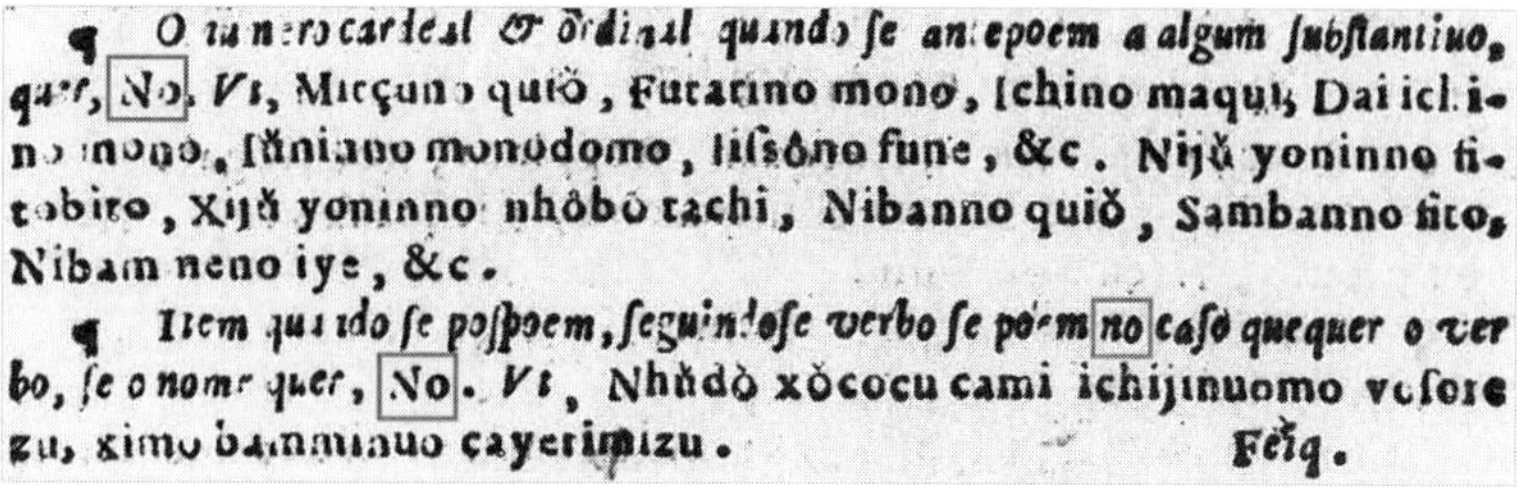

¶ O numero cardeal & ordinal quando se antepoem a algum substantiuo, quer, No. Vt, Mitçuno quiŏ, Futatçno mono, Ichino maqui, Dai ichino mono, Iŭniano monodomo, Iissôno fune, &c. Nijŭ yoninno fitobito, Xijŭ yoninno nhôbô tachi, Nibanno quiŏ, Sambanno fito, Nibam neno iye, &c.

¶ Item quando se pospoem, seguindose verbo se poem no caso quequer o verbo, se o nome quer, No. Vt, Nhŭdô xôcocu cami ichijinuomo vosorezu, ximo bammin uo cayerimizu. Feiq.

図20ａ　「日本大文典」215オ　立体（ローマン）で大文字始めの二つの「No」はどちらも日本語、斜体（イタリック）で小文字の「no」は、ポルトガル語。書体と大小文字で言語を切替えている。

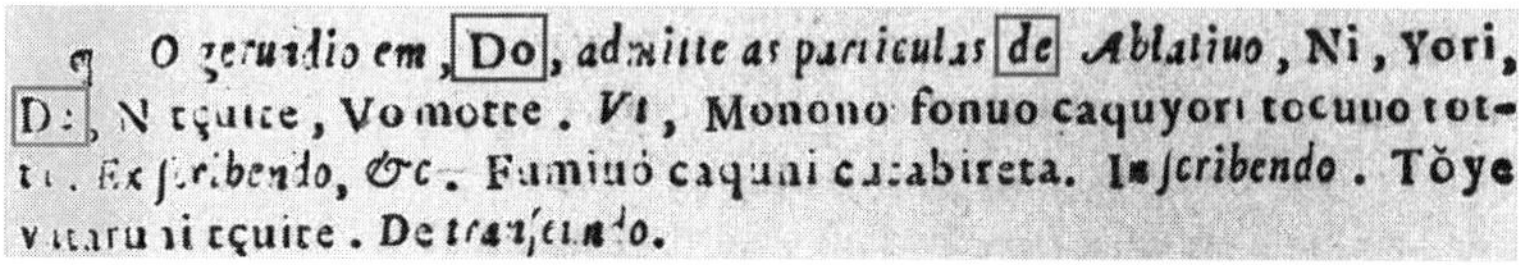

¶ O gerundio em, Do, admitte as particulas de Ablatiuo, Ni, Yori, De, Nitçuite, Vomotte. Vt, Monono fonuo caquyori tocuuo totte. Ex scribendo, &c. Famiuo caquni cutabireta. In scribendo. Tôye vataruni tçuite. De transeundo.

図20ｂ　「日本大文典」23ウ　最初のローマン大文字始めの「Do」はラテン語、次のイタリック小文字の「de」は、ポルトガル語、二行目のローマン大文字初めの「De」は日本語。

何故イタリックを持ち帰らなかったのか　天正少年使節には、帰国後に多言語出版を行う事、それにはイタリック活字が必須である事は分かっていた筈である。その故にこそ、「日本のカテキスモ」では、ローマン主体・イタリック主体の二種類の本文組版の修業もしたのである。にも拘わらず、イタリック活字を持ち帰らなかったのは、何故か。

ここには史料が無く、全ては想像の域を出ないが、或いは、本来はローマン・イタリックの両方を購入すべき処、思い掛け無く漢字・仮名活字を新彫する事になり、使節の予算が逼迫したのではなかろうか。

活字は大変に高価なものである。当時のラテンアルファベットの活字一セットは、大文字のサイズが四通り・小文字が三通り、これに数字・約物などが加わって、凡そ二百種であり、即ち、前期キリシタン版の漢字・仮名活字の字種とほぼ同じである。イタリック用に準備していた予算を仮名・漢字活字の

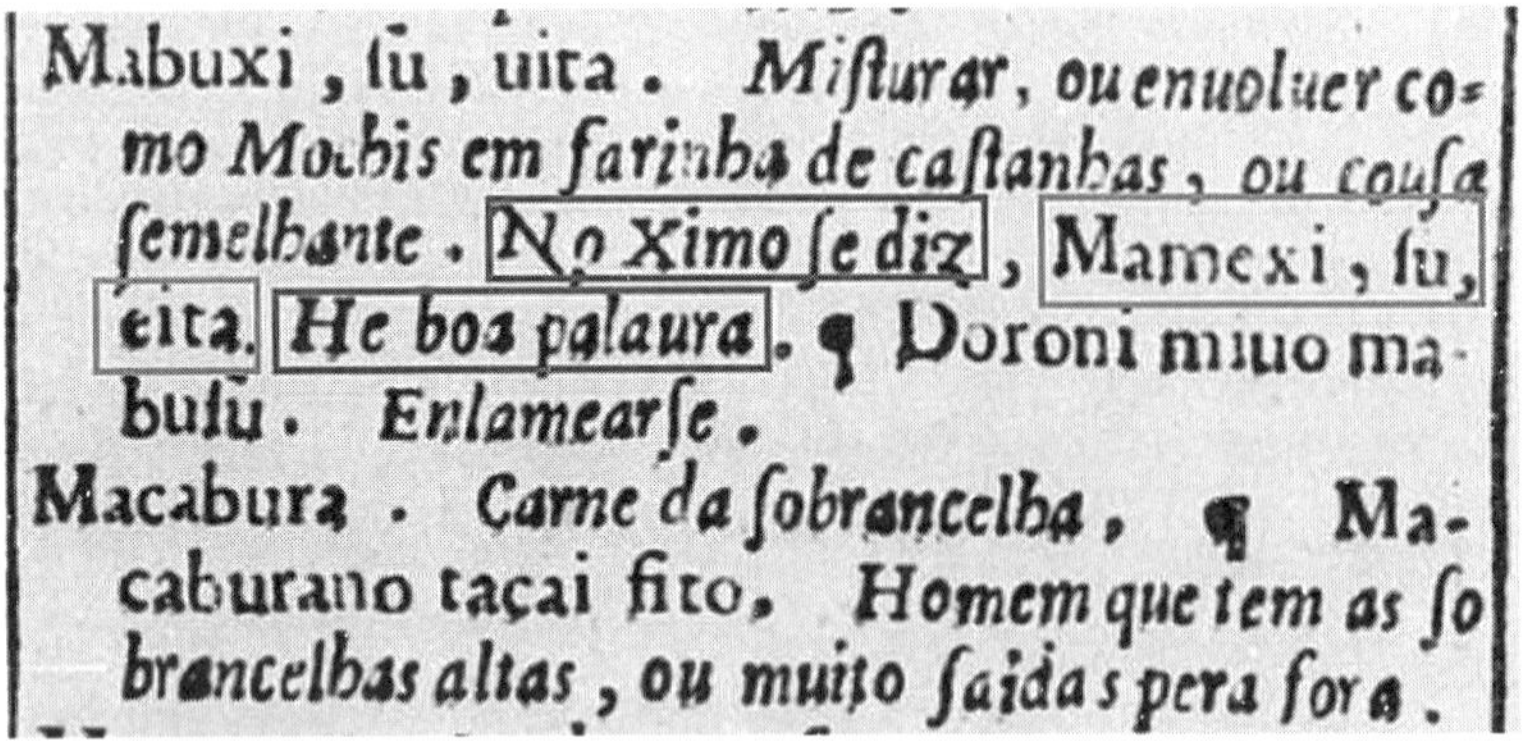
Mabuxi, ſu, uita. Miſturar, ou enuoluer como Mochis em farinha de caſtanhas, ou couſa ſemelhante. No Ximo ſe diz, Mamexi, ſu, eita. He boa palaura. ¶ Doroni miuo mabuſu. Enlamearſe.
Macabura. Carne da ſobrancelha. ¶ Macaburano taçai fito. Homem que tem as ſobrancelhas altas, ou muito ſaidas pera fora.

図21　「日葡辞書」147ウ　ローマンは日本語、イタリックはポルトガル語で、書体によって言語を切替えている。

ために費消して仕舞ったと考えれば、丁度辻褄が合う。それだけでなく、前期キリシタン版の仮名・漢字活字が二百字程度の規模に留まるのも、実は財布の都合だった事になる。

この様に、前期キリシタン版の仮名・漢字活字は、活字制作側の視点ではアルファベットの一種と認識されており、現に漢字活字には異体字が全く無く、運用面でもアルファベットと大差無い運用しかされていない。これでは、ルイス・デ・グラナダの様な多面的な内容を持つ長大な書の組版は困難であり、活字全体の根本的な再構築が必要であるのは、明らかであった。

後期キリシタン版活字作成者とキリシタン版の盛衰　一五九四年の第一次イタリック新鋳は、組版面でこそ大きな効果を生まなかったものの、それまで無かった父型切削・母型制作の技術を初めて成就したという点で、キリシタン版にとっては画期的な出来事であった。キリシタン版は、ここから歩を進めて、仮名・漢字の根本的な改鋳に乗り出す。その軸となった人物は、イエズス会目録中でただ一人「活字制作者」(abridor)と指定されたイチク・ミゲルであったと思われる。

改鋳された仮名・漢字活字の最初の例は、一五九八年「さるばとるむんぢ」の三百字程度である（第一次イタリック新鋳から四年を掛けた事になる）。字数こそ三百字と限られているが、この新鋳活字こそ初の本邦製行草体仮名・漢字金属活字であって、流麗な行草書体は美濃紙に映え、実に美しい仕上がりである。尚、この「さるばとるむんぢ」が、洋書 quarto 同様の imposition により刷版された事は、前述の通り（一二三頁）。

同じ一五九八年のうちに、日本イエズス会は二千五百字を越える漢字活字の新鋳に至り、それらの「総数見本帳」として、漢字字書「落葉集」を刊行した。「落葉集」は、漢字とその異体の単字に音訓を明示するだけでなく、当該漢字が用いられる熟語を示して意義差・用法差も明示して漢字記述を試みた点で、極めて実用的であり、室町期の文書などを読む際にも重宝する程である。実際、この書は大変よく使われたらしく、現存するライデン図書館本などは、俗に言う「疲れた本」で、紙はよれよれになっている（大英本は、裏打ちされていて不明だが、こちらもかなり傷んでいる）。

翌年一五九九年にはルイス・デ・グラナダの「ぎやどぺかどる」邦訳上下二巻、本文（上下合計で）百九十八丁、付属の漢字字書「字集」二十四丁という大冊の刊行に至るが、この過程で増補した漢字活字は実は五十字程度に過ぎず、「落葉集」は、既に必要な字種の殆どを網羅していた事になる。

この後、一六〇〇年には、書道手本の「朗詠雑筆」を印行し、漢字総数は二千八百程に増加した。

こうした順調な仮名・漢字活字による印刷は、一六〇五年一月のイチク・ミゲルの病没により終止符が打たれる。この後の出版である一六一一年の「ひですの経」では更に百二十字程度を追加してはいるが、木活字による増補が主であり、既に金属活字の新鋳が困難となっていた事情を窺わせる。刊年不明の「太平記抜書」では、金属活字の新鋳も試みてはいるが、稚拙極まる出来上がりで、往事の面影は既に無い。

思えば、前期キリシタン版の仮名・漢字活字は、その書き手ジョルジェ・デ・ロヨラの客死によって本格的な印刷開始の前に既に拡張不能に陥り、後期キリシタン版のそれは、活字制作者イチク・ミゲルの病没によって突如終わった。前期・後期イエズス会の活字制作の技術は、それぞれ一人の個人によって支えられており、その一人を失う事で、技術も失われたのである。

註

（1）国字本「どちりなきりしたん」（一五九一？、バチカン図書館）の巻頭にも絵があるが、これは表紙ではなく「口絵」で、そもそも当時から巻頭にあったのか自体も不明である。本来の表紙があったのか、それとも元々表紙が無かったのか、今となっては知る由も無い。

（2）近年刊行されたマルチアナ本の複製本は、同本が第一巻の表紙を欠くとしてオックスフォード本で補っているが、マルチアナ本第一巻の表紙は完存しており、何かの間違いであろう。

（3）このために、土井忠生（一九四二）は、新分綴の序文原稿だけが後になって書かれ、そこだけ原稿のままの分綴法で印刷された（三五〇頁）と推定したが、（本書一三三頁以降に示す様に）原稿著者の綴り字・分綴法が版面にそのまま反映する訳ではない。そもそも、原稿の分綴が版面にそのまま反映するという前提では、本書の分綴がN折・O折の境目の一つのセンテンスの途中で変更されている事の説明が付かないであろう。

（4）Gilissen（1972, 1977）、Bozzolo & Ornato（1980）、Martin & Vezin（1990）、Smith（1995）等を参照。

（5）美濃紙は一般に九寸（二七・二cm）×一尺三寸（三九・四cm）程度で、美濃判はその長辺を半分に折ったもの（二七・二cm×一九・七cm）、中本は更にその長辺を半分（一九・七cm×一三・六cm）に折ったものである。尚、本書「さるばとるむんぢ」を「半紙本」とするものがあるが、正しくない。半紙は一尺一寸（三三・三cm）×八寸（二四・二cm）程度で、「半紙本」はその長辺を半分に折ったもの（二四・二cm×一六・六cm）であるから、「さるばとるむんぢ」

より遥かに大きい。

（6）「ドラード」（dourado）が普通名詞としては「金属細工職人」の意であるとして、そのポルトガル語通称を金属活字制作と直結させる説があるが、ポルトガル語の「金属細工職人」は dourador であって dourado ではない。ポルトガル語で dourado（スペイン語 dorado、「金で塗られた」「金色の」の意）を名詞に使えば、魚の「鯛」である。五島には「鯛ノ浦」の地名があり（五島に限らず全国にあるが）、Dourado の通称は、或いはその出身地に拠るのではなかろうか。

（7）「ラテン文典」（一五九四）十九オと、「日葡辞書」（一六〇三）八十二ウに現れる「fototoguisu」（ホトトギス）の占める幅を計測すると、前者（第一次イタリック）は一九・〇㎝、後者（第二次イタリック）が一五・〇㎝で、第一次イタリックは広過ぎる。第一次・第二次の文字の印字面一つ一つの幅はそれ程違わないが、文字間空白がアキ過ぎである。これは、活字鋳造の際に、印字面の回りの空隙が技術的に削減出来ず、活字幅（ボディ）が異様に広い活字に鋳造されて仕舞ったためであろう。

この論は、次の研究費（特記せぬ限り研究代表者は豊島）による研究成果の一部である。記して謝意を表する。

日本学術振興会先端学術人材養成事業　大航海時代の「宣教に伴う言語学」研究のための非一極集中型研究環境の構築（平成二十一年度）／科学研究費基盤研究（B）多言語辞書と金属活字印刷から探るキリシタン文献の文字・語彙同定の過程（平成二十三〜二十六年度）／基盤研究（C）イエズス会辞書類データベースに基づく、対訳を経由する語彙画定過程の研究（平成十九〜二十一年度）／基盤研究（B）多言語辞書データベースに基づくキリシタン文献対訳辞書類の語彙体系の統合的研究（平成十七〜十八年度）／基盤研究（C）キリシタン文献国字本総合データベースに基づく近世初期日本語用字規範の計量的研究（平成十五〜十六年度）／基盤研究（C）キリシタン文献国字本データベースに基づく字体・組版規範の研究（平成十三〜十四年度）／研究成果公開促進費（データベース）「漢字字体規範史データベース」（平成二十二〜二十六年度）（重点データベース指定）／COE特別推進研究　アジア書字コーパスに基づく文字情報学の創成（研究代表者：ペーリ・バースカララーオ）（平成十二〜十六年度）

〔コラム〕古活字版の起源とキリシタン版

後陽成天皇*が文禄二年（一五九三）に『古文孝経《こぶんこうきょう》』を刊行して以来、活字による印刷・出版が日本でも行われるようになる。漢字・仮名の木製活字が用いられ、特に寛永年間（一六二四～四四）までに刊行された本を古活字版と呼ぶ。それまでの日本の印刷は整版（版木）によって行われていた。活字印刷が導入されたのは、文禄の役の際、銅、鉄、木、陶等、様々な素材の活字を広く用いていた朝鮮から、器具や技術を略奪してきたことによる。古活字版の技法が朝鮮由来であることは、慶長二年（一五九七）の後陽成天皇による勅版『勧学文《かんがくぶん》』等の刊記に見えるほか（史料一）、小瀬甫庵《おぜほあん》*『永禄以来出来初之事』にも「一字版　是はかうらい入有し故也」（「一字版」とは活字版のこと）と記されている。甫庵は『補注蒙求《もうぎゅう》』『医学正伝』などを自ら古活字で刊行した人物だから、この発言は注目される。

だが、これに先だち、日本ではキリシタンによる活字出版も行われていた。天正十九年（一五九〇）、肥前国加津佐《かづさ》*ではキリシタン版『サントスのご作業のうち抜書』が刊行されており、以後、ローマ字・国字両様の書籍が世に送りだされた。そして近年、キリシタン版、古活字版の活字研究が進展し、古活字版の起源がキリシタン版にあるとする見解も有力になってきた。

キリシタン版と古活字版の関連についての言及は、キリシタン版を世に広く紹介したアーネスト・サトウの ***The Jesuit Mission Press in Japan, 1591–1610***（一八八八、五四頁）にさかのぼる。この序文でサトウは、刊行年時から見れば、キリシタン版が古活字版の起源となる可能性はあったが、その蓋然性は乏しいと述べている（史料二）。しかし、その言いまわしが微妙であったことから、のちに新村出（一九〇九、六八～八五頁）は、これをサトウが古活字版の起源をキリシタン版に認めた発言ととらえ、賛意を示した。ただ、のちに新村（一九一二、三七～五七頁）はこの見解を修正し、キリシタン版の影響は平仮名古活字版に限定されるという見方を示すようになる。さらに、新村（一九二二、一四～二七頁）はキリシタン版起源説そのものを退けるにいたるのだが、このことは古活字版の起源をキリシタン版と朝鮮活字版のどちらに認めるかということが、いかに確定困難な課題であったかを物語っていよう。

その後の学界では朝鮮版起源説が定着してゆく。古活字版研究の金字塔とされる川瀬一馬『古活字版之研究』（一九三七、七九七頁）は、キリシタン版起源説を否定する。戦後の研究では、天理図書館によりキリシタン版研究が集中的に進められたが、その代表的成果である天理図書館（一九七三、三五二頁）、富永牧太（一九七八、五一六頁）等で、キリシタン版を古活字版の起源だとする指摘は見られない。こうした状況に一石を投じたのが、大内田貞郎（一九八七、三五～四八頁・一九八九、四二～六三頁）と森上修（一九九一、三六～八六頁）である。

大内田は『世宗実録』等の史料から、森上は実際の印字面から、古活字版の組版方法を推定し、それが朝鮮版とは異なりキリシタン版のものと共通することを論じた。そもそも中国に誕生した活字印刷技術には、畢昇《ひっしょう》＊の創始した、植字版《しょくじ》に松脂《まつやに》、蠟、紙灰などで作る固着剤を敷き、その上に活字を並べる「固着方式」と、王楨《おうてい》＊の創始した、均一な大きさの木製活字を並べ、それを匡郭《きょうかく》＊で固定する「組立方式」の二つが存在した。このうち朝鮮の活字版は「固着方式」を採用しており、古活字版はキリシタン版とともに「組立方式」をとると、大内田・森上は考えたのである。

一九九九年に刊行された『日本古典籍書誌学辞典』（岩波書店）で「キリシタン版」「慶長勅版」の項を大内田が執筆したことは、キリシタン版起源説の広まりを象徴する出来事であった。さらに大内田（二〇〇〇、一一～四六頁・二〇〇九、二一～六八頁）は宣教師たちの書簡を資料として駆使し、キリシタン版の活字の製造方法が古活字版の誕生に大きな影響を与えたことを論じている。

　とはいえ、こうした考え方には疑問も残る。『世宗実録』三年三月丙戌日条、十六年七月丁丑日条には、李氏朝鮮時代初期の官版に用いられた活字である癸未字《きび》（太宗三年・一四〇三）、庚子字《こうし》（世宗二年・一四二〇）の形状と植字方法に関する記述があり、これまでの研究でも重視されてきた。かつて太祖《テソ》李《イ》成桂《ソンゲ》*が作らせた癸未字の段階では、植字版に敷いた蠟が柔らかく、数枚印刷しただけで活字が動いてしまった。世宗《セゾン》*は李蕆《イチョン》らに改善を命じ、その結果、植字版内に整然と並ぶ庚子字が生まれた。そこでは蠟を用いず、大量の印刷を行っても活字の遷動は起きなかったと記される（史料三・四）。また、成俔《ソンヒョン》*によって著された随筆『慵斎叢話《ようさいそうわ》』巻七にも、活字印刷の方法が詳述される。ここでは、庚子字は蠟の上に活字を置くため、その尾が錐のような形状をしていたが、甲寅字《こういん》（世宗十六年・一四三四）からは竹木で空隙を埋めることにより、蠟を用いなくなったと記される（史料五）。

　蠟を用いなくて済むようになったのは庚子字からなのか、甲寅字からなのか、『世宗実録』と『慵斎叢話』の記述には齟齬がある。だが、注目したいのは、李朝の官版においても固着剤に頼らない印刷技法が導入されたと記される点である。大内田（一九八七、三三五〜四八頁）は、これを使用する蠟の分量の問題だと解釈し、植字版に敷く蠟は依然使われつづけたとする。しかし、『世宗実録』十七年八月癸亥日条には、朝鮮の活字出版技法には蠟を多く用いる旧来のものと、活字を改鋳し、四隅を平正にしたものの「二様」があると記されている（史料六）。これは組版技法の相当異なる二方式が、現実に存在したことを意味するものではなかろうか。実際、韓国の活字研究のなかでも、李氏朝鮮時代の組版には固着・組立の二方式があったという考えは一般化している（巻末の参考文献参照）。だとすれば、朝鮮版は「固着方式」、キリシタン版は「組立方式」という二項対立で古活字版の起源を考えることは困難となってくる。よく知られるように、初期の古活字版

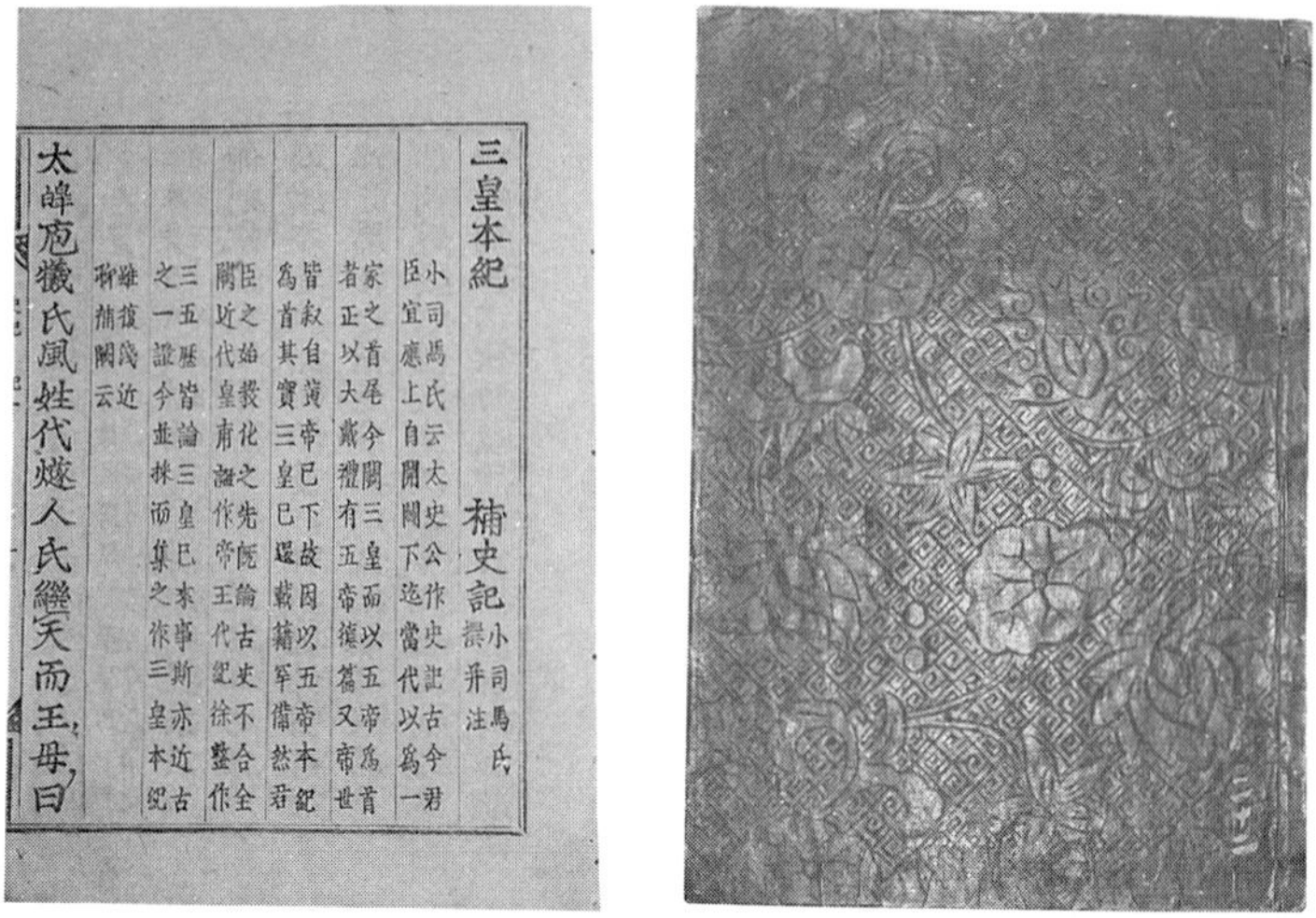

図１　嵯峨本『史記』の表紙と本文（京都府立総合資料館蔵）

で用いられる活字の字体は、伏見版や嵯峨本『史記』（図1）などに見られるように、甲寅字に代表される朝鮮版の字体の影響を受けている。また、古活字版の表紙の文様には、朝鮮版のそれを受け継ぐものが少なくない。こうしたなか、組版技法だけがキリシタン版のものによったと考えることは、いささか不自然なのではなかろうか。

ここ数年、学界では近世初頭の活字印刷の技法的側面に関する研究が盛んである。豊島正之（二〇〇九、七一〜一〇三頁）はキリシタン版の印刷技法を、鈴木広光（二〇〇九、一〇七〜一二六頁）は嵯峨本『伊勢物語』の組版を、山田健三・伊東莉沙（二〇一二、一一〜二〇頁）は烏丸《からすま》本『徒然草』の組版をそれぞれ解きあかしている。今後はこれらの成果を生かすとともに、朝鮮における活字印刷技法の多様性を考究することによって、古活字版の起源の問題も明らかになるものと期待したい。

（小秋元　段）

引用史料

史料一（慶長勅版『勧学文』刊記）

命工毎一梓鏤一字、棊布之一版印之、此法出朝鮮、甚無不便、茲摸写此書、

（職人に命じ、一つの木片に一字を彫り、これを並べて一つの版を作り、これを印刷した。この方法は朝鮮より渡来したもので、大変便利である。ここにこの書を印刷する）

史料二（*The Jesuit Mission Press in Japan, 1591–1610*　一八八八　一頁）

It seems possible therefore, though perhaps not very probable, that the Japanese may have learnt the advantages of typography from the missionaries, and not from the Coreans.

（それゆえ、日本人は活字の利点を朝鮮人からではなく、宣教師たちから学んだかもしれないということが、確実性は高くないものの、可能性としては一見あり得るように見える〈が、それはない〉）

史料三（『世宗実録』巻十一、三年三月丙戌日条）

前此印冊、列字於銅板、鎔写黄蠟堅凝然後印之、故費蠟甚多、而一日所印、不過数紙、至是、　上親自指画、命工曹参判李蕆、前小尹南汲、改鋳銅板与字様相准、不暇鎔蠟、而字不移、却甚楷正、一日可印数十百紙、

（さきに癸未字で印刷した折は、活字を銅板の上に並べ、蠟を溶かし、それが固まってから印刷した。このため蠟を大量に必要とした。しかし、一日に印刷できるのはわずかに数枚であったため、世宗は工曹参判李蕆、前小尹南汲に命じて、銅板と活字を改鋳し、庚子字を作らせた。その結果、蠟を用いなくても字は移動せず、正しい状態に並び、一日に数十、数百印刷することができるようになった）

史料四（『世宗実録』巻六十五、十六年七月丁丑日条）

召知中枢院事李蕆議曰、　太宗肇造鋳字所、鋳大字時、廷臣皆曰難成、　太宗強令鋳之、以印群書、広布中外、不亦違歟、但因草創、制造未精、毎常印書、必先以蠟布於板底、而後植字於其上、然蠟性本柔、

植字未固、纔印数紙、有遷動、多致偏倚、随即均正、印者病之、予念此弊、曾命卿改造、卿亦以為、雖予強之、卿乃運智、造板鋳字、並皆平正牢固、不待用蠟、印出雖多、字不偏倚、予甚嘉之、

（世宗は中枢院事李蕆を招いて言った。太祖が初めて鋳字所を作り、癸未字を鋳造したとき、廷臣は皆、その事業は成就しがたいと申しあげた。だが、太祖は強いて活字を作らせ、書物を印刷してこれを広めた。初めての事業であったため完成度は低く、印刷するたびにまず植字版の下に蠟を敷き、活字を並べた。しかし、蠟は柔らかく活字は固定されず、わずかに数枚を印刷しただけで活字は動き、偏ってしまった。これを正すのに印刷する者は苦労した。私はこの不便を思い、かつてそなたに活字の改鋳を命じ、庚子字を作らせた。そなたは知恵をめぐらして植字版と活字を改鋳し、みな平正でしっかりとしたものとなった。蠟は必要としなくなり、多くを印刷しても字が偏ることはなくなった。私はこれを大変嬉しく思う）

史料五（『慵斎叢話』巻七）

始者不知列字之法、融蠟於板、以字着之、以是庚子字、尾皆如錐、其後始用竹木塡空之術、而無融蠟之費、

（はじめは活字の配列の方法がわからず、植字版の上に蠟を溶かし、活字を植えていった。このため庚子字は、活字の尾が錐のような形をしていた。その後、竹木で活字の隙間を埋めるようになり、蠟を溶かす必要はなくなった）

史料六（『世宗実録』巻六十九、十七年八月癸亥日条）

本国鋳字用蠟功頗多、後改鋳字、四隅平正、其鋳字体制二様矣、

（もともと我が国の活字印刷には蠟を多く用いた。のちに活字を改鋳し、四隅を平正なものとした。活字の形状としては二つの形態のものがある）

〔コラム〕角倉素庵とキリシタン版・古活字版・嵯峨本

新史料「期遠亭（角倉素庵）宛　藤原惺窩書状」をめぐって

　十七世紀はじめに、京都で活躍した朱印船貿易家、大《おお》堰《い》川《がわ》・富士川・高瀬川運河などの河川開鑿事業家、また儒学者、能書家である角倉《すみのくら》素庵《そあん》（吉田玄之《はるゆき》、通称与一、号素庵、一五七一～一六三二）は、我が国の印刷・出版文化史において、いわゆる「嵯峨本」の刊行者として知られる。しかし、素庵が居住地の洛西嵯峨で出版活動を行ったことを具体的に示す同時代の文献史料は確認されていない。また素庵と嵯峨本を結びつける確固とした文献史料を、わたしたちは、まだ手に入れていないのである。

　しかし、一方、近年、素庵の確実な墨蹟資料が見出され、素庵書体の特徴が明らかになった。そして嵯峨本の古活字版『徒然草』（慶長八年以前刊本）、『伊勢物語』（慶長十三年初刊本）などの活字書体が素庵書体と共通すること、また整版本『三十六人歌合』（天理図書館本）や整版本『新古今和歌集抄月詠歌巻』（大東急記念文庫本）の版下が素庵の揮毫になるものであることが明らかになった。素庵は嵯峨本の活字書体のデザインを行い、単なる嵯峨本の刊行者だけではないことが分かった（林、二〇一二）。

　文化十四年（一八一七）に嵯峨の角倉屋敷は焼失、倉庫二棟も灰燼に帰し、その際、先祖から伝来した歴史資料や素庵に関わる文献史料は失われてしまったという（素庵末裔の角倉玄遠談〔森田、一九二〇〕）。

　平成二十四年（二〇一二）に、「期遠亭《きえんてい》（素庵）宛藤原惺窩書状」（一幅、紙本墨書、縦一五・八糎、横六七・八糎、図1）が出現した。これは、儒学者・藤原惺窩《せいか》（別号は惺斎、一五六一～一六一九）が弟子の素庵（書斎名「期遠亭」は慶長三年冬に惺窩が嵯峨角倉邸の書院において名付けたもの）に宛てた手紙で、贈られた書籍についての感想、自身の近況を述べている。この書状は林羅山《はやしらざん》・菅得庵《すがとくあん》編『惺窩文集』八巻（寛永四年〔一六二七〕序）、藤原為経編『惺窩先生文集』十八巻（享保二年〔一七一七〕跋）には収録

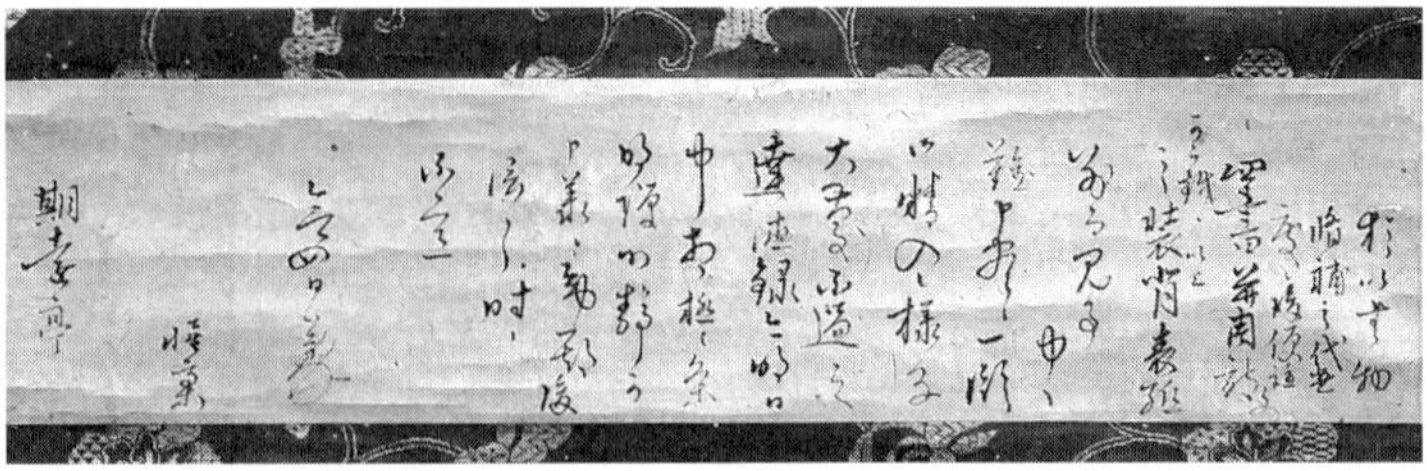

図１　期遠亭（角倉素庵）宛　藤原惺窩書状　一幅（個人蔵）

（釈文）
猶以無物、
修補之代遣
度候。後便註文
四書并周詩
可被越候。以上。
之装背表紙、
別而見事、中々
難申尽候。一段
御精入之様子、
大慶不過之候。
達徳録今明日
中相極候条、
明隙心静可
申承候。労期後
信之時候。
不宣
念四日（花押）
惺斎
期遠亭

されていない。本書状は、素庵宛惺窩書状として現存、唯一である。嵯峨における素庵の出版活動の様子をうかがい知る貴重な新史料である。上に、その釈文を記しておく。

文面の「達徳録」とは、漢文作成のための文例集『文章達徳録』百余巻に付けられた総論『文章達徳録綱領』のことである。『綱領』は今日、明日中に執筆を終えますので、時間ができましたら、あなたと心静かに語らいましょうと述べる。この文言から、豊臣秀吉の朝鮮再侵略（慶長の役）の際、慶長二年（一五九七）九月に藤堂高虎によって捕えられ日本に連行され伏見の藤堂家の屋敷に軟禁された李朝初期の名儒、刑部下郎・姜沆《カンハン》（一五六七〜一六一八）が惺窩に依頼されて「文章達徳録綱領叙」（万暦己亥（慶長四年）三月一日付）を記したことを受けて、惺窩が自著『文章達徳録綱領』の完成を急いでいた時期の手紙と推察される。とすれば、本書状は、慶長四年（一五九九）三月念（廿）四日、あるいは四月廿四日の手紙と思われる。「四書並周詩之装背表紙、別而見事」とは、儒学における枢要の書『大学』『中庸』『論語』『孟子』（総称して「四書」という）、並び『周詩』（『毛詩』、『詩経』とも呼ばれ、「五経」の一つ）の表紙装訂が見事である、と褒める。これらの冊数は数が多く、古写本ではなく、新刊書の表紙装訂のことを言っていると思われる。「中々難申尽候。一段御精入之様子、大慶不過之候」とは、その表紙装訂の出来映えが見事で、なかなか言葉に尽くし難い、一段と精を入れられたご様子でたいへん喜ばしい、という。この過分のお褒めの言葉は、贈呈された書籍であったからではないか。これには惺窩が絶賛するほどの斬新な表紙装訂が成されていたこと、しかも素庵自身が装訂を行っていた事実は、驚きである。「一段御精入之様子」の文言から、以前から、素庵が書籍の表紙装訂に関心があり、たびたび装訂に精を入れ、工夫を重ねていたことがうかがわれる。

　さて、素庵は、嵯峨の角倉屋敷（父了以の家）内の古活字版印刷工房で印行した『大学』『中庸』『論語』『孟子』『毛詩』に、自ら表紙装訂を行い、早速、師の惺窩に贈呈した。前に惺窩から修補を依頼され、出来した書籍（「修補之代遣度候」）に添えて師の許に届けた新刊書と思われる。

　嵯峨に古活字版印刷工房があったことは、公家の山科言経《やましなときつぐ》が慶長三年（一五九八）二月、四月、五月に、素庵の叔父である医師・吉田《よしだ》宗恂《そうじゅん》（慶長十五年没）に注文した新刊の古活字版『大学』『中庸』『毛詩』を銀子十二匁《もんめ》で入手、のち九月に『論語』を入手したという事実（『言経卿記』）から、すでに推測されていた。宗恂の指示により、甥の素庵は言経卿から依頼された「四書」を印行したと推察される。今回の惺窩に贈呈した古活字版「四書」『毛詩』も、宗恂が関わる天正末年から慶長はじめ頃の一連の出版活動と関連していると思われる。森上修は、文禄五年（一五九六）版『証類備用本草序例』や慶長四年（一五九九）版『元亨釈書《げんこうしゃくしょ》』の刊行者である「如庵宗乾」（実体がつかめない）という人物を吉田宗恂の仮名と見ている。その印行者（森上は刊行者と区別する）は角倉（吉田）素庵ではないかと述べる（森上、一九九三）。稿者は森上の考えに賛成である。

この頃より、素庵は大部な中国の歴史書、司馬遷『史記』百三十巻の印行に着手、数年を経て、慶長八年（一六〇三）十一月二十日までには、その初版・全五十冊の出版を終えている（『言経卿記』慶長八年十一月二十日条）。これは、現存する古活字版『史記』（五十冊、大本、八行有界、第一種本）に相当すると考えられる。素庵（吉田玄之）が嵯峨において『史記』を開版したことは、『羅山先生集』所収「羅山先生年譜」慶長四年の条に、「（略）其後、吉田玄之新刻史記於嵯峨（略）」という記述があることによってわかる。

現存本『史記』には、嵯峨本と同類の表紙が使われている本（内閣文庫本、蓬左文庫本）や素庵書体（通説では光悦書風という）の刷題簽を押す本（内閣文庫本、東洋文庫本、学習院大学本）がある。とくに、蓬左文庫本には淡藤色雲母《きら》刷雷文繋牡丹唐草文様表紙が装訂されており、これと類似した装飾料紙が嵯峨本にも用いられている。漢籍の表紙に豪華な色替り雲母刷文様料紙を装訂する着想は、素庵によるものであろう。とすると、前の素庵が試みた「四書」『毛詩』の斬新な表紙装訂には、古活字版『史記』に見る色替り雲母刷文様料紙が用いられていたのではないか。

慶長のはじめ頃に、素庵は既成の襖用の唐紙《からがみ》を転用し、のち慶長四年頃に、新たに雲母刷文様料紙を作らせ、それを表紙装訂に用いたと推測される。その装飾料紙は、俵屋宗達の工房で作られたものであろう。慶長三年（一五九八）刊のキリシタン版『落《らく》葉集《ようしゅう》』と慶長四年刊のキリシタン版『ぎゃ・ど・ぺかどる』（図2）の表紙装訂に、既成の襖の唐紙「雲母刷五七大桐紋」が用いられているが、これは素庵の表紙装訂に倣ったものではないか。これと類似する唐紙「雲母刷五七大桐紋」としては、天正十八年（一五九〇）に、長谷川等伯（一五三九～一六一〇）が描いた「水墨山水図襖」（元・大徳寺三玄院、現・円徳院蔵ほか、図3）の襖紙がある。

図２　キリシタン版『ぎや・ど・ぺかどる』下冊の前表紙

図３　長谷川等伯筆「水墨山水図襖」（部分、円徳院蔵）

嵯峨本『徒然草』が慶長八年（一六〇三）以前に刊行されていたことは、内閣文庫本『史記』第四十一冊の前表紙の裏貼から発見された嵯峨本『徒然草』の刷反古（川瀬一馬の分類によると嵯峨本第一種本）によってわかる（竹本、一九九八／小秋元、二〇〇六）。新出の大島家旧蔵の嵯峨本『徒然草』二冊は、雲母刷文様の原表紙と素庵書体の原刷題簽（雲母刷唐草文様料紙）が押されている。嵯峨本が素庵の印刷工房で刊行されたことは、これらの事実から認められるであろう。

嵯峨本の魁と考えられる『徒然草』には、平仮名交りの連彫木活字が使用されている。嵯峨本の特質の一つである平仮名交りの連綿体活字が慶長三年（一五九八）刊のキリシタン版『落葉集』の平仮名交りの連鋳活字、慶長四年刊の古活字版『延寿撮要』の平仮名交りの連彫木活字から影響を受けたかについては、今後の課題である。

（林　進）

Ⅲ　キリシタン版と信仰

対抗宗教改革と潜伏キリシタンをキリシタン版でつなぐ

折井善果

はじめに

キリシタン時代の日本人は、近代以前のカトリック＝キリスト教の信仰をいかに受容しえたのか。「受容」が暴力や強制改宗によるものでない限り、ここで問われている「いかに」に対しては、第一に「ことばによって」と答えることができる。キリシタン美術、キリシタン音楽など、ことば以外の布教方法があったとしても、絵画の絵解きも、キリシタンミサの挙行も、ことばの翻訳の問題を抜きにして論じることは無論不可能である。

「翻訳としてのキリシタン版」という認識は、対訳分析を用いた亀井孝、小島幸枝、豊島正之らの国語学的研究、スペイン中世文学研究者近松洋男の研究、米井力也の文学的研究によって、すでに広く認知されるようになっている。(1) しかしキリシタン版には、ヨーロッパで出版されている著作の翻訳であることが序文に明記されているとは限らず、ヨーロッパでの流布状況や本自体の内容、また宣教師の書簡で言及されている情報などから類推して、某かの著作の翻訳であろうと推定されるもの、また来日宣教師が自ら書き下ろすか、当時のヨーロッパの諸書を参考にしてあらたに編纂したとおもわれるもの、が存在する。この限りにおいて、「翻訳としてのキリシタン版」として、原典との対訳引当て作業を扱うことのできる文献は決して多くないのが現状である。今後のキリシタン版の研究には、翻訳原典自体を探し当て、原典との引当て作業が可能になる文献をみつけること自体が重要になってくるだろう。

さて、現時点で原典との引当てが可能となっている文献群を分析してみると、どのようなことばをもってキリスト教の深遠な概念が当時の日本に訳されたかが如実に理解できる。しかしそれだけでなく、翻訳を主導したイエズス会の方針や態度、ひいてはトリエント公会議を経てカトリック教会が置かれていた教義的・思想的な動向を反映した、動的なテクストとしての読み方も可能になってくる。さらに分析の対象を潜伏期のキリシタン写本にまで拡大すると、トリエント公会議で示された諸改革が、潜伏キリシタンにおける書物の使用法、ひいては彼らの信仰に、極めて純粋に反映されているとおもわれる実態が見えてくる。本稿では、翻訳キリシタン版を「受容」という受け身のテクストとして扱うことから離れるとともに、原典の思想的背景としての一六世紀カトリック宗教改革から、日本の潜伏時代にまで視点を拡大することにより、テクストの扱われ方を通じた東西のインテレクチュアル・ヒストリーを試みてみたい。

なお、キリシタン版は、その内容によって「語学書（布教のためのツールとしての、辞書・文典類）」「文学書（宣教師の現地文化理解のため、日本人修道士の西洋文化理解のため）」「宗教書（キリスト教の教義や典礼の解説や黙想の手引書など）」の三つに大別されるとおもわれるが、上のような目的に基づき、本章では直接キリスト教の教義・信仰に言及する「宗教書」を中心とし、ときにその写本を含めて論を進めていきたい。

一　翻訳における削除と付加

消されたプロテスタントの影(2)

日本イエズス会では、カトリック教会内において未だ論争的な状態にある主題については、黙して語らずという方針がとられていた。例えば『ぎやどぺかどる』の原典であるルイス・デ・グラナダ*著『罪人の導き』（決定版、全二巻）の第一巻冒頭は、「万物の創造」「キリストによる贖い」等、神が被造物に対して与えた十二の恵みを十二章に分けて列挙し、それによってキリスト教の基本的な教えを説明している。『ぎやどぺかどる』でも、この「恵み」（beneficio）は「御恩」と訳され、原典の順に従って説明されているのだが、原典の第六章、すなわち「救いの予定（Predestinación）の恵み」について述べた章だけが、『ぎやどぺかどる』においてはまるまる削除されていることに気づく。これは何故か。

理由の一つは、イエズス会初代総会長イグナチオ・デ・ロヨラの見解に由来する、「救霊予定」の問題に関する同会の基本的姿勢によるものであると考えられる。ロヨラは会員の霊的な統治のマニュアルとして著した『霊操』に付した「諸規則」に、予定の問題について会全体が一致してとるべき見解を、以下のように示している。

第十四則：何人も、救いが予定され、信仰と恩寵を保っていなければ、決して救われないということは真実であるが、これら全てのことについて話し、伝える方法には、極力注意しなければならない。

第十五則：救いの予定について、習慣的に多くを語ってはならない。もし何らかの仕方でこれについて話すときには、素朴な人々が誤謬に陥らないように話す。人々は「救われるか永遠に罰せられるかは、すでに決定されているから、私が善いことをしても、悪いことをしても、もはや予定は変わらない」と言いながら、無気力になり、魂の救いと霊益に導くことを怠ることがあるからである。

（ロヨラ、一九九五、二九三頁）

ロヨラがこのように述べた背景には、神の恩寵を前提とした人間の善徳による救済という「神人協力」的な側面を徹底的に排除することで、神の主権と恩寵の独占的活動を強調しようとした改革派のいわゆる「二重予定説」（Predestinatio）が存在する。カルヴァンは、「選び」の教理は認めるが「遺棄」の教理は認めない姿勢に対して次のようにいう。

多くの人は神から悪口を取り去ろうとするかのように選びは認めるが、誰か見放されたものがいるということは否定する。けれども、これは余りにも無知であり、幼稚である。なぜなら選びということ自体、遺棄と対置されなければ、確立しないからである。

（カルヴァン、一九六四、二一八頁）

この考え方が孕む必然的危険、すなわち神の恩寵を過度に重視することによって人間の道徳的責務が軽視されかねないという修徳的立場から、上のような態度が会全体において、また宣教地においても徹底されていたと考えられる。また、宗教改革派との論争のみならず、カトリック教会内部においても、イエズス会士ルイス・デ・モリーナとドミニコ会士ドミンゴ・バニェスの対立に見られるような、恩寵と自由意思、神の予知と人間の自由に関する錯綜した論議が、当時展開されていた。それは、神の恩寵が実際に効果的になるためには自律的人間の自由意志による同意が最終的には必要とされるとしたモリーナと、人間本性を予め動かす神の働きかけによる自由意志の答えを含む恩寵、という限りにおいて、あくまでも恩寵の先行性を強調するバニェスの立場である。このようなヨーロッパの状況を背後に、ヴァリニャーノ*は、日本にもたらすべき書籍の選択方針について、第一次巡察（一五七九～八二年）後の一五八七年、エボラ大司教テオトニオ・デ・ブラガンサ宛にゴアで記した書簡で以下のように述べている。論争的主題の削除が、彼の方針に由来していたことが分かる。

> 我々が将来教授する哲学と神学に関しても、少なくとも長期にわたり、異なった諸種の学説や、誤謬に満ちた見解や、論争的主題に言及するものは悉く削除しなければならない。我々は専ら実践された検閲済みの真のカトリック教理の教授のみに限定すべきである。さらに、我々の聖なる書籍ですら、無差別に日本に導入すべきではない。ヨーロッパのキリスト教界にしばしば流布する異端その他の悪習を論駁する書籍は特にである。
>
> （Boxer, 1951, p.190）

もう一つの理由はこれと関連するが、この「救いの予定」という問題が日本の知識人によるキリスト教批判に発展しうる可能性を察知した、宣教師たちの配慮ではなかったか、ということである。『ぎやどぺかどる』成立後の資料ではあるが、島原・天草一揆*の後同地の教化に当たった禅僧鈴木正三が著したキリスト教排斥文である『破吉利支丹』に、以下のように述べられている。

人間には、でうす[神]より、真の霊を作添たまふ故に、此身死すれども、霊死せずして、今生善悪乃業により、苦楽を受。善業の者をば、はらいぞう[天国]とて、楽み尽ぬ世界を作置て、是へつかはし給ふ。悪行の者をば、いぬへるぬ[地獄]とて、苦界を作り置て、是へ落して、苦を与へ給ふと云由聞及ぶ。破して云、畜類と人間の霊を、作り分け給ふならば何として人間の霊に悪心を作添て、地獄に落し給ふや。然ば人間を地獄へ落し給ふ事は、偏に、でうすの業なり。

（海老沢ほか、一九七〇、四五三頁）

「今生善悪乃業」を考慮したうえで、「善業の者」を「はらいぞう」へ遣わし、「悪行の者」を「いぬへるぬ」へ遣わすとは、人間に道徳的行為の余地を残すことであり、神の絶対性に司られた世界に、人間の手による可変的世界を認めることになる。先述のモリーナに代表される通り、人間の修徳・道徳の及ぶ範囲をできるだけ広く考えようとする傾向は、イエズス会のヒューマニズム的性格を表しているが、そのイエズス会が「プレデスティナチオ」という危険なタームに、極力触れることを避けるという実践的な措置を取ったことは十分に納得がいくであろう。

さて、司教の名において本国で既に出版認可を受けている原典に、このように翻訳者が手を入れることは許されたのであろうか。これに対しては、当時のヨーロッパにおいて、翻訳に際して、読者への注記なしに文化的文脈に則してふさわしくない部分が意図的に削除されたり、逆に翻訳者の裁量によって付加が行われたりすることが頻繁にあったことを想起すればよいであろう。現代イギリスの文化史家ピーター・バークは、スペインのピカレスク小説『ラサリーリョ・デ・トルメス』のドイツ語版で、反教権的言及が削除されたり、マルコ・ポーロの『東方見聞録』がラテン語版*に訳された際にブッダを賞賛するくだりが削除されたり、イスラームを断罪する表現が付け加えられたりした例を挙げている（Burke, 2010, pp.37–38）。この点で、キリシタン版の翻訳はヨーロッパの慣例の延長であるといえる。では先の例とは逆に、原典にはない内容を書き加えるという例もまた、キリシタン版にはあったのだろうか。そしてそこにもまた、何らかの理由が見つけられるであろうか。

付加された「あにま（霊魂）」論

その一つの例として、キリシタン版国字本『ひですの経』[3]を挙げたい。同書は全三〇章で構成されているが、その第二十九章に「あにまいんれきちいわ[知的霊魂]の体、并徳用を論ずるの序」（六八丁オ）と題する一章がある。欧文原典であるルイス・デ・グラナダの『使徒信条入門』第一部では、この章は「知的霊魂とその働きについて」と題する第三十四章に相当する。実際章題も対応するし、はじめの三行、すなわち「夫人間のあにま[霊魂]といふハ唯一の体なれども、其精根ハ三品也。所謂べぜたちいは[植物的]　せんちしいわ[感覚的]　いんてれきちいハ[知的]是也。べぜたちいわとせんしちいハの精をバ粗右に論じぬ。此篇にハいんてれきちいハの徳を少々論ずべし」というくだりは、原典第三十四章の冒頭「ここまでは我々の霊魂の低き能力について、すなわち我々の肉体を維持し扶養することを働きとする植物的霊魂と、我々の身体の五つの外的感覚と四つの内的感覚が生まれるところの感覚的霊魂について述べてきた。ここでは霊魂のもっとも高度な部分、すなわち知的霊魂について述べるのが適切であろう」[4]（Granada, 1996, p.285）と述べる原典部分の翻訳であることが一見して分かる。

しかしそれ以後は原典の内容を踏襲していない。続く「第卅　御善徳広大なる所を観察する事」は原典第三十八章に相当するので、第三十四章のはじめの数行以降、第三十七章の終わりまでが訳出されていないことになる。この訳出されなかった部分には、人間を動植物と隔てる根拠である知的霊魂が人間のみにそなわっている根拠として、創世記第一章第二十六節「我々にかたどり、我に似せて人を造ろう」という聖書の権威を示し、その釈義が展開されている。翻訳者はこのような信仰箇条に依拠した説明を省き、代わりに、およそ二十丁と、全体の約二割にもおよぶ大胆な加筆を行っている（六八丁オ〜八七丁ウ）[5][6]。この大幅な付加はどのような理由によるものと考えられるだろうか。

しかしそれを考察する前に、この付加部分に述べられた興味深い一節に注目したい。

> 去バ、上古の智者等此等の徳儀を観じてもてあにまを様々に名付たり。或ハ、てんぽ［＝時間］とゑてるにだあで［＝永遠性］のおりぞんて［＝境界］と名付たる人もあり、或ハ、こるぽらる［＝肉体的］、いんてれきつある［＝知的］両なつうら［＝本性］の結びと名付けたるもあり。或ハ、周遍法界の略とも名付、或ハ上のなつうらの写し、下のなつうらの手本とも名付たり。か丶る不思議のあにまに付て論ずべき事多しといへども、世俗の耳に近きをのみ撰びて幽玄なるをば載せず。（六八丁ウ〜六九丁オ）

根占献一は、ここでいう「てんぽとえてるにだあでのおりぞんてと名付けたる人」が、ルネサンス期イタリアの新プラトン主義者Ｍ・フィチーノ（一四三三〜一四九九）である可能性を、彼の書簡における「理性的霊魂は地平線、つまり永遠と時間の境界に位置する」という一節を挙げて提示している（根占、二〇一二、九一頁）。「結び」という訳語に代表される、永遠と時間との中間的性質としての霊魂という考え方は、フィチーノとほぼ同時代人で、『霊魂不滅論』（一五一六年）が聖俗両界に大きな反響をもたらしたピエトロ・ポンポナッツィ（一四六二〜一五二五）によっても知られる。また、「周遍法界」は、同じくイタリアのヒューマニストで、その汎神論的言及によって異端として火刑に処せられたジョルダーノ・ブルーノ（一五四八〜一六〇〇）のいう、宇宙の至る所に遍在しているとされる、いわゆる「世界霊魂」を想起させる。[7] これがルイス原典に基づかないオリジナルな引用であるとすると、翻訳者はこれらキリシタン版においては名前の伏せられているイタリア・ルネサンスの思想家およびその思想に通じた人物であったはずである。ヴァリニャーノはこれらの思想家たちと密接な関係のあるパドヴァ大学で学んだが、パドヴァ大学はボローニャ大学、マントヴァ大学などと同様、法律と学芸のみの学部で構成され、独立した神学部は存在せず、アリストテレスをキリスト教とどう折衷させるか、といった目的先行的な議論とは一線を画した自然主義的な哲学的探究がさかんであったことが知られる。『ひですの経』において小気味よく列挙される「結び」「おりぞんて」「周遍法界」などのキャッチ・フレーズの存在は、ヨーロッパにおけるそのような前衛的な哲学的議論とイエズス会が全くもって無縁でなかったことを示していよう。

　さて、この『ひですの経』の付加部分は、アリストテレスの「質料（まてりや）」――「形相（ほるま）」論に基づいて、質料としての身体に形相を与えるものとして「霊魂（あにま）」を説明する、形而上学的内容に貫かれている。また、さらに、それは質料を有しないという意味において「霊的（すぴりつある）」な存在であり、それゆえに「不滅なり」と説明される。この「霊魂は肉体の形相である」「霊魂は不滅である」というテーゼは、一五一二年から一五一七年に開催されたラテラノ公会議の決定事項に完全に一致している。この時代、ヨーロッパにおいては、さきのポンポナッツィを筆頭として、霊魂不滅をめぐる議論の高揚が数多くの同様の問題に関する書物を生んでおり（cf. Di Napoli, 1963・根占、二〇〇七）、ラテラノ公会議はそれらの議論に対する教会の態度表明であった。『ひですの経』の付加部分が、そのような状況下で生まれた著作のいずれかの翻訳であることも十分に考えられるだろう。

キリシタン時代の霊魂論といえば、日本イエズス会コレジヨ*の教科書としてペドロ・ゴメス*が著し、ラテン語写本とその日本語訳写本が現存する、天球論・哲学論・神学論の三部作である、通称『コンペンディウム（綱要）』のうちの第二部、すなわち「アリストテレス霊魂論（デ・アニマ）注解」がすでによく知られている。尾原悟はラテン語写本と日本語写本を比較した時に、「アニマラショナル［理性的霊魂］ノ正体ハ不滅ナリト云事」という抜書が日本語写本には付加されていることを示し、日本人にとって、霊魂不滅の問題がキリスト教を理解するうえで強調すべきことであったと考察している（尾原、一九九七、四六二頁）。肉体が死んでも残る霊魂の存在は、来世賞罰、すなわちこの世における善業・悪行の報いを来世において受ける主体としてなくてはならないものであり、悪人謳歌・善人貧苦のこの世に対する最終的な解決の場を信徒に約束するものである。『ひですの経』の付加部分は、このような『コンペンディウム』の霊魂論の道徳的結末と完全に一致する（八六丁ウ）。印刷に付された『ひですの経』における霊魂とその不滅論の存在は、布教地における文化的適応の顕著な例であるとともに、本稿でもすでに言及したイエズス会のヒューマニズム的傾向が、現地文化に触発されるかたちで、翻って映し出されているといえよう。

また、この付加部分の末尾は注目に値する。「今此篇の末に愚なる人の心に起こるべき不審を少々開解すべし」として、「問云」「答云」の小問答が付け足してある。

問云、始めある物は皆終りあり。是、古今の学者の決定する所也。去ば、あにまも始めあれバ争か終りなからんや。答云、始めあれバかならず終り有といふは、都て万物をいふに非ず、ぜらさん[生成]とて色相の体より生じたる類のみ也。喩へば、草木ハ他の草木より性を受るが故に、はじめ有て終りあり。禽獣も他の禽獣より生ぜらるゝが故に、滅無の儀を遁れ得ず。火も余の火より生じたるは、かならず消失する者也。然ども、けれやさん[創造]とて元来一物なかりしをD[神デウスの略符号]直に作り出し給ひし体ハ、色相とても滅する事なし。此故に、諸天四大ハ始め有ても終なし。（八七丁オ）

冒頭をみるだけでも、慶長十一年（一六〇六）に林羅山が転びバテレンとして有名な不干斎ハビアン*と、彼の棄教前に行った問答を書きとめた『排耶蘇』の一節「春[羅山]問うて曰く、利瑪竇[マテオ・リッチ]「天地、鬼神、及び人の霊魂、はじめあり終わりなし」と。吾信ぜず。」（海老沢他、一九七〇、四一五頁）を思い出さずにはいられない。『ひですの経』の翻訳者は、植物や動物の霊魂には終わりがあるが、人間はデウスが創造によって直接造りだした存在なのだから終わりがないのである、と説明する。これは神の創造を信仰箇条として信じる者にとっては、霊魂の不滅を説明するに十二分なのであろうが、デウスとその「けれやさん」さえ新奇な概念である者にとっては、いかほどの説得力をもつであろうか。「吾信ぜず」と断じた林羅山に対して、一旦口を噤んで後に行ったとされるハビアンの弁明も、右の『ひですの経』の当該部分のそれと大した違いはない。『ひですの経』によれば、人間は、植物的活動をつかさどる植物的霊魂（あにまべぜたちいば）、動物的・感覚的活動をつかさどる感覚的霊魂（あにませんしちいば）、知的・理性的活動をつかさどる知的霊魂（あにまいんてれきちいば、あにまいんてれきつある）の三つの属性を有する。前者二つはその活動が物質的な器官を通じてなされるので、可滅的である。一方人間のみに備わる知的アニマは、知性という質料を伴わない知的活動をつかさどるのであるから不滅である。しかし人間は栄養摂取などの植物的特性と、感覚などの動物的特性も有することによって生命を維持するのであるから、結果的に人間という一つの実体において可死性と不死性という二つの相反する本性が存在するという結論に達する。これはすでにポンポナッツィによって論じられたことであるが（伊藤、一九九五、一二七～一七九頁。特に一四四～一四五頁）、キリスト教の言説であった「霊魂の不滅」に疑念を呈する林羅山の排耶書の一節は、突き詰めれば、神的創造による知性の付与という信仰箇条とは別の哲学的考察から霊魂不滅に対する疑念を呈したポンポナッツィと同様な結論に結び付いたのではないだろうか。

これに対しスコラ神学者たちは、霊魂不滅とはあくまでも霊魂の知的部分、それも「可能知性」と「能動知性」とに分けられる霊魂の知的部分のうちの、後者のみの不滅である、と強調し、この特権的な「能動知性（Intellectus Agens）」の働きを様々に論じた。可能知性とは感覚を通じて対象を認識する能力であるのに対し、能動知性は、可能知性が認識した内容から内在的本質を抽出する能力とされる。すなわち、能動知性は自然的認識を超自然的認識に転換する働きを担う。つまり自然と超自然をつなぐという意味において、神の似姿としての人間の決定的な能力とされる。しかしその能動知性が、認識した内容から果たして「いかに」内在的本質を抽出するのかをめぐって、イエズス会内でもコインブラ学派を中心にフランシスコ・デ・トレドやフランシスコ・スアレス等による難解な議論が展開されていたことが知られる（cf. Simmons, 1999）。最終的に、感覚能力と知的認識・思考能力をともに「霊魂」と呼ぶことを同名意義であるとし、後者を「精神（mens）」と読みかえるべきだとする近代の主張に結びついてゆく。このような、同時代のヨーロッパの複雑なアニマ論に踏み入ることを避け、来世賞罰という道徳問題を持ちだし、それに結び付けて事足れり、としたイエズス会の方針は、布教という目的を第一義とした現場主義的あるいは実践的な方針といえる一方、日本の知識人にはキリスト教批判のつけ入る隙をも見せてしまったようにおもわれる。

対訳作業の注意点

キリシタン文献の対訳分析は、東西交流史としてのインテレクチュアル・ヒストリー研究の魅力的な方法論であるが、一つの原則がある。それは、いうまでもなく、原典諸版の異同を考慮しなければならないという点である。さもなければ、思想史的視点から下した結論が、実は依拠している原典の違いに由来するものであったという事態が生じる可能性が出てくる。もちろんその逆もあろうし、どちらの可能性も否定されるべきではないことを踏まえたうえで、慎重な裏付け作業が必要である。

例えば、国字本『こんてむつすむん地』はローマ字本『コンテムツスムンヂ』の改編要約本であるが、両者を対照した米井力也は、マタイ二四〜四四（ルカ一二〜四〇）の逸話の解釈の部分に注目した。米井はローマ字本で「されば御主は、汝の思寄らざる時、命をとり離し給ふべし」とあるところが国字本では「其ゆへはびるぜんの御子おもひよらざる時きたり給ふべし」となっており、「御主」が「びるぜん（乙女）の御子」という一見特殊な表現に改められていることに注目した。そしてその理由について、「イエスの人性をあらわす言葉、すなわち聖書の原文にはない Filius virginis という神学用語の持つ教義上の意味を明示するために」翻訳者があえて選んだ表現であったと述べた（米井、一九九〇）。これに対して鈴木広光は、「びるぜんの御子」という表現は、『コンテムツスムンヂ』または『こんてむつすむん地』の欧文原典として、当時のヨーロッパでよく読まれていた、ルイス・デ・グラナダの訳とされるスペイン語版においては「el hijo de la virgen（乙女の子）」という表現をそのまま用いており、翻訳者の意図というよりも、むしろスペイン語版を改訳に使用したことの証左ではないかとした（鈴木、一九九四）。このように、思想史的解釈と文献学的解釈とが別の視点からの結論を提示する場合がある。両者のすり合わせ作業によって、より正確な思想史研究、文献学研究を行うことが必須であり、筆者もこの点は十分に留意しているつもりである。

二　キリシタン「写本」の欧文原典の探究――「吉利支丹抄物」を中心に――

翻訳としてのキリシタン版の研究に新たな側面を拓く研究として、原本（刊本）は発見されていないものの、いわゆる「キリシタン写本」の内容から、その欧文原典を探る研究が現れた。このように、キリシタン版を飛び越えた「写本―原典」の関係を探る研究もこれから進展する兆しがある。ここでいう「キリシタン写本」とは、江戸幕府によって没収されたり、キリシタン信仰に篤かった地域から他の信心用具（メダイその他）と共に発見されたりして現存する一連の信心書の写本であり、その中には、現存しないキリシタン版の存在をうかがわせるものがあると考えられる。近年発表されたマウゴジャータ・ソブチェックの研究は、大阪高槻千提寺の旧家である東家から、大正六年（一九一七）に発見された、通称「キリシタン抄物」*の一部が、一六世紀スペインで出版され国内外に広く流布した、とある修養書の内容に一致していることを、両者の対訳分析によって突き止めた（マウゴジャータ、二〇一二）。

その修養書とは、本稿で何度も言及しているルイス・デ・グラナダの、『祈りと黙想の書 *Libro de la oración y meditación*』（一五五四）の要約普及版として出版された『祈りと黙想論 *Tratado de la oración y meditación*』（刊行年不詳、一五五九年頃とされる）である。これまで、宣教師の報告における「ルイス・デ・グラナダの祈りに関する書」「ルイス・デ・グラナダの黙想録」といった曖昧な記述から、それが『祈りと黙想の書』に帰され、刊行されたことが確かながら未発見のキリシタン版であるといわれてきた。しかしマウゴジャータによる写本の存在の指摘によって、印刷されたのが、実は『祈りと黙想の書』ではなく、その要約版である『祈りと黙想論』であったという可能性が限りなく高まったことは、決して多くない対訳研究の素材が、近年着実に増えている事実を物語る。「キリシタン写本」すなわち近世くずし字資料を解読しつつ、当時のヨーロッパにおける膨大なカトリック信仰書・教理書の森に分け入っていくような横断的態度が、今後のキリシタン版研究にはますます求められるであろう。

さて、このように写本をも考慮に入れたキリシタン文献の欧文原典の探究は、どのような方面へとキリシタン版の研究を拓いていってくれるだろうか。

実は、「キリシタン抄物」の一部、すなわち「一七日にわくる最初のめぢ[た]さんの七ヶ条」（二三丁ォ～一〇二丁ゥ）の原典として今回注目された『祈りと黙想論』であるが、マウゴジャーダも言及しているとおり、その著者をルイス・デ・グラナダ自身とする説と、同時代のフランシスコ会士ペドロ・デ・アルカンタラであるとする説とが以前よりが存在し、現在に至っても、様々な論が展開されている。(8)『祈りと黙想の書』がヨーロッパの大ベストセラーとなり、各国語に翻訳されるとともに、様々な類似の題名を伴って多くの要約本が流布したことは、その混乱の一理由である。また、原著者ルイス・デ・グラナダがスペインの異端審問に容疑をかけられたことから、ルイスの名が伏せられ、かわりにアルカンタラの名が記された版が出版されるといった複雑な歴史的背景も併せ持つ。異端の疑いが晴れて後の一五七四年に、あらたにサラマンカから出版された同著作は、題目に『ルイス・デ・グラナダによって書かれた祈りと黙想の書の、著者自身による簡潔なる要約』(9)（Granada, 1574）とルイスの名を冠しており、ルイス自身による読者あての序文においては、みずからが要約者であることが謙虚に主張されている。

さらにルイスの最晩年に、この『要約』は他の小著作と共に合冊され、一五八七年に『霊的な教え *Doctrina Espiritual*』と題する小作品集となってリスボンから出版される。この『要約』と『霊的な教え』が内容的にほぼ同じであることは間違いないのであるが、照合して見るとパラグラフ単位の挿入や削除が見受けられる。例えば、『霊的な教え』には、日曜日の夜の黙想に充てられた頁の最後に、『要約』にはないパラグラフ（§I）が存在する(10)（Granada, 1997, pp.51–52）。

そしてその部分は、キリシタン写本「一七日にわくる〜」における「どみんご（日曜日）」の黙想（九九丁オ）に反映されていない(11)、すなわち「一七日にわくる〜」が一五八七年刊の『霊的な教え』を翻訳底本としている可能性は低い、ということになる。また、金曜日の夜の黙想における、最後の二パラグラフには、『祈りと黙想論』『霊的な教え』『要約』それぞれに内容の違いがあり、「一七日にわくる〜」では『祈りと黙想論』のほうの内容が反映されている。このような欧文原典のテキスト・クリティークの作業を重ねていくことによって、翻訳作業の時期が少なくともどの時点を下らないか、という点が明らかになり、ひいては、当時翻訳に携わった可能性のある宣教師の名前なども特定されてくるのではないだろうか。スペインでは、現代に至ってもペドロ・デ・アルカンタラの名で校注本が出版される一方、ルイス・デ・グラナダの全集を刊行したアルバロ・ウエルガ*は、ルイスの著作であることは揺るぎないものとして論を展開している。キリシタン版の欧文原典の探究は、そのような現状にあるヨーロッパのテキスト・クリティーク研究に参与し、発展させることにもつながるであろう。

また、一五九〇年に天正少年使節とともに来日したマヌエル・バレト*が、来日間もない日本語学習の一環として、何らかの既存の稿本をローマ字で写したとされる、通称「バレト写本*」の中に、「年中の主日並びに年中の主なる祝ひ日のエワンゼリヨ」（四丁オ〜五九ウ）と、「諸々のサントスの特定のエワンゼリヨ」（八四丁オ〜一〇〇丁ウ）と題する文書がある。(12) これは、老齢になったルイス・デ・グラナダが、みずからの生涯を通じて行った説教をラテン語でまとめ、初心者たちのために益するよう出版した、いわゆる説教台本である『祝日の説教集 *Concionum de tempore*』（全四巻、一五七五〜一五八〇）と『諸聖人の説教集 *Conciones de sanctis*』（全二巻、一五七八）における、福音書の題目提示箇所にそのまま一致する。また内容もルイス原典の要点のみをまとめたものと考えられる。「年中の主日並び年中の主なる祝ひ日のエワンゼリヨ」は、ルイス原典において、灰の水曜日や洗足の木曜日など、日曜日以外の説教がイエスの生涯の順番に整理されているのに対し、バレトはそれらをまとめて全ての日曜日の説教の後ろにまとめて提示するという、再構成の跡がみられる。『祝日の説教集』は、ルイスの『格言集 *Silva Locorum*』（一五八五）や、『ヒイデスの導師』の原典として知られる『使徒信条入門』第五部（一五八四）とともに、一六一九年マカオに司教として上陸したディオゴ・バレンテの蔵書目録に架されており、極東の布教地においても参考に資する著作であったようである（Matos, 1993, pp.407–444）。ちなみに「バレト写本」の中から選択された七つの説教は、長崎県庁で浦上の潜伏キリシタン関係文書を調査した村上直次郎によって発見された写本「ドミニカの説教*」（村上、一九四四、一～二五頁）の内容と一致することが知られる。

このように、写本も含めたキリシタン版のエントリーをあらためてみてみると、ラテラノ、トリエントの二つの公会議、とりわけ宗教改革派との対決の中で、民衆への要理教育や説教の改革が意図されたトリエント公会議の改革が、まさに実践されていたことをうかがい知ることができる。

三　キリシタン宗教書の〝再生産〟

トリエント公会議は、告解（コンフェシオ）、礼拝における説教（プレディカチオ）、また教理教育（カテケーシス）の改革を命じ、特に、スペインの人文主義者ルイス・ビーベスをして「無能で、人生経験もなく、さらに悪いことには、常識にかけている」と罵倒された説教師に対しては、毎日曜日と全ての祝祭日、また降誕節と四旬節の間には毎日取り行われることが義務付けられた。先に「バレト写本」「ドミニカの説教」への影響を指導したルイスの『祝日の説教集』『諸聖人の説教集』をはじめ、「セルモナリオ」と呼ばれる説教の台本が多く出版され、当時の印刷物の一ジャンルを形成した。

しかし、教会によって主導され、殊にスペインにおいては異端審問所が一切の写本の流布を禁じ、レディーメードの説教が流布していったことは、民衆にとっての分かりやすさへ、というよりも、話芸・芸能・演劇として説教が大衆化していく道を用意した。これは後に述べる通り、潜伏キリシタンの説教・説教書の使用のあり方と興味深い対照を示すようにおもわれるので、以下により詳しく論じてみたい。

説教書の使われ方—スペインの事例との比較—

宗教社会学者ゴッツィッヒは、カトリック宗教改革期のスペイン社会を「聞く文化（オーディティブ・カルチャー）」と名付けた（Godzich, 1994, p.70）。それは、人と人との比較的近距離なコンタクトの中で、内容を暗記に依存して伝達し、また聞くという意味での「オーラルな文化」とは異なる。また書かれたテキストを私的空間で、個人的に消費するという意味での「書かれた文化」とも異なる。「オーラルな文化」は聞くことだけでなく聞かせること、すなわち相手の理解に参与することも含んだ総体であるし、「書かれた文化」には、書かれたテキストを想像力を働かせて理解するという主体的行為が伴う。一方の「オーディティブ」な文化はどちらとも異なる中間的性質をもち、結果として非参加型・非論証型のメッセージの受容が生まれる可能性をもつという。このようないわば「理解なき説得・納得」という中間的状態は、聴衆を圧倒し、驚嘆させ、伝達内容の正当性に知的に異を唱えることを不可能にするような、マルチメディアを駆使したイメージとレトリックの操作に、説教の本質が依存するような状況を招くといってよい。実際この時代の説教はライブ・パフォーマンスであるために、その受容は言語的な要素（実際の説教の言語的内容）のみではなく、声、身振り、衣装、礼拝堂の装飾、蠟燭の照明や、ひいてはその匂いなど、いわゆる演出上の要素に多分に依存して受容された。この、言語と演出上の装置の相互効果は、説教に「演劇的性格」ともいうべきものをもたらしたといえる。それはパフォーマンスの総体がもつ圧倒的な説得力と距離を置くことに対する知的準備がなされていない聴衆の上に、とりわけ効果的に作用を及ぼす。正統的な信仰に民衆を教導するという、トリエントの説教改革本来の目的とはずれた形で説教が受けいれられていったという結末は皮肉である。(13)

一方、キリシタンの場合はどうだろうか。いうまでもなく、印刷事業を中止に追い込んだ宣教師追放・迫害という特殊な事情から、そのような大衆を扇動するような説教の歴史的展開は継続しなかった。宣教師の書簡には、印刷されたキリシタン版を愛読し、あるいは仲間とともに談義し、語りあう姿が報告される。ドミニコ会士ファン・ルエダ*は、迫害期の信心書の使われ方について以下のような報告を残している。

私は彼［殉教者ファン・キュウザエモン］のうちに神への畏れと俗人よりも修道者といった方が良い自覚、神の光栄に対する非常な熱意を見ています。それでキリシタンである人々とだけ会話しているとき、あたかも説教師であるかのように、彼は神についてだけ話しておりました。（中略）信心書の愛読家でした。それで、なにがしかの金銭を手にした時（彼は貧困のどん底にいた）、自分を楽しませることなく、紙を購入し、聖人たちの伝記や信心書を書き写しておりました。旅をするときは本を携えておりました。そして彼の兄弟コスメ［殉教者コスメ高屋ショーベエ］もほぼ同じように振る舞っておりました。

（デルガド、一九九四、九五～九六頁）

ここでは、信仰に篤い信徒たちが、信心書の書写を行っていたことが報告されている。先述の「キリシタン抄物」は、おそらく同様の過程を経て出来上がった写本の一つであろう。マウゴジャータは、写本「キリシタン抄物」の末尾だけでなく、途中にも数丁にわたる空白があることに注目し、キリシタン写本にみられる空白の意味を、ヴァリニャーノが修道士で説教に従事する者のために一五九二年に記した「イルマン説教師のための諸規則」から考察している。同規則には以下のような指示がある。

説教師にとって[以下の方法が]役に立つだろう。一冊の帳面を用意し、そこに年中の福音書の概要を書き、それぞれの概要に一枚か数枚の白紙を残しておき、そこにその聖句に関して聞いたり読んだりしたことの要点を書いていく。また他の帳面には、善徳と悪徳に関する格言を書き、それぞれの善徳と悪徳ごとに一枚か数枚の白紙を残しておき、そこにその善徳や悪徳に関して年中読んだり聞いたりしたことを書きとめていくのである。

（Alvarez-Taladriz, 1968, p.126）

このように、キリシタン版は、読まれ、語られ、要点が選びとられ、書写されるというように、主体的な再生産がなされた。迫害という状況により、ゴッツィッヒのいう「オーラルな文化」「書かれた文化」に日本の状況は近づいていったといえよう。ヨーロッパのカトリック改革を受けて作成された一連の信心書・説教台本と、その翻訳としての日本キリシタン版は、本来同じ著作ではありながら、両者の置かれた社会的状況の差異ゆえに、その使われ方や歴史的展開に大きな違いが生じた。前者は国家イデオロギーと結び付き、大衆の扇動と大衆による受容が相互に加担しつつ受容されたが、後者は共同体における最小の単位で、印刷物の供給が途絶える中で再生産されつつ受容されていった。キリシタン版を書写した写本の存在は、世界史的視点から見て、宗教改革期を前後する近世の読書史の研究に、興味深い事例を提示するものではないだろうか。

むすびにかえて

先に引用したピーター・バークの言葉を再び引いてみよう。「翻訳という活動は必然的にコンテクストの無視や再構築を含意する。翻訳では何かが常に失われる。しかし、失われるものを深く分析することは、文化間の差異を特定する最も有効な方法の一つである。この理由により、翻訳の研究は文化史の実践の中心であり、またそうであるべきなのである。」(Burke, 2010, p.44)

バークは「失われるもの」とだけいっているが、これを「付加されるもの」といい換えてもよいであろう。キリシタン版の欧文原典の採択から、翻訳、印刷、刊行、使用の過程に至る「ロスト・アンド・ファウンド・イン・トランスレーション」の探究は、キリシタン版研究の新しく、また有効な方法として今後も発展が期待される。また、写本を作成する時に、信者の意図によって選択され、継承されていった内容の探究―いうなれば「セレクティッド・イン・トランスクリプション」の探究にも同じことがいえるであろう。

註

（1）代表的な研究は、亀井他（一九八三）、小島（一九八七）、豊島（一九八七）、近松（一九九〇）、米井（二〇〇九）など。
（2）本部分は、折井（二〇一〇）一三八～一四四頁で論じた内容の要約である。
（3）折井・白井・豊島（二〇一一）、折井（二〇一一）どちらを参照してもよいように、本稿では丁番号で引用箇所を示した。
（4）対訳に使用したGranada（1996）は、一五八三年サラマンカ初版を底本としている。
（5）この付加部分の分析については、折井（二〇一二）、一一五～一三三頁で試みている。
（6）この事実については、ファクシミリ版、校注本それぞれの解説で言及している。
（7）以上の対応関係は、折井（二〇一一）一五六頁でも言及した。
（8）この点に関する最近の研究として、Lopezの博士論文がある。
（9）本稿ではケンブリッヂ大学図書館所蔵本を参照した。
（10）一五八七年リスボン初版を底本とした校注本を参照した。
（11）大阪毎日新聞社から一九二八年に刊行された影印本『吉利支丹抄物』珍書大観吉利支丹叢書、を使用した。
（12）キリシタン文化研究会（一九六二）翻字編七～七二頁および九六～一一七頁。
（13）ちなみにこのような説教の大衆化は、近世日本における仏教の節談説教（節付説教）の歴史的展開とも類似しており、興味深い。関山（一九七八）。

〔コラム〕キリシタン信仰の受容史

「キリシタン信仰の受容史」とはあまり聞き慣れない表現かもしれない。それは近世初期の日本の「キリスト教受容史」と同じではない。キリスト教受容史は、当時、ヨーロッパ人宣教師が伝えたキリスト教の日本での広がりを、宣教の「受け手」である日本人の側から考察するものである。歴史家の描く主な当事者は、宣教師から直接学び、彼らとともに書物を日本語に翻訳し、日本人信徒を教導した宗教的エリートや、著名なキリシタン大名などの社会的エリートであった。

「キリシタン信仰の受容史」では「キリシタン」という言葉のとらえ方が大切である。「キリシタン」とは、神道、仏教、道教などの要素が混淆した当時の日本宗教とキリスト教との交差点において成立し、日本語で説かれた信仰体系であるとみなす。よってその信仰の受容史とは、日本語によるキリシタンの教えを学び実践した一般信徒の信仰世界の歴史である。本コラムでは、この意味で「受容史」を使う。

どの時代であれ、どの宗教であれ、宗教集団は一元的、単一的な信仰様態をとらない。そこには、かならず宗教的エリート部分とポピュラー部分が存在する。これまでの「キリシタン時代」の研究は、宣教活動の向こう側にいた人々、つまり宣教師に洗礼をうけ、日本語で教えを習った人々についてはエリートを除きあまり語っていない。キリシタン信仰の受容者である一般信徒の経験は、歴史家の視野の外に置かれるか、二次的なものとして扱われてきた。宣教師をふくめエリート部分を上層部分として、ポピュラーな信仰体系を基層構造とするならば、基層部分は、実際には存在していたにもかかわらず、ほとんど触れられていなかった。

その結果、少し窮屈な歴史記述がなされてきた。たとえば、キリシタン時代と潜伏時代を比較して信仰が変容したといわれるが、それは基層部分どうしではなく、上層部分と基層部分とを比較するからであろう。一般信徒の信仰を整理すると、仏教語で教理が語られたり、現世利益を目的として聖水や十字架が使用されたりと、すでにキリシタン時代に潜伏時代の変容の指標とされる事例が多く見出せる。基層部分で比較するならば変容は生じていない。

これが示唆するのは、基層部分に焦点をあてて眺めれば、これまでキリシタン・潜伏・カクレキリシタンと三つに分割されて論じられてきた歴史が、一続きの「キリシタン通史」として統合されうるということである。

日本人信徒の信仰を理解するのに大切なことは、彼らが実際に何を教わり、信じ、実践したかを知ることであろう。われわれは、宣教師が日本に伝えようとしたキリスト教については知っている。しかしそれは、日本人が実際に生きた信仰を全て語るとは限らない。むしろ、それにこだわるが故に多くのことを見逃してしまうかもしれない。

宣教師による教えを忠実に実践し、やがて弾圧下に殉教するまで信仰を昇華させたキリシタンは多い。しかしその一方で、宣教師の説く一神教的排他主義になじめず、習合的宗教観にデウスという神を取り込んだ信仰者も多くいた。信仰者は、宣教師にただ従うだけの受動的な存在ではなく、主体的に自分たちの宗教的要求を満たすべくキリシタンの信仰を受け入れ、独自の宗教的世界を作り上げたのではないだろうか（東馬場、二〇〇六、四～五頁）。受容史では、日本人信徒の目線に近づき、彼らの行動の記録をさまざまな資料からすくい上げていく。

これまでキリシタン版の研究といえば、書物の成り立ち、形式、文字等に注目した書誌学的研究、国語学を中心にした言語学的研究、キリスト教神学・文学作品として内容を吟味した西洋との比較研究などの蓄積が豊富である。しかし受容史において、これらは主な関心にはならない。キリシタン信仰の受容史での主役は一般の信仰者である。出版の背景やプロセスは、それを読む信徒や、ましてや文字が読めなかった者には触れることのできない世界であった。日本語で記された教理や信仰の書物そのものが、彼らにとっての所与のキリシタン教理、信仰書であり、キリシタン的意味世界であった。

　このような視点からキリシタン版に注目すると、『ばうちずもの授けやう』*『おらしよの翻訳』など、平信徒を対象として平易な文字と言葉で書かれ、彼らの信仰を直接支えた書物が興味深い。

　とりわけ、慶長五年（一六〇〇）に長崎で出版された『おらしよの翻訳』は、キリシタン信仰の受容史において基幹的書物である。なぜなら、三つの時代を通じてそこに記された「おらしよ」（キリシタンの祈り）が唱えられてきたからである。徳川時代の長い過酷な弾圧を通り抜け、四百年以上、独自の役割を果たしてきた。現存するその姿は、まさに、この深く厳しい時間を表わしている。修復されて色は薄くなっているが、見開き全ページにわたり墨で検閲のバツ印が大きく書かれている書物だ。

　『おらしよの翻訳』には、「ぱあてる・なうすてる」（主の祈り）や「けれと」（使徒信条）などの主要な祈りや「ねさまのおらしよ」など日常生活での祈りに加えて、「もろもろのきりしたんしるべき条々の事」のようにキリシタンの教えをまとめたものも含まれている。このような内容から、『おらしよの翻訳』にはキリシタン教理の肝要部分が、おらしよの名の下にまとめられていたことが分かる。それは、祈りの形式をもつ教理書であった。

　おらしよについて、『どちりいな・きりしたん』は、「我等が念を天に通じ、御主でうすに申上る望みをかなへ玉ふ道、橋」と教えている（海老沢他、一九七〇、二七頁）。それは、「神の臨在の意識を前提に出発して」おり、「人間は神の偉大さを認め、神への全面的な依存を認めて典礼という行為に導かれる」といわれる（尾原、二〇〇五、二六二〜三頁）。

　しかし、宣教師の報告によれば、すでにキリシタン時代に多く信仰者が「おらしよ」を、このようなキリスト教の深い神観念に基づいてだけでなく、祈りのことばや行為それ自体がもつ宗教的力、神秘的力を信じて、さまざまな目的に使っていた。とくに、日本人信徒はいくつかのおらしよを、あえてラテン語*だけで唱え、後世に伝えていたことは興味深い。それは、ラテン語の響きの神秘さにより大きな宗教的力を感じたからであろう。

潜伏キリシタンの記録によると、文化年間（一八〇四〜一八一八）に天草《あまくさ》*の大江村で発見された潜伏キリシタンは、ラテン文の「あべまりや」を受け継いでいた（古野、一九五九、六六頁）。これは、彼らが信仰を隠すために行っていた仏式葬儀の経の唱えを相殺し、キリシタンの祈りの力で死者の霊を守ろうとしたからである。

今日の生月では、「一通りのおらしよ」と呼ばれるものがあり、それは、カトリック起源のものを含め、農耕行事、先祖供養など種々の恒例行事で唱えられている。これらのおらしよは、語句が比較的正確に継承されている日本語のものでさえ、その内容が理解されているわけではないという（宮崎、一九九六、八五頁）。しかし、にもかかわらず、彼らがそれを唱えている事実を強調したい。内容が理解されなければその行為には意味がないのではなく、なぜそれを行うのか問うことが必要なのだ。そこに、キリシタンにとっての「おらしよ」の意味が立ち現れる。

キリシタン信仰の受容史におけるおらしよの意味は、キリスト教教義で定義される祈りとは全く同じではないかもしれない。しかし、だから純粋ではない、無価値だというのではなく、他にはない役割をもって、キリシタンの信仰生活をその根幹において支えてきた。この意味で、キリシタンには、キリスト教教義において定義される「祈り」とは連続しながらも区別されうる独自の実践として「おらしよ」が存在したのであり、その独自性を明確にするためにも、「祈り」というより、「おらしよ」と呼び続けることが相応しいであろう。

日本の宗教史において、一六世紀半ばから今日まで唯一連続しているキリスト教的伝統は、この「おらしよ」を実践するキリシタン受容の伝統であるといえる。書物としてそれを最もよく象徴するのが、『おらしよの翻訳』に他ならない。（東馬場郁生）

Ⅳ　キリシタン版と日本語

キリシタン語学全般

白井　純

一　キリシタン版と規範性

キリシタン語学は、土井忠生（一九四二）が「実用語学」と定義し、その特質を「規範性」「具体性」「二元性」「成長性」から分析したことに始まる。漢字辞書『落葉集』（一五九八）、対訳辞書『日葡辞書』（一六〇三）・『羅葡日辞書』（一五九五）[1]、文法書『日本大文典』（一六〇四）・『日本小文典』（一六二〇）といった語学書の相互関係、宗教文献『サントスの御作業』（一五九一）・「バレト写本」*[2]などの影響関係を広い視野から分析し、キリシタンの日本語学習とその実践として説明する姿勢はキリシタン語学の模範となった。

キリシタン版は布教という実用的な目的のため正確な日本語表現を重視したが、そのことが言語資料としてのキリシタン版を利用する際には規範性としての価値をもち、また注意すべき点でもある。キリシタン文献は日本語文献と外国語文献、語学書と一般書、ローマ字と国字、活字本と写本、宗教書と世俗書などが複雑に関係する文献群であり、文献の成立にかかわるイエズス会の記録・文書類も豊富であるが、キリシタン語学は、キリシタン版の表音的ローマ字表記から当代日本語の音韻の解明に貢献し、世俗的な口語文献から室町時代の口頭語の性格を明らかにした。その結果、必然的に研究はローマ字本中心となり、国字本の研究は立ち後れたのである。しかし、キリシタン版の印刷技法が日本の古活字版に与えた影響が取り沙汰されるようになり、キリシタン版の特徴である印刷文化史的な課題が改めて注目されるに至ったことで、国字本を対象とした研究が活性化している。キリシタン語学としては、単に印刷文化史の問題としてだけでなく、それがキリシタン版の日本語表現にどのように影響したのかを考察したい(3)。

近年、そうした新しい研究を強力に推進する重大な発見があった。キリシタン版国字本『ひですの経』（一六一二）であり、活字本でありながら、キリシタン版の規範性に疑問を投げかける存在である。『ひですの経』は、一九〇七年にベルリンの古書店の目録に掲載されて以来、行方不明となり、長らく再出現が期待されていたキリシタン版で、二〇〇九年にボストンで折井善果によって再発見されたキリシタン版である。その経緯は折井・白井・豊島（二〇一一）所収の折井の解説に詳しいが、まさしく数奇な運命を辿った稀覯本である。

『ひですの経』の原典はキリシタン版ローマ字本『ヒイデスの導師』（一五九二）と同じく、スペインのドミニコ会修道士ルイス・デ・グラナダ*がサラマンカで出版した『使徒信条入門（*Introducción del Símbolo de la Fe, 1583*）』である。古書店の目録に残された情報から、刊行年と丁数、キリシタン版後期国字活字本の一つ(4)であることは判明していたが、再発見によって原本の全面的な調査が可能となったことで、従来のキリシタン版の常識からは考えられないような語学的特徴が現れてきた。

ここでは、『ひですの経』の示唆に富む多くの語学的課題のなかから用語と用字の問題を中心に取り上げ、写本を含む他のキリシタン文献との比較を行うことで、キリシタン語学を象徴する規範性のあり方を再検討したい。

二　宗教用語の問題

日本イエズス会は、キリスト教の神を表す用語として仏教語「大日」を利用したことで宗教的概念をめぐって日本人に誤解をもたらし、後にその反省から、重要な宗教用語に仏教語を使わず原語のまま用いるようになった。一五五〇年代にガゴ*による用語改革があり、神は大日→デウス（神 Deus）、天国は浄土→パライソ（天国 Paraiso）など、「危険な言葉」を挙げて原語で表すよう注意を促したことで、イエズス会内に定着したとされている。

しかし、実際にそれが定着したのは一五九〇年代にキリシタン版の印刷が始まった後で、初期のキリシタン版には古い用語の痕跡が残っている。豊島（一九八九）が「実践は必ずしも徹底していなかった」と指摘したように、キリシタン版としては初期の『サントスの御作業』にはキリスト教の神を表す用語として「天主」「天道」が、『ヒイデスの導師』（一五九二）には「天道」が僅かではあるが使われている。『羅葡日辞書』には、デウスの日本語訳として「天道、天主、天尊、天帝」とある。辞書の日本語訳としてデウスを使えな

いという事情はあるが、これらの用語がデウスを意味すると認識されていたことを示している。(5)

　また、『日葡辞書』では、これらの神を表す用語について、「天主　イゲレジヤ（教会 Igreja）の書物用語。」「天道　天の秩序と摂理と。以前は、この語で我々はデウス（神 Deos）を呼ぶのが普通であった。」「天尊　イゲレジヤ内において、デウス、すなわち、天の主の意味で通用している語。」のように説明する。森田（一九九三）に詳しく紹介されているが、イエズス会内でこうした用語を用いていたと強く推定できる注記である。ガゴによる一六世紀中頃の用語改革から三〇年以上が経過してなお、こうした用語がイエズス会内に依然として流通しており、用語改革は活字本の出版を通して徹底したとみるのが自然だろう。キリシタン版にとっては、出版することが言語規範の確立を意味したのである。

　これらの特殊な用語のなかには、神に対する尊称の「尊主」がある。「尊主」は『日葡辞書』に「尊主　聖なる主。イゲレジヤの書物の中で、デウスについて言う以外には用いられない。」とあり、「天主」「天道」「天尊」とよく似た「教会用語」注記をもつ用語だが、「バレト写本」に「薬を以て尊主(Sonxu)を塗り奉り」（図1）とキリストを対象にする数例があり、『講義要綱』*（一五九五）にも「(一切ノ物ヲ)出来サセ玉フ尊主一体、在マスコト明白也」（図2）とある。「尊主」は写本に僅かにみられるものの、用語規範が確立した活字本には皆無な用語と思われていた。

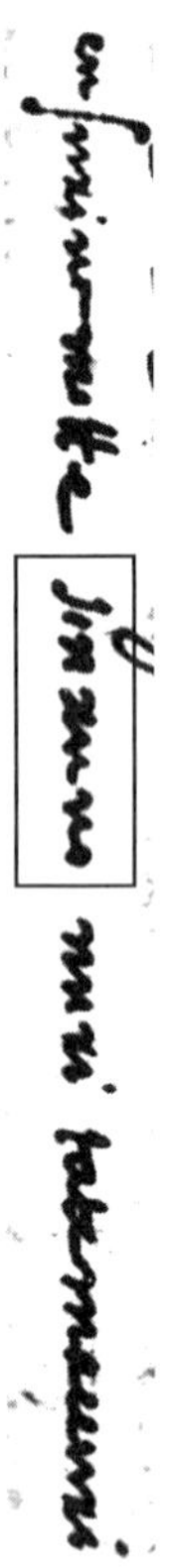

図1（バレト写本五七オ一一）

図2（講義要綱一五一ウ一三）

ところが、『ひですの経』には、デウスやキリストに対する尊称として「是はゑてるのとて、無始より以来、自ら在ます尊主なりと見立たる事」（八オ一六）・「此尊主を名付てDsと申奉る也」（図3）のように「尊主」が四例みられる。

図3（ひです八七ウ八）

『ひですの経』以外の活字本に例が全く無いことから、『日葡辞書』のいう「イゲレジヤの書物（liuros da Igreja）」とは、『講義要綱』のような、イエズス会の出版されていない写本を指すとも考えられる。キリスト教の神を表す用語として、「エヴォラ屏風文書断簡[6]」には「天主」が、「日本のカテキズモ」（一五八〇[7]）には「天道」が使われてもいる。また宗教用語にも珍しい用語があり、活字本としては『ひですの経』にしかない「色形」は『講義要綱』（四ウ一三）に、「命根」も『講義要綱』（一ウ一五）に、「奇妙（不思議[8]）」も『講義要綱』（一三オ八・七六ウ四・七九オ八他）に見出すことができる。

写本にしか例がない用語が出版された『ひですの経』に用いられており、しかも、その出版は用語規範が確立し、神を表す用語の「デウス」「御主」への統一が徹底した後である。では、イエズス会の用語規範は、確立した後で再び衰退したとみるべきなのだろうか。

三　キリシタン版国字本の表記規範

活字本と写本

『ひですの経』には、原語を漢字表記した「安如」（天使 Anjo）七例（図4　八オ四・一一ウ一一他）と、「恵実土（エジプト Egipto）」一例（図5）があり活字本としては極めて特徴的である。キリシタン版国字活字本では、合計すれば数千例に達するであろう原語は、日本語文脈のなかでは仮名表記するという強い規範があり、漢字表記した例は皆無だからである。

図4（ひです七五オ一五）

図5（ひです三六オ一四）

一方、キリシタン信徒関係の写本では原語の漢字表記は全く珍しいことではなく、これまで見てきた写本に限っても、「恵実土」は『講義要綱』（図6　一〇二オ一四・二〇六ウ七他）にあり、「朗广」（ローマ Roma）・（「阿檀」（アダム Adam）など地名・人名にも漢字表記された例がある。[9]

図6 （講義要綱一九九ウ五）

「安如」は、「日本のカテキズモ」・『講義要綱』・『妙貞問答』（一六〇五）[10]などのイエズス会に近い写本においては、むしろ漢字表記が優勢である。一七世紀のこの段階においてなお、「安如」が全く珍しい表記ではないことは、キリシタン版の原語表記の規範が活字本のそれに収束したのではなく、写本では活字本の規範よりも緩い方針が存在し続けていたことを示す特徴である。写本であっても、例えばキリスト教の神はおおむね活字本と同じようにデウスもしくは御主を使っており、用語規範が働いているのは確かだが、規範性が特に高いのが活字本であり、イエズス会内に流通する日本語は、写本と同じ程度だったと考えられるだろう。

『ひですの経』には漢語の宛字表記がみられ、これも、他の活字本には類を見ない。「干要（肝要）」（五ウ一二）、「思安（思案）」（一三ウ四）だが、「干要」は「エヴォラ屏風文書断簡」（二七一—四・二七一—一二他）や『妙貞問答』（三五オ・六二オ・六三ウ他）・『講義要綱』（二一八オ一八）にみられ、「思安」も『講義要綱』（二三六ウ七・三五一オ八）にある。省略表記であることからみても、写本に現れやすい表記なのだろう。

その他「時刻」（六ウ一三・六四ウ一六など全七例）も他のキリシタン版では「時剋」であり、これも『講義要綱』（二一七ウ四・二一八オ六）の「時刻」に一致する。これ以外にも『講義要綱』には『ひですの経』に共通する表記が多く、「専用」[11]「乍去（さりながら）」「看る（みる）」などの他のキリシタン版にみられない表記が共通している。「門門」（図7）は「開闢」の抄物書で活字本には全く類例がないが、写本では省略表記として用いられることがあったのかもしれない。

図7（ひです一五ウ五）

このような抄物書はそれを意図して組版したとは考えられず、おそらく筆写された草稿にそのようにあったのを、不用意にそのまま活字化してしまったのだろう。省略表記は表記規範の問題というより、写本と活字本という媒体の違いを理解して置き換えるべきものであり、文選工・植字工によって当然修正されるべき箇所がそのまま活字化された結果、用字規範に混乱を招いたと考えられる。

連綿活字と表記規範

キリシタン版後期活字本の特徴の一つに、豊富な連綿活字の使用がある。連綿活字は出版を重ねるたびに追加されていたらしく、最終的には三〇〇種余りが使われたが、単に視覚的に流麗な印象を醸し出すだけでなく、適切な位置に配置されることで、語の境界を示す文法上の機能を担う働きをもつ。

連綿活字「にハ」はキリシタン版で千例余りが殆ど「人には」のような格助詞+係助詞の箇所（図8）に使われる。一方、『ひですの経』で単独活字を連ねた「に+ハ」は「蟹」の語尾+係助詞の「（か+）に+ハ」

（図9）（三四オ七・三四オ九）の「蟹は」しかなく、別の字母で単独活字を連ねた「に＋は（者・波）」は「陰木の実にはひ上れバ」（図10）、「汀にはねあげて」（三四オ一〇）、「左右にはびこる」（六一オ一六）、「全体にはびこる」（六一ウ三）、「上にはびこり」（六三オ六）、「故にはじめ有て」（八七オ一一）のようにすべて格助詞＋語頭であり、連綿活字を助詞＋助詞に専用とすることで誤読をふせぎ可読性の向上に貢献している。

図8　助詞＋助詞（ひです六八ウ五）

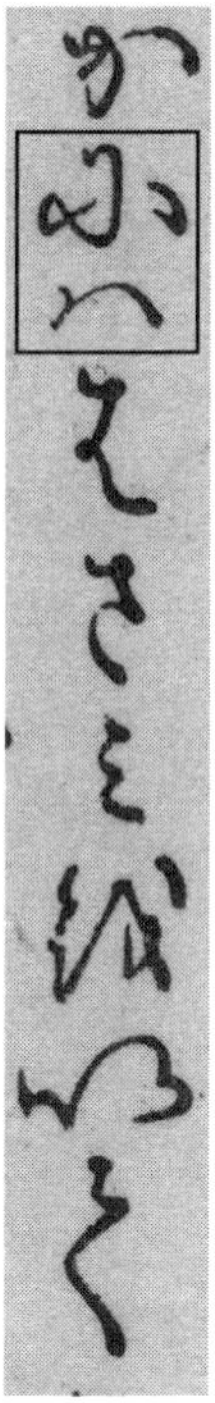

図9　語末＋助詞（ひです三四オ七）

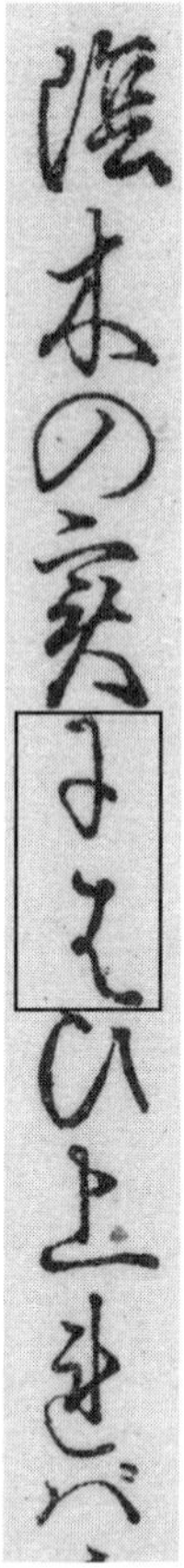

図10　助詞＋語頭（ひです二九オ四）

『ひですの経』では、「は（者）」を単独の係助詞に用いることはあっても、「に＋は（者）」の「は」は係助詞ではないという表記規範が確立している。漢字活字と同じく、仮名活字についても既存の連綿活字や異なる字母の活字を適切に利用することで維持される表記規範もあっただろう。

ハ行四段動詞＋助動詞「む」という仮名の連続箇所では、「給ハん」「奪ハん」などすべてが連綿活字「ハん」を使い、非連綿の活字は全くなく、仮名遣いの間違いもみられない。また、サ行四段動詞「顕はす」に代表される「はす」という仮名の連続箇所でも、サ行四段動詞には連綿活字「ハす」を使い、「～ハすぴりつさんと（聖霊 Spiritu Sancto）」のような「自立語の語頭」をまたぐ位置に連綿活字を使わないという表記規範が確立している（白井、二〇〇八）（表1）。

『ぎやどぺかどる』の連綿は自立語の開始位置を跨がないという豊島（二〇〇一）の指摘は他のキリシタン版でも完全に守られているが、連綿活字と連綿ではない単独活字の組み合わせが相補分布しており、連綿活字が機能的に使われている。こうした傾向は、とくに連綿活字の比率が高い文字の組み合わせに顕著に認

表1　キリシタン版の連綿・非連綿活字の使用箇所

書名	連綿		非連綿	
	サ四動	助＋頭	サ四動	助＋頭
さるばとるむんぢ	13	0	3	0
ぎやどぺかどる	60	0	1	12
おらしよの翻訳	0	0	0	2
どちりなきりしたん	9	0	3	5
朗詠・雑筆	0	0	0	2
ひですの経	**5**	**0**	**0**	**27**
太平記抜書	6	0	0	1

められる。

一方で、連綿活字の使用比率が低い仮名の連続箇所では、表記規範がうまく機能しない場合もある（表2）。『ひですの経』には「（万里に）雲なふして」（図11）、「蜜すくなふして」（四八オ一三）、「食なふして」（六〇オ三）、「望みなふして」（六〇オ五）のように「無くして」がウ音便化しハ行で表記された四例がある。

図11（ひです七ウ一〇）

「無くして」の音便表記はキリシタン版国字本には『ひですの経』と『太平記抜書』（刊行年不明）にしか

表2　連綿・非連綿活字と仮名遣い

書名	「なくして」連綿	「なくして」非連綿	「～ハる・～はる」（ラ四動）連綿	「～ハる・～はる」（ラ四動）非連綿
さるばとるむんぢ	1	5	0	1
ぎやどぺかどる	7	30	23	8
おらしよの翻訳	0	1	3	0
どちりなきりしたん	11	19	8	0
朗詠・雑筆	0	0	2	0
ひですの経	**1**	**24（「なふ」4）**	**10**	**21（「わる」10）**
太平記抜書	3	3	4	1

なく珍しいが、「無くして」という表現に対する連綿活字「なく」の使用比率が低いことが、単独活字を集めて組版する場合の間違いを誘発したようにみえる。[12] 同様のことは、『ひですの経』に本来は「は（ハ）」であるべき語頭以外の箇所を「わ」で表記した「備わる」という仮名遣いの誤りがみられることにも現れている。

『ひですの経』のラ行四段動詞は、連綿活字「ハる」十例に対し、単独活字「ハ＋る」一四例・「は＋る」七例の計二一例の他、問題となる「わ＋る」十例（多くは「備わる」）など多彩な表記が三一例に達しており、連綿活字の比率は四分の一程度にとどまる。[13]『ひですの経』全体の連綿活字の比率は他の文献に極端に劣るものではないが、ここに挙げた例については、連綿活字の使用を優先すれば、仮名遣いの混乱は防げただろう。「なうして」「備わる」は、連綿活字の比率からみて問題の起きやすい箇所だったわけである。

四　キリシタン版国字本の用字規範

『落葉集』の「定訓」と用字規範

キリシタン版国字本は、試行錯誤によって活字セットを入れ替えながら改良を重ね、豊富な漢字と連綿を駆使した『ぎやどぺかどる』（一五九九）の出版に至るが、その過程で漢字の用字規範を確立したことが豊島（二〇〇二・二〇〇九）に指摘されている。

キリシタン版後期国字活字本は、『さるばとるむんぢ』（一五九八）に出発するが、この段階では漢字三六〇字種を持つに過ぎない。しかし同年に出版された漢字辞書『落葉集』では一気に二、四〇〇字種に達し、これがキリシタン版国字本の基本的な漢字集合を確定した。六、八〇〇行に達する規模の大きな『ぎやどぺかどる』で追加された漢字は僅かに五〇字種に過ぎず、辞書による漢字の選別と、宗教文献をその漢字集合内で出版する実践が緊密に連動している。キリシタン版国字本の用字規範は、『ぎやどぺかどる』の用字規範が『落葉集』の漢字と「定訓」の関係に従うことで確立したのである。

「定訓」は山田俊雄（一九七二）が提唱した概念で、漢字の標準的な訓を意味する。漢字の右側に音を、左側と下に訓をもつ『落葉集小玉篇』（以下『小玉篇』）においては、漢字の左傍訓がその漢字の「定訓」に相当するとみたのである。実際、『小玉篇』内においては複数回掲出の漢字二六九組のうち左傍訓が一致しないのは七組に過ぎないことを豊島も指摘している。漢字「音」の例（図12）では、定訓は「をと」であり、「ね」や「こゑ」ではない。

図12－１（本篇２ウ２）

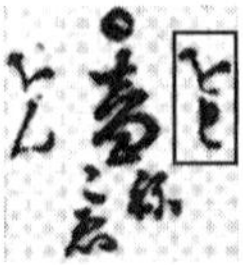
図12－２（色葉字集５オ３）

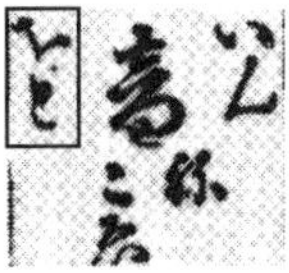
図12－３（小玉篇３オ４）

図12－４（小玉篇12ウ７）

また『落葉集色葉字集』（以下『色葉字集』）においても、「定訓」は殆ど一致しており、白井（二〇一三）に示したように『小玉篇』と『色葉字集』に共通する漢字一、八七六組のうち左右傍訓が全く一致しないのは三十八組であるから、左右傍訓の一致という意味でも「定訓」は『落葉集』内で安定していると言ってよい(14)。

表3　『ぎやどぺかどる』新出の和訓と漢字

漢字	回数	『ぎや』和訓	『落葉集』定訓
飾	3	かざり	粧（かざり）
孚	2	はごくむ	育（はごくむ）
壮	1	さかんなる	熾・盛（さかん）
街	1	ちまた	岐（ちまた）
剛	1	かたく	堅（かたし）
掟	56	おきて	
況	35	いわんや	
匂	8	にほひ	
互	7	たがいに	
件	4	くだん	
轡	4	くつわ	
酢	3	す・すき	
瀬	2	せ	
藤	1	ふじ	
駒	1	こま	
鈎	1	かぎ	
燠	1	おき	
藪	1	やぶ	

ここで、『ぎやどぺかどる』で追加された五〇字種の活字に注目してみよう。はじめに和訓の漢字表記をみるが、数値は『ぎやどぺかどる』本文（「巻末集字（字集）」除く）での和訓としての使用回数である（表3）。

「飾」「孚」「壮」「街」「剛」を除き、『落葉集』にない和訓と漢字なので、必要が生じたために増えた漢字であるが、用例の多い「掟」「況」などは『落葉集』編集段階での疎漏と言ってよいだろう。[15]

「かたく」は『落葉集』で「堅」の定訓なので、これを用いて差し支えないように思われる。同じ『ぎやどぺかどる』にも「善人の心を堅め（かため）強らす者也」（ぎや上一〇〇オ二）」がある。『ぎやどぺかどる』に「剛強」（ぎや上五八オ一四）・「剛なる騎馬」（ぎや上八〇ウ五）という漢語が使われ、そこに「剛」が必要だった為に追加された活字が「折檻を以てハ弥心を剛く（かたく）なし」（ぎや上一〇〇ウ一三）という和訓の表記にも不用意に流用されたのだろう。『ぎやどぺかどる』巻末の漢字語彙集「集字（字集）」にも、「剛強（かうきやう）」「剛（かう）」を認めるが、「剛（かたく）」はみられない。「街」も漢語「乞街人」（ぎや上三八オ七）が先行するが、「集字（字集）」にも「街（ちまた）」とあり、「剛（かたく）」とは扱いが異なる。

「はごくむ」は、『落葉集』に「育」の定訓としてあるので、こちらを用いるのが用字規範としては適切だが、実際には「育」は『ぎやどぺかどる』以降の文献で「撫育」「養育」「生育」など漢語専用であり、「はごくむ」には「孚」が使われている。

「粧」は『小玉篇』左傍訓「かざる」だが『落葉集本篇』『色葉字集』はすべて「よそほひ」、『ぎやどぺかどる』他の文献でも「よそほひ」なので、『小玉篇』が定訓として「かざる」を設定したのは適当でなかったのだろう。「集字（字集）」の「粧」には「よそほひ」「かざる」の二つの読みが掲載されているが、漢字の右傍訓は「よそほひ」であり、別のところで「飾」に「かざる」をあてている。

「壮」は『ぎやどぺかどる』に僅か一例だが「壮なる（さかんなる）子どもにハ身の業に功を積しむる者也」（ぎや上七一ウ一六）とある。「壮んなりし」（太平記抜書六巻一二ウ一）があるので、「さかんなる」と読み得ることは間違い無いが、「盛」を使わなかった理由は分からない。巻末の「集字（字集）」にも掲載がない。

これらの僅かな例を除けば、『ぎやどぺかどる』では出版に先立って『落葉集』の漢字と定訓の関係を参照し、そこに無いものに限って追加している。[16] キリシタン版で漢字の用字規範が確立したのは、写本の筆記と違って物理的に作成の手間がかかる金属活字を鋳造する段階で漢字字種に対する慎重な吟味がおこなわれ、活字の追加にあたってもそれが維持されたためだろう。

また、『ぎやどぺかどる』の漢語に使われた新しい漢字には、

楚忽5　忙然5　飢饉4　鼻孔・孔雀2　平癒2　脾胃1　甲冑1　恋慕1　洋沖1　本復1　巍々
蕩々1　奔走1　鵜1　漫々1　垢膩1　嫁娶1　診脈1　焙籠1　慱変1

など、僅か一箇所であっても漢字を追加した例が少なくない。

豊島（二〇〇九）は、「キリシタン文献の漢字整理（制限的表記規範）は、漢字表記→語が「定訓」・語→漢字表記が「固定表記」として、表記と語とを双方向に制限的に結びつける存在であるが、それは漢字制限ではない。」と指摘しているが、そのことは、漢字活字の追加理由にもよく現れているのである。

『ひですの経』と用字規範

『ぎやどぺかどる』で整然とした用字規範をみせたキリシタン版だが、『ひですの経』ではそれが一部で破綻する。

接続詞「また」は『落葉集』で「又」の「定訓」であり、『ぎやどぺかどる』も五三一例すべてが「又」であるが、『ひですの経』では三六一例が「又」、七〇例が「亦」であり、用字規範に変化がみられる。この「亦」は『朗詠雑筆』から使われ、漢文脈に「又」「亦」が共存する。『ひですの経』ではこれが和語に転用されたが、同一丁内に複数使われた場合にそれぞれ活字の形が異なるようであり、同一の父型・母型に基づく金属活字ではないらしい[17]（図13）。追加された活字のなかには、このように微妙に形が違うものが少なくない。

図13－1（ひです81オ5）

図13－2（ひです81オ9）

図13－3（ひです81ウ3）

図13－4（ひです81ウ8）

これ以外に特殊な用字がみられたものに「論議遼（はるか）にして」（一オ九）・「（万）里の風波を航り（わたり）し骸を」（図14）・「あにまの王膳の料理に擬へ（なぞらへ）」（五ウ二）・「こむんとハ統る（すぶる）といふ心也」（六三ウ六）・「すぴりつあにまるを賦る（くばる）也」（六五オ一一）・「それを望む心に惹れ（ひかれ）て正に帰し」（六七ウ一）・「五体身分を割（さき）分て見るに」（七〇オ六）・「余多の馬を駢べ（ならべ）て見る時（七三ウ一三）」・「俯し（ふし）て下界の荘観を見るに」（八六ウ四）などがある。

図14（ひです二オ二）

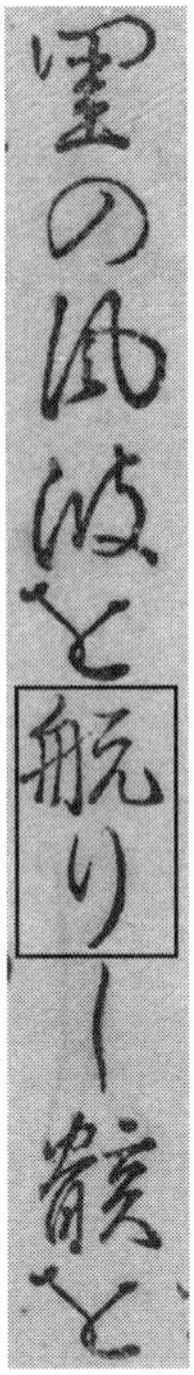

『小玉篇』で、それぞれの和訓を定訓として持つ漢字を挙げると、

遼↓遥（はるか）　航り↓渡（わたり）　擬へ↓准（なぞらへ）　統↓部（すぶる）　賦↓配（くばる）　惹↓引（ひく）　割↓裂（さく）　駢↓双（ならべ）　俯↓臥・伏（ふす）

となっている。これらは『ぎやどぺかどる』では『小玉篇』に一致するか仮名表記なのでキリシタン版として用字規範が安定しており、『ひです経』の用字規範は明らかにそこから外れている。

このような漢字には木活字であると思われるものもある（図15）。

図15－１Ａ（ひです54ウ８）

図15－２Ｂ（ひです54ウ９）

図15－３Ｃ（ひです70オ６）

図15－４Ｄ（ひです70オ12）

ＡとＣ、ＢとＤが同一活字。

「割」は『ひですの経』の五四丁と七〇丁でそれぞれ二回使われているが、そのうち片方Ｂ（図15-2）とＤ（図15-4）は楷書体に近く木活字の特徴が現れている。おそらく活字Ａ（図15-1）は一個しかなく[18]、五四丁での不足によって活字Ｂを新しく追加し、それらを七〇丁でもＣ（図15-3）・Ｄとして再び利用したのだろう。『ひですの経』には『太平記抜書』と同じく活字不足によって木活字を追加したと思われる箇所が多いが、こうした事態が頻発することで、本来は作られるべきでない活字までもが安易に作られた結果、用字規範に反することになったのだろう。活字印刷の物理的問題が表記規範に及んだ典型である[19]。

五　断簡と用語の問題

『ひですの経』には二つの断簡があり、一つは表紙の補強紙である『太平記抜書』断簡、もう一つは裏表紙の補強紙である『ひですの経』八丁である。

『太平記抜書』断簡の存在は、『ひですの経』の製本段階で刊行年不明の『太平記抜書』の反故紙が存在したことを示しているが、製本が出版時期と全く同じという保証は無い。『ぎやどぺかどる』の補強紙に先行する前期キリシタン版断簡「祈禱文」が利用された例などはあるが、アンジェリカ図書館蔵『天草本ラテン文典』*（一五九四）には表紙の補強紙として『ぎやどぺかどる』（一五九九）の反故紙が利用されており、断簡から出版年代を推定することは難しい。

ここで注目する『ひですの経』断簡（カラー口絵3）は、『ひですの経』八丁の前半の一部（頁の下部）と後半の全体である。折井善果・白井純・豊島正之（二〇一一）の解説にあるように、本文の大意は原則として同じだが細部の表現は大きく異なり、別本文と言ってもよいほどの違いがある。さらに最終行末尾は本篇（製本されたもの）と断簡で一致しており、本文の変更を次丁に及ぼさず一丁内に留めようとしたことが明らかである（図16・17）。「かほど（加程）」の開始位置に注目してもらいたい。

図16（ひです本篇八ウ一七）

図17（ひです断簡八ウ一七）

本篇の「かほどあきらかなる」は仮名表記で中央やや下から開始しており、しかも不自然に字間が空いており、末尾の帳尻合わせ（本文の変更を一丁内に収めて次に影響させない）を疑わせるが、断簡が巧みな調整を行った（しかし最終的に採用されなかった）という可能性も否定できない。

これまで知られているキリシタン版の断簡は、極初期の断簡を除けば、基本的に反故紙と思われるものだった。例えば『落葉集』断簡は編集途上にある辞書の一時的な姿を留めており貴重であるが、『ひですの経』のように大幅に異なる本文を持つような差し替えが頻繁に行われていたとするなら、キリシタン版は草稿段階で本文の調整を行ったうえで最終的な出力として活字で出版したという見方を改める必要があるかもしれない。

表記や用語の問題からみると、断簡が本篇に先行するとは言い難い特徴が認められる。本稿で『ひですの経』の用語の特徴としてみた「尊主」だが、断簡では「御あるじDs」とあるところに本篇では「尊主」が使われている。また、原語を漢字表記した「安如」も本篇の本文に使われている。残念ながら断簡はこの部分を欠損しているため比較できないが、本篇八丁の印刷にあたって原語の漢字表記を忌避しなかったのは確かである。

つまり本篇八丁は用語や表記に特徴のある本文であり、断簡八丁はそうした特徴をもたない一般的なキリシタン版なのである。仮に、断簡の本文を破棄して本篇を採用したとすると、キリシタン版として問題の無い本文を捨てて特殊な用語を含む本文を採用したことになり奇妙である。

もっとも、折井（二〇一一）が指摘するように、本篇で「ぴりいむんもうびれ」とラテン語*（primum mobile）の仮名表記である箇所で、断簡は「ぴりももうべる」とスペイン語（primer movedor）の仮名表記であることも注意すべきであり、本文の差し替え（あるいは、その準備）は、翻訳に際して参照した原典の違い、あるいは翻訳者の傾向[20]を反映したものなのかもしれず、だとすれば、用語の問題はそれに付随して起こったということになる。

六　キリシタン語学の規範性

写本と類似点の多い『ひですの経』は、「印刷された写本」とでもいうべき特徴をもつキリシタン版である。『ひですの経』にみられる一見不可解な特徴は、イエズス会の言語規範が変化したというより、活字本の言語規範と、写本に現れるようなイエズス会内の通常の言語表現との区別が曖昧になった結果生じた混乱であり、言語規範そのものに独自の変化を生じたものではない。

後藤版『どちりなきりしたん』がイエズス会版『ぎやどぺかどる』から引き継いだ言語規範が同じ後藤版『ひですの経』でこれほどの相違をみせるのは、出版活動の主体であるイエズス会や、出版・流通の責任者である後藤宗印の方針が変わったのではなく、実際の印刷作業を担当する文選工・植字工が交替したため、積み重ねた経験が失われたということにあったのではないか。

同じ漢字活字であっても、和語と漢語に対応しなければならないキリシタン版では、ある漢字は和訓のみ、ある漢字は漢語のみ、ある漢字は両方に、というように使われる。活字管理の面からも、そうした活字を探し出し、適切に利用することは西欧のアルファベット活字とは比較にならない困難があった筈であり、日本イエズス会の独自の工夫があっただろう。その一つが用字規範のマニュアル化であり、そこに『落葉集』の存在意義がある。しかし木活字も含め大幅に漢字数を増やしたキリシタン版中期以降にはマニュアルが機能しておらず、文選工・植字工の記憶に頼る部分が相対的に大きくなったのだろう。それに対して仮名の用字規範に大きな変化が無いのは、仮名連綿活字を含めても漢字に比べて活字数が約十分の一であり、比較的管理しやすかったからだと考えれば矛盾しない。

他のキリシタン版と同じく『ひですの経』にも出版許可に関する記録があり、出版にあたっての校正の不足も指摘できるが、許可状（Licença）や認定書*（Aprovaçam）に名を残す者たちは、キリスト教の教義にかかわる部分ついては内容の確認をしただろうが、日本語表現にまで責任を持ったかどうかは疑問である。日本語表現として文意がとおらなければ必要な校正は行っただろうが、問題となる言語規範は、そもそも日本語表現として誤りではなく、しかもイエズス会の写本にも多く用いられるような表現であるから、そのような日本語で書かれた草稿を活字本の水準にまで校正する作業は、結局のところ、実際に印刷作業を担当する人間の判断に任される部分が大きかったのだろう。

従来、キリシタン語学によるイエズス会の言語規範とされてきた特徴には、出版にあたっての水際で達成され、出版するという行為をとおして成り立つ部分があったのである。

本稿の『ひですの経』に関連する部分は、折井善果・白井純・豊島正之（二〇一一）、および、折井善果（二〇一〇）所収の解説をもとに加筆し、白井（二〇〇八・二〇一二・二〇一三）の成果を加えて新しく書き直したものである。『ひですの経』の研究にあたっては、折井善果氏と豊島正之氏から数え切れない貴重な助言と示唆、そしてご厚意を受けていることを追記する。

本稿は平成二十四年度科学研究費若手研究（B）「『ひですの経』の言語的特徴によるイエズス会の言語規範の批判的再

検討」研究代表者：白井純（課題番号二四七二〇二〇五）、および、平成二十四年度基盤研究（B）「多言語辞書と金属活字印刷から探るキリシタン文献の文字・語彙同定の過程」研究代表者：豊島正之（課題番号二三三二〇〇九三）による研究成果の一部である。

註

（1）ラテン語・ポルトガル語・日本語の対訳辞書で、ヨーロッパのラテン語辞書「カレピヌス」を原典とし、イエズス会にも関係写本がある。『羅葡日辞書』の原典の問題は、本書にも寄稿する岸本（二〇〇五・二〇〇八・二〇一〇）や、原田（二〇一一）に論文がある。

（2）バレト*が筆写した聖人伝で『サントスの御作業』と重なる部分もあるが、用語の選択や、開合を表記しないなどローマ字表記の方法に独自の特徴を持つ。

（3）こうした立場からの研究に豊島（二〇〇二・二〇〇六・二〇〇七）があり、同氏の（二〇〇九）に簡潔にまとめられている。また、折井（二〇一〇）は日欧文化比較の専門書だが、日本語学だけでなくキリシタン文献をとりまく様々な研究領域の最新の動向が的確にまとめられている。

（4）キリシタン版には、ローマ字文献と漢字仮名を交えた国字本がある。キリシタン版国字本には、極初期の片仮名活字本（断簡）、前期活字本、後期活字本があり、漢字や連綿を多用した本格的な出版は後期活字本になってからである。

（5）『羅葡日辞書』のその他の箇所では、日本語訳としてキリスト教の神を表す必要がある場合は「デウスの～」となっており、用語規範は守られている。

（6）ポルトガルのエヴォラ図書館所蔵の屛風の下張りとして発見されたキリシタン関係写本に含まれる断簡で、海老沢・松田（一九六三）・松田（一九六七）・海老沢（一九九三）所収。「天主」は海老沢（一九九三）では二六〇頁四行目、二六一頁一二行目を参照。

（7）エヴォラ屛風文書の一部で、イエズス会巡察師ヴァリニャーノ*が一五八〇年に編集した日本語による教理書。ヨーロッパでラテン語に翻訳され一五八六年に出版された。「天主」は海老沢（一九九三）二二九頁四行目にある。

（8）『ぎやどぺかどる』には「微妙（不思議）」一九例で「奇妙」なし、『ひですの経』では「微妙」がなく「奇妙（不思議）」）三六例である。

（9）Popescu Florin（2005）に漢字表記された原語の一覧表がある。それによれば、『講義要綱』の「安如」は四二七例、「恵実土」は八例あるが、仮名表記された例は皆無だ*という。

（10）キリシタンで、後に棄教したことで有名な不干斎ハビアンによる著作で、上巻に仏教を、中巻に儒教と神道を、キリスト教の立場から攻撃し、下巻でキリスト教の教理を述べる。

（11）キリシタン版国字本では「専要」である。

（12）『妙貞問答』に「光ナフシテ」（八オ）、「何心モナフシテ」（五六ウ）がある。

（13）『ひですの経』以外の文献では、「は（波）＋る」は「はるか」「ぷちはる（固有名詞）」にしか使わないので、仮名用字法にも問題がある。

（14）なお、『小玉篇』は、漢語を掲載する『落葉集本篇』と、和語の漢字表記を掲載する『色葉字集』に遅れて成立したが、その理由について『小玉篇』序文に、

　右落葉集ハ字のこゑを用ひていろはをついで、色葉字集ハよみを以て記すれば、読こゑを知て字のすがたをしらざる時の所用をなすといへども、文字のかたちを見て其よみこゑをしるに道なき便として、右両編の内より今又此せばき玉篇をあみ畢

とあるように、「定訓」の存在は『落葉集』内で『小玉篇』を利用してその訓読み（こゑ）を知り、目的の熟語を検索するために不可欠であるから、辞書内においても実用的な目的を持つものだった。例えば例に示した「音」では、『小玉篇』を利用して、かたちの類似から「日（ひへん）」「立（たつ）」をみれば「音」の音読み（こゑ）が「いん」、訓読み（よみ）が「をと」であることが分かるので、あらかじめ読み方が分からなくても『本篇』や『色葉字集』を検索できる。「小玉篇」における「部首」の特徴については山田健三（一九八九）および白井（二〇一二）を参照。

（15）「互」も多いが、『落葉集』では「牙」の第二訓として「タガヒニ」があり、形のうえで同一視していたのかもしれ

ない。

(16)『小玉篇』と『ぎやどぺかどる巻末字集』の関連については土井（一九六二）を参照。

(17)木活字かもしれないが、粘土などの使い捨て母型を用いた非量産の金属活字かもしれない。詳しくは折井・白井・豊島（二〇一一）の解説を参照。

(18)活字「割」は『朗詠雑筆』（一六〇〇）に一例あるのみ。『朗詠雑筆』は日本文学や往来物を中心とするイエズス会の書道教科書であり、宗教文献にない文脈と漢字を多く含み、漢字活字が大量に追加されている。そのことが、後続の文献での用字規範に影響を与えている。

(19)こうした漢字表記も、イエズス会の写本には類例がある。とくに『講義要綱』には一致する表記が多く、例えば「賦（くばる）」は「物ノ性ヲ賦ルホルマノ事也」（一オ一五）、「一分ハ諸ノ筋脈ニ賦リ」（七オ一〇）、「頭ヨリメンホロヘ賦ル精ハ」（二五二ウ一七）などあり、「惹（ひく）」に「ミタリナルアモルホロヒリヨニ惹レ」（二四七ウ一四）がある。

(20)Popescu Florin（2003）によれば、『講義要綱』のなかでラテン語に基づく仮名表記と、ポルトガル語に基づく仮名表記が混在しており、ラテン語の仮名表記は「アニマノ上ニ付テ」「アニマラシヨナルノ正体ハ不滅ナリト云事」および全編の頭注に偏在するという。原語の仮名表記は長音表記などキリシタン版において必ずしも統一されていないが、イエズス会の内部に方針の違いがあったことが分かる。イエズス会の原語問題は、日本語と外国語の関係だけでなく、ラテン語とポルトガル語・スペイン語など外国語の関係にも存在した。

なお、「アニマラシヨナルノ正体ハ不滅ナリト云事」はラテン語版にはなく日本語版『講義要綱』だけの独自部分で、『ひですの経』の後半にある原典にない加筆部分と内容がよく似通っていることが折井（二〇一一）に指摘されている。ともに欧文原典を持つ翻訳文献でありながら日本語版のみにある独自箇所であり、翻訳者を推定するうえでの判断材料となるだろう。

キリシタン語学の辞書

岸本恵実

はじめに

未知の言語に接し、それを学ぼうとする時、最初に作られるのが簡単な対訳語彙集であろう。最初期の語彙集としては一五六〇年代のドゥアルテ・ダ・シルヴァやジョアン・フェルナンデスによるものなどが知られているが、現存するまとまった辞書は文禄四年（一五九五）刊行の『羅葡日対訳辞書』が嚆矢であり、慶長三年（一五九八）刊の『落葉集』と慶長八・九年（一六〇三・〇四）刊の『日葡辞書』の三点が、規模と質からみて代表的なものである。

しかし、「キリシタン」「語学」の「辞書」と呼びうるものとして、他にも数多くの資料が現存している。そこではじめに本章で扱う「キリシタン辞書」の範囲を示し、近年の研究状況と個別の資料を概観する。続いて、本章のような大きな枠組みで見えてくる、キリシタン辞書中のポルトガル語の位置について考えてみたい。

本章で扱う資料は、辞書を「語を集め、一定の順序に配列したもの」とおおまかに定義したうえで、「カトリックミッションが一六世紀後半から一七世紀前半に作成した、内容的・形態的に一まとまりの内容をもつ辞書」とする。のちの個別の辞書解説でもこれらを中心とし、一九世紀以降に再編集・再版されたものは各解説の中でふれる。

しかしそのほかにも、ロドリゲスの文典の一部、本文に付属した語彙集、編者や目的、成立年代が不明なものなど、辞書とみなしうる注目すべき資料が少なくない。主要書以外のこの分野の裾野の広さを知るためにも、それらから重要と思われるものを選び「その他の語彙集」に含める。またカトリックミッションとの関わりが不明なポルトガル語辞書にも言及した。

キリシタン辞書の根本的な編纂目的は日本宣教であったが、それぞれ個別的・具体的な目的があり、そのため内容も個々に大きく異なる。そこで以下のように、ミッションによるものかどうかと、ミッションによるものは収載語の範囲が限定されている辞書（特殊辞書）かどうかで三分し、その中をイエズス会によるもの（イ）・ドミニコ会によるもの（ド）、成立年、刊本・写本の順に並べ、本章での通し番号を付した。

ミッションによる大型辞書

（一）***Dictionarium Latino Lusitanicum, ac Iaponicum***（**『羅葡日辞書』**）イ 文禄四年（一五九五）刊

（二）**『落葉集』** イ 慶長三年（一五九八）刊

（三）*Vocabulario da lingoa de Iapam*（『日葡辞書』）[イ] 慶長八・九年（一六〇三・〇四）刊

（四）*Vocabulario Lusitanico Latino*（バレト*自筆『葡羅辞書』）[イ] 慶長十一〜十二年（一六〇六〜〇七）頃写

（五）*Vocabulario de Iapón*（『日西辞書』）[ド] 寛永七年（一六三〇）刊

（六）*Vocabulario de la lengua Iapona*（コリャード*自筆『西日辞書』）[ド] 寛永八年（一六三一）成立

（七）*Dictionarium sive Thesauri Linguae Iaponicae Compendium*（コリャード『羅西日辞書』）[ド] 寛永九年（一六三二）刊

ミッションによる特殊辞書

（八）「やわらげ」（『ドチリナキリシタン』など）[イ]・[ド] 天正十九〜元和九年（一五九一〜一六二三）刊

（九）バレト自筆難語句解 [イ] 文禄二年（一五九三）頃写

（一〇）「字集」（『サルバトルムンヂ』『ぎやどぺかどる』巻末）[イ] 慶長三・四年（一五九八・一五九九）刊

（一一）キリシタン用語略解（『サルバトルムンヂ』巻末）[イ] 慶長三年（一五九八）刊

（一二）「吉利支丹用語略解」（水戸藩没収資料）（[イ]?）慶長十二年（一六〇七）以降写

（一三）ロドリゲス『大文典』『小文典』の一部 [イ] 慶長九〜十三年（一六〇四〜〇八）・元和六年（一六二〇）刊

ミッションとの関わりが不明な辞書

（一四）*Vocabulario da lingua Portugueza*（写本『葡日辞書』）一七世紀半ば頃写か

（一五）『南詞集解』一八世紀末頃写か

一　研究概観

次に、辞書研究史をごく簡略にまとめる。キリシタン語学の基礎を作った土井忠生（一九七一）は、辞書、特に『落葉集』『日葡辞書』の研究にも功績を残した。さらに土井と森田武は、スペイン文学専門の長南実とともに『邦訳日葡辞書』（一九八〇）を刊行し、その結果国語学以外の他分野や国外においても『日葡』が知られ、利用されることになった。森田はその後『邦訳日葡辞書索引』（一九八九）を刊行し、研究の成果を『日葡辞書提要』（一九九三）にまとめた。

さらに、他のキリシタン資料と同様、主要な本の複製や『耶蘇会板落葉集総索引』（小島、一九七八）『ラホ日辞典の日本語』（金沢大、一九六七〜七三）といった索引類もほぼ出揃い、キリシタン辞書を主要典拠の一つとする『時代別国語大辞典』の刊行もあった。コリャードの『西日辞書』『羅西日辞書』に関する大塚光信の業績（一九六六・八五・九六）など、個々の辞書に関する調査・国語学的考察の基礎はほぼなされたといえる。

二一世紀に入り、国語学的研究が継続される一方、従来の国語学の枠にとどまらない目覚しい進展が認められる。文法書とともに国内外にて Missionary Linguistics（宣教に伴う言語学）、すなわち一六世紀以降世界各地で展開されたキリスト教宣教師による言語研究の一部とみなされ、また、『落葉集』が日本の古辞書の一つとしても研究されてきたのと同様に、ヨーロッパにおける辞書史の一部としても研究されるようになってきた。具体的には以下の成果が注目される。豊島正之（二〇〇二・〇九）・白井純（二〇〇三）らによる『落葉集』等の印刷に関する成果、バレト『葡羅辞書』の再発見と調査、「対訳ラテン語語彙集」データベースの作成と公開である。キリシタン辞書についても他のキリシタンに関連する研究と同様、技術の向上と他地域・他言語への視野の広がりが今後も要となるだろう。

二　辞書解説

「はじめに」であげた辞書を「主要辞書」（ミッションによる大型辞書）と「その他の語彙集」（ミッションによる特殊辞書・ミッションとの関わりが不明な辞書）とに二分し、簡略な紹介（書名〔通称〕・出版年・出版地・編者・文字の種類・刊本は判型・写本は所在）と、「はじめに」でふれられなかった近年の研究状況を示す。

主要辞書

（一）***Dictionarium Latino Lusitanicum, ac Iaponicum***（『**羅葡日辞書**』）　文禄四年（一五九五）天草*刊、（序によると複数のイエズス会士）、ローマ字刊本、一冊、クワルト日本イエズス会学校におけるラテン語教育実施に合わせ、アルバレス*『ラテン文典』*に続いて印刷されたラテン語*・ポルトガル語・日本語対訳辞書である。幕末に信徒発見のあとマニラで一部を入手した日本司教ベルナルド・プチジャン*は、ポルトガル語訳を省きその他の部分にも手を加えて、明治三年（一八七〇）、***Lexicon Latino-Iaponicum***（『羅日辞書』）としてローマで出版した。

アンブロージョ・カレピーノ*の辞書に基づくことが標題等に記されているが、Kishimoto（2006）は一五七〇年リヨン版カレピヌスに基づき、おおよその翻訳手順として、原典から見出しを抜き出し、ラテン語語釈からポルトガル語抄訳を作成し、それにほぼ基づいて日本語訳が作成されたことを示した。さらに近年原田（二〇一一）により、一五八〇年リヨン版カレピヌスが原典に最も近いと考えられること、カルドーゾ*のラテン語・ポルトガル語辞書も参照されていることが明らかにされた。対照研究の基礎ができてきたところであり、内容の検討はこれからである。

（二）**『落葉集』**　慶長三年（一五九八）（長崎）刊、（編者不明）、国字（漢字・ひらがな）刊本、一冊、美濃本

漢字にひらがなで音訓を付した漢字字書であり、日本で用いられる漢字語の辞典といえる。標題紙、「序」、「落葉集」（本篇）（含「違字」）、「色葉字集」（含「違字」）、「百官幷唐名之大概」「日本六十餘州」、「小玉篇」（含序・「目録」「違字」）からなる。日本の同時代の辞書である節用集・倭玉篇との共通点が見出される一方、土井（一九六二）をはじめとして外国人の漢字学習のために独自の工夫があることが指摘されてきた。構成が三部構成となっていること、漢字・漢字語の配列に学習者に配慮した原則があることなどである。仮名遣いは当時の節用集と似て不統一であるが、山田（一九七一）によると、本篇の左傍訓・小玉篇の左傍訓など標

準的な訓の位置を定め学習効果をねらっている。さらに表記史上、半濁点を含むかな活字が多数使用されていることで知られていたが、後期国字本の印刷に備えた漢字活字作成・一覧化の試作であったことも指摘されている。印刷については別章に詳しく述べられる。

『落葉集』は早くから国語学的に研究されてきた資料である。しかし訓は現存する節用集類などと必ずしも一致せず、典拠や編纂方法についてさらに調査を要する。

(三) *Vocabulario da lingoa de Iapam*（『日葡辞書』） 慶長八年（一六〇三）本編・慶長九年（一六〇四）補遺　長崎刊、（標題によるとイエズス会のパードレたち・イルマンたち）、ローマ字刊本、一冊、クワルト

(五) *Vocabulario de Iapón*（『日西辞書』） 寛永七年（一六三〇）マニラ刊、Jacinto Esquivél del Rosario編、ローマ字刊本、一冊、クワルト

（三）『日葡』は日本語にポルトガル語の語釈を付した対訳辞書であり、辞書本文は本篇と呼ばれる三三〇頁までと、補遺の三三一～四〇二頁からなる。ここでは今後の課題をいくつか示すにとどめる。分量が膨大であるため、辞書全体の研究もまだなすべきことが多い。特にポルトガル語語釈は、全文検索が可能になったのち、日葡内の他の箇所、同時代のポルトガル語資料とつき合わせての検証が必要である。日本語側にも、語義・語法について必ずしも一般的と思われないもの、引用の典拠が不明なものなどの問題が残っている。日本イエズス会の積年の成果をまとめたものであるから、全体として不統一と見える箇所も少なくない。

（五）は、『日葡』の補遺部分を本編に組み入れポルトガル語語釈をスペイン語に改めて、ドミニコ会がマニラで刊行したものである。編者には来日経験がなく日葡辞書編者らより日本語に明るくなかったと思わ

れ、森田（一九九三）によると、見出しの配列やポルトガル語からの翻訳が必ずしも適切ではないという。また、Léon Pagès は明治十九年（一八八六）パリにて、ポルトガル語部分をフランス語に訳した『日仏辞書』を刊行し、『日葡』の影印や邦訳が公刊されるまでしばしば参照された。

（四）*Vocabulario Lusitanico Latino*（バレト自筆『葡羅辞書』）慶長十一〜十二年（一六〇六〜〇七）（長崎にて成立か）、Manoel Barreto 編、ローマ字写本、三巻三冊、リスボン科学アカデミー

バレト自筆のポルトガル語・ラテン語辞書である。未完成の写本だが、一七世紀初頭日本イエズス会の辞書編纂の実態を示す、近年研究が進められている辞書として重要である。そのため、岸本・豊島（二〇〇五）の要点をまとめながら、この辞書がキリシタン辞書研究史にどのような意味を持つかをやや詳しく述べる。

この辞書の研究資料としての特長は、いつ、誰が、何のために作った辞書であるかが明記されていること、さらに、編纂方針が編者自身によって詳しく記されていることである。

三巻のうち序文の一部以外はすべてバレトの自筆とみられ、第一巻は一六〇六年、第二巻は一六〇七年と標題紙にあり、第一巻に一六一九年バレトが最晩年にリスボンのイエズス会聖アントニオコレジオに送ったとも記されている。バレトは少なくとも慶長八〜十二年（一六〇三〜一六〇七年）、日本司教ルイス・デ・セルケイラの秘書をつとめており、この辞書の大部分はそのころ長崎で書かれたと思われる。

バレトは天正十八年（一五九〇）来日後、コレジオ*のラテン語教師などをつとめたのち司教の秘書となった。その際、司教が教皇へ送付するラテン語文書作成の困難な様子を見知り、この辞書の編纂を思い立ったという。さらに序文によれば、ポルトガル語語彙の全リスト作成（完成しなかったが、それに対応する全ラテン語

リスト）もこの辞書のもう一つの目的であった。なお、この箇所に記されたやはりバレト編の『葡日辞書』の現存は不明である。

バレトはこの辞書の素材に三十を超す書名を列挙しているが、主要なものは『羅葡日』、カルドーゾの『羅葡・葡羅辞書』、ニゾリウスの『キケロー用例辞書』、カレピヌスのラテン語辞書、の四種だったと思われる。葡羅対訳箇所は羅葡日からの抜粋にカルドーゾから補い、ラテン語の用例はニゾリウスからキケローを、その他の作家はカレピヌスから引用する、というのが基本的な編纂方法だったようである。

『羅葡日』『日葡』の編纂にバレトがどのようにかかわったかはこの辞書でも明らかにされていないが、バレト自身このほかにも、いわゆる「バレト写本」[*]、「難語句解」と、刊本 Floscri（慶長十五年〔一六一〇〕刊）の著作を残しており、同一人物の手による比較可能な資料が増えたことも有益である。

（六）*Vocabulario de la lengua Iapona*（**コリャード『西日辞書』**）　寛永八年（一六三一）マドリッド成立、Diego Collado 編、ローマ字写本、ヴァチカン図書館

（七）*Dictionarium sive Thesauri Lingua Iaponica Compendium*（**コリャード『羅西日辞書』**）　寛永九年（一六三二）ローマ刊、Diego Collado 編、ローマ字刊本、一冊、クワルト

コリャードの辞書二点は、大塚（一九九六）によると写本から刊本への成立過程が認められるため、まとめて記述する。稿本『西日』は日本語で書かれた資料から日本語を抜き出し、スペイン語訳を付したものが主体となっており、ドミニコ会の『ロザリヨの経』（元和九年〔一六二三〕刊）、イエズス会による編纂物で今日ロドリゲス『日本大文典』に引用されている散逸物語類『黒船物語』『客物語』などと、コリャード自身

の草稿本日本文典が典拠であったことが明らかにされている。この稿本『西日』にさらにラテン語の見出しを付したものが、刊本『羅西日』本篇・補遺の母体となっている。『西日』の残る出典、および『羅西日』続編の成立については未だ不明であり、今後の課題である。ただ、『羅西日』補遺跋文（『西日』跋文草稿をラテン語に改めたもの）と『羅西日』続編の序文に見られるCalepinusとは、ヨーロッパ版カレピヌスやイエズス会の『羅葡日』ではなく、一般名詞の辞書の意味でコリャード自身の『羅西日辞書』を指すと考えられるので、これらの他にも典拠の検討が必要である。

コリャード自身の日本語能力、ローマでの日本語未知の人々による印刷などのため、イエズス会のものと比べ精緻さにおいて劣ることは否めない。先学の指摘通りイエズス会が拾い上げていない日本語の語彙・語法が含まれていることと、イエズス会が組織的に年月をかけた辞書編纂とは異なる、コリャードの素朴ともいえる作業工程がかなり明らかになっていることが、この辞書の資料的価値であろう。またヨーロッパにおける日本語研究史上、ローマで刊行されたことにより広く知られ、コリャードの『日本文典』『懺悔録』とともに後世に与えた影響は大きかった。

その他の語彙集

（八）「やわらげ」　天正十九～元和九年（一五九一～一六二三）刊、（編者不明）、ローマ字刊本、オクタヴォ

日本語をローマ字で表記した刊本の多くの巻末に、「やわらげ」と題した本文の語を並べ注を付した語彙集がある。キリシタン版の『サントスのご作業』『ドチリナキリシタン』『ヒイデスの導師』『平家物語・エ

ソポのハブラス』『コンテムツスムンヂ』と、それらの形式を模したと思われるドミニコ会版の『ロザリヨの経』のものである。「やわらげ」そのものの研究は少なかったが、山田（二〇〇四）は注釈の中心がポルトガル語から日本語へ変化し、また本文読解用から自立した日本語学習用の語彙リストともなっていることに注目し、『日葡』へと単純に連続していくものではないことを指摘している。

（九）バレト自筆難語句解　文禄二年（一五九三）頃写、Manoel Barreto 編、ローマ字写本、大英図書館

キリシタン版『平家物語』『エソポ』『金句集』合綴本の巻末にアルファベット順の日本語語句が配列されており、また三種類の本文の頁にも注が付されている。これらの影印・翻刻は、考察とともに森田（一九七六）にて公刊されているが、筆跡は「バレト写本」との比較によりバレトの自筆とみなされている。ローマ字で書かれた本文の日本語から難語句を選び、他の日本語語句やポルトガル語で注釈を付すのが基本形式であるが、「バレト写本」同様、刊本に比べ多様なつづり字が見られることで注目されてきた。バレトが自分の日本語学習のために記したと考えられるが、刊本の「やわらげ」や『日葡』と注の形式が似ており、綴り字や対訳の検討とともにキリシタンの日本語習得を示す資料としての考察も必要である。

（一〇）「字集」　慶長三・四年（一五九八・九九）（長崎？）刊、（編者不明）、国字（漢字・ひらがな）刊本、中本・美濃本

『サルバトルムンヂ』と『ぎやぺかどる』上巻・下巻には、「字集」（『ぎや』上巻では「集字」）と題する、本文の漢字語によみを付した巻末辞書がある。『サル』は後期国字本の嚆矢であり、『ぎや』との印刷の間には『落葉集』が存在することから、読者向けの難語集という本来的目的だけでなく使用可能な漢字活字の見

本一覧を示す技術的側面もあったと考えられる。

（一一）「**キリシタン用語略解**」　慶長三年（一五九八）（長崎？）刊、（編者不明）、国字（ひらがな・漢字）刊本、中本

『サルバトルムンヂ』のもう一つの実験的とも考えられる試みがこの用語集である。本文末（「字集」の前）に「此一くはんの内初心の人々分別しがたかるべきことばの心を、よそあらはす者也」とあり、例えば「〇あにま〇にんげんのちゑいのちのしやうたい也これしきしんをはなれてもらいせにをひてをはりなくいきながらへぜんあくのへんほうをうくるたい也（Anima 人間の智恵、命の正体なり。これ色身を離れても来世に於て終りなく生き永らへ、善悪の返報を受くる体なり）」のように、本文中のキリシタン用語三五語に簡単な説明を付けたものである。

（一二）**吉利支丹用語略解**　慶長十二年（一六〇七）以降写、（編者不明）、国字（漢字・カタカナ）写本、彰考館文庫

柊（一九五七）に翻刻と解説があり、『スピリツアル修行』（一六〇七）のうちペドロ・ゴメス*による第三部「ソマナに当る日々のメヂタサン」のキリシタン用語を集めたものであることが判明している。「一ジシプロ　弟子ト云フ事」「一コンデナト　インヘルノニ落タル者ノ事」のように、漢字カナ交じりで解説した写本である。『スピリツアル修行』に難解な用語が少なくないことから作成、伝承されたものであろう。

（一三）『**大文典**』『**小文典**』**の一部**　慶長九～十三年（一六〇四～〇八）長崎・元和六年（一六二〇）マカオ刊、João Rodriguez 著、ローマ字刊本、クワルト

ロドリゲス『大文典』『小文典』のうち、説明の用例として語彙を列挙してある箇所がしばしばある。なかでも『大文典』第三巻の「百官」「日本六十余州」「日本の年号」は単なる例示でなく、一まとまりの語彙集と呼びうる。このほか、「三宝」「八景」など一から九までの数詞を用いた複合語をあげてある箇所も、本編で数詞を除き、補遺で一般的なものを収載した『日葡辞書』との相補的な関係が認められる。

（一四）***Vocabulario da lingua Portugueza***（**写本『葡日辞書』**）（一七世紀半ば頃成立か）、（編者不明）、ローマ字写本、一冊（端本）、ヴァチカン図書館

アルファベット順のポルトガル語見出しに日本語訳を付した写本であるが、De から Re の途中までしか現存せず、成立事情や編者も不明である。複数の筆跡が認められる転写本だが、イエズス会式ローマ字綴りを踏襲している一方、比較的新しい日本語が見られることとポルトガル語学習用とみられることから、イエズス会の教育を受けた者によって南蛮通事向けに作成されたポルトガル語辞書と思われる。素性がわからず扱いにくい資料であるが、『羅葡日』とは別系統のポルトガル語・日本語対訳辞書であること、『日葡辞書』にない約一三〇〇語を含むこと、口語的要素が多く見られるなどの特徴がある。次の『南詞集解』を含め、ポルトガル語を含む他の辞書と合わせて参照することが有効であろう。一九九九年、翻刻・日本語索引・解説を付した影印が公刊された。

（一五）**『南詞集解』**（成立年代不明、一八世紀末頃写か）、（編者不明）、国字（漢字・カタカナ）写本、三冊（十二冊のうちか）、長崎歴史文化博物館

寛政期に『訳詞長短話』『東京異詞相集解』を書写した東京（トンキン）通事、魏龍山による写本で、漢字

の語句・文の右にカナ書きのポルトガル語を記し、しばしば左にカナ書きの日本語で漢字のよみや意味を記してある。第一冊は意義分類の名詞、第二冊は動詞中心の文例、第三冊は第一・第二冊の補足が主となっている。

成立・伝承事情が明らかでなく転写本で誤記も少なくないことから、土井（一九八二）以降語学的研究はほとんど発表されておらず影印の公刊もないが、数少ない南蛮通事用辞書であり、ポルトガル語がカナ音写されている点も珍しい。日本語・ポルトガル語双方からの考察が待たれる。

三　キリシタン辞書史の中のポルトガル語

本項では、キリシタン版の中で数少ない例外として、ポルトガル語を多く含む『羅葡日辞書』『日葡辞書』が印刷された理由を、バレト『葡羅辞書』を手がかりの一つとして考察する。

日本イエズス会とポルトガル語

現存するキリシタン版のうちポルトガル語で書かれた本文を含むのは、『ラテン文典』『羅葡日辞書』『日葡辞書』ロドリゲス『大文典』しかない。『小文典』については、マカオでの印刷であり事情や目的が異なると考えられるので（高瀬、二〇〇一、四三六〜四三七頁）ここでは除く。このほか、イエズス会の「やわらげ」はポルトガル語を含んでいる。記録上、これらの他にポルトガル語の文献が印刷されたことを明示する史料はないようである。また、ポルトガル語教育が個人教授でなく組織的に行われたという記録は、片岡（一九五二）の言うように、一五六〇年代の大分でのみ確認されるようである。

しかし実際、日本イエズス会においてポルトガル語はごく身近であり必要でもあった。日本はポルトガルの布教保護権下にあって、イエズス会はその支援を受けて活動しており、実際派遣された人々を見ても、五野井（一九九九）によれば日本で宣教活動に従事したイエズス会会員三一六名のうち日本人一三一名（パードレ二十二・イルマン一〇九）のほかは、ポルトガル人が一一六名（パードレ七十八・イルマン三十八）、イタリア人四十一名（パードレ三十六・イルマン五）、スペイン人二十六名（パードレ二十四・イルマン二）などであり、外国人としてはポルトガル人が圧倒的に多い。また現存する日本発のイエズス会士の書簡についても、天文十六～天正七年（一五四七～七九）の間、五野井（一九九二・二〇〇二）によるとポルトガル語文が大半を占める。イエズス会全体の通信制度として永禄元年（一五五八）ローマにおける第一回総会議において、布教地に派遣された会員からの書簡はラテン語とその管区の言語（日本はポルトガルの管区であるからポルトガル語）の両方で書くことが定められたが、実際ラテン語で書かれることは少なくポルトガル語文が約七割であり、イタリア人・スペイン人の会員も特にゴア、マラッカの同僚宛にはポルトガル語で書くことが多かったという。また年報制度が整ってからの一一〇の日本年報についても、やはり七割近くの七三がポルトガル語であって、ラテン語は十二であった（五野井、一九七八）。

また語学書についても、最初期の文法書・語彙集がポルトガル語対訳であったことは史料から明らかである。一般信徒の側にとっても、初期のガゴ*の用語改革以降、教義上重要な概念で外国語のまま使われた語のうち「あにま」「いんへるの」など多くはポルトガル語であり、日本語文に交えて用いられたため、一部の語彙のレベルとはいえポルトガル語は一般のキリシタンにも身近であったと考えられる。

さらに一七世紀初めに書かれたバレトの『葡羅辞書』は、日本宣教開始から五〇年以上経った時期にもポルトガル語見出しの辞書の需要が小さくなかった事実を裏付けるものである。豊島（二〇〇七）はポルトガル本国でも十分なポルトガル語辞書がない中、バレトが『羅葡日』『日葡』など多くの材料を用いて、当時として最大規模のポルトガル語語彙集成となる『葡羅辞書』を編纂したことを指摘している。バレトは序文にて「この様な困難な著作［葡羅辞書を指す］は、［当時秘書として仕えていたセルケイラ司教の］御《ご》慫慂《しょうよう》無しには、又ポルトガル語のほぼ全語のアルファベット順リスト（これは葡日辞典を著した際に作成したが）が手元になければ企てなかったであろう」と述べた。ポルトガル語で引く辞書は、ポルトガルで印刷されたカルドーゾの『葡羅辞書』が持ち込まれ、『羅葡日』と『日葡』が印刷されてもその需要が満たされたわけではないことは、バレトがおそらくほぼ独力で『葡日辞書』も『葡羅辞書』も作った（作らざるを得なかった）事実から明らかである。

しかしバレト辞書は見出し以下空白の部分が多く、バレト自身も増補を望んでいる通り、未完成の草稿レベルでしかない。また上長らが同意していたとはいえ編纂はバレトとその周辺にとどまる作業であり、日本でまだ印刷が続行されていた時期に会の公的事業にはならなかったことも、他のキリシタン版と大きく異なっている。このように、ポルトガル語を見出しとする辞書が日本で印刷されることは結局なかった。このことには、主に以下の二つの理由があったのではないだろうか。

一つには、ポルトガル語辞書刊行史の浅さである。他の宣教地でも、地域ごとに事情が異なるとはいえポルトガル語を含む辞書が印刷されたという事実は、『羅葡日』以前に知られていない。例えばリッチらの『葡漢辞書』は未完成の写本であるし、ローデのベトナム語・ポルトガル語・ラテン語辞書の刊行は慶安四年（一六五一）である。この背景には、ポルトガル語の辞書刊行や教育の歴史がごく短く、最初の文法書刊行が一五三六年（オリベイラ）、ポルトガル語辞書刊行が一五六二年（カルドーゾ羅葡辞書、一五五一年刊の記録もあるが現存未確認）、と、キリシタン版の刊行よりせいぜい数十年前だったという事情もあっただろう。

さらに、日本独特の理由として豊島（一九八九）のいう「印刷物信仰」があったことが大きかったのではないか。写本より版本を尊ぶ態度から、重んじられるべき自分たちの印刷物に教会公式のラテン語と現地語（日本語）以外の俗語を入れることは受け入れがたかったのではないだろうか。言ってみればキリシタン版にポルトガル語を入れることは、彼らにとって、自分たちの印刷物の「格下げ」を意味したと考えることは可能であろう。

例外的に印刷された実用上の理由

次に、ポルトガル語を含む語学書四点が例外的に印刷された理由を、辞書を中心に考察する。『羅葡日』（・『ラテン文典』）と『日葡』（・ロドリゲス『大文典』）とではポルトガル語の役割が大きく異なり、前二点はポルトガル語は補助的であるのに対し後二点は主要言語であること、また文禄四年（一五九五）前後から慶長八年（一六〇三）前後までの約八年を経、日本イエズス会のおかれた状況が変化したことは序文からも窺われることから、印刷の理由も『羅葡日』（・『ラテン文典』）と『日葡』（・ロドリゲス『大文典』）とで分けて考える。また、『サントスのご作業』『ドチリナキリシタン』『ヒイデスの導師』『平家物語・エソポのハブラス』『コンテムツスムンヂ』の「やわらげ」において、特に初めの二点にポルトガル語が多く含まれていることについては、山田（二〇〇四）の説を含め検討する。

『羅葡日』の翻訳は先に述べたように、ラテン語からポルトガル語、ポルトガル語から日本語という段階を経て行われた。しかし辞書に明記された目的からすれば必要なのはラテン語と日本語のみであり、印刷の段階でポルトガル語を削るという選択もあり得た。むしろ、序文に忠実にあるならば携帯上の便利さを優先し、限られた紙面にできるだけラテン語と日本語訳を盛り込む方が良い。

ここでバレト辞書序文を見てみると、「師がその職責に拠って教皇聖下へ送付されるためのラテン語文書の作成の難儀を見知り」という箇所から、日本教区の長であったセルケイラ司教さえも、教皇へのラテン語文書作成が困難であったことがわかる。修辞的な格調高いラテン語作文が容易でなかったことを指すのであろうが、他の会士のラテン語能力も推して知るべしである。

また、ポルトガル語教育の実態についてはほとんど記録がないが、やはりバレト辞書序文からその様子が窺える。「（この辞書を作った理由の一つは）現地人で、ラテン語のみならずポルトガル語も勉強している者のために。これは多くの利点がある方法で、このために何回もポルトガル語の作文や口誦課題を課しているのであり、彼らには非常に容易な一挙両得になる。これは数年に亘る日本のセミナリオでの偉大な成果の経験に基づくものであり、羅葡両語を学習している他のどの土地に於いても通用するものであろうと信ずる。」この記述から、日本のセミナリオではラテン語だけでなく実はポルトガル語も合わせて教授されていたことがわかる。したがって、『羅葡日』に表立っては記されていないが、ポルトガル人宣教師にとっても日本人学生にとってもポルトガル語部分が必要であって、『羅葡日』のポルトガル語・日本語の翻訳が逐語訳的なのは、ラテン語・ポルトガル語訳は特にポルトガル人がラテン語を学ぶために、ポルトガル語・日本語訳は特に日本人がポルトガル語を学ぶために、あえてそのような方針をとったと考えることが可能である。その一方、ポルトガル語学習の用途を標題や序文で一言も出していないのは、俗語（ポルトガル語）印刷に対する彼らのぎりぎりの抵抗ともいえるかもしれない。

また、宣教師の母国感情という点から考えると、ヨーロッパのカレピヌスの多言語訳にロマンス諸語のイタリア語、フランス語、スペイン語はあっても、ポルトガル語が加えられることは結局なかったという事実は重要である。これには天正八年（一五八〇）ポルトガルがスペインに併合されたという政治的背景が関係したと考えられる。『羅葡日』印刷にあたっては、カレピヌスにポルトガル語も加えたいというポルトガル人宣教師の母国感情も後押ししたことだろう。ポルトガル語への態度の点でもバレト辞書は『羅葡日』と対照的で、序文に「ポルトガル賛辞」を引用するなど母国・母語への溢れんばかりの思いが表出されており、写本だからこそ書けた率直な感情であったと思われる。

ここで、「やわらげ」について若干検討しておく。山田（二〇〇四）は『サントス』『ドチリナ』においてポルトガル語注釈の比率が高く、『ヒイデス』以降日本語が主となる事実について、想定された利用者がかなり高度なレベルの日本語を要求されていたためであって、ポルトガル語注解を必要最低限に抑えたという説を提示している。豊島（一九八九）の指摘した文禄元〜二年（一五九二〜九三）頃のキリシタン版のいわば検閲強化の一部として、そう考えることは可能であろう。つまり、それぞれの書の対象者によって「やわらげ」の方針も異なることは考慮しなければならないが、会としての大きな方針転換があったとみるべきであろう。学校で初学者も使用するごく実用的な『羅葡日』『ラテン文典』のみは例外として、刊本ではポルトガル語は出さないという方針が「やわらげ」にも適用されたのではないか。

次に、『日葡』について考える。序文にある成立事情を見てみよう。「今日は、キリスト教に対する迫害がひどくて、パアデレや日本人イルマンたちは以前よりも若干の時間的余裕が生じたので、年来不完全ながら存していたこれらの辞書を見直し、一層よく検討することができるようになった。」このような日本宣教の現状を示す類似の文言は『大文典』序文にも見られる。「日本のこの会の長老達は、主のこの葡萄園で働こうとして、ヨーロッパやインドから来るわがパードレやイルマンが、この国民の言葉を一層容易に学習し得るようにするがために、一つの文典を組織して印刷する事を既に長い間希望していられた。しかし、改宗の事に当たる重責を持ち、又その事から理解せられるように、絶えず事件に携わっていたので、その希望が早く実現されなかったのである。今は一段と便宜が得られるので、同長老達は私にこの文典を編纂するように下命なさった。」

しかし史実を確認すると、新たな面が見えてくる。確かに天正十五年（一五八七）の伴天連追放令、慶長二年（一五九七）の二十六聖人殉教事件があり、全国統一の時流に合わせて迫害も全国的になりつつあった。しかし、秀吉が慶長三年（一五九八）に死去したあと、イエズス会を含め日本のキリスト教会は、慶長十五年（一六一〇）の岡本大八事件までおおむね公に活動できていたといってよい。

さらに注目されるのは、五野井（一九九九）によれば、『日葡』や『大文典』が刊行された時期、新たに来日する宣教師はむしろ増えていたという事実である。詳しく見ると、文禄四年（一五九五）頃と慶長八年（一六〇三）頃を比べると、日本イエズス会だけでなく他の三修道会の宣教師も増えている。会や国同士の対抗意識を背景に、イエズス会以外の修道会が、文禄二年（一五九三）フランシスコ会、慶長六年（一六〇一）ドミニコ会、慶長八年（一六〇三）アウグスチヌス会と順次日本宣教を開始し、徐々に来日者数は増加した。イエズス会でもこの時期毎年七〜一四人が来日しており、対抗意識を背景に活況を呈していたとさえいえる。イエズス会は日本宣教の先駆者として、経験に基づく自分たちの優位を対外的にも示す必要があったのである。

また『日葡』『大文典』の印刷には、日本イエズス会内の事情、すなわち、一五八〇年代から日本人聖職者の養成教育が本格的に開始されて二十数年、司祭になる段階の日本人・在日外国人が増えてきたことも背景にあろう。セミナリオからラテン語・日本語とポルトガル語を学んできた彼らにも、より深く日本語を知るための本格的な辞書・文法書が有用であった。高祖（二〇一〇）も、慶長八年（一六〇三）一月ヴァリニャーノ*が離日しセルケイラが印刷事業を継承してから、「いわば福音を宣べ伝えられる信徒を対象にしていた印刷事業が、一面、司祭の数の増加に関連してであろうか、福音を宣べ伝え、教会を導いていく司祭のための書籍の刊行にも力を入れるように変化している」と印刷物の変化を指摘している。

このように、対外的宣伝と国内需要への対応のために、『日葡』『大文典』と続けて、慣習的原則を破ってポルトガル語が用いられたのだろう。ドミニコ会の印刷がイエズス会に対抗するものであったことはしばしば言われてきたが、使用言語の選択を見てもそれは明らかである。エスキベルが『日西辞書』を、またコリャードが『羅西日辞書』をわざわざ新たに編纂・印刷したのは、『日葡』『大文典』が自分たちドミニコ会に対して挑発的な、対外的宣伝と受け止めたからであって、ドミニコ会士には実用目的もあったに違いないが、イエズス会のポルトガル語に対抗してスペイン語を表に出したのである。ただしコリャードは、『日本文典』をスペイン語では刊行しなかった。スペイン語稿本からラテン語に訳して印刷し、序文では先行のロドリゲスの文典にふれる一方、「［この文典では］総ての範例にはラテン語（神学者間ではこれが共通である）の訳文を添えているのであるが、教師にはこれほど望ましいことはないのである」と述べている。これは俗語による文典を著したロドリゲスおよびそれを印刷したイエズス会に対する皮肉であり、優越の誇示（「彼らとは違って、我々はラテン語を常用する神学者なのだ」）と解することができる。

日本イエズス会のキリシタン版では、ポルトガル語を見出しとする辞書こそ印刷されなかったが、印刷物には原則的として現れないいわば陰の存在であったポルトガル語が、最終的に語学書においてのみ陽の目を見ることになった。『日葡辞書』と『大文典』はイエズス会の日本語研究の集大成であったのと同時に、時流を受けた会の印刷方針の変化を示すものでもあった。

文法書

カルロス・アスンサン
豊島正之（訳・補）

一　日本布教初期の日本文法の痕跡

イエズス会士が布教現地からポルトガル・スペイン宛てに送った書簡は、東洋の地で出会った言語に就ての彼らの知見を検証する上で、重要である。

この種の書簡集の刊本の一つ一五六二年コインブラ刊本の序文で、マノエル・アルバレス*は、次の様に言っている。

「インド、日本、中国、その他の地で改宗に努めつつあるパーデレやイルマンより毎年ポルトガルへ送られる書簡への希望は多く、日々の雑務もあり、手写に堪えず、前回の版より後に到着せる数点をここに版に付して、我らが事業の果実を以て類似の努めに従事する者を慰め、鼓舞せんとす。更に、この世界事業に携わりつつある数多の者にも、我らが信仰の表明たる事業を完成させつつある書簡の主と同じく、万福を祈り、その名を記憶に留め、祝福せんとするものなり。」書簡集の校訂本の編者ガルシアは、「この種の書簡集のうち、特に出版に価した地域は日本であって、Cartas do Japão（日本書簡集）の名でも知られ、一五七〇年代の出版では、それぞれ千部を超え、我々の想像する以上の部数が出ている」と言う。書簡には、処々に日本語に関する記述が見える。

バルタザール・ガーゴ神父の、日本字の起源に就ての言。「二千二百年前、日本には文字は無し。その後、文字は中国より到来し、習得に辛苦あり。初めて到来せる書籍も又中国由来なり。いくばくかの文字を取り出して書き替え、中国字よりも遥かに分かり易く仕立てたるが日本文字なり」（Cartas 1-100）

ロレンソ・メシア神父の更に詳しい報告（一五八四）。「この言語はギリシャ・ラテン語*よりも更に重厚にして、余多の点に於いてそれを超え、語彙は無限にして、一事を表すに余りに多くの途ありて、此地にて二十年以上を閲する我らのみならず、日本人自身も常に学ぶに余儀無き次第なり。修辞を学ぶは、良き育ちに繋がり（掛かる例は他の言語には無しと思わる）、日本に於いては、大人に対するか子供に対するか、目上・目下等、相手に応じた口の利き方を知らずしては、一言をも語る能わず、言葉の作法はあらゆる相手に就て最も厳守すべきにして、それぞれに応ずる適切な動詞・名詞・話法あり。我らは既に文法書とカレピーノ*、即ち辞書は作り上げ、ニゾリオ、即ち用語宝典［Nizolius の Thesaurus Ciceronianus「キケロー語彙集」を指す］の編纂も緒に着きたり。書き言葉は話し言葉と大いに異なり、差異多く、且つ豊かにして、僅かな言にも多くを込めたり。その文字は無限にして、全てを知悉する者無し。アルファベットは二種［平仮名・片仮名］あり、各四〇字を超え、各文字に多数の異形［変体仮名か］あり。加うるに中国の象形文字［漢字］ありて、習得に終期無し。この中国字以外にも、同じ義のために別個独自の象形文字［国字?］あり。書字には非常な情熱と技芸を用う。話にて表し得ぬ事は書字にて述ぶるが故なり」（Cartas 2–123）

「この言語の習得は、日本人の改宗の目標の達成に最重要なり。一五五九年十一月にルイス・ダルメイダ曰わく「主に誉れあれ、我らは皆壮健なり。いざ、この語を学びて、これらのキリシタン達を扶けん」」（Cartas 1–62r）

豊後のイルマン、ジョアン・フェルナンデスも、これを強調して「キリシタンの子弟には、日本字をも教授したり。以前は、日本字はボンゾ［仏教僧侶］の寺にて学びしが、寺にてはボンゾが余多の悪き作法と悪事を子弟らに教え込み、悪魔の子弟となしたり。この改善のため、キリシタンの子弟は、須く教会へ来たりて、ドチリナ・キリシタンを学ぶと同時に日本字も学ぶべしと命じたり」（Cartas 77）

ジョアン・フェルナンデスは日本語に熟達していた事で名高い。

「日本へ来るイルマンのうち、言語に掛けては、イルマン・ジョアン・フェルナンデスに如く者を知らず、又、今後もあろうとは思われず。この若者は我と共にあるが、神の恵みに拠り、その語るや人の心を奪い、在所二十二年にして、聖書の殆どは諳んじたり」（Cartas 1–84）。「イルマン・フェルナンデスは、日本語をよく解するが故に、洗礼を経たる者の教授に専念す」（Cartas 1–101）

文法要綱や辞書への言及も見える。ルイス・フロイス神父は、一五六四年十月三日付け通信で、*

「日本には、今に至るまでラテン語の機序に則る文典を欠き、言語の習得に多大の困難をかこちたるが故に、イルマン・ジョアン・フェルナンデスは、特別の職免除を賜り、活用・過去形・統辞論その他の文法規則集と、アルファベットで書かれた辞典二つ（ポルトガル語より引くもの・日本語より引くもの）を作成せんとす。六、七箇月をこれに費やし、神のお恵みにより、終に完成す。これには、説経と一般の典礼を含みたり。これらは、言語にて魂に果実をもたらすに、最も必要なるものの一つなればなり」(Cartas 1–146v)

ルイス・フロイスは、その著「日本史*」でも、日本語の研究に言及し、一五六〇年に改宗した日本人の医者（養方パウロ）に就て、

「日本語に通じたる人物にして、日本文典と浩瀚なる日本語辞書の著作に大いに助力せり」（Wicki, 1976–84, 1–172/173）

フロイスが、ジョアン・フェルナンデスと共同で、一五六三に開始したのは、

「最初の日本文典の素案にて、活用と統辞論を含み、辞書の素案も加えたるもの。但し、全くの初の試みにて、日本語の知識も未だ乏しく、初歩的な素案に留まる。凡そ二十年の後に文典と辞書の成るの曙光なり」（Wicki, 1976–84, 1–356/357）

ガスパール・コエリョ神父も、一五八二年の年報で、同趣の書物に言及するが、著者を明記しない。「今年、日本文典・日本語辞書、及び日本語文書の何点かの完成を見たり」（Cartas 2–28）

バルボーザ・マシャード（Biblioteca Lusitana「ポルトガル書誌」、一七四一〜一七四八）は、バルタザール・ガーゴ神父、ドゥアルテ・ダ・シルバ、ガスパール・ビエラに言及する。

刊行された文法書としては、アルバレス原著の天草版「ラテン文典」*（一五九四、天草刊）*が、日本語文法書の嚆矢である。本書に就ては、「アルヴァレスと「ラテン文典」について」（Ⅳ部論考）を参照。

二　ジョアン・ロドリゲスの日本文典と先行の文典類

言うまでも無く、あらゆる日本語文典の中で、実際に刊行された最大且つ最も組織立った著作は、ジョアン・ロドリゲス*・ツーズ（通事）のそれである。

ロドリゲスには、「日本文典」（「大文典」、一六〇四〜一六〇八、長崎）と、簡潔な「小文典」（一六二〇、マカオ）の二著があり、いずれも、信仰の開拓の地にあっての、異言語接触に伴う問題・異文化の交流の現場での価値観・概念の交替に出る問題に取り組んだ著作である。

ロドリゲス「大文典」は、日本語に就ての深い知識と、豊富な用例の例示に裏付けられた画期的著作である。それは、当時の日本語の研究の資料として必須である事は勿論、日本語の諸問題に初めて取り組んだ文法書として、今日もなお参照される文法学史上の金字塔でもある。

ロドリゲス「小文典」は、「大文典」の単なる簡約版ではなく、文法記述は改良・洗練され、更に第一部に於いては、教授法に特に意を用いた改訂を経ている。なお、この「小文典」は、ランドレスによる仏訳刊行（一八二五、パリ）によって、ウィルヘルム・フンボルトを初めとする西洋諸学者の日本語研究を動機付けた書でもある。

三　品詞

品詞は、既に古代ギリシャの哲学者に知られており、ギリシャ・ラテン系の文法学者によって言葉の分類を組織化した概念であって、その文法形式化の核を成すものである。

言葉を分類する最初の試みとしては、プラトンのソピステースに見える名詞と動詞の二分法が挙げられようか。

アリストテレスは、三分法を取り、「オルガノン」では動詞・名詞の二、「詩学」「弁論術」で助辞（particula）を加えた三とした。後に、トラキアのディオニシオスが、曲用・活用や、態・時制といった動詞の概念を加えて「文法の技法」を完成した。ここでは、品詞は、論理的な判断の概念として考えられており、名詞・動詞・分詞・冠詞・代名詞・前置詞・副詞・接続詞が挙げられ、間投詞は副詞の一部を成している。

品詞は、屈折の有無により分けられ、それぞれの中では、意味・形態の上から、名詞・動詞・分詞が取り出され、形態・統辞の上から冠詞・代名詞が、他の前置詞・副詞・接続詞は統辞的な位置による分類を取った。ウァロは、品詞を名詞・動詞・分詞・非曲用詞の四に分ける点で独特であるが、それは、「ミネルバ」の著者サンチェス・デ・ブローサスの曲用可・不可分類に承け継がれた。「品詞とは、名詞・動詞・助辞（particula）である」。

ディオニシオスとプリスキアーヌスによる品詞分類は、その後のラテン文法家に承け継がれた。エルフルトのトマス、アントニオ・デ・ネブリーハ、エステバン・カバレイロ、ニコラウス・クレナルドゥス（ニコラオ・クレナルド）、そしてマノエル・アルバレスである。

アルバレスは、伝統通りに、八品詞、名詞・代名詞・動詞・分詞・前置詞・副詞・間投詞・接続詞を立て、それぞれの分析も、それ以前の伝統を踏まえたものである。

アルバレス文典は、イエズス会の標準的ラテン語文典であり、ジョアン・ロドリゲスに最も影響を与えた文典である。その天草版（一五九四）からの直接の引用もある事が土井忠生の研究などに示されており、ロドリゲスは天草版を見ていた事は確実である。

ロドリゲス「小文典」の品詞

ロドリゲスの小文典（一六二〇、マカオ刊）では、日本語に就て「正しくは」（fallando propriamente）且つ「明快さのために」（para clareza）十品詞を認め、名詞・代名詞・動詞・分詞・後置詞・副詞・間投詞・接続詞・助辞（particula）・冠詞とし、「便宜的には」（commodamente）ラテン語と同じく八品詞に纏め得るものとした。（小文典、五二ウ）。

名詞は、実名詞と形容名詞に分かち、それぞれ単純形と複合形を区別した。

実名詞は、ラテン語文法と同じ扱いの意味分類を行ない、「固有名詞・指示名詞・集合名詞等に分かつ」（五三オ）とする。更に、形態論的に動詞の語根に特定の音節を付加して動作者を示す実名詞を作り出す方法、動詞語根の前後に名詞を付して動作者又は道具を示す名詞を作り出す方法を示している。

ラテン語では形容詞は名詞と同じ曲用をし、名詞と同じ扱いなので、日本文典でも「形容名詞」の語を用いているが、実際には、日本語の形容詞は、ラテン語の規矩とは全く異なる振る舞いをする。このため、ロドリゲスは、形容名詞を、一つは形態的に「〜ノ」で終わる（「諸々の」「数々の」「数多の」「真の」）「本来は属格」のもの、もう一つは「本来は動詞」で、「当該活用形のみに於いて形容名詞と存在動詞の複合形となるもの」の二つに分け、後者を更に、日本語としては「本来は関係節」と見るべき「高い山」（山であって高い）、「繁い木」（木であって繁っている）の類と、「正しい意味での形容詞」（大文典）「高（山）」「黒（船）」「白（糸）」「古（道具）」の類とに分類する。この形容詞の扱いは、大文典以来の彼独自の見解である。又、日本語に所有形容詞は無く、代わりに属格形を用いるとし、「天の」「地の」「昔の」等を例示する。

なお、日本語に関係代名詞は存在せず、先行詞を動詞の直後に置く事で（「参った人」「言うた事共」）示すとするが、これは「高い山」などを「本来は関係節」とする事の根拠として、ここに述べたのであろう。

代名詞に就ては、日本語では代名詞が発達していない事を注意し、代名詞が尊敬又は軽侮の意を表す事、口語体・文語体で異なる事などを注意している。

動詞に就ては、肯定動詞・否定動詞に分け、更にその中を人称・非人称動詞に分かつが、人称動詞に、一、二、三人称の別は無い。能動動詞は一般動詞（そこから受動動詞が作れるもの）・使役動詞（受動動詞が作れないもの）に分ち、他に受動動詞、中性動詞（受動にならない動詞で、内部を更に通常中性動詞と絶対［再帰］中性動詞、形容中性動詞［上述の形容詞］の三種に分つ）、両者を兼ねる共通動詞に分類する。非人称動詞は、特定の人称が無く、他の動詞から導かれ、受動の意味を持つものを言う。

動詞は、形態としては、単純形と複合形に分かれ、複合形は、二つの動詞語根が連なったもの、敬語・意味の改変・強調などの助辞 particula が加わったものを示す。

分詞には、過去を示す助辞を加えた形（～て、～で）のみを示し、日本語の現在・未来の分詞と称するもの（～もの、～を）は、正しくは関係節であると指摘する。

後置詞は、「名詞に後置する」という機能的特徴と「意義は我々の前置詞に相当」とする意味による指定を行なった後、実名詞に冠詞（～の、～に）が付いたもの、動詞の分詞で格支配するもの、等を掲げ、属格支配・与格支配・奪格・具格支配に相当するものを列挙する。副詞は、意味による規定に留まり、詳細は「大文典」に譲っている。接続詞は、連言、選言、逆接、因果、等の分類を行なっている。

助辞 particula に就ては、日本語での多様さを注意し、日本側のテニハ・テニヲハの文法観を紹介し、詳細は「大文典」に譲る。冠詞 artigo は、助辞のうち名詞に着いて格を示すものを特立したもので、これも詳細は「大文典」に譲っている。

四　終りに

ロドリゲスが、アルバレス文典の影響を受けている事は歴然だが、それ以外に、品詞の設定に於いては、アリストテレス、ウァロの流れを汲んでおり、ロドリゲス同時代人としてはバロスの影響を受け、更に、日本の伝統的なテニハ観にも従っていると言えよう。

動詞に重点が置かれた事は特筆すべきで、小文典（五二丁）では「日本人は、品詞を三つに分ける（中略）即ち、ナ（名詞で、あらゆる実名詞、接続詞、間投詞、前置詞・後置詞も含み、対応する漢字のある語のうち動詞でないもの全て）、コトバ（動詞で、存在詞を含めあらゆる動詞と形容動詞を含む）、テニハ（テニヲハ、捨て仮名、置き字とも謂い、ハ・ニ・ヲ・ヲバの様な格の冠詞、時制やその他のあらゆる助辞で、対応する漢字が無く大和言葉であるもの全て。モ・ニモ・デ・ニテ等を含む）」としている。これは、この時代の日本の文法観の要約としては初めてのものと言ってよかろう。

ロドリゲス文典がラテン文典の伝統から外れているもう一つの点は、冠詞 artigo である。ラテン語には冠詞は無いし、勿論、当時も現代も日本語に冠詞は無い。冠詞の語はギリシャ語文法から承け継いだものとも見えるであろうが、実際には、バロスのポルトガル語文法の影響が考えられる。この見解は、丸山徹（Maruyama, 2006）に拠るが、イエズス会経由だけでなく、ドミニコ会・フランシスコ会などからも、ネブリーハ文法と共にバロスの文法書が日本に届いていた可能性はあろう。

バロスの文法が、ラテン語の名詞曲用とポルトガル語の前置詞・冠詞縮約とを並置してポルトガル語の曲用（declinação）として示した事が、日本語の曲用、即ち格の明示に用いられる語を冠詞と呼ぶ根拠となった事は、（バロスを直接指示はしないものの）土井忠生（一九七六、四九七頁）も示唆している。

別品詞として助辞 particula を立てるのも、独特である。ロドリゲスは、小文典（五九ウ）で、会話体に於いては、テニハ・テニヲハを「うまく使えば確かで確実、直截、且つ優雅な話し方」をうみ、一方「下手に使えば野卑で誤った」話し方になると注意しており、当時の日本のテニヲハ論の影響を見せている。

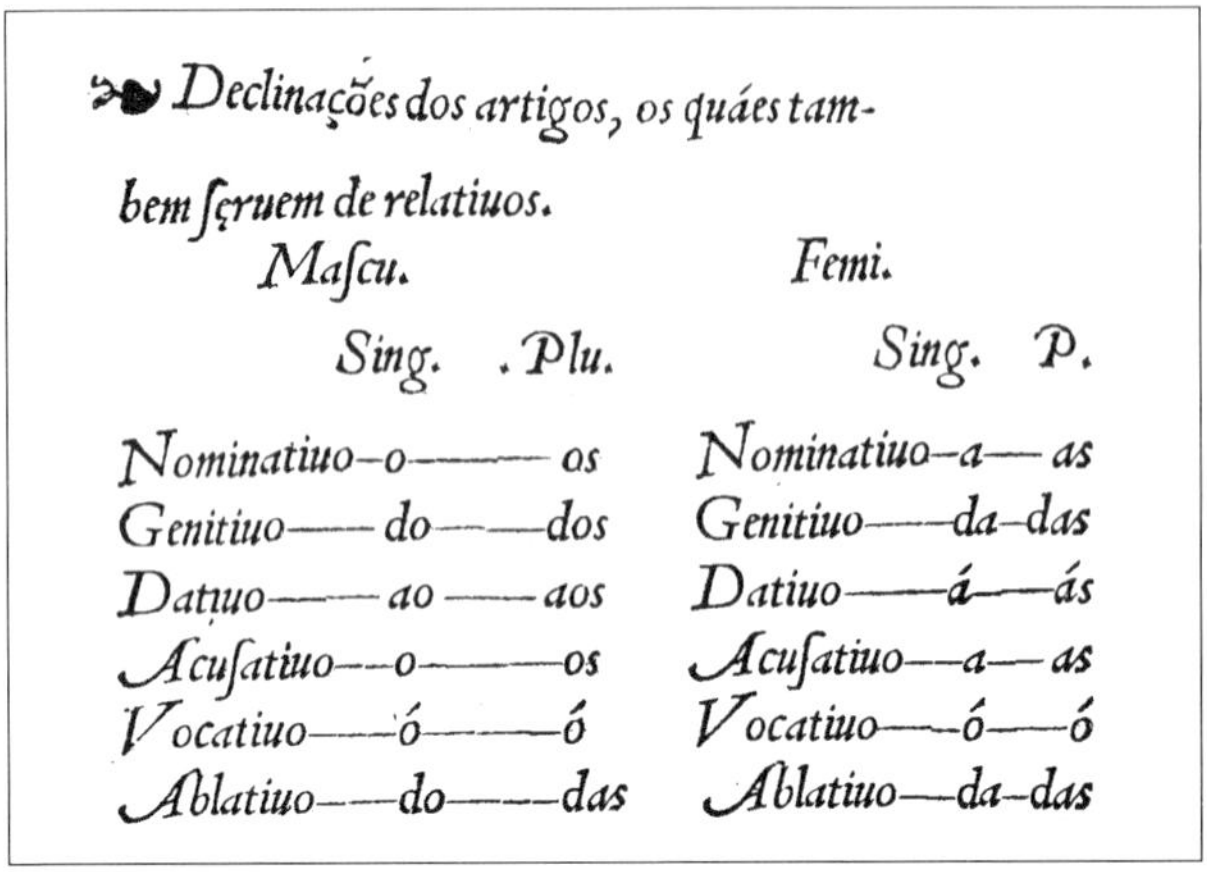

Declinações dos artigos, os quáes tambem ſeruem de relatiuos.

	Maſcu.		Femi.	
	Sing.	.Plu.	Sing.	P.
Nominatiuo	o	os	a	as
Genitiuo	do	dos	da	das
Datiuo	ao	aos	á	ás
Acuſatiuo	o	os	a	as
Vocatiuo	ó	ó	ó	ó
Ablatiuo	do	das	da	das

冠詞の曲用、関係詞に用いるも可。

	男性		女性	
単数	複数		単数	複数
主格	o	os	a	as
属格	do	dos	da	das
与格	ao	aos	á	ás
対格	o	os	a	as
呼格	ó	ó	ó	ó
奪格	do	das	da	das

訳注：属格·与格·奪格は、前置詞と冠詞の縮約で、それを冠詞の曲用と見なした表。呼格は、冠詞とは無関係の間投詞で埋める。

図１　バロス（1540）ポルトガル語文法
(João de Barros, Grammática da língua portuguesa)12

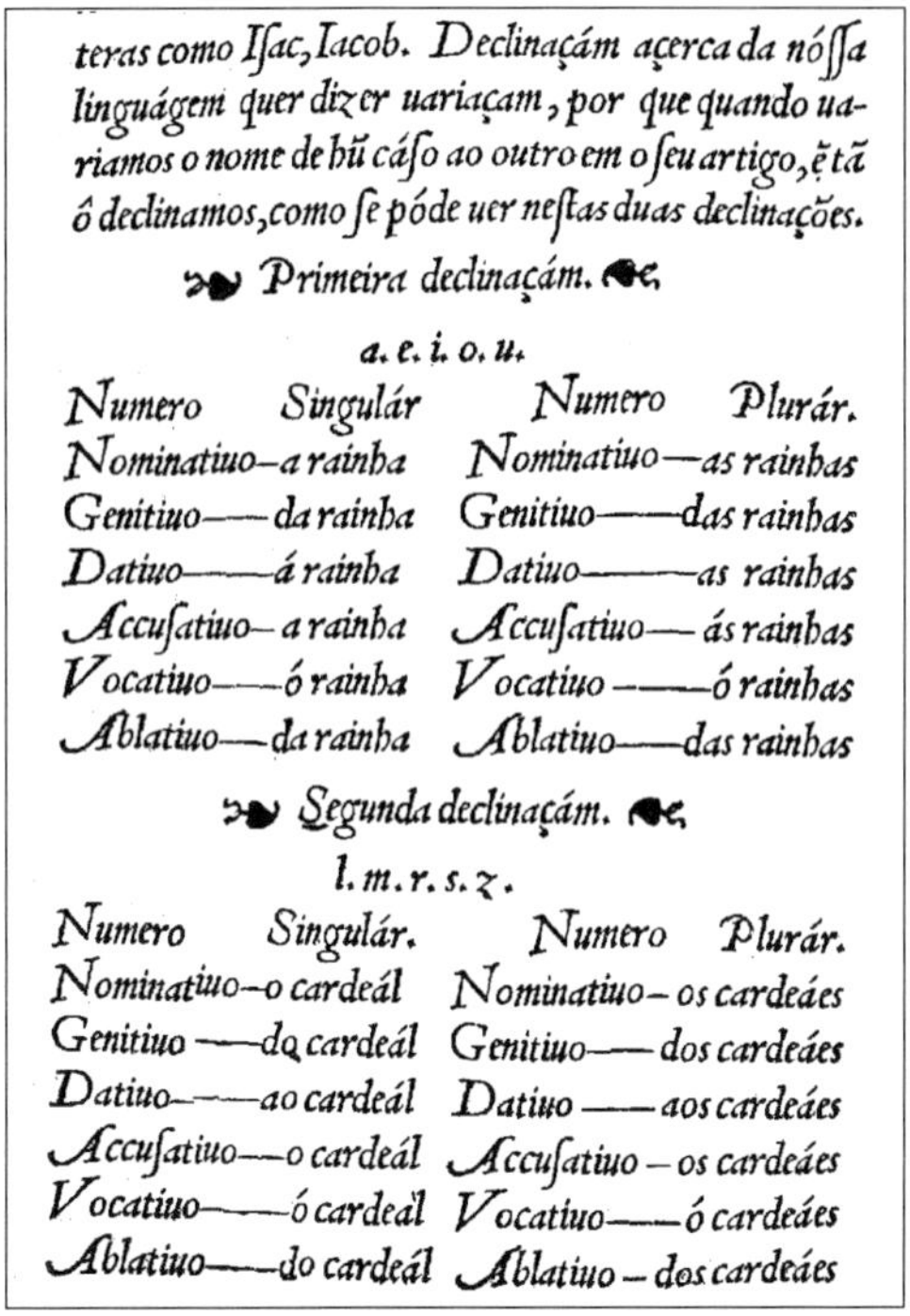

teras como Iſac, Iacob. Declinaçám açerca da nóſſa linguágem quer dizer uariaçam, por que quando uariamos o nome de hũ cáſo ao outro em o ſeu artigo, ẽ tã ô declinamos, como ſe póde uer neſtas duas declinações.

Primeira declinaçám.

a. e. i. o. u.

Numero Singulár		Numero Plurár.	
Nominatiuo	a rainha	Nominatiuo	as rainhas
Genitiuo	da rainha	Genitiuo	das rainhas
Datiuo	á rainha	Datiuo	as rainhas
Accuſatiuo	a rainha	Accuſatiuo	ás rainhas
Vocatiuo	ó rainha	Vocatiuo	ó rainhas
Ablatiuo	da rainha	Ablatiuo	das rainhas

Segunda declinaçám.

l. m. r. s. z.

Numero Singulár.		Numero Plurár.	
Nominatiuo	o cardeál	Nominatiuo	os cardeáes
Genitiuo	do cardeál	Genitiuo	dos cardeáes
Datiuo	ao cardeál	Datiuo	aos cardeáes
Accuſatiuo	o cardeál	Accuſatiuo	os cardeáes
Vocatiuo	ó cardeál	Vocatiuo	ó cardeáes
Ablatiuo	do cardeál	Ablatiuo	dos cardeáes

我らが言語での曲用（declinaçam）とは、名詞が、その格を別の格に変化させるときに冠詞を変化させることが即ち曲用する事なのであって、次の二つの曲用の如くである。

第一曲用ａｅｉｏｕで終わるもの

単数		複数
主格	女王	（訳省略）
属格	女王の	
与格	女王へ	
対格	女王を	
呼格	女王よ	
奪格	女王より	

第二曲用ｌｍｒｓｚに終わるもの

単数		複数
主格	枢機卿	

（以下、訳省略）

図２　バロス（1540）ポルトガル語文法
(João de Barros, Grammática da língua portuguesa)13

アルヴァレスと『ラテン文典』について

カルロス・アスンサン
エリザ・アツコ・タシロ－ペレス
豊島正之（補）

一　著者アルヴァレスについて

『ラテン文典』*の著者マヌエル・アルヴァレス*は、一五二六年、ポルトガル、マデイラ島のリベイラ・ブラヴァで生まれた。伝記作家の多くは、アルヴァレスは一五四六年七月四日、二十歳のときにイエズス会に入会し、一五八三年十二月三十日にエヴォラで没したと伝えている。五十七歳であった。ここから、アルヴァレスは一五二六年に生まれたと思われるが、当時の司教区において出生記録などの古文書は保管されておらず、リベイラ・ブラヴァ教区には彼の出生届が見当たらない。

一五三八年に、マデイラ島で一時的に司教職を担ったロシナ教区のアンブロジオ・ブランドン司教より、メノーレスと呼ばれる聖職資格を受けた。アントニオ・フランコ神父の記述によると、マデイラ島フンシャルの港に、インドに向かう船が寄港した折に、一人のイエズス会宣教師が病気のため上陸し、現地の病院で治療を受けることになった。アルヴァレスは、ある弟子の消息を求めて病の神父を見舞うが、その関係から、一五四〇年創設初頭から評判が高く聖職希望者が多いとわれる聖イグナチオの教団イエズス会に魅力を感じた。

こうして一五四六年に、親の元を離れ、イエズス会に入会することを決心し、一五四七年にはコインブラ学林に入学した。

ラテン語*、ギリシャ語及びヘブライ語の教授の資格を持ち、更にラテン語で詩を詠う才能を有したアルヴァレスは、リスボンのサント・アンタン学林で教えるようになった。一五五五年にはコインブラの芸術学林で、かの有名な形而上学学者ペドロ・ダ・フォンセカと肩を並べる講師に昇任し、後にはその学林の学長に就任した。

愛想がよく、質素な上、上司としてはやや誠実過ぎで消極的な性格の持ち主で、慎重で几帳面に職務を遂行するアルヴァレスには「Deus, ego tertium gymnasium（神、我、そして次に学校）」というモットーがあった。エスピリト・サント学林及びエヴォラ大学の学長を経て、一五八三年十二月三十日にこの世を去った。

当時の人々のいうにも、博識で稀な勤勉さ有し、疲れを知らないアルヴァレスはラテン語に堪能であった。従って、イエズス会総長ディエゴ・ライーネス*及びその後継者フランシスクコ・デ・ボルジアらが希望する、イエズス会全体が使用できるラテン語の文法書を書くに最適であった。

既に独自に文法書を書いていたため、イエズス会上官の命令に躊躇することができるはずなく、その作成に打ち込んだ結果『ラテン文典（De Institutione Grammatica libri tres）』が完成した。

二　『De Institutione Grammatica libri tres』について

総説

『De Institutio Grammatica libri tres』により、イエズス会のラテン語教育は大きく発展した。本書が一五七二年に出現するまでは、イエズス会の学林などではラテン語の教科書は不統一で、ラテン語講師自身の稿本であったり、特にデスパウテリウス著『Commentarii Grammatici』がよく使われていた。会の上長はアルヴァレスに従来の文法書より優れたものを依頼したのだった。イエズス会の教育指針に従い、他の教科書に寄せられていた異議・不満などを解決する教程が完成し、一五七〇年に、試験的に『De octo partium orationis constructio』（八品詞の構文に就て）と題するラテン語構文論の教科書を叩き台として印刷し、二年後、一五七二年にジョアン・リベイロ印刷所において『De Institutione Grammatica libri tres』（文法の教授に関する三冊の本）が刊行。

アルヴァレスのラテン語文法三巻が印刷中であった時期には、ヨーロッパ諸国家の教養を有する者の間では、古典ラテン語が復興しており、その教授・学習方法も進んでいた（Torres, 1984, p.180）。

あらゆる所でその概説書が出版されており、十六世紀第三・四半期の終わりごろ、特に一五七二年までには、国語であるポルトガル語文法書二件に対し、ラテン語文法書は十七〜二十件が既に発行される勢いで、更に、ジョアン・デ・バロスの、現在でも稿本のまま伝わる『Grammatices Rudimenta』も世に出ていた。一例を挙げれば、次の通り。

パストラナの、一五二二年を最後とする、三つの版
ネブリハの一五五二、一五五五及び一五六五年版
エステヴォン・カヴァレイロの一五〇五及び一五一六年版
クレナルドの、二百七葉の一五三八年ブラガ版及びジョアン・ヴァセウに託した一五四六年コインブラ版
ジェロニモ・カルドーゾ*の一五五七及び一五六二年版
ドン・マシモ・デ・ソウザ（サンタ・クルス・デ・コインブラの修道参事会員）の一五三五年版
デスパウテリウスの一五五五及び一五六一年のブラガ版
著者不明の一五五三年版『Rudimenta Grammatica』
アンドレ・デ・レゼンデの、バルボザ・マシャド及びジュスチノ・メンデス・デ・アルメイダの一五四〇年版

更に一五九九年まで引き下げると、二十六〜二十九件に上る。それにはアルヴァレスの三つの版及びアントリオ・ヴェレスが書いた解説付き版をも含む。

イエズス会の上長が懸念していたのは、ラテン語文法書の数の不足ではなく、教授法に対する不満であっ

た（Torres, 1984, p.178）。フランシスコ・ロドリゲスによると、デスパウテリウスのラテン語文法書はポルトガルのイエズス会の学林などでは当初より既に採用されており、アルヴァレスが、その後名声を永遠にした著書を書いている時でも使われていたという（Rodriguez, 1931, p.433）。パリ大学においては、初期イエズス会の会士までがこのアルヴァレス著によってラテン語を学習した。重版や要約などを含んで、ヨーロッパ、アジアやアメリカにまで及んで六百五十以上の版を重ね、ポルトガルだけでも二十六版（J・ペレイラ・ダ・コスタ解説の一九七四年版の写真版を含む）の出版があったことは、アルヴァレス著が好意的に受容されたことを示す。

　そのように高い評価を受けたため、イエズス会の教育方針『Ratio Stuodiorum（学事規定）』により、アルヴァレス著は世界のイエズス会教育施設で使用されるようになる。

　ポルトガルの国民叙事詩『ウズ・ルジアダス』*（ルイス・デ・カモインス）と同じ年に刊行されたアルヴァレスの著作は、ポルトガルの文法学史の基礎資料である。アルヴァレス著の価値を知らずに、ポルトガルを始め、ヨーロッパ、アジア、南アメリカにおいて、初版から現在に及ぶ、その重要性、その普及性とその意義を計ることは容易ではない。

Ratio（理性）とUsus（慣用）

アルヴァレスのラテン文法書はポルトガルで最も普及した教科書であるが、増訂版のアントニオ・ヴェレスのイラストを含む一五九九年版はその付録として豊富な索引『Index eorum quae in toto opere continentur』（本書全体に含まれる語の索引）がある。五千語に及ぶ見出し語がアルファベット順に配列され、まるでラテン語学習者のための基本語辞書である。

本書の成功は、（比重は異なるものの）、教科書に、二つの異なったアプローチでラテン語文法が説かれていることによる。一方は、Usus（慣用）の文法であり、イエズス会学林や大学の内で使われているラテン語（既にラテン語はコミュニケーションの言語ではなかった）を扱っており、他方は、Ratio（理性）の文法、すなわち、教育のための記述文法である。これは一部には、「vera principia」つまり、文章の成立に必要な文の組み立ての方法を思考する哲学に基礎を置く、論理的文法である（Lozano–Guillén, 1992, p.49）。

スカリゲルがその『De Causis』（一五四〇）で示唆し、サンチェス・デ・ラ・ブローサスが『Minerva』（一五八七）において具体的に記述したように、十六世紀の文法、特にラテン語の文法は、文法を学問として論理づけるため、Usus（慣用）と Ratio（理性）を統合するようになった。これは、思弁文法の論理性と十六世紀文法学者の文献的研究とのバランスを取ろうとしたものである。文法は、あくまでも、「その研究範囲を言語のみに対象を置く」（Lozano–Guillén, 1992, p.39）。アルヴァレスは、理論より教育に傾き、ラテン文法を記述するに当たって Usus（慣用）を尊重するが、その Usus は Ratio（理性）に密着したものである。論理なしの経験は無い、つまり、道理が認めないものは使用できない。三世紀あまりにもわたって版を重ねたこの文法書の成功の謂われは、疑いも無くその学習のための姿勢にあるが、それはラテン語を研究し記述する理性に裏打ちされたものである。本書は、世界中の、百万単位の学習者が使った教科書であるが、その中には、ポルトガルの有名人の他、ジェイムズ・ジョイス（一八八二～一九四二）のような著名な外国人作家もいる。

アルヴァレスの文法書は、それまでの著名な古典作品を拠り所としているため、当然、学術的にレベルの高い文法書を生み、それは、全体の組み立ての構想からそれぞれの論題の配列、更にその教授法に及ぶ。これらの点からいえば、アマデウ・トーレスがいうように、アルヴァレスは Usus（慣用）を尊重し、代表的な文章を選び、それを座標としている（Torres, 1984, pp.21–22）。

一、理論を積極的に追求しないのは、最高の古典作品における表現とラテン語の使用方法に関心を寄せているからで、それらがいわゆる文法論よりも価値があるものと見るからである。

二、学生はラテン語の構文を学ぶことに満足し、文章の意義や規則以外の内容は弁証法論者に託せばよい。

三、専門家向きの厳格な文法規則は不足するが、自然に且つエレガントに述べられた文章を勤勉に観察し、従い、模倣することによって、狭量な文法論理との対立を避ける。

四、最後に、文法の正しい規則（recta ratio）に従って、品詞がほかの品詞と呼応しているかを見極めることである。

アマデウ・トーレスに言わせると、「マヌエル・アルヴァレスは、人間中心主義者であるため、Ratio（理性）と Usus（慣用）とのバランスを取る位置とは言わずとも、巧みにその間にいる。」（Torres, 1984, p.22）。アルヴァレス・ラテン語文法の研究を専門とする Emilio Springhetti は述べる。

この文法がもたらした人文主義的教育の成果は無視出来ない。この教程を用いたイエズス会は、その会員・会員外の者に人文主義者・古典ラテン語の優美さをマスターした学者の無尽蔵の人材を擁するに至った。数世紀に亘って証明された事は、アルヴァレスの教程が、優れたラテン語者の形成に取って、他の追随を許さないものであった事である（Springhetti, 1961, p.284）

ポルトガルでは、アルヴァレス以前にも、多くのラテン文法書が出ているが、それらは統一性に欠け、不完全であったため、ラテン語文法の全般を扱った、科学的な、同時に実用的な文法書が望まれた。アルヴァレスの文法書はそれらの条件を満たし、数千部が刷られ、十四カ国に翻訳され、六百五十以上の諸版が、ポルトガル語、スペイン語、フランス語、ラテン語、ドイツ語、ポーランド語、中国語、ボヘミア語、クロアチア語、日本語、ハンガリー語、アルバニア語で出版された。ほとんどの他文法書をしのぎ、当時最高とされた文法書の数種と競った。スペインとメキシコでは、勅命を受けたエリオ・アントニオ・デ・ネブリハの文法書と競い、ヨーロッパでは名高いジョアン・デスパウテリウスの文法書をしのいだ。これは、四百余りの再版を重ねたそれまでのベストセラーであり、アレクサンダー・ヴィルデュの中世の、読解困難な文法書を超え、特にフランスとベルギーでは十六世紀の代表作であった。（Freire, 1993, p.96）

一五七〇年代より、アルヴァレスの文法書はメキシコでも普及したが、それはイエズス会の学林で優先使用されていたことを物語る。メキシコ版の最初は一五七九年版で、一五七五年のヴェネチア版によったものである。一五九四年にPeter Ocharte の印刷所で『De Institutione Grammatica libri tres』が出、Pedro Balli印刷所で一五九五年版が出版。

一方アジアでの初版は日本・天草[*]におけるイエズス会の印刷所で、メキシコの完全版と同じ一五九四年に出版、その後、三世紀後の一八五九年に『Emmanuelis Alvares institutio grammatica ad sinenses alumnos accomodata』（中国の学生のためのアルヴァレス文法書）と題した中国語訳版が上海で出版された。

信徒文献
―写本類におけるローマ字表記の異同から―

川口敦子

一　キリシタン版の表記と写本類の表記

版本と写本の関係

中世末期から近世初期の日本語を知る上で、キリシタン版は非常に重要な資料である。だがそのキリシタン版が作られる以前からキリシタンはローマ字で日本語を表記しており、その蓄積があった。これらは版本の原型を伝えると思われる写本の他、日本からヨーロッパへ送られた年報や書簡などの信徒文献として、膨大な数が海外に存在する。これら写本類からも、当時の日本語の姿を知ることができる。

キリシタン版のローマ字日本語表記には規範性が認められる一方、写本類には版本とは異なる表記が少なからず存在する。したがって、同じ本文を持つ写本（草稿）と版本の表記を比較すれば、キリシタンのローマ字日本語表記の成立過程や、音声の表記への反映の度合いなどを知ることができるだろう。だが残念ながら、現存するキリシタン版と完全に同じ本文を持つ写本の存在は確認されていない。

例えば、一五九一年加津佐刊*『サントスの御作業』(1)と類似の本文を持つ、一五九一年写「バレト写本*」所収聖人伝(2)の、本文の内容が対応する箇所を比較してみると、次のような違いがある（括弧内に私に翻字し、異同箇所に傍線を付した）。

Connichi no iuai ua Christan no vchi no dai ichi no iuai nari. Sonoyuyeua, Christan no dai ichiban no taixŏ go xôri uo ye tamŏ fi nareba nari.（今日の祝ひはキリシタンのうちの第一の祝ひなり。その故は、キリシタンの第一番の大将ご勝利を得給ふ日なればなり。）

（『サントスの御作業』巻第一、一頁）

Conichino ẏorocobiua voquinaru ẏorocobi nari. Sonoẏuẏeua xo Christãono daẏichibanno taixo von xoriuo yetamo finareba nari.（こにちの喜びは大きなる喜びなり。その故は諸キリシタンの第一番の大将おん勝利を得給ふ日なればなり。）

（バレト写本所収聖人伝一六四オ）

このように、共通する本文の内容は類似してはいるが異同箇所も多く、バレト写本所収聖人伝の本文が版本『サントスの御作業』の直接の元原稿であるとは言いがたい。

また、写本類において、ローマ字で書かれた日本語の文章というのはそれほど多くはない。単語や短文程度のものは多くの写本に散見されるが、ある程度の長さの本文を持つものは、前述のバレト写本の他にはイエズス会ローマ文書館所蔵の書簡など数点がある程度である。単語レベルのものは固有名詞が多く、語彙が限られてくる。そのため、筆者の異なる写本の間にはどの程度の共通する規範意識があったのか、また写本類と版本の表記の間にどれほどの乖離があるのかは明らかでない部分が多い。

同じ本文を持つ写本間における表記の問題については、土井忠生がロドリゲス*『日本教会史』*の写本二種（マドリード本、アジュダ本）について述べているが、これらは随時手が加えられた原稿段階の写本であり、またアジュダ本は後世の写しだということもあり、前提として考慮しておかなければならない問題が多く存在する（土井、一九八二、一七四～一七七頁）。

そこで、同じ内容の本文を持ち、それぞれがほぼ同時期に書かれたと考えられる複数の写本を比較し、その写本間でローマ字書き日本語の表記にどの程度の揺れがあるのかを検証することで、キリシタンの写本類における表記の規範意識を探りたい。

二　同一内容の写本本文の比較

一六二八年日本年報の写本三種

イエズス会ローマ文書館（Archivum Romanum Societatis Iesu, ARSI）所蔵「日本・中国関係文書」（Jap. Sin. 文書）には、日本から発信された年報などの文書が収められている。これらの年報はそれぞれ「第一経由」「第二経由」等と記されており、複数の写しが現存するものもある。

例えば、日本・中国関係文書第六一集（Jap. Sin. 61）に収録されているクリストヴァン・フェレイラ発の一六二八年の年報には、同じ本文を持つ三通の写しが現存する。本稿では、この「フェレイラ発の一六二八年の年報」の写し三通について、本文に見られる日本語のローマ字表記を比較し、その異同について検討する。なお、それぞれの写しについて、本稿では文書集での収録順に、「写本A」（166r–185r）、「写本B」（186r–218r）、「写本C」（219r–245v）と呼ぶことにする。

写本A・B・Cの本文はそれぞれ別筆である。写本Aの表紙（166r）には「Annua de Japão do Anno de 628. Primr.a via」（〔一〕六二八年の日本年報　第一経由）と書かれており、写本Bの表紙（186r）には「Annua de Japão do Anno de 628 Secunda via」（〔一〕六二八年の日本年報　第二経由）と書かれている。写本Aの表紙と写本Bの表紙の文字は同筆だが、それぞれの本文とは別筆である。写本Cの表紙（219r）には「De Arima 628 Japão」（有馬より　〔一〕六二八　日本）とあるだけで、年報であることや経由に関する情報はない。これらの写本がいつ作られたのかは明確ではないが、少なくとも「第一経由」「第二経由」の記載がある写本Aと写本Bは、発信当時のものではないかと考えられる。

それぞれの本文冒頭には、次のような標題がある。

【写本A】Relaçam do glorioso Martyrio de seis Christãos q̀ pola confissam de Nossa Santa fé forão mortos no Tacacu no anno de 1628. (167r)

【写本B】Relação do glorioso Martirio de seis xpãos que pola comfissão de nossa S.ta fe forão mortos no Tacacu no anno de 1628. (187r)

【写本C】Relacão do glorioso Martirio de seis Christaos que pola conficão de nossa Santa fee forão mortos no Tacacu no anno de 1628. (220r)

このように表記に若干の違いはあるものの、単語レベルではそれぞれ対応しており、内容は同一であると言える。同様に、それぞれの本文も単語レベルで対応関係にある。

ただし、本文には脱落などの異同箇所も存在する。主な異同を次の表1に挙げる。

表1を見ると、写本A・B・Cに見られる訂正箇所は、単純な書き誤りを訂正しただけと考えられる例も多い。だが、①・⑭・㉔の例は数行にわたるほど分量があり、このような箇所については、単純な書き誤りによる訂正とは考えにくい。②・⑭・㉔の例からは、写本Cが写本A・Bを参考に本文の脱落を訂正したようにも見えるが、①の例は写本Cの削除指示が写本A・Bに反映されたと見ることもできる。⑪の例はやや短いが、写本B・Cには訂正の跡が無く写本Aに訂正がある例である。以上のように、これらの異同からは写本A、写本B、写本Cの先後関係は判断しがたい。

ただし、写本Cには写本A・Bよりも訂正跡が多く、後述するように、日本語の表記にも誤りと考えられる例が多い。写本Cは、原本の内容をよく理解せずに写したのではないかと疑われるような箇所が多く、写本A・Bとは筆写態度がやや異なるのではないかと考えられる。

各写本の表記の傾向

写本A・B・Cに現れる日本語の語句について、それぞれどのようなローマ字表記がなされているかを表2に示す。キリシタン版における表記規範と同様の表記も多いが、写本類特有の表記も散見される。それぞれの写本には表記の傾向にいくつかの特徴がある。写本間の表記の異同を検討する前に、まずそれぞれの写

表1　1628年日本年報の写本間の主な本文異同

	写本A	写本B	写本C
①	170r05（なし）	190v30（なし）	223v03–05 「por aquella ... algum」を四角囲いで削除指示
②	175r20「onde」	199r08「onde」	230v09 行間挿入「onde」
③	175r24 行間挿入「eseruio」	199r15「seruio」	230v14「seruio」
④	175r34 「Confessauase」	199v02「Conffessauase」	230v26 文字を抹消して訂正「Confessauase」
⑤	175v03「E acabado」	199v05「E acabado」	230v28 文字を抹消して訂正「e acabado」
⑥	178r33 欄外挿入「esconderẽse」	204v09「esconderẽse」	235r13「esconderẽse」
⑦	178v33「o confessor」	205v03「o conffessor」	236r01 文字を抹消して訂正「o confessor」
⑧	179r19「respondia」	206r13「respondia」	236v02 文字を抹消して訂正「respondia」
⑨	179r21「tinhã」	206r16「tinhã」	236v04 行間挿入「tinhão」
⑩	179r33 行間挿入「deuia」	206v07「deuia」	236v20「deuia」
⑪	179v20 欄外挿入「a hũ corpo tã atormẽtado」	207r07–08「a hũ corpo tã atormẽtado」	237r18–19「a hú corpo taõ atormentádo」
⑫	179v32（なし）	207r28（なし）	237v07「seu exemplo」を抹消（直前の文字の重複）
⑬	180r12「com」	207v23「cõ」	237v29 文字を抹消して訂正「com」
⑭	180r19–20「cõ q̃ agora ... necessario」	208r05–06「cõ q̃ agora ... necessario」	238r09 欄外挿入「cõ q̃ agora ... necessario」
⑮	181v16「toda minha」を抹消	210v20（なし）	240r25（なし）
⑯	181v23「momento」	210v30「mom.to」	240v06 文字を抹消して訂正「momento」
⑰	181v27「de me dar tormẽtos」を下線で削除指示	211r05（なし）	240v09 （なし）
⑱	181v29 行間挿入「E inimigos」	211r08「E inimigos」	240v11「E inimigos」
⑲	182v21 文字を抹消して訂正「unir」	212v06「unir」（un は二重書きの跡あり）	241v26「unir」
⑳	183r16「emtor-mentar」	213r18 「ẽ atormentar」	242v06 文字を抹消して訂正「ems atormentar」
㉑	183v16「a meditação」	214r02「ameditacã」	243r18 文字を抹消して訂正「a meditacão」
㉒	183v23「emcaminhar」	214r10「emcaminhar」	243r28 文字を抹消して訂正「emcaminha」
㉓	183v24「Eferuor」	214r12「eferuor」	243r29 文字を抹消して訂正「eferuor」
㉔	185r02–04「a susten-tacão ... Ja se tinha」	216r10–13「asustẽtação ... ia setinha」	245r20 #記号で 245v 末尾に挿入「a sustentação ... ia se tinha」

表２　1628年日本年報に現れる日本語のローマ字表記

	写本A	写本B	写本C
阿弥陀（１例）	Amida（178v12）	Amida（204v29）	amida（235v01）
有馬（３例）	Arima（167r23, 178v04, 178v13）	Arima（187r27, 204v16, 205r01）	Arima（220r23, 235r19, 235v02）
坊主たち（１例）	Bonzos（181v28）	Bonzos（211r06）	Bonzos（240v10）
豊後殿（７例）	Bungodono 6例（167r27, 167v29, 172v11, 174v05, 178r09, 183r01） Bũgodono 1例（167r22）	Bungodono 3例（194v16, 197v27, 212v26） Bũgodono 4例（187r26, 187v01, 188r09, 204r04）	Bungo dono 3例（220r22, 226v18, 242r15） bungo dono 2例（229v02, 234v12） bũgo dono 1例（221r06） Bunẏodono 1例（220r27）
勘七（２例）	Camxichi 1例（183r18） Canxichi 1例（184r33）	Canxichẏ 2例（213r19, 215r-13）	Canxichi 2例（242v07, 244v03）
河内（８例）	Cauachi 8例（167r19, 167v20, 172v12, 177r24, 177v12, 177v17, 182v31, 182v34）	Cauachi 2例（202v07, 212v22） Cauachẏ 6例（187r22, 187v30, 194v18, 203r13, 203r20, 212v26）	Cauachi 7例（220r18, 220v26, 226v19, 233v06, 234r03, 242r12, 242r15） Cauachy 1例（234r08）
筑前（１例）	Chicujem（184v26）	Chicujen（215v24）	Chiquoyem（245r10）
小（ジョアン）（1例）	Co（172r15）	Co（194r04）	Cô（226r14）
小ジョアン（6例）	Co João 3例（171r02, 172r14, 173r25） Co Joam 3例（174r28, 182v16, 184v15）	Co João 2例（194r02, 195v29） Co Joam 4例（192r17, 197v10, 212r25, 215v06）	Co João 4例（224v11, 227v16, 229r13, 241v20） Co Joam 1例（244v22） Có Joaõ 1例（226r12）
内府（２例）	Daifu 2例（175v22, 175v31）	Daifu 2例（200r03, 200r16）	Daifu 1例（231v06） daifu 1例（231r24）
代官（１例）	Daiquã（176v07）	Daiquã（201r24）	daiquá（232v04）
博多（１例）	Facata（184v27）	Facata（215v24）	facata（245r10）
肥後（１例）	Figo（175r19）	Fingo（199r07）	fígo（230v08）
肥前（２例）	Fijem 2例（167v16, 184v26）	Fijen 1例（187v25） Fiẏen 1例（215v23）	Fijem 1例（220v22） fiẏem 1例（245r09）
日見（１例）	Fimi（167v07）	fimi（187v14）	fimi（220v12）
仏たち（１例）	Fotoques（178v18）	fotoques（205r08）	fatoquês（235v08）
五島（２例）	Gotŏ（176r05, 176r09）	goto（200v01, 200v06）	gotô（231v18, 231v22）
池田（ジョーチン）（１例）	Jqueda（184v17）	Iqueda（215v08）	Iqeda（244v24）
池田ジョーチン（１例）	Jqueda Jochim（171r02）	Jqueda Jŏchim（192r16）	Iqueda Jochim（224v11）
待合（１例）	Machiai（175r19）	Machiai（199r08）	Machiai（230v09）

孫助ジョアン（５例）	Magosuque João ５例（170r25, 171r01, 171r30, 172v08, 174r18）	Magosuqe João２例（191r29, 197r25） Magosuqe Joam ２例（192r16, 194v11） Magosuqe Joã １例（192v22）	Magosuqe João２例（226v14, 229r01） Magosuque João １例（224v11） Magusuqe João１例（225r11） Mangosuque João １例（223v29）
都（１例）	Miyaco（178v16）	Miyaco（205r06）	Miaco（235v07）
茂木（２例）	Mogui ２例（167v07, 167v30）	Mōgui ２例（187v13, 188r11）	Mogui１例（220v12） moguẏ １例（221r07）
中島ミゲル（１例）	Nacaxima Miguel（180v20）	Nacaxima Miguel（209r01）	Nacaxima Miguel（238v21）
中島三郎右衛門ミゲル（１例）	Nacaxima Saburŏyemom Miguel（175r14）	Nacaxima Saburuyemon Miguel（199r01）	Nacaxima Saburoyemo Miguel（230v03）
長崎（40例）	Nagasaqui 40例（167r06, 167r26, 167v17, 168r12, 168v02, 169v21, 170r25, 179v14, 171r20, 172r07, 172v12, 173r30, 173r32, 174r23, 175v06, 176r02, 176r06, 176r09, 176r12, 176v04, 176v12, 176v19, 177r03, 177r13, 177v15, 178r06, 178r12, 178r27, 179r15, 180v28, 180v29, 181v33, 182r29, 182v31, 183r01, 184v18, 184v22, 185r01, 185r03, 185r05）	Nagasaqui 16例（187v01, 190v07, 194v18, 200v01, 200v05, 201v10, 202r09, 202r23, 203r16, 203v30, 204r07, 206r05, 209r13, 209r15, 211r13, 216r08） Nagasaquẏ 13例（187v26, 188v01, 191r29, 196r06, 196r10, 197v02, 199v09, 201v01, 212v28, 215v10, 215v16, 216r11, 216r14） Nagassaquẏ ２例（188v28, 200v10） Nāgasaqui ４例（187r08, 201r21, 211v27, 212v21） Nágasaqui １例（205r23） Nāgasaquẏ ３例（187r31（187v01 重複表記）,191v23, 200r25） Nagásaqui１例（192v08） Nāgāsaquẏ１例（193v22）	Nagasaqui 36例（220r05, 220r27, 220v23, 221r23, 221v15, 223v28, 224r19, 226r04, 226v20, 227v21, 227v24, 229r07, 231r04, 231v13, 231v18, 231v21, 231v25, 232v01, 232v10, 232v17, 233r09, 233r21, 234r06, 234v15, 235v20, 239r05, 239r06, 240v15, 241r24, 242r11, 242r16, 244v26, 245r04, 245r19, 245r20 挿入〔245v末尾〕, 245r21） Nāgasaqui ２例（234v08, 236r23） Nangasaqui２例（223r14, 224v29）
堺（３例）	Sacai ３例（182v32, 184v17, 184v21）	Sacai １例（212v22） Sacaẏ２例（215v09, 215v15）	Sacai ３例（242r12, 244v25, 245r03）
高来（９例）	Tacacu （167r03, 167r23, 167r28, 167v07, 172v22, 178r20, 178r25,	Tacacu（187r03, 187r27, 187v03, 187v15, 195r06, 204r19, 204r27,	Tacacu（220r03, 220r23, 220v01, 220v12, 227r04, 234v24, 235r03,

	178v01, 178v21)	204v11, 205r13)	235r15, 235v12)
多賀主水（1例）	Tága Mõdo (179r03)	Tãga Mondo (205v14)	Taga modo (236r10)
田中トービョーエ（1例）	Tanaca Toubioye (179r03)	Tanaca Tobioẏe (205v14)	Tanaca Tobioẏe (216r10)
津の国（1例）	Tçunocuni (184v16)	Tçunocuni (215v07)	Tcunocuni (244v23)
津の守（1例）	Tcunocami (175r20)	Tcunocami (199r08)	Tcunucami (230v09)
殿（1例）	Tono (181v07)	Tono (210v06)	Tono (240r12)
温泉（雲仙）（7例）	Vnjem 7例（172v07, 172v20, 172v28, 174r30, 174v10, 181v21, 183r07）	Vnjen 6例（194v09, 195r04, 197v13, 198r06, 210v27, 213r06） Vngen 1例 (195r15)	Vnjem 1例 (242r22) Vngem 4例（227r02, 227r10, 229v07, 240v03） Vnyem 1例 (226v12) Vnẏem 1例 (229r16)
オクイ権平（1例）	Vocuij Gompei (183r16)	Vocuij Gompeij (213r17)	Vocuẏ gompeẏ (242v05)
浦上（1例）	Vracami (174r22)	Vracamẏ (197v02)	Vracami (229r06)
宇土（1例）	Vto (175r20)	Vto (199r08)	Vto (230v09)
釈迦（1例）	Xaca (178v11)	Xacá (204v29)	Xaca (235r28)
島原（37例）	Ximabara 37例（167r28, 167v09, 168r03, 168r06, 168r08, 168r19, 168r28, 168v08, 169v31, 170r04, 170r27, 170v31, 171r01, 172v16, 172v31, 173r02, 173r31, 173v01, 174r16, 174r24, 174r28, 174v02, 174v04, 177r21, 177v15, 177v31, 178r02, 178r04, 178v01, 178v28, 178v30, 178v33, 180r21, 180v21, 182v10, 183r04, 184r31）	Ximabara 36例（187v03, 187v16, 188r17, 188r22, 188r25, 188v11, 188v23, 189r08, 190v22, 190v28, 191r31, 192r13, 192r15, 194v25, 195r20, 195r26, 196r08, 196r11, 197r23, 197v04, 197v11, 197v23, 197v25, 202v03, 203r17, 203v14, 203v23, 203v28, 204v12, 205r24, 205r27, 205v03, 208r07, 209r03, 212r17, 213r03） Ximabarà 1例 (215r09)	Ximabara 36例（220v01, 221r12, 221r16, 221r19, 221v01, 221v12, 221v23, 223r26, 223v02, 223v30, 224v08, 224v10, 226v25, 227r14, 227r18, 227v22, 227v25, 228v26, 229r08, 229r14, 229r24, 229r27, 233v03, 234r06, 234r26, 234v03, 234v06, 235r16, 235v20, 235v23, 236r01, 238r10, 238v23, 241v14, 242r19, 244r27） Xĩmabara 1例 (220v14)
白石（1例）	Xiroixi (167v16)	Xiroixi (187v25)	Xiroixi (220v22)
将軍（5例）	Xǒgũ 2例（167r21, 182v31） Xogũ 3例（172v26, 177r01, 177r04）	Xògun 2例（187r25, 202r06） Xogun 2例（202r10, 212v21） Xõgun 1例 (195r12)	Xogum 2例（220r21, 227r08） Xógun 1例 (233r10) Xongùn 1例 (242r11) Xungun 1例 (233r07)
弥太夫（1例）	Yatayû (180v36)	Yataẏu (209r25)	ẏatayu (239r14)
弥太夫ガスパル（1例）	Yatayũ Gaspar (179r24)	Ẏatayú Gaspar (206r20)	ẏatayu gaspar (236v08)
江戸（1例）	yedo (167r19)	ẏendo (187r22)	ẏedo (220r18)

本の表記の特徴や筆写態度について把握しておきたい。

写本A　写本B・Cと比較して、一つの語に対して表記の揺れが少ない傾向がある。その顕著な例として、例えば「長崎」（四〇例）が挙げられる。写本Bでは八通り（Nagasaqui・Nagasaquy・Nagassaquy・Nãgasaqui・Nágasaqui・Nãgasaquy・Nagásaqui・Nãgasãquy）、写本Cでは三通り（Nãgasaqui・Nãgasaqui・Nangasaqui）に表記が揺れているのに対して、写本Aでは四〇例すべての表記が Nagasaqui で統一されている。この傾向は、Cauachi（「河内」八例）、Vnjem（「温泉（雲仙）」七例）、Ximabara（「島原」三七例）にも見られる。

長音については、Gotŏ（「五島」二例）、Nacaxima Saburŏyemom Miguel（「中島三郎右衛門ミゲル」一例）、Xŏgũ（「将軍」二例）、Yatayû（「弥太夫」一例）、Yatayũ Gaspar（「弥太夫ガスパル」一例）のように、長音であることを示す記号を付けている。キリシタン版ではオ段の開長音はǒ、合長音は ô と表記されるが、ここでは用例が少ないためにその使い分けは確認できない。なお、一般的には tǒ または tô と表記するところを tou と表記する例がある（Tanaca Toubioye「田中トービョーエ」一例）。また、キリシタン版ではウ段長音は一般に ǔ と表記されるが、写本Aでは ǔ やũと表記している。

ガ行音の前の母音にアクセント記号を付けた例が一例ある（Tága Mõdo「多賀主水」）。ツについて、キリシタン版と同様 tçu と表記した箇所（Tçunocuni「津の国」一例）と、tcu と表記した箇所（Tcunocami「津の守」一例）がある。写本類では ç を c と表記する例は珍しくない。

写本B　母音について、イの表記として i と j の他に ẏ をよく用いる。i と ẏ の表記は同じ語で交替の例が見られ（「河内」Cauachi と Cauachẏ、「堺」Sacai と Sacaẏ）、i と ẏ の間には特に使い分けはないようである。

長音について、アセント・アグードやアセント・グラーヴェを用いて表記している（Xògun「将軍」二例、Yatayú Gaspar「弥太夫ガスパル」一例）(3)。また、長音の箇所にそれを示すアクセント記号を付けていない箇所（goto「五島」二例、Xogun「将軍」二例）もあり、全体的に長音の表記に関しては厳格ではない。

ガ行音やダ行音の前にnを挿入したり（Fingo「肥後」一例、ẏendo「江戸」一例）、ガ行音の前の母音にティルダやアクセント記号を付けた例（Mõgui「茂木」二例、Nãgasaqui「長崎」四例、Nágasaqui「長崎」一例、Nãgasaquẏ「長崎」三例、Nãgãsaquẏ「長崎」一例、Tãga Mondo「多賀主水」一例）が目立つ(4)。

また、Nagásaqui（「長崎」一例）、Xacá（「釈迦」一例）、Ximabarà（「島原」一例）のように、長音や鼻音とは無関係な箇所にアクセント記号を付した例もある。

ケは、queとqeの両方の例がある。

-ss-のような子音の二重表記は、普通は促音表記に用いられるが、促音表記ではない子音の二重表記の例が見られる（Nagassaquẏ「長崎」二例）。

ツは、写本Aと同様、tçuとtcuの両方の例がある。

以上の例は、他の写本類にも見られる表記の特徴であるが、この写本Bに特徴的な表記として、ゼの子音を表すẏの例が挙げられる。普通、ゼの表記にはjeが用いられ、写本Bでもその例がある（Chicujen「筑前」一例、Vnjen「温泉（雲仙）」六例）が、たまにgeが用いられることもあり、この写本Bでも「温泉（雲仙）」にその例が見られる（Vngen一例）。一方、ẏ（y）は普通は母音またはヤ行音の子音の表記として用いられ、キリシタン版ではyeはエの表記に相当する。写本Bにもẏe＝エの例としてẏendo（「江戸」一例）がある。ところが、「肥前」の表記には Fijen（一例）と Fiẏen（一例）の両方があり、ẏe をゼの表記として用いていることがわかる。単純な誤記の可能性も否定はできないが、他の箇所で母音の j と ẏ の交替例が見られることから、筆者が j と ẏ について母音と子音も区別せずにほぼ等価な表記として扱っていたのではないかという可能性も考えられる。

キリシタンの一般的な表記において、母音では j と y・ẏ はほぼ等価に扱われることがあるが、先にも述べたように、子音として用いる場合は je＝ゼ、ye・ẏe＝エというまったく別の音節の表記に用いるので、等価に扱うことはできない。もし、写本Bの筆者がこのようなローマ字書き日本語の表記規範によく注意を払っていたならば、ゼ＝ẏe の表記は用いなかったであろう。

写本C　写本B同様、長音を示すアクセント記号を付けない例が多い。gotô（「五島」二例）は、写本Bで長音を示す記号がない箇所だが、この写本Cで付されているアクセント記号（＾）は開合が誤っている。

写本B同様、ガ行音の前に n を挿入したり（Nangasaqui「長崎」二例、Mangosuque João「孫助ジョアン」一例、Xongùn「将軍」一例、Xungun「将軍」一例）[5]、ガ行音の前の母音にティルダやアクセント記号を付けた例（Nãgasaqui「長崎」二例、fĩgo「肥後」一例）があるが、後者については全体的にアクセント記号が付いていない例が多いということもあり、写本Bに比べると数は少ない。その他、マ行音の前の母音にティルダを付けた例もある（Xĩmabara「島原」一例）。

また、長音ではない箇所にアクセント記号を付けた例がある（Cô「小」一例、fatoquês「仏たち」一例）。

ヤ行の表記について、Miaco（「都」一例、写本A・Bでは Miyaco）のようにイ段音の直後にヤ行音が来る場合にyを省略して表記する例がある。これはポルトガル語におけるia等の二重母音間の渉り音がヤ行音に類似しているためにその綴字にならった書き方をしたものと解されており、特にMiacoは早くから最も広く用いられ、例の多い表記である（森田、一九七六、三〇八～三〇九頁）。

ツはtcuが用いられている。

ケは、写本B同様、queとqeの両方が用いられている。

ゼの表記について、ゼ＝jeの表記もあるが、ゼ＝ye・ẏeと表記する例が写本Bよりも多い（Chiquoyem「筑前」一例、fiẏem「肥前」一例、Vnyem「温泉（雲仙）」一例、Vnẏem「温泉（雲仙）」一例）。なお、「温泉（雲仙）」の表記におけるjeとgeの揺れについては、写本Bではキリシタン版の表記規範であるjeの例の方が多かったが（Vnjen 六例、Vngen 一例）、この写本Cでは逆にgeのほうが多い（Vnjem 一例、Vngem 四例）。

この他、明らかに誤りと考えられる表記が、写本A・Bよりも多い。

（o→a）fatoquês（「ハトケたち」一例、正しくは「仏たち」fotoques）

（o→u）Magusqe（「マグスケ」一例、正しくは「孫助」Magosuqe）、Tcunucami（「ツヌカミ」一例、正しくは「津の守」Tcunocami）

（g→ẏ）Bunẏodono（「ブンヨドノ」一例、正しくは「豊後殿」Bungodono）

いずれも日本語の音の交替を示すものとは考えにくく、文字の形が似ているために誤ったかと考えられる例である。特に「豊後殿」については七例中六例が正しくgoと書いているのに、一例だけẏoと誤っており、筆者がどの程度日本語の語句（ここでは主に固有名詞）を認識できていたか疑わしい。

以上のように各写本を比較すると、本文は同一内容でも、それぞれの表記の傾向は異なっていることがわかる。同一単語における表記の統一の度合いからも、写本Aは比較的規範性が高いが、写本B・Cでは規範意識が低いと言える。特に写本Cには明らかな誤記が多く、本文の日本語のローマ字表記そのものをあまりよく理解していない人物による写しではないかと考えられる。また、写本B・Cでのアクセント記号の付け方は、日本語のローマ字表記法に則ったものとは考えにくいものも多い。

各写本を通して見た特徴

これら各写本の表記の特徴を踏まえた上で、対応関係にある日本語のローマ字表記について、写本間を横断的に見ていきたい。

ポルトガル語部分における削除や挿入の状態からは各写本の先後関係は特定できないと述べたが、日本語のローマ字表記からも同様のことが言える。写本Aと写本Bの表記は、写本Cと比べると一致の度合いが高そうに見えるが、yとẏの違いや、「長崎」など写本Aでは表記が統一されている語について写本Bでは表記に揺れが多いこと、「将軍」全五例について写本Aでは語末の鼻音をティルダで表記している（Xŏgũ 二例、Xogũ 三例）のに対し、写本Bではこれをすべてnで表記する（Xògun 二例、Xogun 二例、Xŏgun 一例）など、写本Aと写本Bがお互いどちらかの写しであるということはなさそうである。

写本Cの筆写態度が写本A・Bとはやや異質であることは既に述べたが、これは写本の本文だけではなく、装丁からも窺える。写本Aと写本Bの表紙には一六二八年の日本年報であることと、第一経由または第二経由であることが書かれているのに対して、写本Cの表紙には「有馬より　〔一〕六二八　日本」とあって、他二本とは記載内容が異なっている。これらの表紙は後から付けられたものかもしれないが、写本Cが他の二本とは成立や伝来が異なる可能性があることを示唆するものではないか。

ガ行音やダ行音の前にnを挿入した例や、鼻音を示すと考えられるアクセント記号を直前の母音に付けた例について、写本間で使用に偏りが見られる（表3）。写本Aでは一例のみだが、写本B・Cには複数例が見られ、特にアクセント記号による表記が写本Bに多い。

当時の日本語のガ行音やダ行音の前の母音が鼻音化していたことは、ロドリゲス『日本大文典』（一六〇四～〇八）に指摘があり（土井訳本、一九五五、六二〇・六三七頁）、濁音の前にnを挿入したり直前の母音にティルダやアクセント記号を付けた表記は、その鼻音化を表したものと解釈される。このような表記は写本には類例が多く、また、森田武によれば、『日葡辞書』（一六〇三～〇四）の見出し語や見出し語に対する訓釈、日本語注や文例などローマン体で印刷した部分には少ないが、イタリック体のポルトガル語文中において

表3　一六二八年日本年報の日本語における鼻音表記

		写本A	写本B	写本C
nの挿入	gの前	〇例	一例	五例
	dの前	〇例	一例	〇例
アクセント記号（長音以外）	gの前	一例	一二例	三例

Cungues（公家）、Yẽguesos（会下僧）等の日本語がポルトガル語化した形には少なくない（森田、一九九三、一二八頁）。このような表記が版本に少なく写本類に多いということは、写本Aの表記はキリシタン版の状態に近く、写本B・Cには写本類の表記の特徴が現れていると言える。また、版本では日本語がポルトガル語化した形に多く見られるという事実は、このような表記は、ポルトガル語の表記ないし発音の影響が強く出た場合に顕在化する可能性をも示唆していると言える。

その他に版本には例が少なく写本類に例が多い表記としては、写本Bに見られる、促音表記ではない子音の二重表記の例がある。これはまれに版本にも例が見られるが、キリシタン版の表記規範とは異なるものである。森田は『日葡辞書』や他の写本類の例を挙げ、版本に見られる促音以外の二重子音表記の例は、先行する写本または写本原稿の形を残したものとする（森田、一九七六、三二一〜三二三頁。森田、一九九三、一五七〜一六〇頁）。この点からも、写本Bの表記は写本らしい特徴を見せていると言えよう。

ただし、既に指摘したように、写本B・Cには本文の日本語をよく理解していないと思われる箇所が見受けられ、その日本語表記の信頼度には疑問が残る。アクセント記号についても、写本B・Cには日本語の長音や鼻音とは無関係と考えられる箇所の母音にアクセント記号を付けている例があり、これをどのように解釈するべきかという問題も含めて、両写本に見られるアクセント記号の機能について検討する必要はある。これらのアクセント記号は、キリシタンが日本語を表記する際の規範とは異なるものであり、あるいは写本筆者の母語、すなわちポルトガル語などヨーロッパの言語におけるアクセント表記の影響も考慮しなければならないからである。

三　写本類の日本語資料としての価値

写本類の表記をどう評価するか

このように考えると、当時の日本語の特徴を示していると思われる表記の例を、どこまで積極的に「実際の音声を記したもの」と認めて良いのかという問題が浮上する。

特に写本類については、版本のように複数の文書間での表記を統一しようという規範意識は低く、それぞれ筆写する人物の表記の癖が大きく関わってくる。それゆえに、版本の規範意識によって取り除かれてしまった「実際の日本語」の片鱗がその表記に現れやすいとも言えるのだが、その際には写本それぞれの個別の事情も考慮しなければならない。筆写した各人の言語環境は様々であり、必ずしも日本語をよく理解していたとは限らない。日本語の音声の特徴を表していると解釈できそうな表記も、たまたま現象が一致しただけという可能性は否定しきれないし、写本の筆者が日本語の実態を知った上でそれを表記に正確に反映させようとしたものとも言い切れない。

こう述べると、写本類の日本語ローマ字表記は信用できないと言っているように聞こえるかもしれないが、そうではない。ただ、写本類の表記を分析する場合には、規範性が高い版本よりもより慎重に、写本それぞれの成立環境を念頭に置いておかなければならないのである。写本それぞれで成立事情が異なるとはいえ、既に言及されているように、写本類に共通してよく使われる表記というものもある以上、写本類にもある程度の共通的な規範意識があり、その範囲内での個人差があったと見るべきであろう。

例えばこの時代には混乱が始まっていた四つがなについて、キリシタン版ではジ＝ji、ヂ＝gi、ズ＝zu、ヅ＝zzu（ロドリゲスはdzuを提唱）と表記し、概ね区別されているが、バレト写本ではジ＝ji、ヂ＝jji、ズ＝zu、ヅ＝zzuと表記し、四つがなの混乱例が多く見られる。ただしバレト写本での四つがなの混乱の状態は日本語の四つがなの混乱の状態とは異なっており、したがってバレト写本における四つがなに相当するローマ字表記の混乱の状態は、日本語の四つがなの混乱の状態を示したものではなく、筆者バレト*の母語の問題が介在しており、それが表記に現れたものであろうと考えられる（川口、二〇〇〇、一～一五頁）。このように、写本類の表記には、筆者の母語の介在と影響が考えられる例もあるのである。

版本の規範とは異なる写本特有の表記が、果たして日本語の特徴を示すものなのか、あるいは筆者の母語の介在によるものなのか、それとも筆者の日本語理解が不十分であるがゆえの書き誤りなのか、そしてただ単純な書き誤りなのか、それぞれの可能性を念頭に置かねばならない。そのためにも、写本類に見える日本語をより多く収集し、同一内容の本文を持つ写本の場合はそれらを単語レベルで対照させて比較し、その傾向を分析することが重要になってくる。

キリシタンの写本類の表記はこうした種々の問題を内包してはいるが、キリシタンのローマ字表記は絶対であるという、これまで陥りがちであった錯覚を正してくれる重要な日本語資料なのである。

本稿は平成二三―二六年度科学研究費助成事業（学術研究助成基金助成金（若手研究（B））、課題番号二三七二〇二二八）による成果の一部である。

註

（1）H・チースリク・福島邦道・三橋健解説『サントスの御作業』（勉誠社、一九七六）の影印による。
（2）ヴァチカン図書館所蔵写本 Reg. Lat. 459。本文は木田章義氏所蔵のマイクロフィルムを借覧した。
（3）Jqueda Jǒchim（「池田ジョーチン」一例）には、キリシタン版と同じ開長音記号が用いられているが、Jǒchim は外国語の洗礼名であり（Joachim ヨアキムの別形）、日本語ではないので、本稿では対象外とする。
（4）Xògun（「将軍」二例）の ò は長音を示す例と推測されるが、Xõgun（「将軍」一例）の õ は、ガ行音の前の鼻音を示すものなのか、それとも長音を示す記号としてティルダを用いた例なのか、判断しがたい。
（5）ただし Xongùn・Xungùn（将軍）の例は on で長音を表す表記という可能性もある。

〔コラム〕キリシタン版のラテン語

かつて大河ドラマ『信長』で、緒形直人演ずる織田信長がイエズス会の安土神学校を訪れるシーンがあった。日本人生徒の一人が信長にラテン語で謝辞＊を述べ、別の生徒がそれを日本語に訳す。後の大河ドラマ『秀吉』でも、渡哲也演ずる信長が安土の教会を訪れ、ラテン語の『聖霊賛歌』*Veni creator Spiritus* の合唱に耳を傾ける。この合唱の旋律は、一六〇五年のキリシタン版『サカラメンタ提要』の三九八頁に収録される楽譜に一致するものであった。

私たちがキリシタン版のラテン語を考えるとき、それが単に書物の中の言葉ではなく、当時の人が実際に声に出して話し、歌い、また手紙の執筆に用いた言語であったことを忘れてはならない。

キリシタン時代に日本布教に関わった宣教師がヨーロッパに書き送った無数の手紙の中で、ラテン語の手紙が占める割合は、ポルトガル語などに比べて決して多くはない。ところがそこに含まれる日本人神父の手紙は、ほとんどすべてがラテン語で書かれている（原田、一九九八a、二七五〜二七六頁）。

これに呼応するかのように、彼らが学んだキリシタン版には多くのラテン語の著作が含まれている。『日本キリスト教歴史大事典』（教文館、一九八八年、四一六頁）が掲げる計四五点のキリシタン版のうち、日本語を主要言語とするものは二七点、ラテン語は一四点、ポルトガル語は三点、スペイン語は一点である。つまりそれらの著作をヨーロッパ語のものに限れば、その圧倒的多数がラテン語ということになる。ポルトガル語とスペイン語の四点はいずれも語学書であり、他のラテン語以外の著作は日本語に翻訳され、ローマ字本または国字本として印刷されている。

何故ラテン語の著作が原語のままキリシタン版に印刷されているのか。それらの著作の多くは、ラテン語に精通した聖職者の育成と、彼らの職務上の便宜に資するべく印刷されたからである。

天正遣欧使節の帰国以前に海外で印刷されたキリシタン版のほとんどすべてはラテン語の著作であり、『原マルチノの演述』（一五八八年）と『遣欧使節対話録』（一五九〇年）が特記される。前者は日本人遣欧使節の一人によって実際に発声されたラテン語演説であり、後者は使節たちの間で交わされたラテン語の対話篇である。日本の神学校でラテン語を学ぶ生徒たちのための教科書的な意味合いを持っていた。

使節たちの帰国後日本で印刷された『ラテン文典』*（一五九四年）や『羅葡日対訳辞典』（一五九五年）が、聖職を志す日本人のラテン語学習に大きく寄与したことは言うまでもない。前者はマヌエル・アルヴァレス*のラテン語文法書の簡略版（一五八三年リスボン版）に依拠したものであり、後者は十六世紀ヨーロッパに広く普及していたアンブロシウス・カレピーヌス*のラテン語辞典（一五八〇年リヨン版）とジェロニモ・カルドーゾ*の『羅葡辞典』（一五七〇年コインブラ版）をもとに編纂された（原田、二〇一一）。

これらに続く『心霊修業』（一五九六年）、『精神生活綱要』（一五九六年）、『金言集』（一六〇三年）、『サカラメンタ提要』（一六〇五年）、『聖教精華』（一六一〇年）などは、聖職者の修練とその職務の遂行に寄与すべく印刷されたラテン語の著作であった。

こうした書物に学んだ日本人聖職者が後に書き残した見事なラテン語の手紙が、一連のキリシタン版の多大な恩恵を証明している。ペドロ・アントニオ荒木*、ディオゴ結城*、ペドロ岐部*、ミゲル・ミノエス*らの自筆の手紙は今もローマのイエズス会文書館に現存し[1]、またトマス金鍔《きんつば》次兵衛*の手紙の写し（自筆ではない）が、やはりローマのアウグスチノ会本部に保存されている[2]。

彼らの優れたラテン語の力とキリシタン版が密接に関連していた約四百年前に対して、現代の日本においては、逆にキリシタン版の総合的理解を妨げる要因が存在する。それは他でもないラテン語のテキストを正確に読み解く力が、キリシタン版を研究す

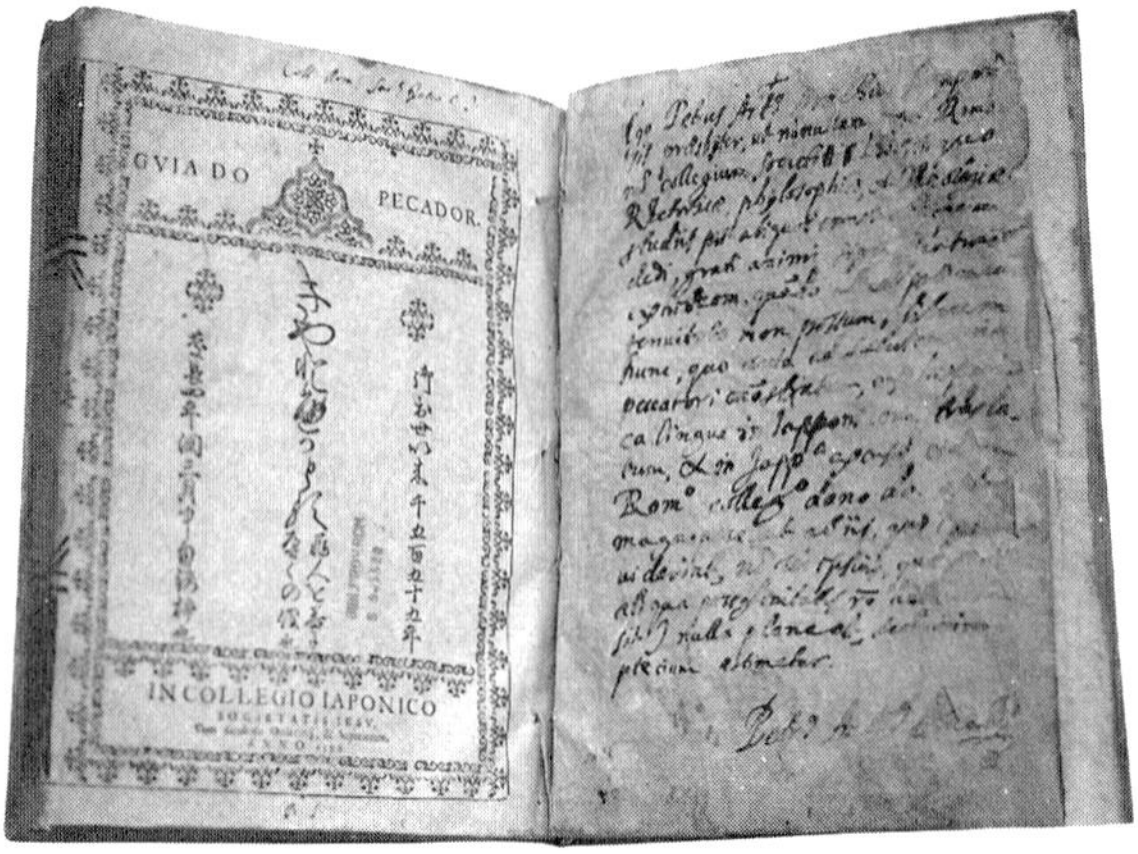

図１　キリシタン版『ぎやどぺかどる』(1599年)下巻の標題紙とペドロ・アントニオ荒木のラテン語の書き込みを留める遊紙(イエズス会日本管区蔵、同会ローマ学院旧蔵本)

る現代の日本人に不足していることである。

例えばイエズス会のローマ学院旧蔵のキリシタン版『ぎやどぺかどる』（一五九九年）下巻の遊紙には、上記のペドロ・アントニオ荒木によるラテン語の書き込みがある。これは荒木が留学先のローマ学院に本書を寄贈することを自ら書き記したものであるが、これまでに出た同書の解説書は、残念ながらこの事実を読み取っていない（原田、二〇〇七、五〇〜五一頁）。

またディエゴ・コリャード編*『羅西日辞典』続篇（一六三二年）のラテン語の序文の一節を、「すでに日本でカレピヌスの辞書に準拠して印刷されているので」と日本語訳した解説書がある（大塚、一九六六、解題一〇頁）。しかしこれは正しくは、「すでに印刷された［羅西］日辞典では、カレピヌスの辞書と比べて不足する語彙が多々あったので、それらを補うべく」と訳さなければならない。

ラテン語のテキストに対するこうした読解力不足の結果、現今では日本語のキリシタン版についての研究が進んでいるのに対し、ラテン語のそれについての研究はほとんど手つかずと言ってもよい。

その一つの例が、一六一〇年に長崎で印刷された

『聖教精華』である。マヌエル・バレト*神父によって聖書や先賢の文辞集から、説教の素材を提供するものとして抜粋されたこの書（原田、一九九八b、三六〜三八頁）は、今に至るまでその全テキストの翻刻と日本語訳を欠いている。

ラテン語のみで著されたこのキリシタン版は、目下のところ世界に三冊の現存が確認されている。日本の東洋文庫蔵本、ポルトガルのポルト公共図書館蔵本、それにアメリカのイェール大学蔵本である。

イェール大学蔵本は、アメリカ人ポール・チャールズ・ブルーム*（Paul Charles Blum）が一九四七年にミラノで購入したもので、一九七九年に同氏からイェール大学に寄贈された（Kaneko, 1985, pp.177–180）。現在では同大学のバイネッキ稀覯本・手稿図書館の蔵書となっている。

私は長年、東洋文庫蔵本の全頁複写とポルト蔵本の影印版にもとづき、『聖教精華』の翻刻と日本語訳、また同書に引用される文辞の出典を究明する作業に取り組んでいる。十六世紀ヨーロッパの複数の文辞集をもとにバレト神父が独自に作り上げたこの書こそ、日本におけるラテン語のキリシタン版の最高峰であると、私は確信している。（原田裕司）

註

（1）荒木（ARSI, Jap.Sin.16–II, f.1）、結城（Jap.Sin.36, ff.245–247）、岐部（Jap.Sin.34, ff.198–203）、ミノエス（Jap.Sin.18–I, ff.76–77; Jap.Sin.22, ff.266–267）など日本人神父のラテン語の手紙が、一六一五年以降本人が書いたことが確実なものとしてイエズス会文書館（ARSI）に現存する。

（2）一六三〇年八月二日付マニラ発の金鍔神父の手紙を収めた Secundum Regist[rum]. と題される冊子（請求記号 Dd.70）は、アウグスチノ会総長のもとに寄せられた諸文書を、秘書が年月順に書き写したものである。大魚正人『殉教者金鍔次兵衛の直筆書簡』（私家版、二〇〇八年）が、この手紙の写し（ff.48v.–50v.）を金鍔神父の「直筆」とするのは誤り。

〔コラム〕プティジャン版

プティジャン版とは、通常、ローマ・カトリック教会の日本司教プティジャンの認可のもとに、明治初期に刊行された宗教書類をいい、総計で約六十種七十品の図書・暦・手紙類を含む。

江戸幕府が開国に踏み切った安政の五か国条約*に基づき、日本に居留する自国民の司牧者という肩書でキリスト教の宣教師たちも陸続と来日した。パリ外国宣教会*のカトリック司祭ベルナール・T・プティジャン*もその一人で、一八六二年に来日した。

彼は一八六五年三月一七日、長崎の、新築されて間もない大浦天主堂*で劇的な体験をする。天主堂見学を装った一団から「サンタマリアのご像はどこ?」との問いを受け、ご像を確認した潜伏キリシタンから信仰を告白されたのである。いわゆる「信徒発見」、迫害下にあった信徒からすれば「神父発見」であった。以来、長崎周辺から続々と現れた五万余の潜伏キリシタンを「復活キリシタン」へと導く努力と、「切支丹宗門御制禁」という政治的処置からの解放を勝ち取る闘いが始まる。プティジャン版の出版は、主として前者の努力の一環とみなせる。

もっともプティジャン版には、「御制禁」という処置からの解放努力と関わるものも一部含まれている。プティジャンは一八六六年（慶応二）一〇月に司教に叙階され、教会の裁治権者として出版許可を与える権限を得たが、石版印刷術を習得して来日したド・ロ*の助力も得て、六八年の『聖教初学要理』を皮切りに、翌年には、かつてのキリシタン時代の宗教書の系譜を引く『胡无血利佐無《こんちりさん》の略《りやく》』、『とがのぞき規則』や『玫瑰花冠記録《ろざりよきろく》』など八冊を刊行した。こうして出版も信徒教育も軌道に乗ったかにみえた折、六七年四月の浦上キリシタンの自葬事件に端を発し、同年七月には浦上四番崩れ*が勃発し、やがて浦上の信徒約三千四百名余が全国に流配される事件へと展開していく。

プティジャンは直ちに、フランス公使ロッシュ*に信徒釈放を働きかけるよう依頼し、教皇ピウス九世*には書簡を送った。翌六八年には、ピウス九世やナポレオン三世に直接日本の宗教事情を説明し、その解決への助力を訴えた。教皇から返書を得た彼は、プティジャン版を利用し、流された信徒たちに自らの書簡（『プティジャン司教の司牧書簡』）と教皇の書簡（『教皇ピウス九世書簡』）とを送って慰めを与え、信徒として歩むべき道を教えさとそうとした。このようにプティジャン版の刊行は、「信徒発見」と、浦上信徒総流配事件*と密接に関わっている。

　プティジャン版は、禁教令下の秘密出版という特性を加えてこれを狭義にとれば、一八七三年（明治六）の高札撤廃*で制禁が解かれるまでに刊行された二十種二十四点を指す。しかし、一般的理解ではもっと広く、彼が死去する前年の一八八三年に、最後に出版許可を与えた『切支丹の聖教』まで、総計で七十点を数える(1)。

　とはいえ広義のプティジャン版には、本来の定義からは「逸脱」する次の三種類の書が含まれている。①日本ではなくパリで出版された書で、プティジャンが認可を与えたとはいえないものの、キリシタン版の複製にかかる*Niffon no Cotoba ni Yô Confesión.* ②プティジャンが司教になる前の一八六五年に横浜でジラール*によって刊行された『聖教要理問答』。③南北の教区に分割後、他の司教、例えば、南緯日本聖会補佐司教ロケーニュ*認可の『オラシヨ並ニヲシヘ』や、北緯聖会司教オズーフ*ら認可の『聖教初学要理』（一八七八年）などの宗教書である。

　これらのプティジャン版には、①潜伏キリシタンが秘蔵してきたキリシタン版（『胡无血利佐無の略』など）、②彼らが七代二百五十年にわたって口伝もしくは伝写した教理書、暦やオラシヨ（祈り）の類（キリシタン版『どちりいなきりしたん』などを用いたカトリック要理入門書『聖教初学要理』や『聖教日課』、『御久類《みくる》寿道行《すみちゆき》のおらしよ』など）、③プティジャンがマニラやローマで入手したり、書き写したりした往時のキリシタン版を底本として、森松次郎*や阿部真造*らが筆写し、ド・ロの指導で石版印刷したもの（片岡、一九七七、四一頁以下）（『とがのぞき規則』や『玫瑰花冠記録』、『御婆通志与《ごばつしよ》』など）、さらに④中国のキリスト教書の系譜を引くもの（『聖教要理問答』や『煉獄説略』、『聖経理証』など）など、多彩な宗教書が含まれている。このうちプティジャンが力を入れたのは①と②であり、③と④はそれらを補強するためのものであった。

プティジャン版は、明治初期の出版物として希少価値があり、復活したカトリックの出版事業の初期の時代を彩るものであるが、その研究は、キリシタン版のそれに比べて遅れている。その理由は、①根強い邪宗門観、②長崎中心の出版で、キリシタン用語を基本にしたこと、③諸学の研究も多く東京中心で展開されたこと、などが考えられよう。以下、今後に期待される研究課題をいくつか提示してみる。

第一は、プティジャン版の個々の書物や文書についての研究である。これは、そこでの用語や概念、思想内容、体裁などをめぐる関連諸学との比較研究へと発展しよう。まず、プティジャン版が少なからず依拠したかつてのキリシタン版との比較。次に、一部の書の底本となった中国のカトリック書との比較。また、伝統的なキリスト教文化、さらには日本の宗教文化との比較も考えられよう。

第二は、プティジャン版の持つ歴史的意義を、「信徒発見」、浦上四番崩れをきっかけにした信徒総流配事件、部分的にしろ「信教の自由」*への道を開いた高札撤廃、明治政府によるクラッセの『日本西教史*』の刊行（七八年。この時点でプティジャン版はすでに四十八品を数えた）と続く歴史的展開のなかに位置付けることである。

第三は、プティジャン版が占める文学ないし宗教文学上の位置付けの問題があろう。明治以降のキリスト教文学の発展や、大正期から昭和初期にかけての「南蛮もの」*の流行に何らかの役割や関連があるのかどうか、がその一例である。

第四は、宗教史や典礼史の面からの研究である。復活した明治期のカトリック教会には、宣教方針をめぐって路線争いがあったとされる。一方は、漢文的素養を身に着けた、都会の教養人を対象にして横浜や東京に軸を置く立場であり、他方は、長崎とその周辺の、発見された潜伏キリシタンの伝統を重んじる立場である。プティジャン版は、かつてのキリシタン時代からの伝統的用語や概念を重用したものが大半であるが、なかには、中国で用いられていたカトリック書を読み下したり、抄訳ないし編訳したりした『聖教要理問答』、『煉獄説略』、『聖経理証』、『耶蘇言行紀略』などの書もあった。その後の日本の教会の歴史を見ると、採用されたのは中国系の用語や概念であり、今日も使われる天主、神、三位一体、聖霊、秘跡、洗礼、堅振（信）、聖体、痛悔、愛徳、教会、原罪、聖寵《せいちょう》などはその代表例である。プティジャン版の影響は、現代にまで及んでいる。

第五は、印刷文化史の視点に立った研究である。プティジャン版は、長崎を中心としながらも、二百五十年間絶えていた教会の出版活動を復活させたうえに、石版印刷（リトグラフ）を開始して日本における平版印刷（オフセット印刷）の嚆矢となった。その歴史的位置や役割は何か、である。

このように、プティジャン版に秘められた歴史の証言は、キリスト教史や宗教文学はもちろん、宗教社会学や文化交渉史、国語史、翻訳論、印刷文化史などからも注目されよう。

（高祖敏明）

註

（1）この七十点の一覧については、次頁以下の一覧表とともに、高祖敏明『プティジャン版集成　解説』（雄松堂書店、二〇一二年）巻末の「プティジャン版一覧と関連年表」（一六五頁以下）をも参照。同書には、高札が撤廃された一八七三年までに出版された『聖教要理問答』（一八六五年）から『聖教理証』（一八七三年）までの十九種二十三点について詳しい解説が加えられている。なおプティジャン版の個々の著作については『日本キリスト教歴史大事典』（教文館、一九八八年）や『新カトリック大事典』六冊（研究社、一九九六年～二〇一〇年）が紹介している。

表　プティジャン版一覧

	書　　　名	刊行年
1	聖教要理問答	1865
2	*Niffon no Cotoba ni Yô Confesión*	1866
3	聖教初学要理	1868
4	聖教日課	1868
5	天主降生千八百六十八年歳次戊辰瞻礼記	1868
6	御出世以来千八百六十九年明治二己巳歳御祝日附	1869
7	御久類寿道行のおらしよ	1869
8	胡无血利佐無の略	1869
9	とがのぞき規則	1869
10	玫瑰花冠記録	1869
11	夢醒真論	1869
12	弥撒拝礼式	1869
13	聖教初学要理（3の改訂第2版）	1869
14	*Lexicon Latino-Iaponicum*	1870
15	ろざりよ十五のみすてりよ図解	1871
16	聖教日課（第2版）	1871
17	プティジャン司教の司牧書簡	1871
18	教皇ピウス九世書簡の日本語訳付、プティジャン司教の司牧書簡	1871
19	聖教初学要理（3の改訂第3版）	1872
20	煉獄説略	1872
21	くるすのみち行（7の増補版）	1873
22	御娑通志与	1873
23	洗滌之秘跡之事	1873
24	聖経（教）理証	1873
25	きりしたんこよみ	1874
26	聖教日課（第3版）	1874
27	聖教日課（26の異版）	1874
28	受難についての黙想	1874？
29	聖教初学要理（オズーフ版）	1875
30	天主教大略	1875？
31	聖母聖月	1876
32	聖教理証（第2版）	1876
33	*Brevis Introductio ad Sacram Scripturam*	1877
34	*Praelectiones Linguae Latinae*	1877
35	天主教伝来序説	？
36	聖教初学要理（オズーフ版第2版）	1877
37	聖母聖月	1877
38	聖年祝日	1877

39	智慧明ケ乃道	1877
40	光福教導	1877
41	たつときゆかりしちやのこと	?
42	切支丹の聖教	?
43	切支丹の聖教（42の増補版）	?
44	聖会暦	1878
45	オラシヨ並ニヲシヘ（ロケーニュ版）	1878
46	*Orasiyo narabi ni Wosihe*（45のローマ字版）	1878
47	聖教初学要理（オズーフ版第３版）	1878
48	きりしたんのうたひ	1878
49	聖教初学要理（オズーフ版第４版）	1879
50	くるすのみちゆき（21の増補版）	1879
51	公教日課（オズーフ版）	1879
52	西教分派論	1879
53	旧新両約聖書伝	1879
54	聖母聖月	1879
55	おらしよ並にをしへ　附きりしたんのうたひ（プティジャン版）	1879
56	おらしよ並にをしへ　附きりしたんのうたひ（ロケーニュ版）	1879
57	耶蘇言行紀略	1880
58	聖教理証（第３（増補改訂）版）	1880
59	聖教初学要理（オズーフ版第５版）	1880
60	天主教抄略	?
61	天主教抄略（60の異版）	?
62	公教抄略	1880
63	聖教初学要理（オズーフ版第６版）	1881
64	聖教理証（第４版）	1882
65	聖詠	1882
66	*Recueil de Cantiques Japonais avec musique*	1882
67	聖教日課（オズーフ版）	1882
68	聖教初学要理（オズーフ版第７版）	1882
69	生月聖教伝	1883
70	切支丹の聖教	1883

日本の教会は、明治９年（1876）、南緯教会と北緯教会に二分され、南緯教会司教にプティジャン、北緯教会司教にオズーフが、また1874年に、プティジャンの補佐司教にロケーニュが任命されていた。

教会の出版物は司教の認可を受けなければならないので、「オズーフ版」とはオズーフ司教准許による出版物の意である。

29は「プティジャン准許」になっているが、じっさいにはオズーフが出版許可したものである。したがって、36は「オズーフ版第２版」と数える。

〔コラム〕きりしたん版「ナバルスの懺悔」発見の顚末

一五九〇年七月、島原半島口之津《くちのつ》に巡察使ヴァリ*ニアーノの企画で一五八二年に渡欧した四人の天正少年遣欧使節と共に活字印刷機が日本に初めてもたらされた。以後高山右近等が日本を追放され、フィリピンに渡る一六一四年までローマ字、日本語の活字が数種類鋳造され、キリスト教の教義書、辞書、日本の物語などが印刷された。これらきりしたん版といわれる出版物は現在三十一種、約七十部がヨーロッパ、日本などの図書館、教会などに在る。明治期にイギリスの外交官アーネスト・サトウが発見して以来、木下杢太郎、新村出など多くの人に珍重され、研究されてきた。

昨年十一月マニラで私共は新しいきりしたん版を発見出来た。三十二種類目になる。「ナバルスのざんげ・告解簡略提要」（COMPENDIVM Manualis Nauarri）と題する。扉中央にIHS（イエズス会の紋章）、下方にIN COLLEGIO IAPONICO Societatis IESV（日本耶蘇会学林に於て）とあり、Anno 1597（慶長二年）の出版である。表紙縦十五糎、横十糎、本文縦十四糎、頁付はA～Kkまで五一二頁になる。本文はラテン文。内容は当時の著名なスペインの法学者・神学者マルチン・デ・アスピルクエタ（一四九一～一五八六。彼はその生誕地にちなんでナバルスと呼ばれている）の著書を哲学者・神学者ピエトロ・アラゴア（一五四九～一六四二）が母の名ジバラを編者として出版した本の日本での複刻書と思われる。二十七章よりなり、ほかに序文と索引を付す。

元神田警察署長西川徹矢氏が三年前、在フィリピン日本大使館に警察庁より一等書記官として赴任された。その時に、マニラにきりしたん版が三点あることなどから、十六、十七世紀の日比交流史を考えると、他にきりしたん版の存在する可能性を話した。氏は書物の歴史に興味を持っており、京都大学の同級生の会に招かれて私が日本の書物について話した

表1　フィリピン所在のキリシタン関係資料

所在地 〔　〕は現所在地	資料名
アウグスチノ会修道院文庫 〔現バリャドリード（スペイン）アウグスチノ会神学図書館蔵〕	精神修養の提要（天草、1956年）ラテン語 スピリツアル修行（長崎、1607年）ローマ字
ドミニコ会修道院文庫 〔ドミニコ会サント・トマス修道院文書館（アビラ・スペイン）に移管、但しこれらの書は所在不明〕	日葡辞書（長崎、1603年） ロザリオ記録（マニラ・ドミニコ会刊、1622年）ローマ字 日西辞書（マニラ、1630年）
サント・トマス大学	ロザリオの経（マニラ・ドミニコ会刊、1623年）ローマ字 日西辞書（マニラ、1630年） 報告書・手紙（17世紀初期日本で布教したドミニコ会員の原文文書。元ケソン市ドミニコ会修院古文書館蔵）4巻
日本で殉教した同会員の諸報告	ルイス・ソテーロ文書 ディエゴ・コリャード文書 オルファネル「日本教会史」（稿本）

こともあった。氏と親しくしていた私共にフィリピン在職中にマニラを訪れるよう云われて任地にたたれた。

昨年十一月二十二日～二十五日まで巌南堂書店西塚定雄、東陽堂書店高林恒夫、小宮山書店小宮山健彦、大屋書房纐纈公夫の諸氏と私五人は大統領選挙戦前のフィリピンを訪れた。マニラには表1のようなキリシタン関係資料があることになっている。

アウグスチノ教会のきりしたん版は太平洋戦争の難を逃れてスペインに移っていた。国立図書館に日本の本があるといわれて訪れたが、最近の出版物が中国、韓国の本と一緒に少量積まれていただけであった。

二番目に訪れたサント・トマス大学はドミニコ会の学院として一六一一年に創立された東洋で一番古い大学である。昭和五十六年（一九八一）ローマ教皇が東洋を訪れた際は同大学所蔵のキリシタン文書により判明した十七世紀の日本での殉教者十六人のための特別ミサを行っている。同大博物館で古い印刷機の模型らしきものを見たのち司祭館を訪れる。日本人宣教師神言会竹山光雄氏が事前に連絡をとっておいてくれて、西川夫人等と応接室で待つ。扇風機が回っているが暑い。

Tesus Ma. Merina 神父が来られる。一五九〇年から一六一〇年代に日本で出版された本が同大学にないかを尋ねる。同神父は一週間前まで図書館長をしており、十年ほど前に古版本の展覧会を行ったことがあり、その時の調査で日本で印刷した本の記憶があるとのことである。

研究室に戻って部厚いノートを持ってこられた。詳細に書目がとってある。一行、一頁ごとに出版地を見ていく。ローマ、パリ、マドリッド、リスボン、マニラ……「アマクサ」。一瞬信じられない思いであった。マニラに新しいきりしたん版がある可能性は考えていたが現実に見つけられるとは！　図書整理番号を控えて大学図書館に向う。緑豊かな校内がマニラの明るい熱い日の光のもとでまばゆく見える。

神父は図書館職員となじみである。図書館奥の貴重書室に入る。世紀ごとに分類した棚に本が積み上げられている。十六世紀の棚から小さな白革装の本を神父は取りだした。閲覧室の隅で本を広げる。扉の中心に IHS の装飾。COLLEGIO IAPONICO ANNO 1597 の文字が目に入る。まさしくきりしたん版だ。天理図書館所蔵の「精神修養の提要」（一五九六）と同じ感じだ。記憶をたどるが同じ本は思いつかない。

扉が本文からとれ、表紙もはずれ、背の糸が見える。丁寧に神父が頁をめくってゆく。紙は粗末な感じで薄茶色をしている。虫喰いがひどく、白い紙で所々簡単に補修してある。本を手にとってもよいとのことで、手分けして寸法を計り、写真を撮り頁を繰る。本の間からタイプ打ちのメモがでてくる。一九四四年七月サント・トマス大学レイラ・メイナード氏がこの本を調査した記録である。日本軍がマニラを撤退したすぐあとのことである。

他にもきりしたん版がないかどうか西川夫人にも手伝ってもらって十六、十七世紀の図書カードを繰る。書庫の中をもう一度見る。しかし他には見つけられなかった。

皆の間に本当にきりしたん版なのだろうかという疑問がでてくる。フィリピンに持ってきたきりしたん版の資料が行き違いで手元にないため較べようがない。最初の喜びが半信半疑となってくる。紙質はもっとよいのではないか、出版地（アマクサ、ナガサキ）が記されていない、などなど。これらのことは日本に帰って調査の結果全て解消された。昼時となり、扉、メモなどのコピーを依頼したあと、神父、図書館の係の人々に厚くお礼を言って大学をあとにした。

帰国後種々調査をしてみた。まずこの本は今まで知られていないきりしたん版である。天理図書館（一九七三）所載の一覧表、ヨハネス・ラウレス（一九五七）、海老沢有道（一九七八）、上智大学尾原悟（一九八三・一九八四・一九八六・一九八七）、またBIBLIOTHEQUE DE LA COMPAGNIE DE JESUS等にも載っていない。しかも一五九七年刊は今まで一冊も発見されていなかった。しかしこの本が日本で出版されていても不思議ではない。ナバルスの著作は当時世界の宣教師に読まれ、ヴァリニャーノも言及し、日本のパードレによってしばしば参考にされ、当時の学生によって研究された（井出、一九六六）。また一五九六年に至って相次いで、主要な教理書・修徳書類がラテン原文のまま出版された（海老沢、一九七八）。

現存きりしたん版の六割程度には出版地が刷られている。この本にはないが天草*と思われる。一五九六年十月スペイン船サン・フェリペ号が土佐の浦戸に漂着したことに端を発して秀吉のキリシタン弾圧が再開され、翌年印刷機があった天草のコレジヨ*が長崎郊外トードス・オス・サントス（現春徳寺のところ）に移った。その移動前に本書は刷られたと考えられる。

活字は大文字がRⅡ、小文字がRⅣのタイプだ。また飾り文字を較べると一五九五年天草刊「羅葡日辞典」と全く同じである（富永、一九七八）。出版地のあとにcum facultate Ordinarij, & Superiorum（教区司教並びに管区長の認可を得て）とあるが、一五九五年九月以前のきりしたん版はcum facultate Superiorumのみとなっている。

きりしたん版は一種千部〜二千部刷られたと思われる（福島、一九八四）。当然本によって異なるだろう。また現在六部知られている一五九八年刊「落葉集」などは本によって多少の異同があり、一度に大量に刷ったものではないようだ。

現存七十余部のきりしたん版の中、日本に蔵するもの十四部、日本国内に伝わって発見された本は十指に達しない。イエズス会日本年報、キリシタン文書などから出版されたと推定されている書目、また今回の本のように未知の本も加えると百種以上出版されていると考えてよいのではないだろうか。これらがヨーロッパ、メキシコ、東洋、また日本のどこかで発見される可能性はまだある。（八木壮一）

付記

本コラムは八木壮一「新発見のきりしたん版「ナバルスのざんげ」」（『日本古書通信』六八二号、一九八六年）を再録したものである。

なお、サント・トマス大学図書館（マニラ）の御快諾により、このたび新規に撮影した本書の写真を、カラー口絵4に配した。

〔コラム〕キリシタン語学研究の今

はじめに　昔、国語学の分野で最も尊敬する友人のひとりから「キリシタン文献なんてやるの変な人に決まってるから」と言われ、激烈なるショックを受けたことがある。変人かどうかは別として近年それを「語学的に研究する人」の数は確かに極めて少なくなっている。そこでここに改めてキリシタン文献を語学的に研究する意義とそうした研究の「今」について少し考えてみたい。

「大航海時代の語学書」としてのキリシタン文献

ポルトガルの「ブラジル発見」（一五〇〇年）から約五十年後の一五四九年、ブラジルの初代総督トメー・デ・ソーザが、兵士、植民者など約千人と共にブラジル北部バイアに入るが、その中にマヌエル・ダ・ノブレガ神父を中心とするイエズス会の宣教団がいた。その同じ年、遠く離れた東の日本にフランシスコ・ザビエルが到着している。大航海時代のポルトガル西方航海の終点ブラジルと東方航海の終点日本において同時にイエズス会によるキリスト教布教活動が始まるのである。「日本におけるキリスト教布教」そして「イエズス会による語学研究（日本語研究）」を考えるとき、大航海時代におけるポルトガル、ブラジル、アフリカ沿岸、インドなどにおける同様の活動を背景に考察を進めることが不可欠な所以である。この「大航海時代」と呼ばれる時代におけるブラジルから日本に至る世界各地でのイエズス会の活動、就中、語学研究について、国語学で「キリシタン文献」と呼ばれるものを「大航海時代の語学書」として捉えなおし、その成立の背景を考察することが重要な課題となる。

なぜ十六・十七世紀？　なぜキリスト教世界？

アレキサンダー大王の長征ではなぜ現地語の習得・研究がなされなかったのか。イブンバトゥータやその同行者は語学研究をしなかったのか？　確かにイスラム教ではアラビア語が唯一の聖なる言葉なのかもしれない。しかし仏教も長い布教の歴史を持つのにそこではなぜ語学研究がなされなかったのか。玄奘三蔵やその同行者は接した外国語の研究をしなかったのか？　キリスト教にしたところで十六世紀に布教が始まったわけではなく二〇〇〇年来の長い布教の歴史を持つ。それなのになぜ十六・十七世紀のキリスト教布教の中で現地語の語学研究が花開くのか。パウロはその伝道旅行において様々な言語に接したはずだが言語研究はしていない。彼に続く後の時代の宣教師も然りである。まだたいしたことがわかっているわけではないが、その辺から、つまり「なぜ十六、十七世紀？　なぜキリスト教世界？」（Ostler. 2004）ということから考えてみることが必要となるであろうことをまず指摘しておく。ひとつだけ先に述べておくとするなら、他のさまざまな理由とともに「活字印刷」ということが右の問に大きく関わっているように思われる。「活字印刷」と「言語分析」という二つの活動はどうも不可分の関係にあるようだ。「印刷する」（to publish）とは、文字通り「一般に向け公にする」（to make known to the public）ということであり、そのためには字種、字体、綴り字（仮名遣い）はもちろんのこと、表現法（言い回し）もある程度、確定しなければならなかった。ロマンス語の世界でもそれぞれの言語における規範の確立を目指す動きがいわゆる「俗語文法（正書法）」構築につながり、今日に至ることになる。十六世紀ポルトガル語の「文法書」もその多くの部分を「正書法」の確定にあてていることが思い起される。そしてそうした印刷術をもっともうまく布教に結びつけたのがキリスト教世界であった。

なぜ日本のものが相対的に極めて充実？　「日葡辞書」の名で知られるイエズス会士編纂の日本語・ポルトガル語辞書が日本語の歴史研究においてのみならず日本文化史の研究に欠かすことのできないものであることはここに申し上げるまでもない。この日葡辞書に代表される「キリシタン文献語学書」は、しかしながら、当時、日本においてのみ作られていたわけではない。先に述べた如く、フランシスコ・

ザビエルが来朝した一五四九年、その同じ年にイエズス会士を含む千人規模の移民団が遠くブラジルに入り、同じように現地語の調査研究が始まっている。同時代にアフリカ沿岸、ブラジル、インドでどのような言語研究が行われていたかを見る必要があろう。これも結論から先に申し述べるなら、十六・十七世紀、しかも印刷されたものに限るなら、日本における語学書が質量ともに一番充実している。それはなぜなのか、やはり考えるに値するテーマであると思われる。十六・十七世紀に印刷という形でポルトガル語で著された辞書、文法書、ドチリナに限ってその数を較べてみると概略以下のようになる。

アフリカ（コンゴ語ドチリナ一点、キンブンドゥ語文法書一点、ドチリナ一点）
ブラジル（トゥピ語文法書二点、ドチリナ二点、キリリ語文法書一点、ドチリナ一点）
インド（コンカニ語文法書一点、ドチリナ二点、タミル語辞書一点、ドチリナ二点）
日本（日本語文法書二点、辞書三点、ドチリナ四点）
（漢字・かな表記のものを含む）

その内容について今、詳しく述べることはできないが、文法書も辞書も日本語に関するものを超えて充実した内容を持つものはない。ドチリナについては翻訳論の立場から種々の吟味が必要となるが、日本語の四版が翻訳としても極めて高いレベルのものであることはまちがいない。キリシタン文献、特に語学書はなぜ日本のものが数の点でも質の点でも一番、充実しているのだろうか。概略、以下のような理由が考えられる。（1）日本は（少なくとも都まで）一言語であった。いくつもの違った言語が話されていたアフリカ、ブラジル、インドとは全く事情が異なる。（2）イスラム圏と違って日本ではははじめ「通訳」がほとんど役に立たなかった。（3）日本人は読み書き能力が高く、文書でキリスト教を広めることが可能だった。（4）口頭による宣教から潜伏宣教へ方針転換の必要が布教の途上で生じた。（5）日本では現地の教養人の協力が得られた。（6）（百万塔陀羅尼以来の）印刷の伝統、また長い写本の伝統があり、よい和紙もあった。（7）「ザビエル精神の継承者」ヴァリニアーノ*が日本に印刷機をもたらし、アフリカなどと違い現地日本で印刷できた。ザビエルが「この国では印刷を持って信仰を広めることができる」旨（ザビエル書簡九〇）述べているのは象徴的である。

ところで先程、「日本におけるものが質量ともに一番充実している」と述べたが、それは大航海時代ポルトガル語圏に限ってのことである。スペイン語圏にまで視野を広げると様相は一変する。同時代にメキシコで印刷され今に伝わる現地語の語学書（主としてスペイン語で書かれたもの）だけでもポルトガル語圏を上回る数が確認される（Smith-Stark, 2005）。本稿ではスペイン語圏における語学研究を詳述することはできないが、そのこと、つまり、スペイン語圏ではもっと早くから高度な内容のしかも相当数の語学書がすでに公にされていた（印刷されていた）ことを忘れてはならない。ヨーロッパにおける「俗語文法」にしたところでネブリハのカスティリア語文法はすでに十五世紀末に公にされているということをここで確認しておく。

日本語の品詞　ラテン文法が八品詞、ポルトガル語文法が九品詞で書かれたように、日本語文法でもラテン文法の規範に則り品詞分類が施されている。たとえばロドリゲス*はラテン文法八品詞にほぼ相当するものに加え「冠詞」「助辞」の二つを加え、十品詞で日本語文法を構築した。ここで彼のいう「冠詞」は今日の国語学でいう「格助詞」にほぼ相当する。この「格助詞＝冠詞」という認識は在日ポルトガル人宣教師の間でも共通認識ではなく彼の独自性を示すものであるが、格マーカー（と前置詞の縮約形）を「冠詞」とみる見方はポルトガルでは十六世紀文法家バロスに遡り、さらには十五世紀末スペインのネブリハに遡るものである。いつどこでロドリゲスがこうした認識に到達したかは明らかでない。ロドリゲスの品詞分類においてはこの「冠詞」と「助辞」に重複が見られ、同じ語が別のところで違って分類されているように見えることがあるが、それは当時のヨーロッパにおける品詞分類が、一語一分類の「排他分類」ではなかったことに起因する。この点、日本の伝統的テニヲハ研究における分類意識とも共通するものがあったと言えよう。

印刷史とキリシタン文献　キリシタン文献と言えば「天草版イソポ物語」のような口語体ローマ字版本をまず思い浮かべる人が多いであろう。確かにそうした口語体ローマ字資料研究からこれまでに齎されたた国語学の研究成果には極めて大きなものがあった。一方で漢字仮名交じりのキリシタン版国字文献は、少なくとも言語研究において、最近まであまり大きな関心を呼んでこなかったと言えなくもない。そうした状況が大きく変ったのは印刷史研究においてである。日本古活字版がその組式からキリシタン版に遡ることがわかり、初期キリシタン版の漢字活字も日本製ではなくヨーロッパ製のものであることが明らかとなった。先程述べた「言語規範」という観点からも国字本を含むキリシタン版の持つ意味が極めて大きくなったと言えよう。今後の研究に期待される。

Missionary Linguistics の今　欧米、南米の研究者が中心となる国際学会 Missionary Linguistics は二〇〇三年に成立したが、その第一回国際大会（オスロ　二〇〇三）で研究発表した日本人は私一人であったように記憶する。しかしながら、第二回以降、何人もの日本人研究者が参加するようになってからの日本の存在感は誰の目にもはっきりしていて、その後、日本からの実質的貢献は同じ日本人ながら目を見張るばかりであった。さらには二〇一〇年の Missionary Linguistics 東京大会も成功裡に終了し、その中心となった豊島正之はその後もポルトガルやブラジルから頻繁に招聘される中、いくつもの貴重なプロジェクトを手がけてきた。それらが今、大きく花開こうとしている。アスンサン博士（ポルトガル）との共同編集による『天草版ラテン文典』*影印が厳密な翻刻と詳細な解説を付した形で公刊された。ロドリゲス自筆部分を含む『日本教会史』*の翻刻出版も近々為されると聞いている。一方でブラジルの研究者との共同研究プロジェクトも進んでいるようである。これから公にされるであろう数々の成果が期待される。

また羅葡日対訳辞書に岸本恵実が長らく取り組んでいるのは知っていたし、彼女の研究はヨーロッパ、南米でも評価されていた。しかし私はそこに一抹の不安を感じてもいた。彼女は国語学の出身である。いかにすぐれた研究者であっても国語学を学んできた人にどこまでラテン語辞書史に迫れるのかを考えずにはいられなかった。そこにラテン語文献学者の原田裕司が現れるのはまさに天の配材と言えよう。原田は長らくラテン語辞書史に携わりカレピノ辞書の歴史を研究してきた。原田の近著（二〇一一）は極めて精緻な研究の歴史を物語る。この二人にならば羅葡日対訳辞書のこれからの研究を安心して任せられると確信した。彼らの研究は間違いなくヨーロッパにおけるラテン語辞書史研究に大きなインパクトを齎す。

私自身は最近、インドのコンカニ語文献を主として扱っている。国際学会 Missionary Linguistics にインドの語学研究者は少なくとも最近までほとんどいなかった。インドにおける「日葡辞書」に相当する十七世紀コンカニ語ポルトガル語辞書写本を翻刻し、コンカニ語ドチリナの注釈付英訳を終えた。いくつもの誤りがあるであろう翻刻や注釈を公にして、ほかの方々がせっかく高めた学会内での日本の評判を落としているのかもしれないが、その誤りを訂正しよりよいものを作ってくれるであろう後に続く人の「捨石」となる覚悟のもとに行っていることなので、大目に見ていただきたい。多くの友人の支えを受けながらこうした仕事をなしえたこと、これも上に述べた最近の仲間達の成果と共に、私の「幸せ」である。もっとも「幸せ」は英語で HAPPY、亀井孝に言わせれば「おめでたい」[1]（Samuels, 1972, p.66）ということになろう。気を引き締めて進んでいかねばならない。

（丸山 徹）

註

（1）本著当該箇所記述は亀井孝の教示により知る。

附録

キリシタン時代の人物略伝と要語集

一　人物略伝

クラウディオ・アクワヴィーヴァ Claudio Acquaviva（一五四三〔イタリア／アトリ〕～一六一五〔イタリア／ローマ〕）　イエズス会第五代総長。（豊島正之）

阿部真造（貞方良輔）（一八三一頃〔長崎〕～一八八八〔東京〕）　幕末・明治初期の伝道士。唐通事を経て、一八六七年（慶応三）頃プティジャンと知り合って受洗し、『聖教初学要理』などのプティジャン版の版下を作成。一八六九年（明治二）「帰正痴士」の名で『夢醒真論』を著すも後に棄教した。（髙祖敏明）

ペドロ・アントニオ荒木（トマス荒木）（?～一六四六〔長崎〕）　トマス荒木とも称される日本人教区司祭。十七世紀初頭にローマに渡り、イエズス会のローマ学院や教区大神学校で学んだ。一六一一年頃ローマで教区司祭に叙階され、一六一五年に禁教下の日本へ帰国したが、一六一九年に捕えられ棄教した。一六一五年マカオ発の彼のラテン語の手紙が、ARSI（Jap.Sin.16-II, f.1）に現存する。（原田裕司）

マヌエル・アルヴァレス Manuel Álvares（一五二六〔ポルトガル／リベイラ・ブラヴァ〕～一五八三〔ポルトガル／エヴォラ〕）　イエズス会の古典語教育者。ポルトガル人。彼が著したラテン語の文法書 *De institutione grammatica*（一五七二年リスボン初版）は様々な言語に訳されるなど、十九世紀に至るまで多くの版を重ねた。

この書の簡略版〔一五八三年リスボン版〕に依拠したものが、一五九四年のキリシタン版『ラテン文典』である。（原田裕司）

アレッサンドロ・ヴァリニャーノ　Alexandro Valignano〔一五三九〔イタリア／キエーティ〕～一六〇六〔中国／マカオ〕〕　イタリア出身のイエズス会司祭。一五七三年インド派遣の際、イエズス会総長の名代である巡察師に就任。一五七九年来日。日本の風習に応じた布教と日本人のイエズス会会員育成方針を打ち出し、天正遣欧使節派遣に成功。その後、一五九〇～一五九二年と一五九八～一六〇三年、長崎を拠点に日本のキリスト教定着の基礎固めに尽力。その間に記した書簡には日本国内の動向が多く記されている。（鳥津亮二）

アルバロ・ウエルガ　Álvaro Huelga　ルイス・デ・グラナダ全集〔一九九四～〕編集主幹。（豊島正之）

王　禎　中国、元代の人。自らの著作『農書』に、木活字三万個を製作し、回転式の活字台に並べ、印刷を行ったことが記される。（小秋元段）

ピエール・マリ・オズーフ　Pièrre-Marie Osouf〔一八二九〔フランス／セリシイ・ラ・サール〕～一九〇六〔東京〕〕　パリ外国宣教会宣教師。一八七七年〔明治一〇〕北緯代牧〔北日本司教〕として来日。一八九一年〔明治二四〕初代東京大司教。『公教日課』〔一八七九年刊〕などのプティジャン版出版や教育事業に尽力し、初期カトリック教会の発展に尽力した。（髙祖敏明）

小瀬甫庵〔一五六四〔尾張〕～一六四〇〔金沢〕〕　豊臣秀次、堀尾吉晴、前田利常らに仕えた儒医。一五九六年〔慶長元〕に『補註蒙求』『十四経発揮』、一五九七年には『医学正伝』『東垣先生十書』を古活字で刊行し

た。『信長記』『太閤記』の著者としても知られる。（小秋元段）

バルタザール・ガゴ Balthasar Gago（一五一八？〔ポルトガル／リスボン〕～一五八三〔インド／ゴア〕）で布教した日本イエズス会の宣教師。一五五二年（天文二一）に大友宗麟に拝謁して豊後（大分）で布教、翌年には平戸（長崎）で布教した日本イエズス会の宣教師。一五五五年ローマ宛書簡で宗教用語の問題に言及している。（白井　純）

ジェロニモ・カルドーゾ Jerónimo Cardoso（一五〇八〔ポルトガル／ラメーゴ〕～一五六九〔ポルトガル／コインブラ〕）ポルトガルの人文学者。彼が編纂した『羅葡辞典』*Dictionarium Latino Lusitanicum*（一五七〇年コインブラ版）は、カレピーヌスのラテン語辞典とともに、一五九五年のキリシタン版『羅葡日対訳辞典』の編纂に用いられた。（原田裕司）

アンブロシウス・カレピーヌス（アンブロージョ・カレピーノ） Ambrosius Calepinus（一四四〇〔イタリア／ベルガモ〕～一五一〇〔イタリア／ベルガモ〕）北イタリア、ベルガモのアウグスチノ会修道士。「カレピーヌス」という通称は、彼がカレピオ伯の息子であったことに由来する。彼が生涯をかけて編纂したラテン語辞典 *Dictionarium* は、一五〇二年にレッジョ・エミリアで初版が刊行された後、十八世紀に至るまでイタリア、フランス、ドイツなどの各地で繰り返し増補改訂版が出された。そのうちの十六世紀後半刊行の一版（一五八〇年リヨン版）が日本に舶載され、一五九五年のキリシタン版『羅葡日対訳辞典』の主要な原典となった（原田、二〇一一）。（原田裕司）

ペドロ岐部（一五八七〔豊後〕～一六三九〔江戸〕）豊後の岐部出身のイエズス会司祭。一六〇六年有馬の神学校を卒業。一六一四年の禁教令後、マカオ、ゴアを経て陸路ローマに渡り、一六二〇年同地で司祭に叙階された。イエズス会のローマ学院で倫理神学を修め一六二二年ローマ発。一六三〇年日本に帰国し各地で布教したが、一六三九年に仙台領で捕えられ同年江戸で殉教した。彼が帰国の途上ローマへ書き送った三通のラテン語の手紙が、ARSI（Jap.Sin.34, ff.198-203）に現存する。（原田裕司）

トマス金鍔次兵衛（一六〇二〔大村〕〜一六三七〔長崎〕）　肥前大村出身のアウグスチノ会司祭。ペドロ岐部らと同様有馬の神学校で学ぶ。一六一四年の禁教令でマカオへ渡るが一六二〇年に帰国した。一六二二年マニラへ渡りアウグスチノ会に入会、一六二七年司祭に叙階された。一六三一年の帰国後長崎を中心に布教したが、一六三六年に捕えられ翌三七年長崎で殉教した。一六三〇年マニラ発の彼のラテン語の手紙が、ローマのアウグスチノ会本部蔵の冊子（Dd.70）に書き写されている。（原田裕司）

ジャン・クラッセ　Jean Crasset（一六一八〔フランス／ディエップ〕〜一六九二〔フランス／パリ〕）　フランス人イエズス会司祭。神学校で人文学と哲学を教えた後、説教師として活躍し多くの修養書を著した。『日本西教史』（*Histoire de l'église du Japon*, 1698）の原著者で、キリスト教を弾圧していた太政官によって訳出され、上巻が一八七八年（明治一一）、下巻は一八八〇年（明治一三）に出版された。（髙祖敏明）

ルイス・デ・グラナダ　Luis de Granada（一五〇四〔スペイン／サリア〕〜一五八八〔スペイン／リスボン〕）　ドミニコ会士の説教師、修徳文学の著者。生涯イベリア半島を一度も出なかったが、著作は日本で『ぎやどぺかどる』『ヒイデスの導師』『ひですの経』『サントスの御作業』下巻他の翻訳底本として使用され、キリシタン版に大きな影響を与えた。（折井善果）

ペドロ・ゴメス　Pedro Gomez（一五三五〔スペイン／アンテケーラ〕〜一六〇〇〔長崎〕）　イエズス会日本準管

区長。コインブラ哲学課程教授として、また説教師として高く評価された。日本布教の要職にありながらコレジヨの教科書『講義要綱』(オックスフォード大学モードリンカレッジに和文写本の一部、バチカン図書館に欧文写本の一部が現存)を執筆、西洋の学問紹介に貢献した。キシリタン版『スピリツアル修行』第三部の黙想録(メヂタサン)も彼の作である。(折井善果)

後陽成天皇(一五七一〔京都〕〜一六一七〔京都〕) 第一〇七代天皇。在位、一五八六〜一六一一。正親町天皇の皇子誠仁親王(陽光院)の第一王子。宮廷の故実に精通し、古典文化を愛好するほか、活字を用いて書籍を刊行した。その刊行書は文禄勅版・慶長勅版と呼ばれる。(小秋元段)

ディエゴ・コリャード Diego Collado(一五八九〔スペイン/ミアハダス〕〜一六四一) スペイン出身のドミニコ会司祭。一六一九年フィリピンから禁教下の日本に潜入、長崎を中心に布教した。一六二二年に離日し、翌二三年ローマ着。日本での体験と記憶をもとに『日本文典』『羅西日辞典』『日本のコンヘシヨン』を著し、ローマの布教聖省印刷局から出版した(発行年はいずれも一六三二年)。一六三五年フィリピンに戻ったが、一六四一年スペインへの帰国の途上に海難死した。(原田裕司)

マルコス・ジョルジェ Marcos Jorge(一五二四頃〔ポルトガル/ノゲイラ〕〜一五七一〔ポルトガル/エヴォラ〕) キリシタン版「ドチリナキリシタン」の翻訳底本となったDoutrina Christão の原著者。(豊島正之)

プリュダンス・ジラール Prudence-Séraphim-Barthélemy Girard(一八二一〔フランス/アンリッシュモン〕〜一八六七〔横浜〕) パリ外国宣教会宣教師。一八五八年(安政五)日仏修好通商条約締結によりフランス総領事訳官として来日。横浜に移り、一八六二年(文久元)再宣教後最初の教会「聖心の天主堂」を建立。

一八六五年（慶応元）『聖教要理問答』を刊行。（高祖敏明）

成　俔（一四三九〜一五〇四）　李氏朝鮮初期の官僚・学者。科挙に及第し、工曹判書、大提学に昇る一方、音楽書、文集、随筆の編纂、執筆を行っている。随筆集『慵斎叢話』は李氏朝鮮時代の随筆の白眉とされる。（小秋元段）

世　宗（一三九七〔漢城〕〜一四五〇〔漢城〕）　李氏朝鮮第四代の王。太宗の子。在位、一四一八〜一四五〇。集賢殿に秀才を集め、学問を奨励し、学術・科学技術の発展を進めた。庚子字・甲寅字の鋳造を命じて宮廷の活字出版を盛んに行ったほか、訓民正音（ハングル）を制定したことでも知られる。（小秋元段）

太祖李成桂（一三三五〔咸鏡道〕〜一四〇八〔漢城〕）　李氏朝鮮王朝の創始者。在位、一三九二〜一三九八。はじめ高麗国王のもとで倭寇の鎮圧などで武功をあげる。やがて高麗王朝を圧倒し、国王となり、国号を朝鮮と称した。（小秋元段）

マルク・マリ・ド・ロ　Marc-Marie De Rotz（一八四〇〔フランス／バイユー〕〜一九一四〔長崎〕）　パリ外国宣教会宣教師。一八六八年（慶応四）年来日。プティジャンの求めで石版印刷術を習得し、長崎にあってプティジャン版の『聖教日課』などを刊行した。復活キリシタンを多方面にわたって指導し、「ド・ロさま」と慕われた。（高祖敏明）

不干斎ハビアン　Fabian（一五六五〜一六二一）　棄教したイエズス会日本人修道士。本名は不詳。通称不干斎、僧名は恵俊（春）といわれる。八六年イエズス会に入会し、天草コレジヨの日本語教師の傍ら『平家の物語』を口訳編纂した。優れた護教書『妙貞問答』（一六〇五）を著すも一六〇八年頃脱会。のちに『破提宇

子』を記す。 （折井善果）

マヌエル・バレト Manuel Barreto（一五六三？〔ポルトガル／フェイラ〕～一六二〇〔長崎〕） ポルトガル出身のイエズス会司祭。一五九〇年に天正遣欧使節の帰国とともに初来日し、後に日本司教ルイス・セルケイラの秘書を務めた。日本語で布教を行なうための補助書としていわゆる「バレト写本」（一五九一、ヴァチカン図書館蔵）を書き残したほか、「天草版平家物語難語句解」（大英図書館蔵）も彼の自筆である。日本における聖職者の養成機関で詩作を含む高度なラテン語教育に取り組み、キリシタン版『聖教精華』（一六一〇）を編纂した。また彼が日本で著した『葡羅辞典』の自筆稿本がリスボンの科学アカデミーに現存する。 （原田裕司）

ピウス九世 Pius IX（一七九二〔イタリア／セニガリア〕～一八七八〔イタリア／ローマ〕） ローマ教皇。第一ヴァティカン公会議（一八六九～七〇）を開催。日本からはプティジャンが出席。浦上のキリシタン総流配に心を痛め、励ましの書簡を送付。プティジャンはこの書簡を翻訳・印刷し、配布した。 （高祖敏明）

畢昇 中国、北宋時代の活字発明者。沈括の『夢渓筆談』巻十八に、膠泥を焼いて活字を作り、固着剤を載せた鉄板の上にそれを排植し、鉄板を熱して活字の高さを平面にして印刷を行ったという記述がある。 （小秋元段）

ベルナール・プティジャン Bernard Thadée Petitjean（一八二九〔フランス／ブランジ〕～一八八四〔長崎〕） パリ外国宣教会宣教師。一八六二年（文久二）来日。三年長崎に移り、一八六五年（元治二）浦上の潜伏キリシタンを発見。一八六六年（慶応二）日本司教。総流配処分となったキリシタンらを激励するとともに、そ

の釈放に奔走。プティジャン版を刊行。（髙祖敏明）

ポール・チャールズ・ブルーム　Paul Charles Blum（一八九八〔横浜〕～一九八一〔アメリカ／ニューヨーク〕）横浜生まれのアメリカ人。一九二一年イェール大学卒業後、書籍の蒐集を始める。第二次世界大戦後日本に住んだが、一九七八年の帰国に際し蔵書を横浜開港資料館に譲渡・寄贈した。彼が一九四七年にミラノで購入したキリシタン版『聖教精華』は、一九七九年にイェール大学に寄贈され、同大学のバイネッキ稀覯本・手稿図書館（Beinecke Rare Book and Manuscript Library）の蔵書となった。（原田裕司）

ルイス・フロイス　Luis Frois（一五三二〔ポルトガル／リスボン〕～一五九七〔長崎〕）ポルトガル出身のイエズス会司祭。一五六三年（永禄六）に来日し、後に上洛して中日本布教長として活躍。ヴァリニャーノやコエリョの通訳としても活動し、信長や秀吉に度々謁見した。一五八七年（天正一五）以降は主に九州に滞在し、一五九七年（慶長二）長崎で死去。言語・文筆の才に優れ、日本の社会情勢を詳細に記録してローマに度々報告しており、一五八三年（天正一一）からイエズス会総長の命令で初期日本教会史として『日本史』の編述を開始。これらの記録は当時の日本の歴史解明に不可欠の史料である。（鳥津亮二）

ミゲル・ミノエス（一五九一〔美濃？〕～一六二八〔ポルトガル／リスボン〕）日本人イエズス会司祭。ペドロ岐部と同様有馬の神学校で学んだと思われる。一六一四年の禁教令後マカオからポルトガルに渡り、エヴォラで四年間哲学を修めた。一六二一年からイエズス会のローマ学院で神学を修め一六二六年司祭に叙階された。日本への帰国の途上一六二八年にリスボンで死去。彼の二通のラテン語の手紙（一六二七年マドリード発と他一通）が ARSI（Jap.Sin.18-I, ff.76-77; Jap.Sin.22, ff.266-267）に現存する。（原田裕司）

エヴェラール・メルキュリアン　Everard Mercurien（一五一四〔ベルギー／マルクール〕～一五八〇〔イタリア／ローマ〕）イエズス会第四代総長。（豊島正之）

森松次郎（一八三五〔長崎／五島〕～一九〇二〔長崎〕）復活教会の伝道士。第一ヴァティカン公会議に出席のプティジャンに同行。途中マニラでキリシタン版の『ロザリヨの修行』と『ロザリヨの経』を筆写し、プティジャン版の『玫瑰花冠記録』（一八六九年）として刊行した。（髙祖敏明）

ディオゴ結城（一五七四〔阿波〕～一六三六〔大坂〕）阿波出身のイエズス会司祭。高槻の神学校や天草の学院で学び、一六〇一年から三年間マカオに留学した。帰国後有馬の神学校でラテン語教師を務めた。一六一四年の禁教令でマニラに渡り、翌一六一五年司祭に叙階された。一六一六年の帰国後、日本各地で布教したが、一六三五年（寛永一二）に四国で捕えられ翌年大坂で殉教した。彼の二通のラテン語の手紙（一六一五年マニラ発と一六二六年京都発）が、ARSI（Jap.Sin.36, ff.245-247）に現存する。（原田裕司）

ディエゴ・ライーネス　Diego Laynez（一五一二〔スペイン／アマルサン〕～一五六五〔イタリア／ローマ〕）イエズス会第二代総長。（豊島正之）

アントニオ・リベイロ　Antonio Ribeiro　十六世紀後半リスボン最大の印刷・出版者で、王室印刷師(Catholicae Majestatis Typographus)、且つリスボン大司教印刷師。（豊島正之）

マノエル・リラ　Manuel Lira　十六世紀後半リスボンの印刷・出版者。アントニオ・リベイロと組んだ仕事が多い。（豊島正之）

フアン・ルエダ　Juan de Rueda（?〔スペイン／ブルゴス〕～一六二三〔琉球列島〕）来日ドミニコ会士。

一六〇四年来日。ロザリヨ信心会を熱心に指揮し、日本にロザリヨ信心を広めた。追放後、マニラ版『ろざりよ記録』『ろざりよの経』を同地で編集刊行。日本に潜伏するべく渡航中、琉球列島で殺害された。

（折井善果）

ジョセフ・ロケーニュ Joseph-Marie Laucaigne（一八三八〔フランス／タルブ〕～一八八五〔大阪〕）パリ外国宣教会宣教師。一八六三年（文久三）来日。一八七四年（明治七年）補佐司教。日本の教会が二分された後も大阪でプティジャンを補佐し、『オラシヨ並ニヲシヘ』（一八七八年刊）などプティジャン版の刊行に尽力した。

（髙祖敏明）

レオン・ロッシュ Léon Roches（一八〇九〔フランス／グルノーブル〕～一九〇一〔フランス／ニース〕）一八六四年（元治元）第二代フランス駐日公使として来日。本国の方針に従い、幕府再強化を支援したが、浦上四番崩れに際してはキリシタンらの釈放を求めて幕府に談判した。一八六九年（明治二）離日。

（髙祖敏明）

ジョアン・ロドリゲス（通事） João Rodriguez Tçûzu（一五六一〔ポルトガル／セルナンセーリェ〕～一六三三〔マカオ〕）ポルトガル北部セルナンセーリェ出身のイエズス会司祭。後に日本イエズス会プロクラドール。日本語に巧みで「Tcûzu」（通事）の通称を持つ。著書にキリシタン版「日本大文典」「日本小文典」。他に、未完の「日本教会史」。自筆文書は、ローマイエズス会文書館（ARSI）・マドリード王立歴史アカデミーに分蔵される。尚、没年を一六三四年とするものは、「日本教会史」自筆草稿に「今年一六三四年」とあるのを根拠とするが、これはその年の出版を予期した予定稿。

（豊島正之）

二　要語集

【書物】

天草本ラテン文典　一五九四年に天草で出版されたキリシタン版『ラテン文典』で、日本語で用例・注釈を付けている。ロドリゲス『日本大文典』に先行する、ラテン語文法の枠組みによる初の日本語文法書。ポルトガル、エヴォラ公共図書館、およびローマ、アンジェリカ図書館所蔵。（白井　純）

ウズ・ルジアダス（ルジタニアの人々）　Os Lusíadas　カモインス著のポルトガルの国民叙事詩。初版一五七四年リスボン刊。（カルロス・アスンサン）

祈禱文　上智大学キリシタン文庫蔵の断簡一葉で、前期国字本「どちりいなきりしたん」「ばうちずもの授けやう」と同じ活字を利用しており、一五九一年頃印刷と推定されている。内容は「パアテル・ノステル」「アベ・マリア」「クレド（使徒綱領）」である。（白井　純）

キリシタン抄物（吉利支丹抄物）　大阪高槻のキリシタンの末裔東藤次郎家から一九二〇年に銅版画やメダイとともに発見された一三八葉の洋綴小型写本。信徒による説教ノートと思われ、黙想の要点、ラテン語の連祷などが書きこまれている。『新村出全集』第六巻に概要と一部の翻刻が、『吉利支丹叢書』（大阪毎日新聞社）に影印があるが、全体の翻刻が待たれる。（折井善果）

講義要綱　イエズス会日本コレジヨで用いられた教科書で、原著はイエズス会日本管区長ペドロ・ゴメス（Pedro Gómez, 1533-1600）によって一五九三年頃に編述され、一五九五年にペロ・ラモン（Pedro Ramon, 1549-

1611）により日本語に訳された"Compendium"（コンペンディウム）である。翻訳には『サントスの御作業』に翻訳者として名前が残る養方パウロ・洞院ヴィセンテも協力したと考えられている。ペロ・ラモンは日本語に堪能であり、ローマ字本『ヒイデスの導師』の翻訳も行った。なお、オックスフォード大学モードリン図書館所蔵の日本語版『講義要綱』が著者原本そのものなのかは分かっていない。（白井　純）

ドミニカの説教　「ドミニカの抜書」ともいわれる。浦上の隠れキリシタンに伝存した主日説教概要の写本。バレト写本所収の説教のうち七本が照応する。長崎県庁で発見した村上直次郎による翻刻が『キリシタン研究』二（吉川弘文館、一九四四）にある。（折井善果）

日本西教史　Histoire de l'église du Japon　初版は、パリ、一六八九年刊。原題（日本教会史）が示すように日本キリシタン史を内容とするクラッセの著作。学問的厳密さは欠くが西欧で広く読まれた。その一七一五年版を太政官のもとで翻訳。高札撤廃後数年にして明治政府が本書を刊行（一八七八年に上巻、八〇年に下巻）したことは注目される。（高祖敏明）

日本教会史　História da igreja de Japam　ジョアン・ロドリゲス通事著。未完。自筆原稿・印刷用清書の一部がマドリード王立歴史アカデミーに残り、十八世紀写本がアジュダ文庫等に残るが、自筆部分のポルトガル語本は未公刊。自筆部分を含む日本語訳（土井忠生等による）が「大航海時代叢書」第一期にある。（豊島正之）

日本史　História de Japam　ルイス・フロイス著。余りの膨大さから公刊に至らないまま、自筆原稿はマカオのコレジョの火災で失われた。アジュダ文庫等に残る十八世紀以降の写本から本文が再構され、ポルト

ガル語本（Wicki 校訂・DVD）、日本語訳本（松田毅一等訳）がある。（豊島正之）

ばうちずもの授けやう　臨終の人に洗礼を授け、また告解を勧める方法を説明した手引書。一五九三年頃、天草で出版されたと推定されている。この書名は巻頭の語句を引用したもの。他に「病者を扶くる心得」との題名がつけられることがある。（東馬場郁生）

バレト写本　マヌエル・バレトが日本語学習のためにローマ字で書写した諸文書集。一九四〇年ヴァチカン図書館で発見され現在に至る。キリシタン文化研究会編『キリシタン研究』七（吉川弘文館、一九六二）と尾原悟編『サントスのご作業』（教文館、一九九六）に翻刻がある。（折井善果）

ラテン文典　→　**天草本ラテン文典**

【事項】

アイタオ（海頭）　aitau, aitão　海道副使。（豊島正之）

天　草　熊本県南西部に浮かぶ島々で現在の上天草市・天草市・苓北町に該当。十六世紀のキリシタン文献においては、広くこの島々全体を指す用例と、特定の地域を示す場合があり、後者の「天草」は天草氏の拠点・河内浦（現天草市河浦町）に比定する説が有力である。（鳥津亮二）

安政の五か国条約　一八五八年（安政五）江戸幕府が米・蘭・露・英・仏の五か国と結んだ修好通商条約の総称。各国居留民の世話を行うキリスト教宣教師の来日も認めた。ただし、外国使節の受入れ、自由貿易などが決められたが、わが国に関税自主権がなく、領事裁判権を認める不平等条約であった。（髙祖敏明）

浦上四番崩れ　一八六七年（慶応三）旦那寺に葬らず自葬を行った浦上キリシタンらを長崎奉行所が検挙・投獄した事件。禁教下四回目の検挙で、外国公使らの抗議により外交問題化したが、幕府瓦解により明治政府に引継がれ、浦上信徒総流配事件へと発展した。（髙祖敏明）

浦上信徒総流配事件　一八六九年（明治二）浦上キリシタンらを諸藩へ流配した事件。明治政府は、諸外国からの抗議や、弾圧が条約改正の障害になることから帰村させ、一八七三年（明治六）のキリシタン制禁高札の撤廃へと展開。二六〇年つづいた信仰弾圧が終焉を迎えた。（髙祖敏明）

ウルガータ　Vulgata　ラテン語聖書。トレント公会議（一五四六）でカトリックの正典と定められ、その後の教皇シクストゥス五世及びクレメンス八世が改訂したVulgata Sixto-Clementina（一五九二～一五九八）が定着した。この改訂は、丁度キリシタン版の時代に当たり、キリシタン版の引用する聖書には、新旧ウルガータ本文が混在している。（豊島正之）

大浦天主堂　一八六五年（慶応元）竣工の、長崎市南山手町にある現存する日本最古のカトリック教会。一九三三年（昭和八）国宝に指定。右側小祭壇の聖母像が、潜伏キリシタンの発見と復活の契機となった。キリシタン版『スピリツアル修行』（重文）を所蔵している。（髙祖敏明）

加津佐　島原半島の西南端地域で、現在の長崎県南島原市加津佐町。長崎・天草・有明海につながる海上交通拠点であるこの地は、十六世紀後半、キリシタン大名・有馬氏の時代に布教の中心地となり、一五八九年（天正一五）にはセミナリヨ、翌年にはコレジオが設けられた。活字印刷機が最初に導入されたのはこの地であり、『サントスの御作業の内抜書』などが印刷された。（鳥津亮二）

匡　郭　版本の印刷面の外郭を囲う枠線のこと。整版本の場合は、本文と一緒に一枚の板木に彫り込まれるが、活字版の場合は、枠線だけがあらかじめ植字版に固定されたものと、植字版には固定されておらず、一本一本の枠線を配列された活字の外側に、その都度装着したものとがある。前者を使用した場合、匡郭の四隅の先端はつながった状態で印刷され、後者を使用した場合、匡郭の四隅の先端がうまく接合しない状態で印刷されることが多かった。朝鮮版には前者・後者ともにあり、日本古活字版は勅版を除けば専ら後者によった。このため、日本では、整版本（四隅が閉じている）と古活本（閉じない）の見分け方の一つに数えられることがある。（小秋元段）

許可状・認定書　カトリック教会の出版物が教義に反するものでないこと、それに基づく出版許可を示す文言で、キリシタン版にもイエズス会の上長や責任者の署名付き許可状・認定書が印刷されている。キリシタン版の許可状・認定書は初め日本語だったが後にラテン語（一部はポルトガル語を含む）となり、複数署名入りの丁寧なものとなった。（白井　純）

高札撤廃　一八六八年（慶応四）明治政府は幕府の高札を撤廃し、改めて「五榜の掲示」の第三札で永年掲示の切支丹邪宗門を制禁。諸外国の抗議を受けて改められたこともあったが、最終的には一八七三年（明治六）他の四札とともに廃止された。（高祖敏明）

コレジオ collegio　キリスト教宣教師養成のための神学校。イエズス会東インド巡察師ヴァリニャーノによって一五八〇年（天正八）豊後府内に設立された。学科は哲学・神学・自然科学・ラテン語・日本文学・仏法などに及び、外国人・日本人の神学生が高等教育を受けた。戦乱と迫害のために、府内、山口、生月、長崎、千々石、有家、加津佐、天草へと度重なる移転を余儀なくされ、最終的に再び長崎に移動して一六一四年まで存続した。（鳥津亮二）

「南蛮もの」の流行　明治・大正期のキリシタンの学的研究により、文学界において起こった南蛮紅毛ブーム。北原白秋や芥川龍之介、木下杢太郎らによって昭和初期までキリシタンものを題材とした異国情緒豊かな作品が相次いで発表された。（髙祖敏明）

パリ外国宣教会　Société des Missions Etrangères de Paris　一六五八年イエズス会司祭ロードの提案で教皇庁布教聖省（現、福音宣教省）のもとに創立されたパリに本部を置く宣教会。インドから日本に至る広範な地域での宣教と司牧、現地人司祭養成などを担当。日本では開国と同時に宣教を開始した。（髙祖敏明）

ラテン語　元来はイタリアのラティウム地方を起源とする古代ローマ人の言語であったが、ローマ帝国の拡張発展に伴い、地中海世界を中心とする広大な領域で普及した。帝国の滅亡後も、古典や文学の言語にとどまらず、学術、法令、外交などの公式言語としてヨーロッパ各国で用いられ続けた。特にローマ・カトリック教会においては、今日に至るまで公用語としての地位を保っている。（原田裕司）

引用文献表

Alvarez-Taladriz, J.L. ed., 1954, Alejandro Valignano, *Sumario de las Cosas de Japón (1583)*, Sophia University.

Alvarez-Taladriz, J.L., 1959, Un Documento de 1610 sobre el Contrato de Armação de la Nao de Trato entre Macao y Nagasaki（『天理大学学報』一一―一）

Alvarez-Taladriz, J.L., 1960,「ラウレス先生の「こんぺえ糖」」（『ビブリア』一一）

Alvarez-Taladriz, J.L., 1968, Avisos y Reglas de los Predicadores de la Compañía de Jesús en Japón, *Biblia*, Tenri University, v.39.

Alvarez-Taladriz, J.L. ed., 1998, Alejandro Valignano, *Apologia de la Compañia de Japón y China (1598)*, Osaka.

Baroja, Julio, 2000, *Los Judíos en la España Moderna y Contemporánea*, Ediciones Akal.

Blair, Emma Helen & Robertson, James Alexander, *The Philippine Islands 1493-1898*, XIX.

Bocarro, António, 1992, *O Livro das Plantas de todas as Fortalezas,Cidades e Povoações do Estado da Índia Oriental*, II, Instituto Cultural de Macau, Imprensa, Nacional- Casa da Moeda.

Bodian, Miriam, 1997, *Hebreus of the Portuguese Nation: Conversos and Community in Early Modern Am-*

sterdam, Indiana University Press.

Boxer, C. R., 1974 (first published in 1951), *The Christian Century in Japan, 1549-1650,* University of California Press.

Boxer, C. R., 1959, *The Great Ship from Amacon,* Lisboa.

Boxer, C. R., 1964, Dois documentos inéditos acerca do comércio entre Macau e o Japão durante os anos de 1630-1635, *Revista Portuguesa de História,* XI-I, Coimbra.

Boxer, C. R., 1967, *The Christian Century in Japan 1549-1650,* University of California Press.

Bozzolo, Carla & Ornato, Ezio, 1980, *Pour une histoire du livre manuscrit au moyen âge,* Paris, CNRS.

Bujanda, J. M. De, 1995, *Index de L'Inquisition Portugaise, 1547, 1551, 1561, 1564, 1581,* Éditions de l' Université de Sherbrooke.

Burnell, A. C. ed., 2010, *The Voyage of John Huyghen van Linschoten to the East Indies,* I, Hakluyt Society, Cambridge University Press.

Burke, Peter, 2010 (first English ed in 2007), Culturas de Traducción en la Europa Moderna, *La traducción Cultural en la Europa Moderna,* Madrid: Akal.

Castro, Américo, 1972 (first printed in 1929), *Teresa la Santa y Otros Ensayos,* Madrid, Alfaguara.

Castro, Américo, 1981 (first printed in 1948), *The Spaniards: An Introduction to Their History,* University of California Press.

Castro, Américo, 1982 (first edition in 1954), *La Realidad Histōrica de España,* Editorial Porrúa.

Cooper, Michael, 1972, The Mechanics of the Macao-Nagasaki Silk Trade, *Monumenta Nipponica,* XXVII, 4.

D' Elia, Pasquale M., 1942, *Fonti Ricciane,* I, Roma.

Di Napoli Giovanni, 1963, *L'immortalità dell'anima nel Rinascimento,* Società editrice internazionale.

Freire, António, 1993, Manuel Álvares e a repercussão da sua Gramática Latina, *Humanismo Integral,* APPACDM.

Gândavo, Magalhães de, 1574, *Regras que ensinam a maneira de escrever e orthográphia da língua portuguesa,* Lisboa.

Gaskell, Philip, 1972, A new introduction to bibliography, Oxford University Press.

Geßner, von Christian Friedrich, 1740, *Die so nöthig als nützliche Buchdruckerkunst und Schriftgiesserey,* Leipzig.

Gilissen, Léon, 1972, La composition des cahiers: Le pliage du parchemin et l'imposition, *Scriptorum,* 26, Paris, BNF.

Gilissen, Léon, 1977, *Prolégomènes à la codicologie: recherches sur la constitution des cahiers et la mise en page des manuscrits médiévaux,* Gand, Éditions Scienifiques Stor.

Godzich, Wlad, 1994, *The Culture of Literacy,* Harvard University Press.

Gois, Damião, 2009 (first published 1567), *Chronica do Principe dom Ioam, rei que foi destes regnos segun-*

do do nome, em que summariamente se, Biblio Life.

Granada, Luis de, 1574, *Recopilación breve del Libro de la oración y meditación hecha por F. Luis de Granada, hecha por el mismo autor*, Salamanca: Domingo de Portonarijs.

Granada, Luis de, 1996, *Introducción del símbolo de la fe I,* ed. Álvaro Huerga, Madrid: Fundación Universitaria Española.

Granada, Luis de, 1997, *Doctrina Espiritual*, ed. A. Huerga, FUE.

Hornschuch, Hieronyumo, 1608, *Orthographia: hoc est instructio operas typographicas correcturis; et admonitio scripta sua in lucem edituris utilis et necessaria,* Leipzig.

Kaneko, Hideo, 1985, Marginalia, *The Yale University Library Gazette*, vol. 59.

Kishimoto, Emi, 2006, The Process of Translation in *Dictionarium Latino Lusitanicum, ac Iaponicum, Journal of Asian and African Studies 72.*

Lapa, Rodrigues M., ed., 1980, Couto, Diogo do, Prático, O Soldado, Lisboa.

Lash, Donald & Kley, Edwin, 1998, *Asia in the Making of Europe,* vol. 3, University of Chicago Press.

Linhares, 1937, *Diário do 3.º Conde de Linhares, Vice-Rei da Índia*, I, Lisboa.

Luz, Francisco Paulo Mendes da, 1952, *O Conselho da Índia*, Lisboa.

Lozano-Guillén, Cármen, 1992, La aportación gramatical renacentista a la luz de la tradición, Valladolid.

McCoog, Thomas M. ed., 2004, *The Mercurian Project; Forming Jesuit Culture (1573-1580)*, Rome, IHSI.

Magnino, Leo, 1947, *Pontificia Nipponica,* I, Romae.

Martin, Henri-Jean & Vezin, Jean, 1990, *Mise en page et mise en texte du livre manuscript,* Paris, Éditions du Cercle de la Librairie-Promodis.

Maruyama, Tôru, 2006, Importância dos estudos recíprocos entre o japonês e o português dos séculos XVI e XVII, *Revista de Letras,* Universidade de Trás-os-Montes e Alto Douro, II-5.

Maryks, Robert Aleksander, 2010, *The Jesuit Order as a Synagogue of Jews: Jesuits of Jewish Ancestry and Purity of Blood Laws in the Early Society of Jesus,* Brill.

Matos, Manuel Cadafaz de, 1993, A produção Tipográfica da Companhia de Jesus no Oriente, Entre os Séculos XVI e XVII ao Serviço da Missionação Portuguesa, *Actas do Congresso International de História da Missionação Portuguesa e Encontro de Culturas II* , Braga: Universidade Católica Portuguesa.

Medina, Ruiz ed., 1995, *Documentos del Japón 1558-1562, Monumenta Historica Societatis Iesu,* vol.148.

Menéndez y Pelayo, Marcelino, 1982 (first edition 1880-1882), *Historia de los Heterodoxos Españoles: Erasmistas y protestantes, sectas místicas, judaizantes y moriscos, artes mágicas,* Editorial Porrúa.

Moran, James, 1973, *Printing presses: History and development from the fifteenth century to modern times,* University of California Press.

Moxon, Joseph, 1683, *Mechanick exercises: Or the octrine of handy-works Applied to the art of printing,* London.

Novinsky, Anita, 1990, O Papel dos Judeus nos Grandes Descobrimentos, *Revista Brasileira de História*, 11-21, S. Paulo.

Oliveira, Fernão de, 1536, *Grammática da lingoagem portuguesa*, Lisboa.

Ostler, Nicholas, 2004, The social roots of missionary linguistics, in Otto Zwartjes et al (eds.) *Missionary Linguistics*. John Benjamins Publishing Company: Amsterdam.

Pastells, Pablo ed., 1902, Francisco Colín, *Labor Evangélica*, III, Barcelona.

Penálver, Patricio, 1997, *La Mística Española*, Ediciones Akal.

Pérez, Joseph, 1972,*Teresa de Avila y la España de Su Tiempio*, Algaba Ediciones.

Poole, Stafford, 1999, The Politics of Limpieza de Sangre: Juan de Ovando and His Circle in the Reign of Philip II, *The Americas*, Vol. 55, No. 3, Academy of American Franciscan History.

Popescu Florin, 2003,「「講義要綱」における仮名本語と原語の綴りとの関係について」(『京都大学國文學論叢』一〇)

Popescu Florin, 2005,「「講義要綱」における漢字表記の本語について」(『京都大学國文學論叢』一四)

Rastoin, Marc S. J., 2007, From Windfall to Fall-the converso in the Society of Jesus-, in Thomas F. Michel ed., *Friends on the Way*, New York, Fordham Univ Press.

Remédios, J. Mendes dos, 1925, Os Judeus e os Perdões Gerais de D. Manuel-D.Cardeal Rei, *Biblos*, vol.1 Coimbra.

Rodriguez, Francisco, 1931, *História da Companhia de Jesus na Assistência de Portugal*, Apostolado da Imprensa, Porto.

Rodrigues, Maria Idalia Resina, 2005, Frei Luis de Granada e a Companhia de Jesus; a Convergência, *A Companhia de Jesus na Península Ibérica do sécs. XVI e XVII : Espiritualidade e Cultura : Actas do / Colóquio Internacional-A Companhia de Jesus*, Universidade do Porto.

Rummonds, Richard-Gabriel, 1998, Printing on the iron handpress, Oak Knoll Press & The British Library.

Samaran, Charles, 1940, *Manuscrits "imposés" à la manière typographique* (Mélange en hommage à la mémoire de Fr. Martroye, Société nationale des antiquaires de France), Paris.

Samuels, M.L., 1972, *Linguistic Evolution*, Cambridge University Press.

Saraiva, António José, 2001, *The Marrano Factory: The Portuguese Inquisition and Its New Christians 1536-1765*, Brill.

Schütte, Joseph, 1940, Christliche Japanische Literatur, Bilder und Druckblätter in einem umbekannten Vatikanischen Codex aus dem Jahre 1951, *Archivum Historicum Societatis Iesu*, IX, Roma.

Schütte, Joseph, 1975, *Monumenta Historica Japoniae*, Romae.

Schurhammer, Georg, (English version), 1973, *Francis Xavier, his life, his times: Europe, 1506-1541*, The Jesuit Historical Institute.

Simmons, Alison, 1999, Jesuit Aristotelian education: the De anima commentaries, *The Jesuits: Cultures,*

Sciences, and the Arts, 1540-1773, Gauvin Alexander et al. ed, University of Toronto Press.

Smith, Margaret, 1995, *Imposition in manuscripts: Evidence for the use of sens-sequence copyring in a new fragment* (Brownrigg, Linda, Making the medieval book: Techniques of production, Anderson-Lovelace) London.

Smith-Stark, Thomas C., 2005, Phonological description in New Spain, in Otto Zwartjes et al (eds.) *Missionary Linguistics II,* John Benjamins Publishing Company: Amsterdam.

Springhetti, Emilio, 1961, Storia e fortuna della grammatica di Emmanuele Alvares, S. J., *Humanitas*, XIII-XIV, Coimbra.

Tavares, Maria José Ferro, 1995, *Os Judeus na Época dos Descobrimentos*, Edição ELO.

Tavares, Maria José Ferro, 1999 (first edition 1970), *Os Judeus em Portugal no Século XIV*, Guimarães Editores.

Teixeira, Manuel, 1956-1961, *Macau e a sua Diocese,* III, Macau.

Tiraboschi, Giroramo, 1812, *Storia della Letteratura Italiana,* VII-III, Firenze.

Torres, Amadeu, 1984, Humanismo Inaciano e artes de gramatica: Manuel Álvares entre a ratio e o usus, *Bracara Augusta*, 38.

Torres, José Veiga, 1994, Da Repressão Religiosa para a Promoção Social. A Inquisição como instância legitimadora da promoção social da burguesia mercantil, *Revista Crítica de Ciências Sociais*, no.40.

Voet, Léon, 1991, *Christophe Plantin comme typographe et éditeur: La production et la vente de livres à l'époque de la renaissance* (Simposio internacional sobre Cristóbal Plantino, Facultad de filología), madrid, Universidad Complutense de Madrid.

Wicki, Joseph ed., 1976-84, Luis Frois, *História do Japão (1563)*, Lisboa, Biblioteca Nacional.

Wicki, Josef S. J., 1977, Die "Cristãos-Novos" in der Indischen Provinz der Gesellschaft Jesu von Ignatius bis Acquaviva, *Archivum Historicum Societatis Jesu*, no.92.

Wicki, Joseph S. J. ed., *Documenta Indica, Monumenta Historica Societatis Iesu*, vol II (1950), IX(1966), XI(1970), XII(1972), XIII(1975), XVII(1988), XVIII(1988), Romae.

Wicki, Joseph S. J. & Gomes, John S. J. ed., *Docummenta Indica*, XIV(1979), XV(1981), Romae.

アスンサン、カルロス・豊島正之、二〇一二、『天草版ラテン文典』、八木書店

新井トシ、一九五八、「きりしたん版国字本の印行について　四」（『ビブリア』一一）

石塚晴通・豊島正之、一九九六、「「スピリツアル修行」国字写本」（『東洋文庫書報』二七）

泉井久之助ほか訳、一九六九、『デ・サンデ天正遣欧使節記』、雄松堂書店

井出勝美、一九六六、「キリシタン時代に於ける日本人のキリスト教受容—キリスト教書籍を中心として」（『キリシタン研究』一一）

伊藤和行、一九九五、「ピエトロ・ポンポナッツィ」（根占献一・伊藤博明・伊藤和行・加藤守通著『イタリア・ルネ

サンスの霊魂論』、三元社、二〇一三、新装版）
海老沢有道、一九七八、「天草キリシタン版書誌」（『アジア文化研究』一〇）
海老沢有道、一九九三、『キリシタン教理書（キリシタン研究三〇）』、教文館
海老沢有道・松田毅一、一九六三、『ポルトガルエヴォラ新出屏風文書の研究』、ナツメ社
海老沢有道・H チースリクほか編、一九七〇、『キリシタン書　排耶書（日本思想大系二五）』、岩波書店
エルマコーワ、リュドミーラ、二〇〇三、「天正遣欧使節とポーランド―隠された絆」（国際日本文化研究センター『日本研究』二七）
大内田貞郎、一九八七、「朝鮮古活字版に想うこと―特に活字の形状と植字版を中心に」（『ビブリア』八九、高部萃子と共著）
大内田貞郎、一九八八、「木版印刷本について―東洋古印刷の技法とわが国の事情」（『ビブリア』九一）
大内田貞郎、一九八九、「本館所蔵『君臣図像』の版種について」（『ビブリア』九三、辻本雅英と共著）
大内田貞郎、二〇〇〇、「きりしたん版について」（印刷史研究会編、『本と活字の歴史事典』、柏書房）
大内田貞郎、二〇〇九、「「きりしたん版」に「古活字版」のルーツを探る」（張秀民ほか共著、『活字印刷の文化史　きりしたん版・古活字版から新常用漢字表まで』、勉誠出版）
大塚光信、一九六六、『コリャード羅西日辞典』、臨川書店
大塚光信、一九九六、『抄物きりしたん資料私注』、清文堂出版
大塚光信・小島幸枝、一九八五、『コリャード自筆西日辞典　複製・翻刻・索引および解説』、臨川書店

岡美穂子、二〇一〇、『商人と宣教師 南蛮貿易の世界』、東京大学出版会
尾原 悟、一九六五、「キリシタン時代の科学思想：ペドロ・ゴメス著「天球論」の研究」（『キリシタン研究』一〇）
尾原 悟、一九八三・一九八四・一九八六・一九八七、「キリシタン版について―イエズス会日本年報を中心に 一～四」（『上智史学』二八、二九、三一、三二）
尾原悟編、一九九七、『イエズス会日本コレジヨの講義要綱Ⅰ（キリシタン研究三四）』、教文館
尾原悟編、二〇〇五、『きりしたんのおらしよ（キリシタン研究四二）』、教文館
折井善果、二〇一〇、『キリシタン文学における日欧文化比較―ルイス・デ・グラナダと日本（キリシタン研究四七）』、教文館
折井善果編著、二〇一一、『ひですの経（キリシタン研究四八）』、教文館
折井善果、二〇一二、「キリシタン版『ひですの経』の「アニマ」論が意味するもの」（加藤信朗監修、『キリスト教と日本の深層』、オリエンス宗教研究所）
折井善果・白井純・豊島正之釈文解説、二〇一一、『ひですの経』、八木書店
片岡弥吉、一九五二、「吉利支丹の外国語教育」（『純心女子短期大学紀要』一）
片岡弥吉、一九七七、『ある明治の福祉像 ド・ロ神父の生涯』、日本放送出版協会
金沢大学法文学部国文学研究室、一九六七～一九七三、『ラホ日辞典の日本語』、同刊行会
亀井孝・H チースリク・小島幸枝編、一九八三、『日本イエズス会版キリシタン要理―その翻案および翻訳の実態』、岩波書店

カルヴァン、ジャン、一九六四、『キリスト教綱要』Ⅲ／2、渡辺信夫訳、新教出版社
川口敦子、二〇〇〇、「バレト写本の四つがな表記から」(『国語学』五一―三)
川瀬一馬、一九三七、『古活字版之研究』、安田文庫
岸野　久、一九九八、『ザビエルと日本』、吉川弘文館
岸本恵実、二〇〇五、「キリシタン版『羅葡日辞書』とその原典」(『国語語彙史の研究』二四)
岸本恵実、二〇〇八、「宣教を意識した『羅葡日辞書』の日本語訳」(『訓点語と訓点資料』一二一)
岸本恵実、二〇一〇、「『羅葡日辞書』の錯誤と製作工程」(『京都大学國文學論叢』二〇)
岸本恵実・豊島正之、二〇〇五、「バレト著『葡羅辞書』のキリシタン語学に於ける意義」(石塚晴通教授退職記念会編『日本学・敦煌学・漢文訓読の新展開』、汲古書院)
京都大学国語学国文学研究室編、一九九九、『ヴァチカン図書館蔵葡日辞書』、臨川書店
キリシタン文化研究会、一九六二、『キリシタン研究』七、吉川弘文館
小秋元段、二〇〇六、「嵯峨本『史記』の書誌的考察」(『太平記と古活字版の時代』、新典社)
高祖敏明、二〇一〇、『キリシタン版『サカラメンタ提要付録』影印・翻字・現代文と解説』、雄松堂書店
高祖敏明、二〇一二、『プティジャン版集成　解説』(雄松堂書店)巻末の「プティジャン版一覧と関連年表」
小岸　昭、一九九四、『マラーノの系譜』、みすず書房
小岸　昭、二〇〇五、「インドの使徒ザビエルとユダヤ人」(徳永恂・小岸昭、『インド・ユダヤ人の光と闇―ザビエルと異端審問・離散とカースト』、新曜社)

小島幸枝、一九七八、『耶蘇会板落葉集総索引　字訓索引・字音索引』、笠間書院
小島幸枝、一九八七、『キリシタン版『スピリツアル修行』の研究』資料編・研究編、笠間書院
五野井隆史、一九七八、「イエズス会年報について―その手書本の所在を中心にして」（『キリシタン研究』一八）
五野井隆史、一九九二、「『イエズス会日本書翰集』とポルトガル語書翰集について」（『東京大学史料編纂所研究紀要』二）
五野井隆史、一九九九、「日本キリシタン教界と宣教師」（同著、二〇〇二、『日本キリシタン史の研究』、吉川弘文館に所収）
五野井隆史、二〇〇一、「日本イエズス会の通信について―その発送システムと印刷」（『東京大学史料編纂所研究紀要』一一）
米井力也、一九九〇、「ビルゼンの子」（同著、一九九八、『キリシタンの文学―殉教をうながす声』、平凡社に所収）
米井力也、二〇〇九、『キリシタンと翻訳―異文化接触の十字路』、平凡社
佐久間勤、一九九六、「ペドロ・ゴメスの『神学要綱』における聖書理論：その著者と源泉資料の分析結果の報告」（『カトリック研究』六五）
サトウ、アーネスト(Sir Ernest, Mason, Satow)、一八八八、*The Jesuit Mission Press in Japan, 1591-1610*（私家版。一九二六、『日本耶蘇会刊行書志』として復刊、警醒社書店）
白井　純、二〇〇三、「「落葉集」と活字印刷」（『訓点語と訓点資料』一一〇）
白井　純、二〇〇八、「キリシタン版の連綿活字について」（『アジア・アフリカ言語文化研究』七六）

白井　純、二〇一二、「『落葉集小玉篇』の部首配属からみたキリシタン版の字体認識」（石塚晴通編、『漢字字体史研究』、勉誠出版）
白井　純、二〇一三、「キリシタンの日本語学習」（『二一世紀の世界日本語教育・日本語研究―中日両国国交正常化四〇周年記念論文集』、高等教育出版）
新村　出、一九〇九、「天草出版の平家物語抜書及び其編者について（一）」（『史学雑誌』二〇―一〇）
新村　出、一九一二、「活字印刷術伝来考」（『藝文』三―九）
新村　出、一九二一、「我国旧時の活字本」（『六条学報』二三〇）
鈴木広光、一九九四、「コンテムツスムンヂの欧文原典」（『国語国文』六三―四）
鈴木広光、二〇〇九、「嵯峨本『伊勢物語』の活字と組版」（張秀民ほか共著、『活字印刷の文化史　きりしたん版・古活字版から新常用漢字表まで』、勉誠出版）
関山和夫、一九七八、『説教の歴史―仏教と話芸』、岩波新書（一九九二、白水社より再版）
高瀬弘一郎、一九七〇、「日本イエズス会の生糸貿易について」（『キリシタン研究』一三）
高瀬弘一郎、一九七七、『キリシタン時代の研究』、岩波書店
高瀬弘一郎、一九九三、「イエズス会日本管区」（『岩波講座　日本通史』一一、岩波書店）
高瀬弘一郎、二〇〇一、『キリシタン時代の文化と諸相』、八木書店
高瀬弘一郎、二〇〇二、「マカオ＝長崎間貿易の総取引高・生糸取引量・生糸価格」（『キリシタン時代の貿易と外交』、八木書店）

高瀬弘一郎訳註、二〇〇六、『モンスーン文書と日本―十七世紀ポルトガル公文書集』、八木書店
高瀬弘一郎訳註、二〇一一、『大航海時代の日本―ポルトガル公文書にみる』、八木書店
竹本幹夫、一九九八、「現存最古の観世流謡版本」(『能楽タイムズ』五五九)
近松洋男、一九九〇、『キリシタン版「ヒイデスの導師」の原典的研究』、思文閣出版
鶴田倉造、二〇〇五、『上天草市史　大矢野町編3近世　天草島原の乱とその前後』、上天草市史編纂委員会
デルガド、ホセ編註、一九九四、『ファン・デ・ロス・アンヘレス・ルエダ神父伝記、書簡、調査書、報告書』、聖ドミニコ修道会
天理図書館編、一九七三、『きりしたん版の研究』、天理大学出版部
土井忠生、一九四二、『吉利支丹語学の研究』、靖文社
土井忠生、一九五五、『日本大文典』、三省堂
土井忠生、一九六二、『慶長三年耶蘇会版落葉集』解題(同著、一九七一、『吉利支丹語学の研究 新版』、三省堂に所収)
土井忠生、一九七一、『吉利支丹語学の研究　新版』、三省堂
土井忠生、一九七六、「日本大文典解題」(ロドリゲス、『日本文典』、勉誠社)
土井忠生、一九八二、『吉利支丹論攷』、三省堂
土井忠生・森田武・長南実、一九八〇、『邦訳日葡辞書』、岩波書店
富永牧太、一九六三、「きりしたん版文字攷―欧文印刷文字篇十六」(同著、一九七八、『きりしたん版文字攷』、天理時報社に所収)

富永牧太、一九六六、「ヴァリニャーノ「日本伝道のカテキズモ」の書誌─欧文印刷文字篇 二〇」（『ビブリア』三四）
富永牧太、一九七八、『きりしたん版文字攷』、富永牧太先生論文集刊行会
豊島正之、一九八七、『キリシタン版ぎやどぺかどる　本文・索引』、清文堂
豊島正之、一九八九、「キリシタン版は何故印刷されたか」（『北大国文学会創立四十周年記念　刷りもの表現と享受』、北大国文学会）
豊島正之、二〇〇一、「ぎやどぺかどる解題」（尾原悟編、『ぎやどぺかどる』解説、教文館）
豊島正之、二〇〇二、「キリシタン文献の漢字整理について」（『国語と国文学』七九─一一）
豊島正之、二〇〇六、「国字本キリシタン文献の imposition に就て」（『訓点語と訓点資料』一一六）
豊島正之、二〇〇七、「翻訳が担うもの─キリシタン文献の場合」（『文学』八─六）
豊島正之、二〇〇九、「キリシタン版の文字と版式」（張秀民ほか共著、『活字印刷の文化史　きりしたん版・古活字版から新常用漢字表まで』、勉誠出版）
鳥津亮二、二〇一〇、『史料で読む戦国史　小西行長─「抹殺」されたキリシタン大名の実像』、八木書店
中村一紀、二〇〇七、「百万塔陀羅尼の印刷について」（増田晴美編、『百万塔陀羅尼の研究』、汲古書院）
根占献一、二〇〇七、「イタリア・ルネサンスにおけるプラトン哲学とキリスト教神学」（『新プラトン主義研究』七）
根占献一、二〇一二、「ローマとルネサンスの世界性─二〇一一年度研究覚え書から」（『学習院女子大学紀要』一四）
野間一正訳、一九六七、「マカオ・長崎間貿易船のアルマサン契約に関する一六一〇年の資料」（『キリシタン研究』

一二）
浜田　敦、一九七〇、『朝鮮資料による日本語研究』、岩波書店
林　進、二〇一二、「慶安元年跋刊『本朝名公墨宝』素庵巻（四巻四冊のうち）について」（神戸大学美術史研究会、『美術史論集』一二）
原田裕司、一九九八a、『ラテン語が教えるもの』、近代文芸社
原田裕司、一九九八b、『キリシタン司祭後藤ミゲルのラテン語の詩とその印刷者税所ミゲルをめぐって』、近代文芸社
原田裕司、二〇〇七、「キリシタン版『ぎやどぺかどる』下巻をローマ学院に寄贈した日本人司祭ペトルス・アントーニウス荒木の「ラテン語のメモ」」（『新修茨木市史年報』六）
原田裕司、二〇一一、『キリシタン版『羅葡日辞書』の原典「カレピーヌス」ラテン語辞典の系譜』（私家版）
柊　源一、一九五七、「スピリツアル修行と吉利支丹用語略解　附、『奉教人の死』の素材補説」（同著、二〇〇九、『吉利支丹文学論集』、教文館に所収）
東馬場郁生、二〇〇六、『きりしたん史再考—信仰受容の宗教学』、天理大学附属おやさと研究所
平岡隆二、二〇〇九、「ゴメス「天球論」の成立と構成：イエズス会日本コレジオの宇宙論教科書とその欧文原典」（『長崎歴史文化博物館研究紀要』四）
福島邦道、一九八四、「続キリシタン資料と国語研究」（『国語学』一三八）
古野清人、一九五九、『隠れキリシタン（日本歴史新書）』、至文堂

フロイス、ルイス原著・ベルナール、アンリー　ピント、アブランシェス・岡本良知編訳、一九四九、『九州三侯遣欧使節行記』続編、東洋堂
本渡市史編纂委員会編、一九九一、『本渡市史』、本渡市
マウゴジャータ、ソブチェック、二〇一二、「東藤次郎旧蔵本『吉利支丹抄物』の成立について」（『国語国文』八一―六）
松田毅一、一九六七、『近世初期日本関係　南蛮史料の研究』、風間書房
松田毅一、一九七七、『史譚天正遣欧使節』、講談社
松田毅一・川崎桃太訳、一九七九、『フロイス　日本史』一〇、中央公論社
宮崎賢太郎、一九九六、『カクレキリシタンの信仰世界』、東京大学出版会
村上直次郎、一九四四、「ドミニカの説教について」（『キリシタン研究』二）
森上　修、一九九一、「慶長勅版『長恨歌琵琶行』について（下）―わが古活字版と組立式組版技法の伝来」（『ビブリア』九七）
森上　修、一九九三、「初期古活字版の印行者について―嵯峨の角倉（吉田）素庵をめぐって」（『ビブリア』一〇〇）
森田清之助、一九二〇、『光悦談叢』、芸艸堂
森田　武、一九七六、『天草版平家物語難語句解の研究』、清文堂
森田　武、一九八九、『邦訳日葡辞書索引』、岩波書店

森田　武、一九九三、『日葡辞書提要』、清文堂
丸山　徹、一九八四、「ロドリゲス日本文典におけるポルトガル語正書法」（『南山国文論集』八）
丸山　徹、一九八六、「通事伴天連ジョアン・ロドリゲスのポルトガル語正書法規範―語表記の「ゆれ」からの考察」（『南山国文論集』一〇）
柳田利夫、一九八五、「日本における『総会長の服務規程』：試訳とノート」（I）（『史学』五四―二・三）
山田健三、一九八九、「『ぎやどぺかどる』の字集にみるキリシタンによる漢字学習の成長」（『名古屋大学国語国文学』六四）
山田健三、二〇〇四、「キリシタン・ローマ字文献のグロッサリー」（田島毓堂編、『語彙研究の課題』、和泉書院）
山田健三・伊東莉沙、二〇一二、「烏丸本徒然草の印刷技法」（『人文科学論集　文化コミュニケーション学科編』四六）
山田忠雄、一九七一、「天正十八年本節用集解説」（『天正十八年本節用集』、東洋文庫叢刊第十七、東洋文庫）
山田俊雄、一九七一、「漢字の定訓についての試論―キリシタン版落葉集小玉篇を資料として」（『成城国文学論集』四）
結城了悟、一九八九、『ルイス・デ・アルメイダ（一五二五～一五八三）：光を燈す医師』、澳門文化局
ラウレス、ヨハネス編、一九五七、『上智大学吉利支丹文庫』（臨川書店、一九八五年、新訂三版の複製）
リッチ、マッテーオ、一九八二、『中国キリスト教布教史』一、大航海時代叢書第二期、岩波書店
リンスホーテン、ヤン・ハイヘン・ファン、一九六八、『東方案内記』、大航海時代叢書第一期、岩波書店
ロヨラ、イグナチオ・デ、一九九五、『霊操』、門脇住吉訳、岩波書店

基本参考書一覧

海老沢有道、一九四〇、『切支丹典籍叢考』、拓文堂
海老沢有道、一九九一、『キリシタン南蛮文学入門』、教文館
海老沢有道・H チースリクほか編、一九七〇、『キリシタン書　排耶書（日本思想大系二五）』、岩波書店
尾原　悟、一九八一、『キリシタン文庫　イエズス会日本関係文書』、南窓社
尾原　悟編著、一九九七〜一九九九、『イエズス会日本コレジヨの講義要綱』全三巻、キリシタン文学双書、教文館　＊教文館のキリシタン文学双書は、キリシタン版の原著が手頃に入手でき、有用である
尾原　悟編、二〇〇五、『きりしたんのおらしよ（キリシタン研究四二）』、キリシタン文学双書、教文館
折井善果、二〇一〇、『キリシタン文学における日欧文化比較―ルイス・デ・グラナダと日本（キリシタン研究四七）』、教文館
折井善果編著、二〇一一、『ひですの経（キリシタン研究四八）』、キリシタン文学双書、教文館
片岡弥吉、一九七七、『ある明治の福祉像　ド・ロ神父の生涯』、日本放送出版協会
亀井　孝・H チースリク・小島幸枝編、一九八三、『日本イエズス会版キリシタン要理―その翻案および翻訳の実態』、岩波書店
韓国図書館学研究会編・千恵鳳代表執筆、一九七八、『韓国古印刷史』、同朋舎

岸野　久、一九九八、『ザビエルと日本』、吉川弘文館
김성수（金聖壽）、二〇一一、「갑인자 계열 금속활자 인쇄의 조판에 관한 연구（甲寅字系列金属活字印刷の組版に関する研究）」（『人文科学論集』四二）
金七紀男、二〇〇三、『ポルトガル史』、彩流社
小秋元段、二〇一〇、「古活字版の淵源をめぐる諸問題」（『国際日本学』八）
高祖敏明、二〇一二、『本邦キリシタン布教関係資料一八六五―一八七三　プティジャン版集成　解説』、雄松堂書店
小岸　昭、一九九四、『マラーノの系譜』、みすず書房
五野井隆史、二〇一二、『キリシタンの文化』、吉川弘文館
小岸　昭、二〇〇二、『隠れユダヤ教徒と隠れキリシタン』、人文書院
米井力也、二〇〇九、『キリシタンと翻訳―異文化接触の十字路』、平凡社
上智学院新カトリック大事典編纂委員会編、一九九六～二〇一〇、『新カトリック大事典』、研究社
新村　出、一九二九、『薩道先生景仰録―吉利支丹研究史回顧』、ぐろりあそさえて
청주고인쇄박물관（清州古印刷博物館）編、二〇一二、『조선왕실 주조 금속활자 복원사업 종합 보고서（朝鮮王室鋳造金属活字復元事業総合報告書）』、清州古印刷博物館
関　哲行、二〇〇三、『スペインのユダヤ人』、山川出版社
高瀬弘一郎、一九七七、『キリシタン時代の研究』、岩波書店

高瀬弘一郎、一九九三、「イエズス会日本管区」(『岩波講座　日本通史』一一、岩波書店)
高瀬弘一郎、一九九四、「キリシタン時代における府内布教区の経済基盤」(『キリシタン時代対外関係の研究』、吉川弘文館)
高瀬弘一郎、二〇〇一、『キリシタン時代の文化と諸相』、八木書店
高瀬弘一郎訳註、二〇一〇、『大航海時代の日本―ポルトガル公文書に見る』、八木書店
鶴田文史編、一九七七、『天草学林　論考と資料集』、天草文化出版社
鶴田文史編、一九九五、『天草学林　論考と資料集』二、天草文化出版社
天理図書館編、一九七六、『天理大学所蔵　きりしたん版集成』、八木書店
土井忠生、一九六三、『吉利支丹文献考』、三省堂
土井忠生、一九七一、『吉利支丹語学の研究　新版』、三省堂
土井忠生、一九八二、『吉利支丹論攷』三省堂
土井忠生・森田武・長岡実、一九八〇、『邦訳日葡辞書』、岩波書店
徳永　恂・小岸　昭、二〇〇五、『インド・ユダヤ人の光と闇―ザビエルと異端審問・離散とカースト』、新曜社
中村博武、二〇〇〇、『宣教と受容　明治期キリスト教の基礎的研究』、思文閣出版
日本キリスト教歴史大事典編集委員会編、一九八八、『日本キリスト教歴史大事典』、教文館
朴 文 烈、二〇〇五、「古印刷術의 組版・印出・製冊用 道具에 관한 研究」(『清大学術論集』六)
原田裕司、一九九八、『ラテン語が教えるもの』、近代文芸社

原田裕司、一九九八、『キリシタン司祭後藤ミゲルのラテン語の詩とその印刷者税所ミゲルをめぐって』、近代文芸社
原田裕司、二〇一一、『キリシタン版『羅葡日辞書』の原典「カレピーヌス」ラテン語辞典の系譜』（私家版）
福島邦道、一九七三、『キリシタン資料と国語研究』、笠間書院
東馬場郁生、二〇〇六、『きりしたん史再考—信仰受容の宗教学』、天理大学附属おやさと研究所
宮崎賢太郎、一九九六、『カクレキリシタンの信仰世界』、東京大学出版会
森上　修、一九九三、「初期古活字版の印行者について—嵯峨の角倉（吉田）素庵をめぐって」（『ビブリア』一〇〇）
ラウレス、ヨハネス編、一九八五、『上智大学吉利支丹文庫』（臨川書店、新訂三版の複製）
ロドリーゲス、ジョアン（土井忠生・江馬務・佐野泰彦・浜口乃二雄ほか訳）、一九六七・一九七〇、『日本教会史』（上・下）、大航海時代叢書第一期、岩波書店
De Sousa, Lucio, 2010, *The Early European Presence in China, Japan, the Philippines and Southeast Asia (1555-1590) : The Life of Bartolomeu Landeiro*, Macao Foundation.
Laures, Johannes 1957, *Kirishitan Bunko: A Manual of Books and Documents on the Early Christian Mission in Japan*. Tokyo: Sophia University.
Maryks, Robert Aleksander, 2010, *The Jesuit Order as a Synagogue of Jews : Jesuits of Jewish Ancestry*

and Purity of Blood Laws in the Early Society of Jesus, Brill.
Saraiva, António José, 2001, *The Marrano Factory: The Portuguese Inquisition and Its New Christians 1536-1765,* Brill.
Schütte, Joseph, 1968, *Introductio ad Historiam Societatis Jesu in Japonia 1549 - 1650*, Institutum Historicum Societatis Jesu, Romae.
Schütte, Joseph, 1975, *Monumenta Historica Japoniae,* I, *Monumenta Missionum Societatis Iesu*, vol.34, Institutum Historicum Societatis Jesu, Romae.

執筆者紹介（五〇音順）

カルロス・アスンサン　ポルトガル、トラーズ・ウズ・モンテス・イ・アルト・ドウロ大学副学長。言語学。〔主な著作〕*A atre da grammatica da língua portugueza de António José dos Reis Lobato* (Lisboa, Academia das ciências de Lisboa, 2000)

岡　美穂子（おか　みほこ）　東京大学史料編纂所助教。中近世移行期の対外関係史・日本キリスト教史。〔主な著作〕『商人と宣教師―南蛮貿易の世界』（東京大学出版会、二〇一〇年）

折井善果（おりい　よしみ）　慶應義塾大学法学部准教授。スペイン文献学・思想史。〔主な著作〕『キリシタン文学における日欧文化比較―ルイス・デ・グラナダと日本』（キリシタン研究第四七輯）（教文館、二〇一〇年）・『ひですの経』（キリシタン研究第四八輯）〔編著〕（教文館、二〇一一年）

川口敦子（かわぐち　あつこ）　三重大学人文学部准教授。中世日本語史。〔主な著作〕『『日葡辞書提要』索引』（清文堂、二〇一二年）

岸本恵実（きしもと　えみ）　京都府立大学文学部准教授。日本語史。〔主な著作〕The Process of Translation in *Dictionarium Latino Lusitanicum, ac Iaponicum*, Journal of Asian and African Studies 72 (2006)・「宣教を意識した『羅葡日辞書』の日本語訳」（『訓点語と訓点資料』第一二一輯、二〇〇八年）

小秋元　段（こあきもと　だん）　法政大学文学部教授。日本中世文学。〔主な著作〕『太平記・梅松論の研究』（汲古書院、二〇〇五年）・『太平記と古活字版の時代』（新典社、二〇〇六年）

髙祖敏明（こうそ　としあき）　上智大学総合人間科学部教授。キリスト教文化史。〔主な著作〕『キリシタン版『サカラメンタ提要付録』―影印・翻字・現代語文と解説』（雄松堂書店、二〇一〇年）・『プティジャン版集成　解説　本邦キリシタン布教関係資料』（雄松堂書店、二〇一二年）

白井　純（しらい　じゅん）　信州大学人文学部准教授。日本語史・キリシタン版・印刷技術史。〔主な著作〕「落葉集と活字印刷」（『訓点語と訓点資料』第二〇輯、二〇〇三年）・「キリシタン版の連綿活字について」（『アジア・アフリカ言

語文化研究』七六号、二〇〇八年）

高瀬弘一郎（たかせ こういちろう） 慶應義塾大学名誉教授。近世日欧交渉史。〔主な著作〕『モンスーン文書と日本―十七世紀ポルトガル公文書集』（八木書店、二〇〇六年）・『大航海時代の日本―ポルトガル公文書に見る』（八木書店、二〇一一年）

エリザ・アツコ・タシロ―ペレス サン・パウロ大学教授。言語学。〔主な著作〕Dicionários que atravessdrem oceanos, *Estudos Japnese (USP)*, 28 (2008)

鳥津亮二（とりづ りょうじ） 八代市立博物館未来の森ミュージアム学芸係長。日本史学。〔主な著作〕『小西行長―「抹殺」されたキリシタン大名の実像』（八木書店、二〇一〇年）

豊島正之（とよしま まさゆき） ＊略歴は奥付に記載

原田裕司（はらだ ひろし） 市井の一学者。ラテン語文献学。〔主な著作〕『キリシタン版『羅葡日辞書』の原典「カレピーヌス」ラテン語辞典の系譜』（私家版、二〇一一年）・「茨木・東家旧蔵『吉利支丹抄物』に書写された「聖体秘跡の連禱」―モーツァルトらの作曲で知られるラテン語の祈りがキリシタン時代の北摂の山村に伝わっていたこと―（上）（下）」（『新修茨木市史年報』六～七、二〇〇七年～二〇〇八年）

林　進（はやし すすむ） 関西大学・大手前大学非常勤講師。日本美術史・書誌学。『雪村』〔共著〕（講談社、一九九五）・『日本近世絵画の図像学―趣向と深意』（八木書店、二〇〇〇年）

東馬場郁生（ひがしばば いくお） 天理大学国際学部教授。キリシタン史・比較宗教学。〔主な著作〕*Christianity in Early Modern Japan: Kirishitan Belief and Practice* (Leiden: Brill, 2001)・『きりしたん史再考―信仰受容の宗教学』（天理大学附属おやさと研究所、二〇〇六年）

丸山　徹（まるやま とおる） 南山大学人文学部教授。言語学。〔主な著作〕*Linguistic Studies by Portuguese Jesuits in Sixteenth and Seventeenth Century Japan, Missionary Linguistics*, John Benjamins Publishing Co., (2004)

八木壮一（やぎ そういち） ㈱八木書店会長・日本古書通信社社長。〔主な著作〕「保存の方法としての複製出版」（『早稲田大学図書館紀要』三二、一九九〇年）・「百万塔及び陀羅尼の伝承」（『百万塔陀羅尼の研究』汲古書院、二〇〇七年）

年　表

西暦	キリシタン版書名・刊行地	和暦	主な出来事
1603	金言集・(長崎刊)	慶長8	家康、江戸幕府を開く
1603〜04	日葡辞書・長崎刊		
1604〜08	日本大文典・長崎刊	慶長9	糸割符制度を定める
1605	サカラメンタ提要・長崎刊	慶長10	徳川秀忠、2代将軍となる
1607	スピリツアル修行・長崎刊		
1610	聖教精華・長崎刊 こんてむつすむんぢ・京都刊		
1611	ひですの経・長崎刊	慶長16	ポルトガル人・明国人に貿易を許可
1611頃	太平記抜書・(長崎？刊)		
1612		慶長17	幕府、キリスト教を禁じる
1613		慶長18	イギリス人に貿易を許可 支倉常長ら遣欧使節出発 全国禁教令
1614		慶長19	高山右近らをマニラ、マカオへ追放 大坂冬の陣
1615		元和元	大坂夏の陣 家康駿河版（銅活字）大蔵一覧集
1616		元和2	家康没
1620	日本小文典・マカオ刊		
1622	ロザリヨ記録・マニラ刊	元和8	元和の大殉教
1623	ロザリヨの経・マニラ刊	元和9	家光、3代将軍となる
1624		寛永元	幕府、イスパニアと断交
1627		寛永4	長崎奉行、キリシタンを処刑
1628		寛永5	幕府、ポルトガル・オランダと断交
1630	日西辞書・マニラ刊	寛永7	長崎奉行、フィリピンへ軍船を送る
1632	コリャード三部作（日本文典・懺悔録・羅西日辞書）・ローマ刊		
1633			通事ジョアン・ロドリゲス没（マカオ）
1637		寛永14	島原の乱
1639		寛永16	ポルトガル船の来日禁止

【編　者】
豊島 正之（とよしま まさゆき）
上智大学文学部教授。言語学。
〔主な著書〕
『キリシタン版ぎやどぺかどる 本文・索引』（清文堂出版，1987年）
『ひですの経』（共著，八木書店，2011年）
『天草版ラテン文典』（共編著，八木書店，2012年）

本書には、東京外国語大学アジア・アフリカ言語文化研究所の共同研究プロジェクト「宣教に伴う言語学」第一期・第二期（平成十八〜二十三年度）による共同研究の成果を含む。

キリシタンと出版《しゅっぱん》

2013年10月10日　初版第一刷発行　　定価（本体8,000円＋税）

編　者　豊　島　正　之
発行所　株式会社　八　木　書　店　古書出版部
代表　八　木　乾　二
〒101-0052 東京都千代田区神田小川町3-8
電話 03-3291-2969（編集） -6300（FAX）
発売元　株式会社　八　木　書　店
〒101-0052 東京都千代田区神田小川町3-8
電話 03-3291-2961（営業） -6300（FAX）
http://www.books-yagi.co.jp/pub/
E-mail pub@books-yagi.co.jp

印　刷　上毛印刷
製　本　牧製本印刷
用　紙　中性紙使用

ISBN978-4-8406-2207-3

イエズス会刊行キリシタン版一覧

公刊された複製本は [ ] で示した。複製本の [C] などの略号は、「複製本略号一覧」として後に示した。

現存本のうち、折井善果・岸本恵実・白井純・豊島正之のいずれかが原本を調査したものは、その記録に基づいて【 】内に当時の請求記号を記した。請求記号は、変更される事がある。

（1）イエズス会刊行キリシタン版現存一覧

1 **Abecedario（漢和アベセダリヨ）(Laures 1)**
著者 Valignano, Alexandro（アレサンドロ・ワリニヤーノ）
1585 年（マカオ刊か）、語学書、（五十音）、ローマン・漢字
所蔵 イエズス会ローマ文書館【JAPSIN 10-1 f.145】[L]

2 **Catechismus christianae fidei（日本のカテキズモ）(Laures 2)**
著者 Alexandro Valignano（アレサンドロ・ワリニヤーノ）
1586 年 リスボン刊、4°、2 巻 1 冊、第 1 巻 76、第 2 巻 24 丁、教理書、ラテン語、ローマン・イタリック
所蔵 サラマンカ大学図書館（サラマンカ）【26698】、パッソス・マヌエル中学校（リスボン）【R8A】[C]、ポルトガル国立図書館（リスボン）【Res 1894-P】、ブレラ図書館（ミラノ）【G.II.7./1-2】、マヌエル文庫（ビラ・ビソーザ）【BDM2°　475, 476】

3 **Oratio habita a Fara D.Martino（原マルチノの演説）(Laures 3)**
著者 Martinus Fara（原マルチノ）
1588 年 ゴア刊、8°、1 冊、8 丁、（その他）、ラテン語、ローマン
所蔵 イエズス会ローマ文書館【JAPSIN 51 ff.10-17】[N]、在ローマスペイン教会学研究所図書館［現在所蔵不明］、パッソス文庫（パリ）［不明］、筑波大学図書館 [W]

4 **Christiani pueri instilutio（キリスト教子弟の薫陶）(Laures 4)**
著者 João Bonifatio（ボニファチオ）
1588 年 マカオ刊、8°、1 冊、[4], 252, [6] 丁、修徳書、ラテン語、ローマン
所蔵 アジュダ文庫（リスボン）【50/VII/9】[C]、デンマーク王立図書館（コペンハーゲン）、マルチアナ図書館（ベネチア）

5 **De missione legatorum japonensium（遣欧使節対話録）(Laures 5)**
著者 Duarte De Sande（デ・サンデ）
1590 年 マカオ刊、4°、1 冊、[8], 412, [24] 頁、（その他）、ラテン語、ローマン
所蔵 伝本多数。天理図書館 [C]、ポルトガル国立図書館（リスボン）【Res 1894-P、Res 418-P、Res 417-P（3 部）】、など

6 **（オラシヨトマダメントス）（断簡）(Laures 6)**

（1590年）（加津佐刊か）、典礼書、日本語、文語、漢字交り片仮名
所蔵 カサナテ図書館（ローマ）【M/VIII/41/CCC】[L]（「Confessionarium」の芯）

7 **（善作ニ日ヲ送ルベキ為ニ保ツベキ条々）（断簡）(Laures 6)**
所蔵 サン・ロレンソ図書館（エル・エスコリアル）【G-IV-53】[L]（「ぎやどぺかどる」の芯）

8 **（おらしよとまだめんとす）（断簡）(Laures 7)**
（1591年）（加津佐刊か）、典礼書、日本語、文語、漢字交り平仮名
所蔵 上智大学キリシタン文庫（東京）【KB231-4】[L]、イエズス会日本管区（東京）[U]（「ぎやどぺかどる」の芯）

9 **どちりいなきりしたん (Laures 8)**
翻訳底本 Marcos Jorge:Doctrina Christão
（1591年）（加津佐刊か）、美濃本、1冊、[2], 78丁、教理書、日本語、文語、漢字交り平仮名
所蔵 バチカン図書館【Barb.Orient. 153-A (2)】[B]

10 **Sanctos no gosagueô no vchi nuqigaqi（サントスの御作業の内抜書）(Laures 9)**
翻訳底本 Luis de Granada : Introducción del simbolo de la fe. vol. 2
1591年 加津佐刊、8°、2巻1冊、第1巻[2], 294, [8]、第2巻340, [6], [72]頁、修徳書、日本語、文語、ローマン
所蔵 マルチアナ図書館（ベネチア）【144. D.245】[R]、オックスフォード大学ボードレイ図書館（オックスフォード）【Arch. B f.69】[B]

11 **Doctrina christão（ドチリナキリシタン）(Laures 10)**
翻訳底本 Marcos Jorge:Doctrina Christão
1592年 天草刊、8°、1冊、[4], 114頁、教理書、日本語、文語、ローマン
所蔵 東洋文庫（東京）【PB-32】[H]

12 **Fides no dŏxi（ヒイデスの導師）(Laures 11)**
翻訳底本 Luis de Granada : Introducción del simbolo de la fe. vol. 5
1592年 天草刊、8°、1冊、[12], 620, [32]頁、修徳書、日本語、文語、ローマン
所蔵 ライデン大学図書館【SER614】[S]

13 **（ばうちずものさずけやう）(Laures 12)**
（1593年）（天草刊か）、美濃本、1冊、25丁、典礼書、日本語、文語、漢字交り平仮名
所蔵 天理図書館[T]

14 **Feiqe no monogatari;Esopo no fabulas; Qincuxŭ（平家物語・イソポ物語・金句集）(Laures 13)**
1592～1593年 天草刊、8°、4+2+1巻1冊、[2], 554, [42]頁、文学書、日本語、口語・一部文語、ローマン
所蔵 大英図書館【Or 59.aa.1】[B]

15 **De institutione grammatica libri tres（天草版ラテン文典）(Laures 14)**
翻訳底本 Manuel Alvares : De institutione grammatica libri tres
1594年 天草刊、4°、3巻1冊、170丁、語学書、ラ・ポ・日、ローマン・イタリック

所蔵 エボラ公共図書館（エボラ）【Reservado 63】[V]、アンジェリカ図書館（ローマ）【Rari I 5.3】

16 **Dictionarium latino lusitancum ac japonicum（羅葡日対訳辞書）(Laures 15)**
1595年 天草刊、4°、1冊、[4], 908頁、語学書、ラ・ポ・日、ローマン・イタリック
所蔵 中国国家図書館（北京）[I]、パリ学士院文庫【4° 18L】、ライデン大学図書館【OOSHSS KLUIS 21521 D】、ロンドン大学オリエント・アフリカ研究所【EB59.16/11382】[B]、サンクトペテルブルク図書館

17 **Contemptus mundi（コンテンツスムンヂ）(Laures 16)**
翻訳底本 Thomas a Kempis : Imitatio Christi; Luis de Granada : Contemptus mundi (?)
1596年（天草刊か）、8°、4巻1冊、[1], 433, [11], [16]頁、修徳書、日本語、文語、イタリック・ローマン
所蔵 アンブロシア文庫（ミラノ）【S.P.20】[N]、オックスフォード大学ボードレイ図書館（オックスフォード）【Arch. B.e. 42】[B]

18 **Exercitia Spiritualia（霊操）(Laures 17)**
著者 Ignatius de Loyola（イグナチウス・デ・ロヨラ）
1596年 天草刊、8°、1冊、280, [6]頁、修徳書、ラテン語、ローマン・イタリック
所蔵 オッペルスドルフ家（シレジア）[不明]

19 **Compendium Spiritualis Doctrinae（精神生活綱要）(Laures 18)**
著者 Bartholomeu de Martyribus（バルトロメオ・デ・マルチリブス）
1596年（天草刊か）、8°、1冊、[13], 521, [2]頁、修徳書、ラテン語、ローマン・イタリック
所蔵 天理図書館[C]、中国国家図書館（北京）、アウグスティノ修道院（バリャドリード）【I-123】

20 **Compendium Manualis Nauarri（ナバルスの告解提要）**
1597年（天草刊か）、8°、1冊、592頁、修徳書、ラテン語、ローマン
所蔵 サント・トマス大学図書館（マニラ）【BQT1715 .G449.1597】

21 **Confessionarium（さるばとるむんぢ）(Laures 19)**
1598年（長崎刊か）、中本、1冊、[1], 30丁、典礼書、日本語、文語、漢字交り平仮名
所蔵 カサナテ図書館（ローマ）【M/VIII/41/CCC】[N]

22 **落葉集 (Laures 20)**
1598年（長崎刊か）、美濃本、1冊、本篇[1], 62、色葉字集23、百官4、小玉篇2, 17丁、語学書、日本語、漢字交り平仮名
所蔵 ライデン大学図書館【SER36】[G]、フランス国立図書館（パリ）【JAPONAIS 344】、大英図書館【Or.59.b.11】[B]、イエズス会ローマ文書館【Jap.Sin.I-201】[J]、クロフォード家（英国）

23 **落葉集（断簡）(Laures 20)**
所蔵 天理図書館［T］、フランス国立図書館（パリ）

24 **ぎやどぺかどる (Laures 21)**
翻訳底本 Luis de Granada : Guia de pecadores

1599年（長崎刊か）、美濃本、2巻2冊、上巻3，107，12、下巻[2]，78，12丁、修徳書、日本語、文語、漢字交り平仮名

所蔵 バチカン図書館【Racc I-III-340,341】、大英図書館【G11929】[B]、インディアナ大学リリー図書館（上巻）【B X2349. L95 J3】、サン・ロレンソ図書館（エル・エスコリアル、上巻）【G-IV-54】、天理図書館（上巻）[T]、バイエルン州立図書館（ミュンヘン、上巻）【Cod. Jap. 5】、イエズス会日本管区（東京、下巻、元ローマ・イエズス会ジェズ教会蔵）[R]、フランス国立図書館（パリ、下巻）【JAPONAIS 312 / 1517 F III】、マヌエル文庫（ビラ・ビソーザ、下巻）【BDM2°　599】、尚、諸書にポルトガル国立図書館（リスボン）に一本ありとするは誤

25　ぎやどぺかどる　字集（断簡）(Laures 21)

所蔵 バチカン図書館【Barb.Orient. 153-A (1)】（「どちりいなきりしたん」の芯）、アンジェリカ図書館（ローマ）【Fondo Leg. D 74】（「ラテン文典」の芯）

26　Doctrina Christão（ドチリナキリシタン）(Laures 22)

翻訳底本 Marcos Jorge:Doctrina Christão

1600年（長崎刊か）、8°、1冊、58丁、教理書、日本語、文語、ローマン・イタリック

所蔵 水府明徳会（水戸）[M]

27　どちりなきりしたん (Laures 23)

翻訳底本 Marcos Jorge:Doctrina Christão

1600年 長崎刊、美濃本、1冊、55丁、教理書、日本語、文語、漢字交り平仮名

所蔵 カサナテ図書館（ローマ）【L/VII/39/CCC】[B]

28　おらしよの翻訳 (Laures 24)

1600年 長崎刊、中本、1冊、26丁、典礼書、日本語、文語、漢字交り平仮名

所蔵 天理図書館[T]

29　朗詠雑筆 (Laures 25)

1600年（長崎刊か）、美濃本、1冊、朗詠集17、九相歌2、雑筆抄5、実語経1、直実状他3丁、文学書、日本語・漢文、文語、漢字交り平仮名

所蔵 サン・ロレンソ図書館（エル・エスコリアル）【G-IV-53】[D]

30　Aphorismi Confessariorum（金言集）(Laures 26)

1603年（長崎刊か）、8°、1冊、[2]，221，[3]丁、修徳書、ラテン語、ローマン・イタリック

所蔵 中国国家図書館（北京）[R]

31　Vocabulário da Lingoa de Iapam（日葡辞書）(Laures 27)

1603～04年 長崎刊、4°、2巻1冊、[3]，402丁、語学書、日・ポ、イタリック・ローマン

所蔵 オックスフォード大学ボードレイ図書館（オックスフォード）【Arch B.d.13】[B]、フランス国立図書館（パリ）【Rés X. 972】[B]、エボラ公共図書館（エボラ）【Reservado 108】[O]、ドミニコ会古文書館（アビラ、マニラより移管）[現在所蔵不明]

32　Arte da Lingoa de Iapam（日本大文典）(Laures 28)

著者 João Rodriguez（ジョアン・ロドリゲス）

1604～08年 長崎刊、4°、3巻1冊、[4]，240丁、語学書、日・ポ、イタリック・ロー

マン
所蔵 オックスフォード大学ボードレイ図書館（オックスフォード）【Arch. Bd. 14】[B]、クロフォード家（英国）

33 **Manuale ad Sacramenta Ministranda（サカラメンタ提要）(Laures 29)**
著者 Luis Cerqueira（ルイス・セルケイラ）
1605年 長崎刊、4°、2巻1冊、[18], 414, [4] 頁、典礼書、ラ･日、文語、ローマン･イタリック
所蔵 東洋文庫（東京）【PB-33】、上智大学キリシタン文庫（東京）【KB231-56】[R]、大英図書館【C.52.c.12】[E]、オックスフォード大学ボードレイ図書館【Arch B e.22】、中国国家図書館（北京）、トゥルーズ図書館【Mf.1646】[W]、イエズス会ローマ文書館【Jap.Sin.I-207】、アムステルダム大学図書館【OTM: OG 63-2961】

34 **サカラメンタ提要　日本語附録 (Laures 29)**
1605年 長崎刊、4°、1冊、33頁、典礼書、ラ・日、文語、ローマン・イタリック
所蔵 中国国家図書館（北京）[R]

35 **Spirtual Xuguiǒ（スピリツアル修行）(Laures 30)**
翻訳底本 Gaspar Loarte : Instruição e avisos pera meditar os misterios do rosairo da sanctissima virgem Maria; Gaspar Loarte : Instruição e advertencias pera meditar a paixão de Christo nosso Redentor
1607年 長崎刊、8°、1冊、[4], 404, [4] 丁、修徳書、日本語、文語、ローマン・イタリック
所蔵 大浦天主堂（長崎）[P]、アウグスティノ修道院（バリャドリード）【I-122】、個人蔵

36 **Floscuri（聖教精華）(Laures 31)**
著者 Manoel Barreto（マヌエル・バレト）
1610年 長崎刊、4°、1冊、[2], 190, [2] 丁、文学書、ラテン語、ローマン･イタリック
所蔵 東洋文庫（東京）【PB-31】、ポルト市立図書館（ポルト）【Y'-4/42】[C]、イェール大学バイネッキ図書館（ニューヘイブン）【1979 80】

37 **こんてむつすむんぢ (Laures 32)**
翻訳底本 Thomas a Kempis : Imitatio Christi; Luis de Granada : Contemptus mundi (?)
1610年 京都刊、美濃本、4巻1冊、[4], 79丁、修徳書、日本語、文語、漢字交り平仮名
所蔵 天理図書館 [T]

38 **ひですの経 (Laures 33)**
翻訳底本 Luis de Granada : Introducción del simbolo de la fe. vol. 1
1611年 長崎刊、美濃本、1冊、[3], 92丁、修徳書、日本語、文語、漢字交り平仮名
所蔵 ハーバード大学ホートン図書館（ボストン）【Typ 684.11.435】[U]

39 **太平記抜書 (Laures 34)**
（1611/12年頃）、美濃本、6巻6冊、巻一 [1], 49、巻二 [1], 49、巻三 [1], 60、巻四 [1], 55、巻五 [1], 46、巻六 [1], 31丁、文学書、日本語、文語、漢字交り平仮名
所蔵 天理図書館 [T]

40 **太平記抜書（断簡）**
所蔵 ハーバード大学ホートン図書館（ボストン）【Typ 684.11.435】（「ひですの経」の芯）[U]

41 **Arte Breve da Lingoa Iapoa（日本小文典）(Laures 35)**
著者 João Rodriguez（ジョアン・ロドリゲス）
1620年 マカオ刊、4°、1冊、[4], 96丁、語学書、ポ・日、ローマン・イタリック
所蔵 ロンドン大学オリエント・アフリカ研究所【EB62.11 / /11961】[B]、アジュダ文庫（リスボン）【50/XI/3】[F]

（2）主要写本一覧

1 **（エボラ屏風文書）**
教義書、日本語、文語、漢字・仮名
所蔵 エボラ公共図書館［海老沢有道･松田毅一（1963）エヴォラ屏風文書の研究（ナツメ社）、伊藤玄二郎（2010）エヴォラ屏風の世界（かまくら春秋社）］

2 **História breue da cruz que milagrosamente apareceo em Jappão, Euangelhos das Domingas do ano, Vidas gloriosas de alguns sanctos e sanctas.（十字架出現の奇跡、日曜日ごとのエワンゼリヨ、サントスの御作業 ［バレト写本］）**
1591年、8°、1冊、391、修徳書、日本語、文語、ラテン
書写者 Manoel Barreto、所蔵 バチカン図書館【Reg.Lat.459】［キリシタン研究7（前半のみ）］

3 **（平家物語難語句解）**
8°、1冊、語学書、日本語・ポルトガル語、ラテン
書写者 Manoel Barreto、所蔵 大英図書館【Or 59.aa.1】（版本巻末に綴じ込み）［森田武 天草版平家物語難語句解の研究（清文堂）］

4 **Compendium catholicae veritatis（講義要綱）**
4°、1冊、修徳書、ラテン語、ラテン
所蔵 バチカン図書館【Reg.Lat.426】[A]

5 **Compendium catholicae veritatis（講義要綱）**
美濃判、1冊、366、修徳書、日本語、文語、漢字・仮名・欧文
所蔵 オックスフォード大学モードリンカレッジ【MS228】[A]

6 **Instruição e advertencias para meditar o paixão do Nosso Senhor Jesu Christo（スピリツアル修業鈔）**
美濃判、1冊、79、修徳書、日本語、文語、漢字・仮名
所蔵 天理図書館【198.2 イ 43】

7 **Instruição e advertencias para meditar o paixão do Nosso Senhor Jesu Christo, (Meditações)（スピリツアル修行）**
16°、1冊、559、修徳書、日本語、文語、仮名主体
所蔵 東洋文庫（東京）【登録番号無し】（マイクロ焼き付けは【IV-5-802】）

8　**Vocabulário lusitanico-latino（葡羅辞典）**
1606～1607年 長崎刊、2°、3巻3冊、1, 765(I:646, II:567, III:552)、語学書、ポルトガル語・ラテン語、ラテン
書写者 Manoel Barreto（著者自筆）、所蔵 リスボン科学アカデミー【Manuscrito Azul 255, 256, 257】

9　**História da igreja de Japão（日本教会史）（断簡）**
書写者 João Rodriguez Tçuzu（自筆）、Martinho da Campo（原マルチノ）、他、所蔵 マドリード王立歴史アカデミー【9-7236, 9-7237, P-7238】

（3）複製本略号

A　上智大学キリシタン文庫監修・編集『イエズス会日本コレジヨの講義要綱』（大空社、1997年）
B　『キリシタン資料集成・勉誠社文庫』（勉誠社、1976、1979年）
C　天理大学出版部『Classica Japonica』（雄松堂、1972-1974年）
D　『慶長五年耶蘇会板和漢朗詠集』（京都大学文学部国語国文学会、1964年）
E　大橋紀子解説『大英博物館本サカラメンタ提要』（近代語研究、3、風間書房、1972年）
F　日埜博司編訳『日本小文典』（新人物往来社、1993年）
G　杉本つとむ著『ライデン大学図書館蔵落葉集 影印と研究』（ひたく書房、1984年）
H　橋本進吉著『文禄元年天草版吉利支丹教義の研究』（東洋文庫論叢、1928年）
I　東洋文庫
J　小島幸枝編『耶蘇会板落葉集総索引 字訓索引・字音索引』（笠間書院、1978年）
K　小島幸枝編『どちりなきりしたん総索引』（風間書房、1971年）
L　Laures 吉利支丹文庫（上智大学）
M　『珍書大観吉利支丹叢書』（大阪毎日新聞社、1928-1929年）
N　海老沢有道編『南欧所在吉利支丹版集録』（雄松堂、1978年）
O　大塚光信解説『エヴォラ本日葡辞書』（清文堂、1998年）
P　林田明著『スピリツアル修行の研究 影印・翻字篇』（風間書房、1975年）
R　『キリシタン版精選』（雄松堂、2006年）
S　鈴木博編『キリシタン版ヒイデスの導師』（清文堂、1985年）
T　天理図書館善本叢書和書之部編集委員会編『きりしたん版集一・二　天理図書館善本叢書和書之部 38・49』（八木書店、1976・1978年）
U　折井善果／白井純／豊島正之釈文・解説『ひですの経』（八木書店、2011年）
V　カルロス・アスンサン／豊島正之翻刻・解説『天草版ラテン文典』（八木書店、2012年）
W　当該所蔵館の www ページに全文画像あり

（4）所蔵図書館一覧

アウグスティノ修道院（バリャドリード）
Biblioteca del estudio teológico agustiniano de Valladolid, Valladolid, España
アジュダ文庫（リスボン）
Biblioteca da Ajuda, Lisboa, Portugal
アムステルダム大学図書館
Bibliotheek, Universiteit van Amsterdam, Amsterdam, The Netherlands
アンジェリカ図書館（ミラノ）
Biblioteca angelica, Roma, Italia
アンブロシア文庫（ミラノ）
Biblioteca ambrosiana, Milano, Italia
イェール大学バイネッキ図書館（ニューヘイブン）
Binecke rare book & manuscript library, Yale University, New Haven, CT, United States of America
イエズス会ローマ文書館
Archivum romanum societatis Jesu, Roma, Italia
インディアナ大学リリー図書館
Lilly library, Indiana university, Bloomington, IN, United States of America
エボラ公共図書館（エボラ）
Biblioteca pública de Évora, Évora, Portugal
オックスフォード大学ボードレイ図書館
Bodleian library, University of Oxford, Oxford, United Kingdom
オッペルスドルフ家（シレジア）
Graf von Oppersdorf
カサナテ図書館（ローマ）
Biblioteca casanatense, Roma, Italia
クロフォード家（英国）
Earl of Crawford
サラマンカ大学図書館（サラマンカ）
Biblioteca de la universidad de Salamanca, Salamanca, España
サン・ロレンソ図書館（エル・エスコリアル）
Real biblioteca del monasterio de San Lorenzo de El Escorial, El Escorial, España
サンクトペテルブルク図書館
Российская национальная библиотека (National library of Russia), Saint-Petersburg,Russia
サントマス大学図書館（マニラ）
Miguel de Benavides Library, Santo Tomas university, Manila,Republic of Philippines
在ローマスペイン教会学研究所図書館

Biblioteca del instituto español de estudios eclesiásticos de Roma, (Iglesia nacional española en Roma de Santiago y Montserrat), Italia
デンマーク王立図書館（コペンハーゲン）
Det Kongelige Bibliotek, Copenhagen, Denmark
トゥルーズ図書館
Bibliothèque municipale de Toulouse, Toulouse, France
ドミニコ会古文書館（アビラ）
Archivo provincial Dominicos de Ávila, Ávila, España
ハーバード大学ホートン図書館（ボストン）
Houghton Library, Harvard university, Cambridge, MA, United States of America
バイエルン州立図書館（ミュンヘン）
Die bayerische Staatsbibliothek, München, Deutschland
パストラーナ・フランシスコ会修道院
Monasterio de la Orden Franciscana, Pastrana
バチカン図書館
Biblioteca apostolica vaticana, Vatican
パッソス・マヌエル中学校（リスボン）
Escola Passos Manuel, Lisboa, Portugal
パリ学士院文庫
Bibliothèque de l'institut de Paris, Paris, France
フランス国立図書館（パリ）
Bibliothèque nationale de France, Paris, France
ブレラ図書館（ミラノ）
Biblioteca nazionale braidense, Milano, Italia
ポルトガル国立図書館（リスボン）
Biblioteca nacional de Portugal, Lisboa, Portugal
ポルト市立図書館（ポルト）
Biblioteca pública municipal do Porto, Porto Portugal
マドリード王立歴史アカデミー
Biblioteca de la real academia de la historia, Madrid, España
マドリード国立図書館
Biblioteca nacional de España, Madrid, España
マノエル文庫（ビラ・ビソーザ）
Biblioteca de D. Manuel II, Fundação da casa de Bragança, Vila Viçosa, Portugal
マルチアナ図書館（ベネチア）
Biblioteca nazionale marciana, Venezia, Italia
ライデン大学図書館
Universiteitsbibliotheek Leiden, Leiden, The Netherlands
ロンドン大学オリエント・アフリカ研究所
Library of the school for Orient and African studies, London university, United

Kingdom

大英図書館

British Library, London, United Kingdom

（5）未発見のキリシタン版のいくつか

Las reglas de la Compania（コンパニヤのレガラス［イエズス会会則］）（1591, 1592 年報）

La carta de la obediencia de nuestro Padre（イグナチオの従順の書簡）（1591, 1592 年報）

Un breve suma de toda esta doctina en dies capitulos（キリシタン教義十条の要約）（1591,1592 年報）

Los quinze misterios del rosarios（ロザリヨ十五玄義）（1591,1592 年報）

Calendario（教会暦）（1591,1592 年報）

Outras obrasinha de modo que an de ter em se confesar（告白の手引）(1594,1595 年年報）

Un livro de la passion de Cristo Nuestro Señor escrito en letra y lengua de Japon（受難記）（1594,1595 年年報）

Contemptus Mundi（ラテン語版）（1596 年年報）

Um livro...em que estão recopiladas as pregações sobre os evangelhos dos domingos, das festas, e dos sanctos principaes do anno（日曜・祝日の福音についての説教）（1598 年年報）

Um Virgilio（ウェルギリウスの著作）（1598 年年報）

Tratado de la contricion（コンチリサンの略）（1598 年年報）

Un libreto de la confission（告解の手引き書）（1598 年年報）

舞の本（ロドリゲス日本大文典）

黒船物語（ロドリゲス日本大文典）

モルテ物語（ロドリゲス日本大文典）

客物語（ロドリゲス日本大文典）

索　引

【こ】

【さ】

【し】

【め】

【も】

【や】

【ゆ】

【よ】

【ら】

【り】

【る】

【れ】

【ろ】

年　表

西　暦	キリシタン版書名・刊行地	和　暦	主な出来事
1549	ザビエル初来日	天文 18	
1579	ワリニャーノ初来日	天正 7	
1582	天正少年遣欧使節離日	天正 10	信長没（本能寺の変）
1584	天正少年遣欧使節リスボンに到着	天正 12	
1585	(漢和アベセダリヨ)・(マカオ刊)	天正 13	秀吉、関白となる
1586	日本のカテキズモ・リスボン刊 天正少年使節欧州を出帆、帰路に就く	天正 14	秀吉、太政大臣となる
1587	天正少年使節ゴアでワリニャーノと再会	天正 15	秀吉、伴天連追放令
1588	原マルチノの演説・ゴア刊 キリスト教子弟の薫陶・マカオ刊	天正 16	秀吉、刀狩・海賊禁止令
1590	遣欧使節対話録・マカオ刊 天正使節帰日。日本イエズス会、舶来の印刷機による出版を裁可	天正 18	ウルガータ（ラテン語聖書）教皇シクストゥス五世版（バチカン）
1591	サントスの御作業・加津佐刊	天正 19	ワリニャーノ、秀吉に謁見
(1591)	(祈禱文)・(加津佐刊) どちりいなきりしたん・(加津佐刊)		
1592	ドチリナキリシタン・天草刊 ヒイデスの導師・天草刊	文禄元	文禄の役 ウルガータ（ラテン語聖書）教皇クレメンス八世版（バチカン）
1592～93	平家物語・イソポ物語・金句集・天草刊		
(1593)	(ばうちずもの授けやう)・(天草刊)	文禄 2	文禄勅版古文孝経（現存せず）
1594	天草版ラテン文典・天草刊		
1595	羅葡日対訳辞書・天草刊		
1596	コンテンツスムンヂ・(天草刊) 霊操・天草刊 精神生活綱要・(天草刊)	慶長元	サン・フェリペ号、土佐に漂着 秀吉、長崎でキリシタンを処刑 (二十六聖人の殉教)
1597	ナバルスの懺悔・(天草刊)	慶長 2	慶長の役 慶長勅版（木活字）錦繡段
1598	さるばとるむんぢ・(長崎刊) 落葉集・(長崎刊)	慶長 3	秀吉没
1599	ぎやどぺかどる・(長崎刊)	慶長 4	家康伏見版（木活字）孔子家語
1600	ドチリナキリシタン・(長崎刊) どちりなきりしたん・長崎刊 おらしよの翻訳・長崎刊 朗詠雑筆・(長崎刊)	慶長 5	関ヶ原の戦い